現代国際関係史

1945年から21世紀初頭まで

有賀 貞［著］

東京大学出版会

A HISTORY OF INTERNATIONAL RELATIONS
From 1945 to Early 21st Century
Tadashi ARUGA
University of Tokyo Press, 2019
ISBN978-4-13-032228-7

はしがき

　とりわけ，一本立の外交の正念場を迎えた日本の指導者と国民にとっての至上要請は，独善的で偏狭なナショナリズムを排し，日本の進路の判断にあたって確かな「国際感覚」を働かせることである．ハウス大佐から聞き，吉田の肝に銘じた「国際感覚なき民は滅ぶ」という言葉は，日本国民にとっての外交指針であり，座右銘ということができる．（細谷千博「外交官・吉田茂の夢と挫折」『中央公論』1977 年 8 月号，『国際政治のなかの日本外交』（細谷千博著作選集②）龍渓書舎，2012 に再録）

　この本は 1945 年の第二次世界大戦終期から 21 世紀初頭までの国際関係の通史的叙述の一つの試みである．本書は 2010 年に刊行された『国際関係史——16 世紀から 1945 年まで』の続編であり，同様の叙述方法を用いているが，題名を『現代国際関係史——1945 年から 21 世紀初頭まで』と変えているように，前の著作とはいちおう独立した別個の書物として書かれた．
　著者はかつて勤務していた大学で，16 世紀（世界地理の輪郭が知られるようになった世紀）から現代に至る国際関係史の全般の講義を担当した経験から，そのような講義を一人で担当する教師として単独で通史を執筆することを思い立った．その講義録をもとに，1 冊あるいは 2 冊の通史をまとめることを意図していたが，それを書き進めるうちに，16 世紀から第二次世界大戦終了までの部分だけでも厚い本になることがわかったので，1945 年までの諸章をまとめて刊行することにしたのが，2010 年の前著であった．その本の「はしがき」の終わりの部分で，「あとしばらくの時間が与えられるなら，私は本書と同程度の規模で 21 世紀初頭までの本書の続編を執筆したい」という希望を述べた．その希望を実現したのがこのたびの『現代国際関係史』である．
　前著の「はしがき」の同じところに記したように，第二次世界大戦後の国際政治史については，冷戦史などの形で，すでに何冊かの通史が出版されており，

20 世紀初頭から叙述を始めながら世紀後半に重点を置いて 20 世紀末あるいは 21 世紀初頭までを扱う通史もいくつかある．

少なからぬ好著がある領域にさらに自著を加えようとするのは，前著の刊行にあたりお世話になった東京大学出版会編集部の奥田修一さんの熱心な勧めもあり，またほかにも多くの方々の励ましを受け，とくに最近はそれを自らの生きがいと感じるようになったからである．

2011 年 9 月に逝去した細谷千博氏の著作選集が 12 年 9 月に刊行され，あらためて氏の論考に接する機会を得た．1977 年に書かれた吉田茂論の末尾の文章が私の心に重く響いた．この「はしがき」の最初に置いた文章である．それはまさに 2012 年の日本人が噛みしめるべき言葉である．われわれは 1930 年代にそうであったように，「国際感覚なき民」として，ふたたび国際的孤立への道を，滅びへの道を歩んでいるのではないだろうか．戦前のことも大戦中から終戦期にかけてのことも自ら経験している「戦中派世代」の生き残りとして，最近の研究文献をできるだけ参照しつつ，変容する戦後世界の様相のなかで，日本がどのような位置を占め，どのような国際関係を築いてきたのかを顧み，世界史の文脈と組み合わせて記述したいという衝動に駆られて，老軀に鞭打って約半年を過ごした．

『国際関係史』という題は，多面的な国際関係の連環と相互作用を扱う書物にもっとも適当なものであろうが，国際政治と国際関係とは同義的に用いられることも多く，例えば日本国際政治学会も英語名は Japanese Association of International Relations であり，国際政治と国際関係（International Relations）とは同義に用いられていた．本書では多面的な国際関係をある程度視野に入れて国際政治史を叙述しているので，前著を踏襲して本書も題名を『現代国際関係史』とした．

最近は，日本の研究者による国際関係史関連の研究の蓄積が著しく進み，翻訳文献も多くあり，日本語で利用できる膨大な参考文献が存在する．本書を執筆する上で，レフラーとウェスタッド共編の『ケンブリッジ冷戦史』（全 3 巻，2010）からは冷戦史を超えるグローバルな冷戦史研究として多くを学び，また数冊の通史は歴史叙述のモデルとして参考にしたが，そのほかはほとんど日本で刊行された文献に頼った．

私が本書をまとめることができたのは，なによりも日本における研究の進展とその成果としてのモノグラフ的著作の集積に依拠することができたからである．もちろん，20世紀の国際関係史や冷戦期の国際政治史の何冊かの通史的叙述からも，地域別・国別の国際政治史や対外政策史の通史からも，学ぶところが多く，それらの書物の歴史事象の見方から啓発された．個人的理由により，著述を早くまとめる必要があったため，日本語文献もその一部しか利用できなかったが，もし幸いにして本書の内容に長所と認められるものがあるとすれば，それは日本の研究者の研究成果を部分的にもせよ吸収し活用したからである．学界に対する謝辞のほか，お世話になった多くの方々や諸機関への謝辞を述べたいが，それは私の著者としての目線についてより詳しく説明する「あとがき」のなかに含めることにする．

　2012年12月27日

有賀　貞

凡　例

1. 外国人名は，原則としてファミリー・ネームまたは爵位名のみで表記した．ただし，ウィルソンなどのように同姓の複数の人物が登場する場合は，各章初出にはファースト・ネームも記してある（主要な外国人名の原綴りについては索引を参照）．日本人・中国人・韓国／朝鮮人名は，各章初出はフルネームで表記し，適宜姓のみあるいは名のみで表示した．
2. 補足説明を要する箇所には＊をつけ，該当段落の後に説明を挿入した．
3. 参考文献は巻末に一括して掲載した．参考文献には，複数の版が存在する書籍の場合，できるだけ現在流通している版を記載した．
4. 出典あるいは主に参照した文献は，文中該当箇所の〔　〕内に編著者名と発行年を示した（例：〔細谷1984〕）．複数著者による論文集の場合，必要に応じて参照すべき論文の執筆者名を（　）内に付記した場合がある（例：〔細谷・有賀1987（有賀）〕）．ただし，資料集は，書名と巻数（複数巻の場合）を記した場合がある（例：〔世界史史料⑪〕）．また，日本国際政治学会機関誌『国際政治』および Organization of American Historians 機関誌 *Journal of American History*（*JAH* と略記）は，文中には誌名と号数（執筆者名）を記入し（例：〔国際政治97（鈴木）〕，*JAH*, 99: 1 (Jones)），参考文献には特集タイトルも明記した．
5. 著者は2013年3月に逝去した．序章〜第Ⅴ章，はしがき，あとがきは生前，本書のために書き下ろされたものであるが，第Ⅵ章〜終章は *An International History of the Modern World*（研究社，2003年）および『ヒストリカル・ガイド　アメリカ』改訂新版（山川出版社，2012年）の一部を転載したものである（詳細は解題を参照）．本書の出版にあたっては佐々木卓也教授（立教大学）ほかの編集協力を得た（編集部）．

目　次

　　はしがき　i
　　凡　例　iv

序　章　ヨーロッパの時代からアメリカの時代へ ─── 1
　1─第一次世界大戦の勃発と長期化　2
　2─アメリカの参戦とロシア革命　3
　3─第一次世界大戦の歴史的意味　5
　4─遅れた相対的安定の回復と速やかな崩壊　8
　5─第二次世界大戦の勃発と拡大　12
　6─第二次世界大戦の歴史的意味　15

第Ⅰ章　第二次世界大戦終結前後の世界 ─── 21
　1─戦後を摸索するアメリカ　23
　2─労働党政権下の戦後イギリス　29
　3─ソ連におけるスターリン体制の再強化　33
　4─ドイツ第三帝国崩壊後のヨーロッパ西部　37
　5─ドイツ第三帝国崩壊後のヨーロッパ東部　42
　6─日本帝国の敗北と東アジア　47
　7─東南アジアへの旧宗主国の復帰　55
　8─南アジア・中東・アフリカにおける第二次大戦と戦後　59
　9─アメリカとラテンアメリカ諸国　66
　10─国際連合の発足　68

第Ⅱ章　ヨーロッパの冷戦とアジアの戦争 ─── 75
　1─米ソ「冷戦」の始まり　77

2——マーシャル・プランの実現とソ連の自陣営締め付け　83
　3——二つのヨーロッパ，二つのドイツの形成　85
　4——ソ連に有利な二つの展開　91
　5——朝鮮戦争の勃発と展開　96
　6——サンフランシスコ対日講和の成立　105
　7——西欧帝国主義の後退　112
　8——イスラエル独立とパレスチナ戦争後の中東　117

第Ⅲ章　西欧帝国主義の終幕と米ソ冷戦の継続 ──── 123
　1——米ソ両国における指導者の交代　125
　2——1954年ジュネーヴ会議とインドシナ休戦　130
　3——1955年体制の形成　137
　4——ハンガリー動乱とスエズ戦争　145
　5——アフリカ植民地の独立　152
　6——米ソ・米中関係と中ソ対立の端緒　156
　7——第二次ベルリン危機からキューバ・ミサイル危機へ　160
　8——日米安全保障条約の改定　166

第Ⅳ章　ベトナム戦争と米ソ中三国関係 ──── 175
　1——米ソ中の対立・対抗関係と米ソ指導者の交代　177
　2——アメリカの戦争としてのベトナム戦争　181
　3——1960年代の東南アジア・南アジア情勢　189
　4——第三次中東戦争（六日戦争）　194
　5——中国のプロレタリア文化大革命　199
　6——混乱の年としての1968年　203
　7——ニクソン-キッシンジャー外交の始動　209
　8——ニクソン-キッシンジャー外交の展開　216
　9——沖縄返還と日中国交正常化　220

第Ⅴ章　第三世界の激動と米ソ・デタントの退潮 ── 227

　1──第四次中東戦争とその収拾をめぐる国際政治　229
　2──石油戦略の発動　232
　3──米軍撤退後の東アジアと東南アジア　237
　4──ソ連のアフリカ政策とアメリカの対応　240
　5──人権問題の国際的重要性の増大とカーターの「人権外交」　245
　6──イラン革命の歴史的意義　251
　7──経済先進国としての日本　255

第Ⅵ章　冷戦の終結 ── 263

　1──レーガンとサッチャーの「保守革命」　265
　2──強いアメリカの再建　266
　3──ゴルバチョフ革命　268
　4──ポーランドの共産党支配の弱体化　269
　5──東欧における共産党支配体制の崩壊　270
　6──ソ連の解体　271
　7──冷戦の終結　272

第Ⅶ章　冷戦後の国際関係 ── 275

　1──冷戦関連の地域紛争の終息　277
　2──フセインのイラク　278
　3──湾岸戦争　279
　4──ロシアと旧ソ連諸国のポスト共産主義体制　281
　5──冷戦後 NATO−ロシア関係　282
　6──EU の深化と拡大　285
　7──北京の天安門事件　286
　8──日本の停滞と中国の躍進　288

終　章　アメリカの時代の終わり ── 291

　1──グローバル・エコノミーの形成とアメリカ　292

2——アメリカの対外政策における単独主義志向　294
3——9.11同時多発テロ事件とアメリカの反撃　295
4——イラク戦争とアメリカの誤算　297
5——金融恐慌によるアメリカの時代の終わり　299

参考文献　303
年　表　318
あとがき　325
解題（佐々木卓也）　331
索引（人名・事項）　336

序章

ヨーロッパの時代からアメリカの時代へ

　第一次世界大戦が起こる1914年から，第二次世界大戦が終わる45年までの約30年は，ヨーロッパ優越の時代からアメリカ優越の時代への移行が完了する移行期であった．

　第一次世界大戦を引き起こし，アメリカの参戦によってようやく戦争を終わらせることができたヨーロッパは，自らの秩序を再建し，それを維持するためには，アメリカのヨーロッパ政治への継続的な関与を必要としていた．アメリカの大統領ウッドロー・ウィルソンが，アメリカの自由民主主義の国際化を目指す新国際秩序の構想をもって，講和形成に主導的役割を果たしたのは，当然のなりゆきであった．

　しかしアメリカにはヨーロッパからの孤立の伝統があり，そのためにアメリカのヨーロッパの戦後問題への関与は限られたものとなった．そしてヨーロッパの脆弱な安定が1930年代の経済不況のなかで崩壊に瀕したとき，アメリカはヨーロッパに対する孤立主義的態度を強めた．アメリカが孤立主義からの脱却を図るのは，第二次世界大戦となる戦争がヨーロッパで勃発してからであり，フランスがナチス・ドイツに敗北した後は戦争への関与を次第に深めた．

　ヨーロッパの戦争はアジアにおける日本の拡張主義を刺激した．第一次世界大戦の際には，日本はドイツを敵として参戦し，中国における権益を拡大強化することを狙ったが，第二次世界大戦では，すでに中国で戦争していた日本は，ドイツと同盟を結びドイツの優勢に便乗して，東南アジアに進出しようとしたので，日米関係は次第に緊張した．アメリカがこの大戦における完全な参戦国となるのは，日本のパールハーバー攻撃がきっかけであった．イギリスがドイツに屈服せず，ソ連がドイツ軍の侵攻に耐えていたとき，また中国が抗日戦争を続けていたとき，アメリカは国の総力を挙げて参戦することにより，戦争を連合国の全面的勝利に導いた．

　この序章は，本書が扱う1945年から21世紀初頭に至る国際関係の通史的叙述のための前史として，ヨーロッパの時代からアメリカの時代への移行の過程を概観し，二つの世界大戦の歴史的意義をまとめる．

1 ― 第一次世界大戦の勃発と長期化

[ヨーロッパ優越の時代]

　第一次世界大戦の勃発とその長期化は，世界政治におけるヨーロッパ優越の時代の終わりを導いた．ヨーロッパは1815年のナポレオン戦争終結以来，ほぼ100年の相対的平和を経験した．19世紀半ばまで幾つかの革命による混乱があり，半ば過ぎには幾つかの戦争があったが，ヨーロッパの「大国」と呼ばれた国すべてを巻き込む大きな戦争はなかった．プロイセン－フランス戦争（1870-71年）の後は，ヨーロッパの大国相互の戦争は一度も起こらなかった．

　19世紀後半には，憲法を制定し，公選制の議会を開設し，中産階級を登用することがヨーロッパ先進国の標準になった．それら諸国はまた公立学校教育の普及や社会政策の導入，有権者資格の拡大などによって，広く国民に国民意識をもたせることに努めたので，労働組合と社会主義政党の漸進主義的傾向が強まった．そうした事情と治安維持技術の発達とによって，近代国家は革命的混乱の発生を免れた．また国際経済の面では，イギリスに始まった金本位制が国際的に普及し，ロンドンが国際金融の中心的地位を保持することで，国際経済の秩序が保たれていた．

　域内の平和が続いた時期に，ヨーロッパはそれまで以上に急速に世界に勢力を拡張した．それ以前から，イギリス，フランス，ロシア，とくにイギリスはヨーロッパの外で世界的に勢力を伸ばしていたが，1880年代からは，ドイツとイタリアも海外への勢力拡張に乗り出し，それに刺激されてイギリス，フランス，ロシアも拡張政策を積極化した．それぞれの国のナショナリズムもこのような拡張政策を支持し，蒸気船，鉄道の発達や兵器の技術革新がそれを可能にした．19世紀における科学技術の著しい発展はヨーロッパ人の生活の利便性を向上させ，文明の進歩についての自信を植え付けた．世紀転換期に西洋文明の将来を不安視する悲観的知識人が出てきたとしても，文明の進歩への期待が一般的であり，20世紀もヨーロッパの世紀であるように見えた．

[第一次世界大戦の勃発]

　ヨーロッパによる世界支配の拡大の一方で，その世界支配を弱める幾つかの傾向が進展しはじめていた．一つは西半球の国アメリカの強国化である．20世紀の初頭にはアメリカはすでに世界一の生産力をもつ国であり，次第に連邦政府を強化して政治大国への態勢を整え，海軍力を増強していた．日本も開国以来半世紀の間，近代化に努め，東アジアの強国への歩みを進めた．ヨーロッパにおけるナショナリズムの発展は日本の国民国家形成に影響を与えただけでなく，従属的な地位に置かれていたアジアの諸国民にも自主独立への願望をもたせ，それはヨーロッパ人の「安上がりな帝国主義」に対する潜在的脅威となった．

　しかしヨーロッパの時代の終わりを招いた最大の問題は，19世紀末以降，帝国主義政治における対抗関係とヨーロッパの勢力均衡をめぐる対抗関係とが融合して，ヨーロッパ諸大国間の対立が激しくなり，ヨーロッパ内の相対的平和の維持が困難になってきたことである．第一次世界大戦と呼ばれるようになる戦争は，ヨーロッパ諸大国間の平和を維持してきた対立調整外交が作動しなくなり，敵対の連鎖反応が起こったために勃発した．

　オーストリア－ハンガリー帝国がサライェヴォ事件後にセルビアとの戦争を決意したとき，ドイツ皇帝以下ベルリンの首脳部はそれを支持し，ロシアが参戦に動けば自国もロシアおよびその同盟国フランスと戦う方針を決めた．彼らには，戦うなら将来より今がよいという判断があった．イギリスは危機の解消のための国際会議の開催をドイツに提議したが，中欧同盟は大国会議というヨーロッパ国際危機の通常の解決法を敬遠した．戦争勃発の当初，イギリスの世論も政府内部も大戦勃発への対応について意見は分かれていたが，ドイツ軍が永世中立国ベルギーに侵攻したとき，国論は対独開戦で一致した．

2―アメリカの参戦とロシア革命

[アメリカの参戦]

　ドイツの短期決戦での勝利の目算は外れ，戦争は膠着状態のまま長期戦となった．ドイツは状況を打開するために1917年2月「無制限潜水艦戦争」とい

う手段を採用した．ドイツはそれまでアメリカを敵にすることを嫌い，潜水艦による商船攻撃を自制していたが，アメリカの潜在的軍事力が顕在化してヨーロッパの戦争に投入される前に，イギリスを敗北に追い込む可能性に賭けたのである．

アメリカは大戦の勃発以来，中立の立場をとってきたが，交戦国との貿易は協商国側，とくに英仏との貿易が増大し，他方，中欧同盟国との貿易は激減した．これはイギリスの海上支配の結果の反映であるとともに，アメリカ政府が英仏の敗北を望まなかったためでもある．大戦が長期化すると，アメリカのウッドロー・ウィルソン大統領は，中立の大国の指導者として講和の斡旋に乗り出そうとした．ウィルソンは1917年1月，「勝利なき講和」により「平和のための世界連盟」を形成すべきことを語り，交戦国双方の世論に働きかけようとした．しかし，ドイツの無制限潜水艦戦争の開始により，アメリカは4月に参戦した．

[ロシアの革命と戦争からの離脱]

アメリカ参戦前の1917年3月，ロシアでは兵士と労働者との大きな反乱が発生し，皇帝は退位に追い込まれ，政権は議会指導者から構成される臨時政府に移行した．臨時政府は戦争を継続しようとしたが，政情はますます不安定化した．亡命先のスイスから帰国したレーニンは社会民主労働党の革命派ボリシェヴィキを率いて労働者と兵士の評議会（ソヴィエト）に勢力を張り，11月政府を倒して権力を掌握した．レーニンは交戦国の政府と労働者人民とに対して即時停戦と公正で民主的な講和を呼びかけた．

ロシアのボリシェヴィキ（翌年「共産党」を名乗る）が帝国主義的分配の約束に関する秘密条約を公表したことは，戦争に協力してきた西欧連合国の社会主義者，自由主義者，労働組合指導者に衝撃を与え，連合国の戦争目的が改めて問われることになった．ウィルソンはこの時期を捉えて，戦後の新しい国際秩序についての彼の構想を14項目にまとめて発表し，国際的指導力を強めようとした（十四ヵ条演説）．それには軍備の大幅縮小，国際経済の自由化，植民地問題の公正な処理，国際的安全と平和の維持のための国際機構の設立などの諸原則とともに，民主主義原理に沿った個別問題への対処方針が表明されて

いた.

　ウィルソンは民主的で自由主義的なロシアの出現を望んでいたから，ボリシェヴィキ政権をそのまま承認する考えはなかったが，ボリシェヴィキがロシアの他の民主的諸勢力と提携して，対独戦争の戦列へと復帰するのであれば，それを歓迎したであろう．他方，レーニンはドイツの条件を呑んで当面の平和を購うことを決断した．彼はロシアの社会主義革命が起爆剤となって，より先進的な国ドイツで社会主義革命が起こることを期待し，それまでロシアの社会主義政権を持ちこたえさせる息継ぎの時間を得ようとしたのである．

　ドイツがロシアとの講和によって，東方に広大な勢力圏を得て大帝国の夢を実現した半年後に，敗北必至の状況に追い込まれたのは皮肉であった．ドイツは1918年10月，自由主義者のバーデン公マックスを首相に立て，十四ヵ条原則に基づく講和のための休戦をウィルソンに申し入れた．11月の休戦成立の前に，民衆の圧力によりドイツの帝政は崩壊し，オーストリア－ハンガリー帝国も諸民族の独立により分解していた．

3―第一次世界大戦の歴史的意味

［大規模で破壊的な最初の長期総力戦争］
　第一次大戦は開戦決定に関わった諸国の指導者たちの予想をはるかに超えた人命と物資の消耗戦となり，彼らが予期しなかった長期戦となった．この戦争は武器弾薬を大量に消耗し，諸国はそれを大量に補給しなければならなかった．それとともに戦場における犠牲者の数が増大したので，各国とも盛んに兵力増強を行う必要に迫られた．交戦国は軍隊のみならず国民一般の士気を保ちつつ，国の人的物的資源を効率的に戦争遂行に動員する能力が試されることになった．主要交戦国のなかで，国家体制の近代化と経済発展が遅れていたロシアが，最初に戦争継続能力を喪失したのは，そのためである．

［共産主義ロシアの成立と国際共産主義運動］
　アメリカの参戦とロシア革命とによって，国際政治はイデオロギー的性格をもつようになった．ウィルソンがヨーロッパ旧来の国際政治の破綻に際して，

国際秩序の自由民主主義的改革を志向したのに対して，レーニンは労働者階級の国際的革命により，帝国主義戦争が国際的内戦に転化することを期待した．ロシア革命の衝撃によって，諸国の社会主義運動は漸進主義の社会民主主義政党と共産主義政党とに分裂した．1919 年にロシア革命の支持者たちが中欧で試みた革命の試みは失敗したが，ソヴィエト・ロシア（22 年から「ソヴィエト連邦」）の共産党は各国の共産主義政党とともに反帝国主義・反資本主義革命を推進する国際機関「コミンテルン」を組織し，資本主義諸国の労働運動に影響を及ぼすとともに，帝国主義従属国における革命的ナショナリストに提携を働きかけた．先進資本主義国に起こるはずだった社会主義革命が経済発展の遅れたロシアで起こり，革命政権が存続したことは，革命の当事者にも予想外の歴史の逆説であった．巨大な国ロシアが共産主義国として存続したことにより，共産主義はその後の 20 世紀の歴史を動かす大きな力となった．

[ヨーロッパにおける君主政の衰退]

　大戦はそれ以前のヨーロッパ秩序を破壊した．ヨーロッパの中央から東方にかけて長く君臨した三つの王朝の帝国は戦争によりいずれも崩壊した（この戦争はまた中近東のオスマン帝国の解体とその王朝の廃絶をもたらした）．三王朝の崩壊は君主政治の正統性を弱めた．ドイツは共和国となり，ロシアはソヴィエト社会主義共和国となり，新たに形成された諸国もほとんど共和国であった．しかし，権威主義的な王朝の崩壊は自由主義的な民主主義の発展をもたらすことにはならなかった．ソヴィエト・ロシアの成立，諸国における共産主義政党の結成と労働運動の先鋭化とは，武闘組織をもつ右翼ナショナリスト政党の活動を誘発し，議会政治を守ろうとする勢力を左右から脅かした．イタリアでは労働者階級の急進化を恐れた国王と保守政治家が 1922 年にファシスト党の指導者ムッソリーニを首相にしたのは，戦後のヨーロッパにおける議会制民主主義の脆弱性の例証であった．

[勝者の講和と新国際秩序構想]

　ドイツと中欧同盟の明白な敗北によって終わった戦争の講和が，勝者による勝者のための講和という性格を帯びることは避けられなかった．講和会議にお

けるもっとも有力な指導者であったウィルソンは，参戦前には「勝利なき講和」を提唱し，参戦後の十四ヵ条演説でも敵国民に対する公正な講和を約束していたが，講和条約をまとめるためには，イギリスのロイド・ジョージ首相やフランスのクレマンソー首相の主張に歩み寄り，時には他の連合国の要求にも譲歩しなければならなかった．彼自身のドイツに対する態度も硬化していた．講和会議における彼の役割は，十四ヵ条原則を連合国に有利に具体化し，勝者の講和と両立する範囲で新国際秩序を実現することであった．

[ヨーロッパの自律性喪失とアメリカの役割]

ヨーロッパに大戦争が発生し長期化して，アメリカの参入によって，ようやく戦争が終わったことは，ヨーロッパが自らの秩序を維持する能力を失ったことを意味した．講和会議において，アメリカの大統領ウィルソンがもっとも有力な指導者としての役割を演じたのは当然であり，ヨーロッパの戦後秩序の安定もまた，アメリカが恒常的にどの程度ヨーロッパに関与するかにかかっていた．

ウィルソンは講和条約が最善なものではないとしても，国際連盟が発足し機能するようになれば，講和の欠点はやがて是正されると期待した．権力政治の世界に議会政治的要素を導入する国際連盟が彼の国際秩序構想の主柱であった．彼にとってアメリカの連盟参加は公正な国際秩序の形成と維持のための鍵であった．しかしアメリカにおける孤立主義の伝統の根強さと内政上の不手際のために，ウィルソンは自国を国際連盟に加盟させることに失敗した．それは彼の新国際秩序の形成の試みにおける最大の敗北であった．

しかしウィルソンの国際秩序再建構想自体にも大きな欠点があった．それはアメリカがヨーロッパの経済復興に協力することについての計画の欠落であった．もしアメリカがヨーロッパの経済復興を援助する計画を持っていたならば，連合国はドイツから過酷な賠償を取り立てようとはしなかったであろう．アメリカが戦後，戦時中連合国に提供した借款の返済にこだわり続けたことが，連合国のドイツからの賠償取り立てへの執着を生んだ．

[東アジア国際政治の変容――日本にとっての第一次世界大戦]

この大戦を経て，日本はアジアの大国であるとともに世界の大国という地位を認知され，国際連盟では常任理事国の席が与えられた．しかし他方では，日本の国際環境は著しく変化し，日本は新たな問題に直面した．それらの変化は以下のようにまとめられる．

第一は，アメリカの国際的発言力の増大であり，それによりアメリカが反対する日英同盟の維持は困難になった．第二は，日露戦争後は協力関係にあった帝政ロシアが崩壊し，反帝国主義を唱えるソヴィエト・ロシアが成立したことである．第三は，辛亥革命を経た中国ではナショナリズムの覚醒が目立ち，その矛先が戦争中に強圧的外交により権益の拡大強化を図った日本に向けられたことである．第四は，以上の諸点に関連するが，アメリカ的民主主義思想およびソヴィエトの反帝国主義思想の東アジアへの影響の広がりである．中国におけるナショナリズムの高まりも，また朝鮮における独立運動の発生も，ウィルソン思想によって鼓舞された．戦後の日本の指導層は対外的には米英主導の時代と認識して対処するとともに，内政面では民主主義運動と社会主義運動への対応を迫られた．

4 ― 遅れた相対的安定の回復と速やかな崩壊

[ワシントン体制の成立とヨーロッパの相対的安定]

ウィルソン後のアメリカの共和党の政府は国際連盟不参加を決め，ヨーロッパの問題への関与に消極的姿勢をとる一方で，海軍の軍備制限の国際的合意形成に積極的であり，それに関連して，東アジア太平洋地域の新たな秩序形成にも，外交的主導性を発揮した．海軍力における米英の対等，日英同盟の解消によるこの地域の大国間関係の再編，門戸開放政策の諸原則の国際条約化というアメリカの主張をイギリスが受け入れ，日本もそれに同調したことで，1922年に「ワシントン体制」と呼ばれる国際協調的秩序が東アジア太平洋地域に成立した．

ドイツの賠償総額は1921年に1320億金マルク（330億ドル）と定められたが，経済的に復興していないドイツは当面の賠償支払いに苦しんだ．ドイツが

賠償支払いを滞らせると，フランスはドイツの鉱工業地帯ルールを占領したが，ドイツは非協力主義をとって対抗したため，ドイツ経済は極度に混乱し，ヨーロッパ経済も低迷した．この混迷状況を見て，アメリカ政府はようやく，賠償支払いと経済復興とを両立させる方策を案出するために国際的な専門家委員会を設けることを提案し，アメリカの有力者をその委員会に送り込んだ．この委員会の提案（ドーズ案）が関係諸国に承認され，以後アメリカの資金がドイツに流入して，ドイツは通貨の安定と経済の復興を図りつつ，賠償を支払うことが可能になった．

　ドイツはドーズ案を受け入れ，1920年代後半には，欧米諸国との友好関係を通じて国際的地位の回復を目指した．ドイツが国際連盟の常任理事国となった26年からの数年間は国際政治経済の相対的安定期であるとともに，連盟の最盛期であった．この時期には国際連盟はヨーロッパの中小国間の紛争の平和的解決に貢献した．また28年にアメリカとフランスの提唱により，パリで不戦条約（ケロッグ-ブリアン条約）が調印され，世界のほとんどの国がその条約に参加したことは，この時期の世界の平和的雰囲気を象徴するものであった．不戦条約による戦争の非合法化の実際的効果は，宣戦布告を行わない戦争の増大と自衛権を拡大解釈する傾向とをもたらすにすぎなかったが，この時期には，第一次世界大戦という大災害を経験して，人類はついに戦争を過去のものとする時代に入りつつあるという期待感が国際社会の一部にあった．しかしまもなく満州事変が起こり，そのような楽観は裏切られる．

［世界的大不況の衝撃］

　1920年代後半の世界経済の回復を支えていたアメリカ経済の繁栄は29年秋のニューヨーク株式市場の大暴落をきっかけに不況へと転じた．アメリカ経済は30年前半にはやや安定を取り戻したと思われた時期があったが，その時期に積極的景気刺激策がとられなかったために，アメリカの不況の国際的影響がアメリカ自身に跳ね返り，同年後半からは経済不況は悪化の一途をたどった．20年代には多くの国が金本位制に復帰したが，金本位制を維持するためには各国政府は緊縮財政を取る必要があり，そのことが各国の不況対策を拘束した．30年代初め，国際通貨制度としての金本位制は崩壊したが，イギリスを含め

て金本位制を離脱した国々は，不況からの早めの脱出が可能になった．

経済不況に直面して，アメリカが衝動的にまず採用した不況対策は，関税率を史上最高に引き上げることであった．フーヴァー大統領には国際協調の意図があり，1931年に1年間の国際的モラトリアムを提唱して，賠償支払い国と戦債支払い国の財政難を救済しようとしたが，それ以上の積極的な救済策はとれず，アメリカ金融界の国際協力にも限界があった．32年にモラトリアムの期限が切れてもドイツは賠償支払いを再開せず，まもなく旧連合国も対米戦債の返済を停止した（アメリカ議会は返済停止国に制裁措置をとった）．同年夏，フランスを含む賠償取り立て国はヤング案（ドーズ案の改訂）に基づく賠償の放棄を承認した．

[満州事変と平和的国際秩序の破綻]

1920年代には，ソ連とイタリアを除いて，世界の主要国で議会制民主主義が一応機能し，それらの国々の協調が国際関係の相対的安定を支えたが，30年代は民主主義と平和的国際秩序にとって危機の時代となった．日本では中国の国民革命の衝撃が，ドイツでは賠償支払い継続への反発が，それぞれ国家主義的ナショナリズムを刺激する要因であったが，不況による閉塞感がその傾向に拍車をかけた．

現地の軍幹部の陰謀によって始まった満州事変は陸軍首脳部にも同調者がいたために日本政府は軍の行動を統制することができずに拡大し，中国北東部を中国から分離して満州国を設立する計画が進行した．1920年代に始まった政党内閣制は犬養毅首相が暗殺された後は継続せず，退役軍人や引退官僚が首相の座につく権威主義的体制が復活し，政策決定における軍部の発言力が増大した．中国政府は満州問題を国際連盟に提訴し，国際社会の圧力によって，中国に有利な解決を引き出そうとした．しかし連盟の主導国イギリスも連盟外の大国アメリカも，満州問題で日本と敵対することには及び腰であり，日本が連盟から脱退した後は，既成の状況を変えるための行動をとらなかった．

[新たなファシズム国家ドイツの登場]

深刻な不景気に直面したドイツでは国民のなかに現状への不満が高まり，そ

れはヴァイマル共和制に対して反体制的な態度をとる右翼政党と共産党の台頭に反映した．権威主義的な右翼政治家たちは新興政党の国家社会主義ドイツ労働者党（ナチ党）の指導者ヒトラーを首相の座に据えることで，政治を安定させようとした．1933年1月首相に就任したヒトラーは数ヵ月のうちに，彼らの予想を超えた一党独裁の全体主義国家の体制を形成した．

　ドイツのナチ党の思想・運動・支配体制は固有のものとしては「ナチズム」と呼ばれるが，イタリアのファシスト党のそれと共通性があるので，通常「ファシズム」の名で総称される．議会制民主主義をとらない統治体制全般は「権威主義体制」と呼ばれるが，権威主義体制の中でのファシズム体制の特徴は，カリスマ的指導者が大衆をひきつけ，彼の率いる政党の一党支配による強権政治を行い，個人の自由を極度に制限して国家への服従と奉仕を要求し，国民生活のあらゆる面を管理しようとするところにあった．一党独裁であること，市民生活を厳しく管理することは，ファシズム体制が敵視したソ連の共産主義体制も同様であったが，共産主義体制が生産手段を国有化し社会主義計画経済を採用したのとは異なり，ファシズム体制は資本家を協力者として取り込み，資本主義を温存したという点で大きな相違があった．また共産主義にはプロレタリア国際主義の理念があったが，ファシズムは国家的団結を至上とした．

[アメリカの孤立・不介入主義への後退]

　アメリカ議会は1930年に不況対策としてまず高率保護関税を立法化したが，32年にヨーロッパ諸国のアメリカへの戦債支払いが滞ると，国民はヨーロッパに対する不信感を強めた．フーヴァー政権には，まだ国際為替の安定による国際的な経済復興への道を探ろうという心持ちがあり，33年のロンドン世界経済会議への期待があったが，政権交代で登場したフランクリン・D. ローズヴェルト大統領は独自の経済復興政策を推進するため通貨政策での行動の自由を保持しようとして，非協力的態度をとった．

　イタリアのエチオピア侵攻によりヨーロッパの国際政治が緊張すると，アメリカは議会主導で1935年から37年にかけて一連の中立法を制定し，アメリカが戦争に関わりあう可能性を排除しようとした．中立法は，大統領により交戦中の国と認定された国々に対しては，アメリカ人が武器弾薬を輸出することや

融資を供与することを禁止した．第一次世界大戦への参戦は結局無益だったのであり，最大の国益は再び海外における戦争に巻き込まれないことであるという考えが，この時期におけるアメリカの世論であった．

5 ― 第二次世界大戦の勃発と拡大

[ヨーロッパにおけるイデオロギー対立と国家間関係]

ナチ党のドイツとファシスト党のイタリアとの関係は当初から友好的だったわけではないが，二つのファシズム国家は国際関係の現状を打破し，それぞれの勢力を拡張強化するために提携するようになり，両者の提携は「枢軸」の名で知られるようになった．西欧の民主主義国，イギリスとフランスは枢軸国に対抗するため協調したが，イギリスは平和願望が強く，フランスは政治的まとまりを欠いたため，両国はファシズム国家による現状変革行動に対して宥和的態度をとった．西欧民主主義国には共産党の支持者もいたが，ファシズムに親近感をもつ者もいた．

ソ連はドイツに反ソ的反共産主義的なナチ党政権が成立したことに衝撃を受け，1934年に従来帝国主義の道具と見なしてきた国際連盟に加入し，欧米諸国への接近を試みた．ソ連は翌年フランスと相互援助条約を結び，コミンテルンも各国共産党に広く反ファシズム勢力を糾合する人民戦線の形成を指示した．しかしソ連との条約はフランス国内には強い批判があり，イギリスでも不評だったので，フランスはこの条約を活用しなかった．スペイン内戦への関与の仕方にも，これらの国々のイデオロギー的立場が表れていた．イタリアはスペイン内戦に軍事的に深く関わりすぎ，枢軸関係の主導権をドイツに奪われた．

[英仏の対独宥和政策の失敗]

1938年にドイツはズデーテン・ドイツ人問題に関して，フランスの同盟国チェコスロヴァキアに対して強硬な態度をとり，戦争の危機が切迫した．このとき，イギリスとフランスがチェコスロヴァキアとともにドイツと戦う態度を貫けば，ヒトラーは陸軍の反逆により政権の危機に直面したかもしれない．しかしイギリスのチェンバレン首相はチェコスロヴァキアにズデーテンラントを

ドイツに割譲させることで平和を購おうとし，イギリス，フランス，ドイツ，イタリアの四国首脳の合意をまとめ（ミュンヘン協定），今後の平和維持のための協調を約束した英独共同声明にヒトラーの署名を得た．しかしヒトラーのドイツが以後現状維持的な国になるという彼の宥和政策の期待ははずれた．翌年ヒトラーはチェコスロヴァキアを解体し，それまで友好的な関係にあったポーランドを脅かす行動に出たので，チェンバレンは宥和政策の失敗を悟り，英仏がポーランドを支援する方針に転換した．

イギリス，フランス両国はドイツに対抗する軍事協力についてソ連との協議を開始したが，双方には相手に対する不信感があり，またポーランドがドイツ以上にソ連を恐れていたこともあって，英仏とソ連との交渉は難航した．その間にヒトラーのドイツはそれまで不倶戴天の敵のように扱ってきたソ連に不可侵条約を提案したので，ソ連はドイツの矛先が自国に向けられるのを防ぐためのより確かな方策として独ソ不可侵条約を締結し，同時に東ヨーロッパ（以下「東欧」と略記）を両者で勢力圏に分割する秘密協定を結んだのである．

[アジアとヨーロッパにおける戦争の勃発]

満州事変後においても，日本には英米との関係を調整しつつ，中国との関係を実務的に改善する可能性は残されていた．しかし軍国主義化した日本は満州以外の中国領土への勢力拡張を慎む自制的な政策をとれなかったため，日中関係は改善できなかった．1937年，日中両軍の軍事衝突が発生すると，日本は中国に対する全面戦争への道に踏み込んだ．

第二次世界大戦は1939年9月，ドイツのポーランド侵攻によってヨーロッパの戦争として始まった．ヒトラーの拡張主義と覇権追求がこの戦争の基底にあったが，39年に大戦が勃発したことには彼の二つの誤算が関わっていた．一つは，この年にポーランドがドイツの従属的盟邦という地位を拒否したことであり，他の一つは，独ソ不可侵条約という外交的離れ業によってドイツの立場が有利になったにもかかわらず，ポーランド侵攻後に英仏両国が対独宣戦に踏み切ったことである．しかし英仏はポーランドに効果的な援助を与えられず，ポーランドの敗北後は実際の戦闘のない時期があった．

1940年5月，ドイツは西部戦線で「電撃戦」を展開し，その成功によって

翌月にはフランスを降伏に追い込んだ．それはドイツ軍部も自信をもたなかった苦心の作戦の成功であり，英仏側としては予想外のあっけない敗北であった．日本がドイツ・イタリアと三国同盟を結んだのはその数ヵ月後である．ヒトラーは，チャーチル新首相の下で戦争を継続するイギリスを屈服させるために，40年の夏の間激しい航空戦を挑んだが，制空権を掌握することはできず，イギリス侵攻作戦を断念した．イギリスに対する早期の勝利の見込みを失ったヒトラーは，一転してソ連を攻撃する計画を立て，翌年6月に独ソ戦争を開始する．彼もドイツ軍部も，ソ連の軍事能力を甘く見て短期戦でソ連は崩壊すると予想していた．

[アメリカの孤立主義からの転換]

フランスの敗北はアメリカの指導層に衝撃を与え，アメリカは自ら参戦しないがイギリスの敗北を防ぐために援助を惜しまないという方針に転じた．イギリスがアメリカからの物資購入のための支払い手段に窮するようになると，ローズヴェルト大統領は1941年3月に議会を説得して武器貸与法を成立させ，貸与という形でイギリスが必要とする物資を供与することにした．アメリカ海軍はドイツの潜水艦の攻撃からイギリスへの補給路を守るために，イギリスの船団の護衛を分担するようになり，同年秋にはアメリカの駆逐艦はドイツ潜水艦としばしば交戦するようになった．イギリスのチャーチル首相はローズヴェルトがアメリカを参戦に導くことに期待をかけていた．しかしローズヴェルトは参戦には慎重な態度であった．41年8月の両国首脳の会談の後で発表された共同宣言「大西洋憲章」は，非交戦国の大統領と交戦国の首相とが共同の世界的目的を発表するという形をとった政治同盟の宣言であった．

[地球的規模の戦争への発展]

1941年7月，独ソ戦争勃発という新たな国際情勢を分析する時間をとることなく，日本政府は東南アジアの要に位置するフランス領インドシナ南部に軍隊を送り込むと，アメリカは強く反発して，在米日本資産の凍結および石油の全面禁輸の措置をとった．日本は重要な物資をアメリカからの輸入に頼りながら軍事的拡張政策を追求してきたため，アメリカのこの経済制裁に直面して，

自ら設定した最終期限内の外交交渉による解決が不成立に終わると，勝算のない対米英戦争に打って出たのである．それはソ連軍の反撃によって，ドイツが対ソ戦争を短期戦で終わらせる見込みが失われた直後であった．

　日本によるハワイのパールハーバー奇襲攻撃の直後に，ドイツ，イタリアもアメリカに宣戦したので，アメリカは対枢軸戦争の完全な参戦国となり，米英ソ三強に中国や英連邦自治領諸国，ラテンアメリカ諸国を加えた連合国の連帯が形成された．アメリカの巨大な潜在力が軍事化されるにつれ，戦況は連合国に次第に有利に展開した．1945年にはドイツと日本がともに完全に敗北し，戦争は連合国の勝利に終わるのである．

6 ― 第二次世界大戦の歴史的意味

[世界的規模で戦われたもっとも破壊的な大戦争]

　第二次世界大戦は第一次大戦に比べても，はるかに破壊的な戦争であった．戦争は5000万人以上の犠牲者を出した．一般市民の犠牲者が軍関係者のそれよりも多かったこともこの大戦の特徴であった．戦場はより広汎になり，兵器はいっそう破壊的となり，連合国と枢軸国の双方が相手国の都市に対する空爆を盛んにおこなった．第一次大戦も総力戦であったが，第二次大戦では航空機と爆弾の発達が戦場の観念を変えた．戦争末期，アメリカは広島と長崎に完成したばかりの原子爆弾を投下したが，これはこの大戦における究極の破壊的都市爆撃であった．原爆の実用化は核兵器と核エネルギーの時代を招来する．

　一般市民の犠牲者が増えた原因の一つは敵地に侵攻した軍が行った残虐行為や，占領地住民の強制労働などである．またナチス・ドイツは戦争後半には政策的に他民族の強制移住やユダヤ人抹殺を行ったので，それにより多くの人々が犠牲となった．

[連合国の完勝とアメリカの優越]

　この大戦は大国間の勢力関係を劇的に変えた．ドイツと日本は完全に敗北し，連合国の占領管理の下で非武装化された．大国としての日本，ドイツは姿を消し，三大連合国，アメリカ，イギリス，ソ連が世界の大国として生き残った．

三国のなかで明白にもっとも強力な国はアメリカであった．その軍事力は，西大西洋から地中海に，また太平洋を越えて東アジアに展開され，また原子爆弾という新兵器を実用化していた．その経済力は，生産力においても金融力においても他を圧倒していた．

ソ連はこの戦争での勝利により，東欧で領土を拡大し勢力圏を広げ，また北東アジアでも領土と勢力圏を獲得したが，ドイツとの戦争で大きな人的，物的な損害を受けていた．イギリスはいぜんとして世界帝国ではあったが，戦争での勝利のために大きな犠牲を払ったので，経済的には疲弊していた．このようにして，アメリカの力の優越を特徴とする戦後世界が出現したのである．

[イデオロギー戦争としての大戦]

この大戦は，二つの自由な民主主義国，アメリカとイギリスが共産主義国ソ連とともに連合国を形成し，ファシズム国家ドイツ，イタリアおよび同じく全体主義体制をとる日本からなる枢軸陣営と対決した戦争であった．大戦勃発の直前，ソ連はドイツと不可侵条約を結び，大戦初期にはドイツに協力的な中立国であった．ドイツがソ連に友好的であり続ければ，ソ連はドイツに協力的な中立国という立場を維持したであろう．その場合には，米英両国の枢軸国との戦いはより困難なものになったはずである．しかしドイツがソ連に戦争を仕掛けたので，イデオロギーの相違を越えた反枢軸連合が成立した．アメリカが孤立主義を守ったとすれば，戦争は枢軸陣営の勝利に終わり，自由な民主主義が生き残れたのは，米英両国と英自治領に限られたであろう．

米英とソ連との間には大きなイデオロギー的距離があったが，「民主主義」という言葉を異なった意味で用いるにせよ，その言葉自体は共有することができた．アメリカ主導で作成された連合国の諸宣言にソ連が同意したのは，そのためであるが，連合国の勝利によってファシズム・イデオロギーが打倒された戦後世界では，米英とソ連とのイデオロギー対立が再び顕在化することになる．

この戦争は人種主義の戦いという面をもっていた．ナチス・ドイツはアーリア人種優越主義を標榜し，ユダヤ人やスラヴ系諸民族を劣等民族と見なし，とくにユダヤ人に対しては抹殺政策をとるようになった．アジア人のアジアを標榜し自らを優等民族と誇った戦時の日本がそのドイツと同盟して戦ったことは

皮肉であるが，南アジア・中東地域にはイギリス帝国主義に対する反感のためにヒトラーのドイツに親近感をもつ人々がいたこともまた事実である．ドイツの人種主義を非難し，日本のアジア主義に対抗するために，また多民族多人種の国として総力戦を戦うために，アメリカは自国内の人種差別の解消を進め，人種主義を原理としては否定する必要に迫られた．このようにして国際連合憲章では「人種，性，言語又は宗教による差別」のない世界の形成が目的として明記されたのである．

[植民地主義の後退]

人種主義の原理的否定は植民地主義の否定につながり，第二次大戦は植民地主義の衰退をもたらした．国連憲章は「非自治地域に関する宣言」において非自治地域の存在が過渡的なものであることを明示した．戦後超大国となるアメリカとソ連とが，それぞれの政治原理によって植民地主義に反対したこと，大戦によりイギリスを含む西欧の植民地保有国の力が低下したことが，植民地人民の独立への気運を高め，植民地支配の過渡的性格を現実のものにした．日本が東南アジアを支配下に置いたことも，後述するように，この地域および南アジアの諸国の戦後の独立を促進する要因となった．

[最後の世界的大戦争]

第二次世界大戦の起源は，第一次大戦後の世界に安定した国際秩序が創られることなく，1920年代後半のいわゆる相対的安定も，それを支えるべきアメリカの国際的関与が及び腰であったために，30年代の経済不況期に，もろくも崩壊してしまったことにある．第二次大戦後も平和な世界が作られたわけではなく，「冷戦」と呼ばれるアメリカとソ連との対抗関係が長く続き，東アジア，中東では幾つもの戦争が起こったが，今日に至るまで，世界を巻き込む大戦争は起こらなかった．軍事的超大国となった米ソ両国のいずれの側にとっても，全面戦争はあまりにも破壊的なものだったからである．

[日本とアジア太平洋における戦争]

第一次世界大戦は主としてヨーロッパの戦争であり，日本は脇役にすぎなか

ったが，第二次大戦ではアジア太平洋方面の戦争がヨーロッパの戦争と並ぶ大きな戦争となり，日本はその戦争における枢軸側の主役であった．その意味で第二次大戦は第一次大戦に比べれば，文字通り世界的な戦争であった．

　満州事変後の日本はさらなる勢力圏の拡張を狙う政策をとり，1937年以降8年にわたる長い戦争を中国内で戦った．この戦争により日本は中国にとって最悪の帝国主義国となった．日本はドイツと同盟を結び，東南アジアへの進出を狙い，米英との関係が悪化すると，両国に対して開戦し東南アジアに侵攻した．その際，日本がとったパールハーバー奇襲という手段は，アメリカ人の孤立主義への執着を一掃し，国民を総力戦に結集させる触媒的効果をもたらしただけでなく，アメリカ人に卑劣な侵略者日本というイメージを植え付けた．戦争中の日本人に対する悪いイメージは戦後急速に薄れたが，このできごとはアメリカ人の歴史的記憶に強く刻み込まれている．

　この大戦中，日本が東南アジアから西欧宗主国の勢力を駆逐したことが，それら地域の戦後の独立を助けたことは確かであるが，日本はアジアの解放者であったわけではない．日本は朝鮮に独立も自治も与える考えはなく，中国を従属国にするための戦争を続けており，東南アジアでも独立を認めようとした国は限られていた．日本が目指したのは，日本の覇権に組み込まれたアジア秩序であったから，日本は一時的に勝利しその後敗北することによって，アジア諸国独立の促進要因となったというべきであろう．

　戦前のアメリカには，非白人に対する差別慣行や差別意識があった．日本にも対抗的な民族的優越思想があったから，太平洋戦争には「人種戦争」的な要素があり，それゆえに「容赦なき戦争」となったという面があったが，ヨーロッパの東部戦線はさらに格段に容赦なき戦争であった．アメリカが中国人をはじめとするアジア諸国民を対日戦争の味方にするためには，アジア人に対する差別は不都合なものとなった．アメリカは戦争中，中国人やインド人に対する移民や帰化における差別を撤廃した．アジアの戦争がアメリカにおける，また国際社会における人種差別撤廃を促進する一つの契機となったと言える．

　核時代の始まりを日本は核攻撃を受けた国として経験した．戦争末期の惨めな経験，とくに原爆体験が，戦後日本の平和主義を生む原点となった．日本はアメリカの占領管理の下で，権威主義的・軍国主義的体制を捨て，平和的な民

主主義体制を樹立したが，それは占領者の指示によるものであるとともに，多数の日本人の願望に沿うものであったといえよう．冷戦の進展のなかで，友邦としての中国を失ったアメリカは，占領期に改革した日本を有力な友邦として再建する政策をとったので，日本はアメリカに助けられて国際社会に復帰し，経済復興を達成することになるのである．

第 I 章

第二次世界大戦終結前後の世界

サンフランシスコ国際連合設立総会（1945年6月）
写真提供：akg-images／ユニフォトプレス

　米英およびソ連という三大連合国が，ドイツおよび日本に対する完全な勝利を目指して戦い，戦後両国の非軍事化・民主化のために両国を当分の間占領管理する方針を固めていたことが，第二次世界大戦の特徴であった．主要連合国は勝利が近づくにつれ，そして実際に戦争が終結するとともに，主要敵国をどのように占領管理するのか，日独の帝国的支配の版図に含まれていた諸地域をどのように再建するのかという具体的な課題に直面した．ヨーロッパ諸国でどのような政治体制が成立するかは，戦前からの政治的伝統や戦時中の抵抗運動の性格も重要な要因ではあったが，何よりもそれらを占領し解放する国の政治理念の性格によって決まったといえる．新たな勢力関係の形成とともに，西欧民主主義圏と東欧共産主義圏とに大別されるヨーロッパが形成されるのである．

戦前，東アジア西太平洋地域に存在したのは帝国主義的国際秩序であり，主権国家からなる国際社会ではなく，またこの地域では三大連合国それぞれの利害もそれぞれの展開可能な力も限られていたから，この地域に戦後まもなく安定した地域秩序が形成されることはなかった．アメリカは太平洋を支配して日本と沖縄とフィリピンを勢力圏に組み入れたが，アジア大陸への介入には消極的であり，ソ連も当面北東アジアでの限定的勢力拡張に満足し，イギリスの役割も戦後初期を除き自国の植民地の回復に限られた．そしてこの地域の大国としての役割を期待された中国にも統一政権が存在せず，東南アジア諸国では脱帝国主義を巡って西欧宗主国と民族運動との紛争が生じたことが，この地域の混乱を助長したのである．

　主要連合国の中で，戦争による人的損傷も物的被害も少なかったアメリカは，経済力においては圧倒的に強く，軍事力も強大で，原子爆弾を独占していた．アメリカの指導層は自国の力を意識しアメリカが主導国となる戦後世界の構図を描いていたが，自国が世界のために大きな負担を負うことなしに，戦後世界の主導国としての役割を果たせるという楽観を抱いていた．

　本章では戦争終結前後すなわち1945年および46年の国際情勢について，まず三大連合国それぞれの国内状況と基本政策構想について述べ，次に第三帝国崩壊後のドイツおよび東西ヨーロッパの情勢と日本帝国敗戦後の日本および東アジア西太平洋地域の状況とをまとめる．そしてその他の世界諸地域，すなわち南アジアおよび中東，アフリカ，ラテンアメリカの状況を概観し，最後に国際連合の設立と発足の事情について述べる．

1 ─ 戦後を模索するアメリカ

[アメリカ人にとっての「よい戦争」]

　アメリカ人にとって，第二次世界大戦は，海の向こう側の戦争に巻き込まれたという意識を拭えなかった第一次大戦とは異なり，アメリカが攻撃され，3年9ヵ月の激闘の末に勝利を収めた，彼ら自身の戦争であった．この戦争で米軍は30万人の死者を出したが，動員した兵力や戦争の規模に比べれば，比較的少ない犠牲であり，アメリカ本土はまったく攻撃を受けなかった．この戦争により，他の主要国が疲弊したのに比べて，アメリカは明らかに世界最強の国，そして最も豊かな国となった．

　アメリカはこの戦争中，拡大する軍需に対応して生産能力を最大化したので，失業者は事実上なくなり，主婦や高齢者も就業して賃金収入を得た．日常生活に必要な物品は配給制により十分確保されたので，物価の上昇は抑制された．従軍した将兵は，市民社会への復帰に際しては，いわゆる「GI権利法」により，事業資金や住宅購入資金が助成されたほか，大学での学生生活を送るための生活費を含む奨学金が与えられた．この奨学金により，多くの比較的貧しい家族の出身者が当面労働市場に職を求める必要を免れ，学歴を付けて社会的に上昇する機会を得た．戦争はアメリカ人の主流ではなかったカトリックやユダヤ教徒への差別や偏見を除去し彼らを主流化した．白人系市民の非白人系市民への差別と偏見は存続したが，改善に向かう兆しが見えた．それゆえ，この戦争は，多様な人々の回想を編集したターケルが言うように，アメリカ人にとって「よい戦争」だったのである．これは第二次大戦におけるアメリカ人独特の経験であった〔ターケル1985〕．

[国民の信任のない大統領の登場]

　この戦争の勝利による終結が近づいた1944年11月，アメリカ国民は大戦の勝利と戦後の構築とをローズヴェルトに託して四度大統領に選出したが，彼は翌45年4月に急死し，その職務は同年1月副大統領に就任したばかりのトルーマンに引き継がれた．大不況期から第二次大戦期に12年にわたって政権を

担当し，国民多数の信頼と人気を得た前大統領に比べ，トルーマンは力量に乏しい政治家に見え，カリスマ的魅力もなかった．10年間ミズーリ州選出の上院議員を務めた後，党内の進歩派にも保守派にも敵のない無難な人物として44年に民主党副大統領候補に選ばれた．トルーマンはまったく不用意な状態で，ただちに大戦終結から戦後に向けての政策を進めなければならない立場に置かれた．

それゆえトルーマンは前大統領以上に，閣僚，軍幹部，有力議員らの助言を頼りとした．彼は対ソ関係については，アメリカの立場を強く主張する一方で，ソ連との折り合いを付けて三大国の協調を維持していくつもりであった．彼は1945年4月にワシントンを訪問したソ連外相モロトフに対してソ連のポーランド政策を語調激しく非難したが，しかし国際連合創設を実現するために，5月には特使をモスクワに派遣し，対立点を調整した．

外交はトルーマンにとってとくに自信のない分野であった．彼はサンフランシスコの国連設立総会終了後，ステティニアス国務長官（国連代表に転任）に代えて，民主党の保守派の有力政治家で行政能力に優れたバーンズをその職に任命した．バーンズもヤルタ会談に出席した以外，とくに外交経験があるわけではなかったが，トルーマンは大物政治家を筆頭閣僚として取り込み，大国間外交にその政治手腕を発揮させようと考えたのである〔Patterson 1996; Rose 1973〕．

［日本降伏と原爆投下の問題］

戦争はまだ終わっていなかったから，トルーマンは大統領として日本を降伏に追い込むという課題に取り組まなければならなかった．アメリカの海軍と陸軍の航空部門は，空爆強化と海上封鎖とによって，米軍の本土上陸なしに日本を屈服に追い込むことができるという意見であったが，陸軍は日本を降伏させるには，まず秋に九州上陸作戦の実施が必要であり，さらに本州上陸作戦を行う必要があると考えていた．そのような攻撃作戦は米軍にも多大な犠牲を出すと思われたから，トルーマンとしては避けたい選択であった．他方，ドイツ占領管理の問題についてソ連とのさまざまな対立が生じていたので，彼は日本の占領管理については，アメリカが決定的な権限をもつことを望んだ．それゆえ

彼は，日本の降伏を促すために，無条件降伏後に日本が受ける扱いについて具体的に述べる宣言を出すべきだという陸・海・国務三長官連絡会議の提言に関心を示し，ポツダム会談中に連合国の共同宣言としてそれを発表することにした．スティムソン陸軍長官がまとめた宣言の原案には，グルー前駐日大使（国務長官代理）の意見に沿って，「現皇室の下での立憲君主制」を許容するという項目が入っていたが，バーンズ国務長官がこれは宥和政策であると強く反対したので，トルーマンはその項目を宣言案から削除した*．「ポツダム宣言」として知られる対日宣言は米英中三国首脳（トルーマン，チャーチル，蔣介石）の共同宣言の形をとって，7月26日に発表された〔五百旗頭1985〕．

* 国務省幹部には後の国務長官アチソンをはじめ天皇制＝軍国主義と見てこの項目に反対する意見が多く，相談を受けたハル元国務長官もバーンズに対してこの項目に反対であると伝えた．イギリスのチャーチル首相はかねてから無条件降伏の緩和を望んでいた．

ポツダムに到着後トルーマンは原子爆弾の実験が成功したとの報告を受け取った．このニュースは彼にとって心強いものであった．巨大な破壊力をもつ原爆は日本を速やかに降伏に追い込むための決め手になるであろうし，同時にソ連に対してもアメリカの立場を強める効果を期待できたからである．ポツダム宣言の冒頭に述べられた，日本が速やかに無条件降伏しなければ壊滅的打撃を受けるであろうという警告は，トルーマンにとっては原爆の投下を含意するものであった．原爆は使用する目的で開発されてきたものであるから，原爆が完成すれば，使用しないという選択肢は内政上の観点からも，ありえなかった．強力な新兵器を使わずに戦争を長引かせたという責任を問われるからである．攻撃目標には軍事的意義のある都市が選ばれたが，多数の市民が犠牲になることは想定されていた．トルーマンが大量殺戮の道徳的問題を意識したのは，2発の原爆が実際に投下されてからであった〔細谷ほか1997（石井）〕．

二つの原爆が広島，長崎に投下された後の8月10日，日本政府は天皇の統治権が維持されるという了解の下に，ポツダム宣言を受諾する意思をアメリカ側に伝えた．トルーマンと主要な閣僚は日本を混乱なく降伏させるために，この日本の申し出に前向きに応えるべきだと考えたが，回答はバーンズの主張により，条件付降伏に応じたという印象を与えない文言を用いることにした．ア

メリカ政府は「降伏の時より天皇の大権は連合国総司令官の下に置かれる」,「日本の最終的統治形態は日本国民の自由に表明する意思により決定される」という回答を,英中ソ三政府の同意を得て,日本側に通達した.日本政府は14日その回答を得てポツダム宣言を受諾した〔Rose 1973; 波多野 1988〕.

[内政における政治指導とその挫折]

トルーマンは戦争終結の翌月,包括的な内政プログラムを発表した.それは平時経済への転換期における失業保険適用の拡大,最低賃金の引き上げ,健康保険を含む社会保障の充実,転換期に必要な物価統制の維持,農産物価格支持政策の継続,公正雇用実施委員会の恒久化,連邦補助による公共住宅建設計画などを含んでいた.彼はこれらの政策を掲げることによりニューディールの継承者として自らを位置づけようとした.たしかに連邦政府が国民の福祉のために経済運営に責任をもつという理念は国民の間に広く行き渡っており,それは1946年2月に成立した「雇用法」が完全雇用を政府の任務として掲げたことにも表れていた.しかし戦後のアメリカには,福祉国家への道をさらに積極的に前進させることに世論の強い支持はなく,ローズヴェルトのような巧妙な政治力やカリスマ的魅力に乏しいトルーマンが包括的な新政策を実現させることは困難であった.彼の提唱した政策は議会の共和党と民主党保守派によって葬られるか,彼らの意見を大幅に取り入れたものになるという運命を辿った.トルーマンは内政面で指導力を発揮できなかったため,彼は多くの有権者の不満を買い,46年の中間選挙では,民主党は32年以来保持してきた上下両院における多数を失った〔Patterson 1996; Rose 1973〕.

[国際経済復興援助への消極的な姿勢]

第二次世界大戦後のアメリカで,戦時から平時への経済の移行期に混乱があったとしても,第一次大戦後の経済の混乱に比べれば,それは小さなものであった.アメリカ経済は不景気に陥ることなく,平時経済に移行した.戦後の平時国際経済秩序についても,アメリカ政府は前大戦後の経験を踏まえて,戦争終結前にブレトンウッズ会議を主導して計画が作られていた.アメリカの指導層は,戦後の国際経済について,アメリカを中心に,安定した国際為替制度の

もとで，無差別で開放的な体制が形成されることを期待しており，ドルを基軸通貨としてアメリカが最大の基金拠出国になる国際通貨基金（IMF）構想はその期待を反映していた．アメリカの経済専門家は戦後ただちにこのような無差別で開放的な国際経済体制が実現すると考えていたわけではなく，諸国が経済復興するまでの過渡期の為替管理を認め，IMFとともに設立される国際復興開発銀行（IBRD，世界銀行）には開発とともに復興を援助する役割を与えた．しかし彼らは平時国際経済への移行期の問題を安易に考え，戦後まもなく自由で開放的な国際経済がアメリカを中心に発展すると予想していた．

アメリカは武器貸与法に基づく連合国援助を戦争終結とともに打ち切り，それに相当する戦後復興援助を提供する用意はなかった．戦争により荒廃した連合国に対する連合国救済復興事業局（UNRRA）の目的は，自力更生力の乏しい連合国に対する援助であり，それも実際には救済援助に限定された．世銀の融資対象は採算の見込みのある事業に限られた．経済先進地域である西ヨーロッパ諸国の経済は戦後まもなく回復するものと楽観的に考えられていた．

アメリカは1945年12月に対英融資協定（米英金融協定）を結んだが，その際にポンドを自由化することや速やかに無差別で開放的な貿易体制に移行することを約束させた．しかし議会ではイギリスに多額の政府借款を与えることに抵抗があり，ようやく46年7月に対英借款法が可決された．その時までには米ソ関係が悪化しており，ソ連に対抗するためにイギリスを強化することが望ましいと，議員たちが考えるようになったからである〔Gardner 1980〕．

［米ソ協調と米ソ対抗との間］

ヨーロッパの戦争が終わった当時，トルーマン政権は米英ソ三国の合意を形成しつつ戦後の国際政治を運営することは可能であると考えていた．1945年7月から8月にかけて開催されたポツダム会談で，合意文書の取りまとめに尽力したのはバーンズであり，トルーマンは会議の結果に満足し，スターリンについて現実的で話のわかる男だという印象を抱いた．米ソ間で激しい応酬があり，対立が調整されずに終わったのは，ロンドンで9月から10月にかけて開かれた戦後最初の旧連合国外相会議であった．しかしトルーマンもバーンズもこれは一時的な物別れであるという見解を表明した．バーンズは三大国合意の再構

築を望み，外相会議を12月にモスクワで開催することをソ連側に提案し，モロトフの同意を得た．

バーンズはモスクワでスターリンとも直接交渉し，外相会議はルーマニア，ブルガリア問題と日本占領管理方式の問題について合意し，イタリアおよび中・東欧4ヵ国との講和のための講和会議を翌年5月までに開催すること，原子力の国際管理について国連に提出する案の作成に参加すること，国際管理は段階的に進めることなどに合意した．これらの合意によって三大国の協調は再び軌道に乗るかに見えた．

バーンズはモスクワ会議中，交渉の詳しい状況をホワイトハウスに連絡しないまま，コミュニケを発表したので，トルーマンに強い不快感を与えた．大統領が合意の内容でとくに不満をもったのは原子力の国際管理についてのものであった．彼は上院の民主・共和両党幹部から原子力国際管理の問題では安易な妥協をしないよう再三申し入れを受けており，その点は彼自身バーンズにも念を押していたからである．しかし彼にはバーンズを更迭する勇気はまだなく，ソ連との合意形成を放棄したわけでもなかった．

1946年3月，アメリカを訪問中のイギリス前首相チャーチルはミズーリ州フルトンの大学で講演し，ソ連がヨーロッパの中央に「鉄のカーテン」を下ろしたと述べ，民主主義の擁護のために，英語諸国民が緊密な協力関係を形成する必要を力説した．同じ頃，モスクワで代理大使の地位にあったソ連専門家のケナンからは，ソ連の指導者は西側世界を弱めることを狙いとしているから，ソ連との友好関係を安易に期待すべきではないとする「長文電報」がワシントンに送られた．アメリカ政府はソ連軍のイラン駐留問題ではソ連に撤退を強く求め，またソ連がトルコにボスフォラス・ダーダネルス両海峡における海軍基地設置や国境問題で外交的圧力をかけたときには，地中海にアメリカ艦隊を派遣する措置をとって対抗した．

しかしトルーマンは公にソ連の脅威を強調することはしなかった．彼はチャーチルのフルトン講演の際には自ら講演者の紹介役を務めたが，その講演について同調するコメントを避けた．彼としては同年に締結を予定している講和条約の交渉をまとめることを望んでおり，また政権内にはヘンリー・ウォレス商務長官に代表される米ソ協調論があって，政権内部でも米ソ関係のあり方につ

いて，意見が分かれていたからである．四国外相会議のために訪欧中のバーンズは9月ドイツのシュトゥットガルトで演説し，アメリカの占領政策の目的はドイツへの報復ではなく復興への援助であると述べ，アメリカはヨーロッパの平和に引き続き関心をもち続けると語り，ヨーロッパから撤退しないというアメリカの決意を示唆した．同じ頃ウォレスはニューヨークの米ソ友好協会で，対ソ強硬外交を改めようという演説を行った．バーンズはウォレスを辞任させないなら自分が辞任するとトルーマンに決断を迫ったので，大統領は逡巡の後，ウォレスに辞任を求めた．ウォレスは民主党進歩派の重鎮であり政治的影響力のある人物だったから，大統領としては中間選挙前に彼を解任することをためらったのである〔Patterson 1996〕．

しかし進歩派がすべて米ソ協調派というわけではなく，国内では社会改革を，対外的には全体主義勢力との対抗を主張する団体「民主的行動のためのアメリカ人」が成立し，民主党進歩派に影響を及ぼすようになっていた．中間選挙における共和党の勝利は，イギリスを含めた西欧の経済情勢が深刻な状況にあるときに，議会は対外関与のための支出により厳しい態度をとることが予想された．このような状況に直面して，トルーマンはバーンズの更迭を決断し，超党派的に声望があり自らも信頼するマーシャル将軍を1947年1月国務長官に任命した〔Goldman 1956; 砂田 2006〕．

2 ― 労働党政権下の戦後イギリス

[イギリスにおける労働党の勝利]

イギリスでは，1945年5月の対独戦争終結後，労働党の主張によって戦時挙国内閣を解消し，7月の総選挙で労働党が圧勝し，戦時の連立内閣で副首相を務めてきたアトリー党首が首相に就任した*．戦争を勝利に導いた指導者チャーチルにとっては予想外であったが，内政的文脈では理由のあることであった．戦時中のイギリスは国民の結束を固めるために，生活必需物資およびサービスの公平な分配を行ったので，その意味では極めて平等主義的な社会になっていた．多数の有権者がこの戦時社会民主主義の継続を望み，それを労働党政権に期待したのである．

* ポツダム会談にはチャーチルはいわば選挙管理内閣の首相として出席した．政権交代の場合の連続性を保持するため，労働党党首のアトリー前副首相も出席していた．選挙後の会談の最後の週には，アトリーとベヴィンとが首相・外相として参加した．

戦時の連立内閣において，チャーチルや保守党閣僚は軍事・外交問題に主力を注ぎ，戦時の国内体制作りを担当したのは，主としてアトリー副首相以下の労働党の閣僚であった．労働党は単独で政権を握ると，福祉国家の実現のために，国民医療制度の実施，教育の機会の拡充，住宅建設と都市再開発などの政策を進めるとともに，基幹産業を国有化する政策をとった．イングランド銀行も国有化され，鉄道，通信，石炭産業が国有化された．鉄鋼産業も国有化されたが，これには保守党の強い反対があり，1951年の保守党の政権復帰とともに民営化された．そのほかの産業国有化はイギリスの制度として，保守党にも容認され80年代まで存続した．国有化は戦災を受けたインフラ再建には有効であり，それにより他の産業分野における経済復興に役立った〔Wilkinson & Hughes 1998〕．

[米英金融協定の交渉]

イギリスは戦争遂行のために，金準備とドル準備の大半を費やし，海外投資の大部分を処分した．戦後のイギリスには，戦争中に破壊された諸施設を整備し，海外から国民生活に必要な食糧と原料を輸入するための対価を払う十分な能力がなかった．イギリスは経済が復興するまでの過渡期のための新たな資金援助をアメリカから得ようとし，1945年9月にケインズを代表とする交渉使節をワシントンに派遣した．

アメリカ政府は戦時中の武器貸与法による援助については，イギリスが開放的で無差別な貿易秩序への速やかな移行に同意することを条件に無償とする考えであり，この点では双方の合意が成立した．アメリカ側はイギリスに復興の過渡期の資金援助を行う必要についても認識していたが，イギリスが希望した無償援助を供与する用意はなく，アメリカが提供に同意したのは，イギリス側が随時引き出しうる総額37億5000万ドル（年率2％の利子つきで50年払い，最初の5年間は無利子）の融資であり，その供与の条件として，イギリスが

1946年末までにポンドを自由化することを要求した．イギリス側はよりよい条件を求めて交渉したが，アメリカ側はポンド自由化の期限を借款の供与のときから1年後とすることに改めただけで，それ以上の譲歩をしなかった＊．

＊　1947年7月のポンドの自由化とともに国際市場でポンド売りが始まり，イギリスはアメリカからの借款の大半を引き出したが，ポンド自由化の維持は困難になり，イギリスは8月にポンドの他通貨との交換を中止した．アメリカはイギリスの窮状を見て，その措置を認めた．

米英金融協定は1945年12月に調印されたが，イギリス議会にはかなりの批判があった．労働党の政府はこの借款の必要について議会を説得し，武器貸与法援助の決済協定，ブレトンウッズ協定とセットで承認を得た．イギリスはカナダからも同じ条件で12億5000万ドルの借款を得たので，合計50億ドルの融資枠を得たことになる．

1946年5月にイギリスの輸出は戦前の水準を越え，第4四半期には111％に達し，他方，輸入は戦前の72％に抑えられたので，国際収支全体の赤字は3億4400万ポンドに留まった．それは配給制度の継続により消費が抑えられていたためであるが，ダルトン蔵相は，生活必需物資の不足や欲求不満はまもなく解消し，満ち足りる春が到来すると楽観的に述べた．しかしそのような楽観論は異常な寒さの冬の間に消滅する〔Gardner 1980〕．

[イギリスと英帝国]

第二次世界大戦においてイギリスが自治領諸国と諸植民地からなる帝国をもっていたことは大きな助けとなった．自治領の中ではアイルランドだけが中立の立場をとったが，他の自治領は第二次大戦勃発直後にヨーロッパの戦争に参戦した．自治領や植民地はイギリスにさまざまな物資を供給するとともに，兵力を派遣して軍事的に貢献し，ヨーロッパ戦線にもアフリカ戦線にも自治領や植民地の軍隊が英連邦軍の一部として参加した．カナダは海軍を増強し，大西洋横断の船団の護衛に貢献した．インドは総督の決定によって直ちに参戦した．インド人のもっとも有力な団体である国民会議派は独立を要求して戦争への非協力運動を展開したので，イギリスは非協力運動の指導者たちを拘束したが，それでもインド人200万人以上が軍務に服し，ヨーロッパ，アフリカ戦線で活

動し，英帝国軍のビルマ（現ミャンマー）における勝利の主役を果たした．

　日本が東南アジアからイギリスの勢力を駆逐した後，太平洋の自治領は自国の安全をアメリカに依存するようになり，オーストラリアはアメリカの軍事反攻の基地となり，その軍は米軍と協力して行動したので，それ以来，軍事的にはアメリカとの関係が深くなった．カナダもアメリカへの経済的依存度が増し同国との軍事協力体制が強化された．自治領諸国は戦争のための費用を自ら負担したが，インドは従来とは異なりイギリスがインド軍の戦費を負担した．自治領諸国もインドもイギリスに対して大幅な輸出超過となった．それらは直ちに決済されたわけではなく，大部分イギリスの負債としてロンドンにポンドで蓄積され戦後に残された．イギリスはこれら戦時債務が戦後円満に無理なく解決されることを期待し，その債務残高がポンド圏（カナダを除く自治領・植民地とアルゼンチンおよびスウェーデン）へのイギリスの輸出振興に役立つことを願っていた．

　自治領は戦間期に自立性を高めていたから，第二次大戦では前大戦時の帝国戦時内閣のような集権的な機関は設立されなかったが，イギリスは各自治領と緊密な連絡を保ち，英連邦の閣僚級会議はときおり開かれ，首相会議も1回開催された．このような英連邦の連携は戦後に継続され，イギリス外交にとって一つの資産となった．

　戦時内閣のチャーチルにとって，イギリスと英帝国とは不可分であって，戦争はイギリス防衛のための戦いであるとともに英帝国全体の防衛のための戦いであったが，労働党内閣も世界帝国を可能な限り維持しようとした．日本の降伏に際して，英帝国軍は東南アジアの植民地に進駐し，現地住民代表との協定に基づいて旧植民地の統治権を回復した．インドについては速やかに独立に向けた段取りをつけ，独立したインドを英連邦に留めて協力関係を結ぶことを最善策とみなした．力によって独立運動を抑えることは不可能であり，それによって得られる利益はないと考えられたからである．他方，スエズ，アデン，シンガポール，香港という拠点を維持する方針は変わらず，それら拠点につながる東地中海の安全を確保するために，ギリシア，トルコに対する経済・軍事援助を継続した〔Brown & Louis 1999 (Jeffery); Sanders 1990〕．

[労働党政権とソ連]

1945年7月の総選挙では,戦時中に国民の対ソ感情が好転していたので,労働党の候補者たちは労働党政権の方が保守党よりもソ連との良好な関係を作れると主張した.労働党政権発足の当初は,当時のトルーマン政権と同じく,ソ連との話し合いによる合意形成が可能だという希望をもっていたが,まもなく,ソ連の拡張政策に対抗するためには力を背景にした政策が必要であり,その力は一部イギリスが提供できるとしても,アメリカの力が不可欠であるという考え方が労働党政権でも支配的となった.ベヴィン外相は労働運動の経験から共産主義者には警戒心をもっており,アメリカとの連携外交の推進者となった.アメリカの民主党内に対ソ強硬外交への反対があったように,労働党内にも対ソ強硬外交反対派がおりベヴィンの更迭を画策したが,彼らは労働党政権の政策を変えさせることはできなかった.他方,アメリカでもイギリスが十分復興していないときに,イギリスを援助し,世界政治における有力な協力者にする必要があると認識されるようになった.こうして三大連合国の関係は米英の共同とソ連の対抗の形で進展することになるのである.

ただし原子力に関しては,イギリスは独自の道を歩むことになった.アメリカは1946年に発足した国連の原子力の国際管理についての委員会でソ連が受諾できる提案を行わなかったが,国内法により核兵器製造に関する情報を他のどの国にも与えることを禁止したので,アトリー政権は47年1月,将来のソ連の原爆保有を予想して,イギリス独自の核兵器開発に踏み切ることを決断した.イギリスが大国としての地位を保持し続けるためには,そうすることが必要だと考えたからである〔Sanders 1990; Northedge & Wells 1982; Hennessy 2006〕.

3 ― ソ連におけるスターリン体制の再強化

[超大国ソ連への道]

1941年6月の独ソ戦争開始以来,米英軍のノルマンディ上陸まで,ヨーロッパ戦争の主戦場は東部戦線であり,そこでドイツ軍との死闘を演じたのはソ連軍であった.ヒトラーは短期戦での圧勝とソ連体制の崩壊とを予想して戦争

を開始したが，ヒトラーの戦略が失敗したことはその年の11月には明らかになった．ソ連軍は反撃を開始し，ドイツ軍はかなりの後退を強いられたからである．

　スターリンのソ連は長期戦に耐える物的人的資源の動員能力をもっており，東部領土を占領され，多数の兵力を失っても，工業力と軍事力を維持し増大させて戦争を継続した．スターリンは自らの支配の強化のために，戦前の大粛清により古参の党幹部と軍幹部とを排除したが，そのことはまた若い世代の党官僚と将軍たちに実務的能力を発揮する機会を与えることになった．

　独ソ戦争の間，外敵の侵入と共産党員の従軍とのために，党による国民の管理はある程度手薄にならざるをえなかった．そのような危機に際して，国民の総力を結集して戦うためには，全国民の愛国心の発揚と戦争努力への献身が必要であった．愛国心に訴えるために，この戦争は「大祖国戦争」と呼ばれた．スターリンがロシア正教会への抑圧的方針を改め，教会を戦争支持のために活用しようとしたのも，愛国心の結集のための政策の一部であった．この戦争が共産主義体制防衛のための戦争ではなく，祖国防衛の戦争とされたことと関連して，国際共産主義運動の組織としてのコミンテルンは1943年に正式に解散し，それまで国歌としていた「インターナショナル」とは別の国歌も制定した．

　戦時中，アメリカは110億ドル，イギリスが4億2000万ポンド（16億8000万ドル）相当の兵器および軍需物資，食糧をソ連に提供し，ソ連の軍事力増強と反撃の加速に貢献した．米英としてもソ連の対独抗戦の継続を確保するために，ソ連の要望する物資の提供にはできるかぎり応じようとした．西側同盟国からの援助はソ連の戦争継続を可能にした一つの重要な要素ではあったが，ソ連の軍事的成功のための鍵は，ソ連自身の戦時体制の構築力にあったというべきであろう．ソ連は人口の16％を軍に召集し，1945年には1100万人が兵役にあった．ソ連は女性を兵士として用いたことでも他国より目立ったが，労働者の70％も女性によって占められた．鉄や石炭の生産においてドイツに劣りながら，43年以降，兵器生産力ではドイツを上回った．戦争終結時のソ連は，戦争で2600万人ないし2700万人の犠牲者を出し，国土に多大な被害を受けた国であるとともに，他方では中・東欧一帯を占領下に置き，北東アジアでも満州・北朝鮮に軍隊を展開する戦勝国であった〔Freeze 2009（Fuller）；Harrison

1998（Harrison）〕．

［戦後における国内統制の強化］

　この戦争での勝利によって，客観的に見れば，ソ連共産主義体制は国際的にも国内的にも安定化したといえる．それにもかかわらず，ソ連における平時への復帰は，他国の場合とは逆に，体制の締め付けへの復帰であった．つねに権力への競争者を粛清してきたスターリンは，戦後に向けて独裁者としての地位を固める必要を感じていた．戦争の英雄として人気の出た将軍を彼の権力に対する潜在的な脅威とみなし，モスクワ防衛とベルリン進攻の指揮をとった功労者ジューコフ将軍をはじめ，多くの軍人を左遷した．彼は独裁体制を強化するためには，軍からの権力への挑戦の可能性を封じるとともに，戦時の必要によってやや緩められた共産党による管理体制を再び締め直さなければならないと考えた．

　管理体制の強化はスターリンが考える経済発展計画の実行のためにも必要であった．ソ連は戦争で被害を受けた地域の復興と他の諸地域の開発を急ぐ必要があったので，そのためには，かなり強引な方法がとられた．ソ連は占領した地域から，再利用できる物資や施設をドイツあるいは日本の資産とみなして，すべて戦利品として本国に運び去る方針をとった．新たな経済計画の実行のためには，大量の労働力が必要であったから，軍隊からの復員が促進され，1100万の兵力は3年間で300万に縮小された．ドイツ軍捕虜やポツダム宣言によって降伏した日本軍将兵を長期間強制労働に従事させたのも，復興と開発のための労働力の不足を補うためであった．ドイツ軍の捕虜となったソ連軍人とドイツに強制連行されたソ連市民は戦後ソ連に送還されたが，彼らも収容所に送られ，強制労働に従事した．ドイツ軍に好意的な態度をとったとみなされた少数民族は東方領土送りとされた〔田中ほか1997；Freeze 2009（Fuller）〕．

　スターリンは資本主義国と共産主義国との間には基本的対立があると認識していたから，資本主義大国に対抗して自国の立場を強化するためには，ソ連の原爆開発を含めて軍事力を強化することが肝要であると考えていた．そのため戦後の経済計画は軍事力と直結する産業部門の復興に重点を置くものとなった．国民の間には，戦後の生活の向上への期待があったから，スターリンは彼らに

さらなる耐乏を求めるためには，1946年2月の演説のように，帝国主義戦争の脅威に備える必要を強調しなければならなかった．

[勢力圏の追求]

スターリンの資本主義国に対する不信感と猜疑心は戦争中も薄れることはなかったが，ソ連の基本的利益を主張しながら米英と折り合いをつけ，三大国協調体制はできる限り維持しようとした．彼もモロトフ外相もソ連の領土の拡張と中・東欧での勢力圏の獲得は，戦勝国としてのソ連の当然の権利であり，また安全保障のために必要であると考えていた．彼らは自国領土の拡大に関して，戦時中に米英からの同意を取り付けることを希望した．バルト三国（エストニア，ラトヴィア，リトアニア）の併合，ポーランド東部，ベッサラビアの獲得などがその主なものである．戦争末期にはソ連軍の対独攻勢の進展によって，米英両国としても，ソ連が軍事的に進出した地域における領土拡張を容認せざるを得ない状況が形成された．アメリカはまたソ連の対日参戦前に，北東アジアにおけるソ連領土の拡大と権益の獲得に同意した．

ソ連にとって戦略的にもっとも重要な地域は中・東欧であった．ドイツから20世紀に二度攻撃を受けた経験から，この地域にソ連の勢力圏を作り，自国の安全を強化しようとした．ソ連はソヴィエト社会主義共和国の連邦であるから，近隣諸国をそのような共和国としてソ連の支配下に入れることは可能であったが，それらの国をソ連の外に留めつつ，共産党支配を樹立してソ連の勢力圏を形成する方針であった．ヤルタ会談において，米英首脳は，ソ連が中・東欧地域に英米より大きな利害を有しており，その地域の諸国に友好的な政府を必要とすることを認めたが，その必要を諸国の自決権と両立する範囲で充足することを期待した．他方スターリンはヤルタ会談でとくにポーランドについては事実上フリーハンドを得たと理解し，中・東欧諸国の政治的再建について米英に実質的権限を認める考えはなかった．他方，彼はイタリアの政治的再建では米英の主導に任せ，ギリシアをイギリスの勢力圏と見なし，共産主義革命支持には消極的であった．しかし中・東欧の勢力圏化政策に加えて，ソ連がイランの石油利権を求めてイランからの撤兵を渋り，また前述のとおりダーダネルス，ボスフォラス両海峡や国境調整の問題についてトルコに圧力を加えたため

に，アメリカにソ連の勢力拡張についての警戒心を与え，1947年にはソ連として望ましくないアメリカの世界政策の積極化を招くことになる〔Freeze 2009 (Jeffery); Haslam 2011〕．

4 —ドイツ第三帝国崩壊後のヨーロッパ西部

[ドイツの占領と管理]

ソヴィエト軍がベルリンの中心部に突入した1945年4月30日にヒトラーは官邸地下室で自殺し，彼の権限をうけついだデーニッツ提督の命令で，ドイツが降伏文書に署名したのは5月8日である．ヒトラーが自殺するまでには，ドイツはソ連軍と米英軍の進撃によって寸断されており，政府も軍も崩壊状態にあった．ドイツ降伏時に三国が軍事占領していた地域と，ヤルタで合意された占領管理の分担地域とは異なっていたが，ポツダム会談開会直前までに，それぞれの軍は所定の占領分担地域に移動し，フランス軍もヤルタでの合意により米英占領地域を削って割り当てられた占領地域に入った．首都ベルリンはソ連の占領地域内に位置したが，特別地区として，四国で占領管理を分担することになっていた＊．

＊　イギリスのチャーチル首相はポーランド・ドイツ問題等での対ソ交渉を有利にするために，米軍ができるだけ東方まで進撃することを希望し，また米軍が占領した地域からヤルタで合意された占領分担地域に撤退しないことを希望したが，アメリカ側は露骨な権力政治的手法には同意しなかった．

ポツダム会談では米英側は，懸案事項とされていたドイツ・ポーランド国境問題について，オーデル川－ナイセ川の線を暫定的な国境とすることに同意し，またソ連が東プロイセンの北半分を併合することも暫定措置として承認した．他方賠償問題では，米英側は200億ドルの賠償というソ連の要求に応じなかった．米英はソ連が自らの占領地域から賠償として適当な生産施設を自由に撤去することを認めるとともに，西側占領地域からのソ連の取り分については，余剰施設の15％を食糧・原料との交換を条件として，10％を無条件で受け取れることに限定した．賠償については，西側占領国の負担にならないように，ドイツ人の生活を維持するために必要な最小限の生産施設を残し，生産物から賠

償を取り立てることはしないという英米の方針が貫かれた．しかし生活に必要最低限の生産施設という考えには，まだ厳しい考えが残っていた．

　米英は占領者として占領地域の食糧不足を最低限救済する必要があった．アメリカには食糧供給能力があったが，イギリスは食糧輸入国で財政事情も逼迫していたから，食糧を占領地域に供給することは大きな負担となった．両国の占領地域の経済的統合はそのような状況に対処するものであった〔Penrose 1953〕．フランスはイギリスの強い支持によってドイツ占領国に加えられたが，ドイツに対しては独自の立場があり，1945年から46年にかけて，占領地域からの工業施設の撤去を急ぎ，ザールをフランスの一部として統治しただけでなく，さらにルール工業地帯の国際管理やラインラントの永久分離とフランス，ベルギー，オランダによる統治を主張したため，英米を当惑させた〔Duroselle 1981〕．

　ベルリンの扱いからもわかるように，分割占領は国家としてのドイツの分割を前提としたものではなかった．分割占領は非ナチ化，非軍事化という共通の目的を分担して実行するための便法として合意されたもので，占領政策の調整機関として各国の最高司令官から構成される連合国ドイツ管理理事会が存在したが，それぞれの占領地域ではそれぞれの最高司令官が軍政の最高の権限をもっていたので，実際には，占領国はそれぞれの占領地域でそれぞれの思惑と政治理念によって占領政策を進めるようになった．

［東西ドイツへの分離の傾向］

　主要戦争犯罪人の裁判はニュルンベルクの国際法廷で1945年から翌年にかけて行われ，12人に死刑判決が出た．そのほかの下級犯罪者については各占領地域で裁判が行われた．ナチ党員で戦犯容疑者とならなかった者の公職追放も広範囲に行われた．それとともに，各占領軍はまず軍政に協力するドイツ人地方政府や州政府を選挙によって構成する必要があった．ソ連はドイツ東部の占領開始とともに，キリスト教民主同盟（CDU）を含む民主的諸政党の結成を認めたが，46年春にはドイツ社会民主党（SPD）に共産党との合同を強制して，「ドイツ社会主義統一党（SED）」を結成させ，同党を支配政党として活用した．ソ連占領地域でSPDが共産党と合同させられたことはドイツ西部

のSPDに衝撃を与えた．ドイツ西部で有力政党になったのは，SPDとCDUであった．SPDは強制収容所や海外にいたヴァイマル時代の活動家たちによって再建され，戦前からの活動家シューマッハーを指導者として活動した．CDUは，カトリックのみならずプロテスタントを含むキリスト者の政党を目指し，SPDの社会主義志向を好まない自由主義者とキリスト教社会主義を標榜する人々とを内包していた．彼らの指導者となったのはナチ登場以前にラインラントで活動した政治家アデナウアーである．バイエルン州にはキリスト教社会同盟（CSU）という独立の政党が出来上がった．共産党はソ連占領地区にSEDが成立して以来，ソ連の党とみられ，他の地区では急速に人気を失った．

　北西部を支配するイギリスと南西部を支配するアメリカとは1946年12月には両占領地域の経済行政を統合して米英経済合同地区「バイゾニア」を設けた．46年から47年にかけて，両国はソ連が占領地域で独自の経済運営をしていることを理由に，この地域における工業施設の撤去を中止し，バイゾニアに許容する工業水準を引き上げた．

　1938年以来ドイツに併合されていたオーストリアは，ドイツと同じく，四国の占領地域に分けられ，ソ連占領地域に囲まれた首都のウィーンは四国共同占領区域となった．ドイツと違っていたのは，統一的な民主共和国政府が存在したことである．これはソ連によって設立され，他の連合国によって支持されたもので，人民党と社会党が中心となり共産党は主要な役割を果たさなかった．ソ連はオーストリアでも自らの占領地域から産業施設を運び去ったが，この国では占領地域を共産党の牙城とする政策を追求しなかった．連合国による占領期間を通じて共産党は終始小政党に留まった〔成瀬ほか1997〕．

［フランスの政治的再建］

　フランスは1940年にドイツに降伏したが，ドゴール将軍がロンドンに亡命して自由フランス政府を形成し，英米軍によるアルジェリア解放後，同地を本拠として自由フランス軍を強化し，本国のレジスタンス勢力との連携を強め，44年には連合国のフランス解放作戦に参加してパリに帰還し，米英軍から施政権を委ねられた．フランスが三大連合国とともにドイツの占領に参加するこ

とを認められ，国際連合の安全保障理事会における常任理事国の地位を得られたのは，西ヨーロッパにおける大国としてのフランスの復活を希望したイギリスが米ソを説得したためでもあるが，大国フランスの面目のために戦ったドゴールの存在があって可能になったというべきであろう．

　連合国軍による解放前のフランスではレジスタンス運動が盛んであり，ドイツに対する後方攪乱活動に従事した．フランスのレジスタンス運動は，共産党員，社会党員，カトリック民主派から構成されていた．彼らはドイツ軍が退却を開始する無政府状態の時期に対独協力派の多数を処刑した．対独協力派の処罰はドゴール政権による裁判へと引き継がれた．

　フランス解放から翌年秋の選挙による立憲議会の発足まで，ドゴールは善意の独裁者としてフランスを統治した．ドゴール政権の課題は，第一に復興であった．フランスは戦勝国とはいえ，戦争による被害が大きかったから復興は急務であった．第二の課題は，彼が率いてきた自由フランス系の人々と国内のレジスタンス勢力とを統合して，再建期の国民的結束を維持することであった．戦後フランスの主要政党となったのは，共産党，社会党，カトリック民主派であり，ドゴールはそれら諸政党の幅広い支持を得る必要があった．

　ドゴール政権はフランスの復興促進のために基幹産業の国有化政策をとった．国有化政策には彼自身違和感はなく，それは社会党や共産党の希望する政策であった．彼は保守主義者であって，左翼勢力の台頭を好まなかったが，それゆえにこそ社会保障政策の充実による国民の結束が必要であると考えていた．しかし彼にはもう一つの政策があった．それは「偉大なフランス」のために軍事力を再建し，植民地を維持することである．彼が立憲議会によって暫定政府主席に正式に選出され挙国内閣を組織した2ヵ月後にその地位を辞して野に下るのは，彼が主張する軍事予算が社会党閣僚の支持を得られなかったからである．左翼政党の政治家と折り合いをつけながら国政を運営することは，彼の得意とするところではなかった．彼の辞任後の政府は国有化と福祉国家形成の政策を継承し推進した．立憲議会で作成され国民投票により成立した第四共和制憲法は第三共和制憲法と大差ないものであり，この憲法の下でフランスは戦前と同じく首相が頻繁に交代することになる〔渡邊 1998〕．

［イタリアの政治的再建］

　米英連合軍はドイツ軍が占拠したイタリア北部の解放を先送りして，フランス上陸作戦に主力を注いだので，1943 年の連合国への降伏後のイタリアは 45 年まで南北に分断された状態にあった．国王ヴィットーリオ・エマヌエーレ 3 世とともに南部に脱出したバドリオを首相とするイタリア政府はドイツに宣戦したが，参戦国として貢献できなかったから，実際には占領下の敗戦国政府であった．ヴィットーリオ・エマヌエーレ 3 世はムッソリーニの独裁を許した王として国民に反感を持たれていたので，彼は 44 年 6 月の連合軍によるローマ解放を前にして，息子のウンベルトを国王代行に指名し引退した．バドリオ首相もまもなくローマのレジスタンス勢力の指導者ボノーミに首相の座を譲った．概してイギリスは王室－バドリオに比較的好意的であり，アメリカは政治的に距離を置いていた．

　ドイツの全面的軍事崩壊が近づいた 1945 年初め，北イタリアでは共産党を中心とする北イタリア国民解放委員会が総武装蜂起によってドイツ軍からの解放を行おうと計画していた．解放委員会は武装蜂起によっていくつかの都市を解放し，ファシストを粛清したが，北部に進出してきた米英軍を歓迎し，協力する姿勢をとった．これはソ連がイタリアを米英の勢力圏と見なして，イタリアでは脇役でよいとしていたことの表れであった．イタリア共産党も左翼政権形成にこだわらず，キリスト教民主党との連携を支持した．ローマのレジスタンス左派の指導者パッリに代わって，45 年 12 月キリスト教民主党のデガスペリが首相となり，指導者としての地位を築いていくことができたのも，そのためである．戦後イタリアの主要政党はキリスト教民主党（フランスでは人民共和派），共産党，社会党であり，その点ではフランスと類似性があった．ヴィットーリオ・エマヌエーレ 3 世は 46 年 5 月に正式に退位しウンベルト 2 世が国王となったが，翌月の立憲議会の選挙とともに行われた国民投票により王政の廃止が決まった．共和政のもとで秩序を樹立し経済を再建することがデガスペリの課題となった〔豊下 1984〕．

　イタリアと連合国との講和条約は，ルーマニア，ハンガリー，ブルガリア，フィンランドとの講和条約とともに，1947 年 2 月に関係国によって調印された．これら旧枢軸国との講和については 46 年の数回にわたる主要な旧連合国の外

相会議と21ヵ国が参加したパリ講和会議によって検討され，まとめられて調印の運びとなった．イタリアは海外植民地を除く第一次大戦後の領土のほぼすべてを保持することを認められた．トリエステ地方については当面自由地域とする暫定措置がとられた．イタリアの軍事力についても具体的な制限が課された．賠償についてはユーゴスラヴィア，ギリシア，ソ連など5ヵ国に3億6000万ドルを施設，生産物および役務によって支払うことになった．アフリカ植民地のうち，リビア，エリトリア，ソマリランドの帰属の決定は旧四大連合国の合意に委ねられ，合意に至らないときは国連総会に委ねられることになった．リビアについてはソ連が信託統治国になることを希望したが，米英は同意せず，未解決だったからである〔Grenville 1975〕．

[その他の西欧諸国]

ドイツの占領から解放された他の西欧諸国，オランダ，ベルギー，ルクセンブルク，ノルウェー，デンマークでも議会制民主主義が復活した．これらの国ではベルギーを除き君主政が継続した．ベルギーではレオポルド3世は戦時中亡命政権によって対独協力を疑われ廃位されていたので，1950年まで復位が認められなかった．中立を保持した国の中で，スウェーデンは君主をもつ議会制民主主義を継続したが，イベリア半島のスペインとポルトガルは戦後も共和政の権威主義的体制を維持し，前者ではフランコの，後者ではサラザールの独裁が継続した．枢軸国との関係が深かったフランコのスペインは慎重にイギリスとの戦争に巻き込まれることを避けたが，独ソ戦争には「義勇兵」を派遣したので，連合国により国連への加盟を認められなかった．アイルランドは英連邦の自治領という地位にある議会制民主主義国であったが，イギリスとの間で北アイルランド問題が未解決であることを理由に大戦中は中立の立場を維持した．戦後49年に正式に共和国を宣言し，英連邦から離脱した．

5 —ドイツ第三帝国崩壊後のヨーロッパ東部

[レジスタンス活動と戦後体制]

ドイツより東のヨーロッパ諸国は，第二次大戦中ドイツの勢力圏となり，ド

イツの敗退とともに主としてソ連の勢力圏となった．1939年に第二次大戦の始まる前，チェコスロヴァキアはドイツによって解体され，大戦勃発後ポーランドはドイツとソ連によって分割され，41年独ソ開戦前にユーゴスラヴィア，ギリシアはドイツに占領され，ユーゴスラヴィアは解体され，クロアチアは独立国，セルビアの大部分はドイツの属領となり，一部はイタリアに，またイタリアの植民地となっていたアルバニアに併合された．独ソ戦争に際してハンガリー，ルーマニアはドイツの同盟国となり，39年にソ連から攻撃されたフィンランドも対ソ戦に参加した．ブルガリアはドイツの同盟国であったが，ソ連には派兵しなかった．

　東部戦線ではソ連軍が1943年から反攻に転じ44年にはドイツの敗色が濃厚になったため，ポーランド，ユーゴスラヴィアなどではそれまでドイツの支配に抵抗してきたレジスタンス勢力の武力が強まり，ドイツの同盟国の指導層にも戦争からの離脱の機会を探る動きが出た．イギリスは44年10月にギリシア本土に進攻しアテネを占領したが，アメリカはそれ以上イギリスがバルカン作戦に軍事力を割くことに反対したため，ギリシアを解放するのに止めた．しかしイギリスはギリシアを安定させることはできなかった．イギリスは41年にロンドンに亡命した保守政権を支持したが，ドイツ軍に対してレジスタンスを展開していた共産党を中心とするギリシア左翼勢力は保守政権を受け入れようとしなかった．44年12月にチャーチルはイーデン外相とともにアテネを訪れ，内戦状態の収拾に一旦は成功したが，政情は安定しなかった．46年3月の選挙では国王派の人民党が圧勝したが，その選挙は国民解放委員会など左翼政党が参加を拒否したものであった．まもなく共産党支持者たちによる武力抵抗が始まり，それは再び内戦へと発展した．スターリンは44年10月にチャーチルとの間でギリシアをイギリスの勢力圏と認めており，ギリシア共産党の反乱を支持しなかった．むしろそれは彼の意に反して起こったものであり，北方からそれを援助したのはユーゴスラヴィアやブルガリアの共産党であった．

　ユーゴスラヴィアの対独レジスタンス勢力にはセルビア軍将校団を中心とするグループと共産主義者ティトーを指導者とする左翼グループとがあったが，後者が優勢で解放地域を拡大し，1944年10月にはソ連軍とともにベオグラードを解放した．チャーチルはロンドンの亡命政府とレジスタンス勢力との合作

による暫定政府の形成を主張し，米ソともそれを支持したので，45年3月連立政権が成立し，国際的認知をえた．しかし45年11月の制憲議会選挙では共産党を中心とする人民戦線派が圧勝し，ユーゴスラヴィアは連邦人民共和国となった．イタリアの降伏後アルバニアはドイツが占領していたが，共産党のレジスタンス勢力がこの国を解放した．彼らは41年にイタリアがアルバニアの一部としたコソヴォをユーゴスラヴィアに返還し，同国と友好関係を結んだ．

　他方，ドイツ支配下にあったポーランドでは，レジスタンス勢力は共産党員ではない人々によって占められていた．ソ連としては地理的な理由により中・東欧の中でもポーランドをソ連の衛星国にすることを最重視したから，ポーランド占領とともにモスクワ仕込みの共産党員を政権の座に据えようとした．ソ連は独ソ開戦後ロンドンのポーランド亡命政権を一旦承認したが，1943年には承認を取り消し，44年7月にルブリンに共産党員からなるポーランド臨時政府を組織した．同年8月ソ連軍がワルシャワ市近郊に迫ったとき，ワルシャワのレジスタンス派はドイツ軍に対して大規模な武装蜂起を行ったが，ソ連軍はそれを救援せず，ポーランドの有力な非共産主義勢力をドイツ軍に抹殺させた．

　英米両国はロンドンの亡命政権を承認しており，ソ連は別個の暫定政府を樹立するという状況が生じたので，解放後のポーランドの問題は米英とソ連との間で重要な争点となったが，ソ連がポーランドをドイツから解放し占領しているという現実のゆえに，ポーランドの国境設定問題でも，暫定政府の問題でも，米英の交渉力は限られていた．ヤルタ会談では，ソ連が擁立したポーランド臨時政府を，国外や国内の民主的ポーランド人を加えて改組することで妥協が成立したが，ソ連はただちにそのような改組を行う意思はなく，まずポーランド国内の亡命政府系の指導者たちを拘束し，1945年4月にはポーランド臨時政府と相互援助条約を結んだ．米英はヤルタ合意に沿う臨時政府の改組があるまで，ポーランドの国連への参加を認めない方針をとった．この問題はサンフランシスコ国連設立総会での最大の対立点となったが，対立打開のため，トルーマンがローズヴェルトの腹心として活動したホプキンズをモスクワに派遣してスターリンと直談判させた結果，スターリンはポーランド政府の改組を行うことをあらためて約束した．

6月，亡命政権の指導者を含むポーランド国民統一臨時政府が構成されたので，西側諸国も不満足ながらその政府を承認した．ポーランドとソ連の国境については，米英両国はヤルタ会談でソ連の主張する線（ほぼカーゾン線に沿う）に同意していたが，ポツダムではソ連がポーランドとドイツの国境として主張してきたオーデル・ナイセ両川の東側地域をソ連占領地域から除き，暫定的にポーランドの施政権下に置くことに同意した．

[ドイツの同盟国の戦後体制]

ルーマニアでは1940年9月以降は軍部独裁体制が成立していた．44年8月には戦争からの離脱を望むミハイ国王がアントネスク首相を罷免して，連合国との休戦と対ドイツ宣戦を断行した．まもなくソ連軍がブカレストに入り，ソ連の指示により，45年3月に左翼的政権が作られた．英米の抗議によって政権の幅は若干広げられたが，46年11月の総選挙では他政党に対するさまざまな妨害工作が行われ，共産党が政権を確保した．47年には共産党独裁体制が成立し，同年末に王政は廃止された．

ハンガリーでは1920年代からホルティを「摂政」として権威主義的な政治が行われ，第二次大戦期にもそれが継続した．ホルティは43年から連合国側と単独講和の秘密交渉を開始したが，44年3月にはそれを察知したドイツ軍がハンガリーを占領した．10月ホルティはソ連と休戦したが，ハンガリー内のドイツ軍は翌年までソ連軍に抵抗した．ハンガリーでは45年11月の総選挙で小農民党が勝ち，同党優位の連立政権が形成された．しかし共産党は内務省と司法省を掌握し，それによって反対勢力を圧迫することが可能になった．

ブルガリアはドイツ軍の妨害を受けることなく，1944年9月に連合国と休戦し，同月ソ連軍が進駐した．45年11月の選挙では祖国戦線が大勝したが，その中で勢力を伸ばしたのは共産党で，46年3月には実質的な共産党政権が成立し，王政は9月に廃止された．

ソ連はルーマニアとブルガリアにはソ連の息のかかった共産党員を送り込んで，早期に共産党支配を実現したが，ハンガリーでは共産党支配を急がなかった．フィンランドは1944年9月にソ連と休戦条約を結び，45年3月にはドイツに宣戦した．ソ連はフィンランドからは領土割譲を求めたが，当面この国を

共産党の支配下に置くことは試みなかった.

連合国とルーマニア,ハンガリー,ブルガリア,フィンランドとの講和条約はイタリアとの条約とともに1946年中に基本的に合意され,47年2月に調印された.これら諸国は軍備の制限を受け,ファシスト団体の禁止と基本的人権の保障を約束し,賠償を課された.フィンランドとルーマニアはソ連に3億ドル,ハンガリーとブルガリアもソ連と近隣の旧連合国に相応額の賠償を支払うことになった〔Grenville 1975〕.

[チェコスロヴァキア民主主義の行方]

ソ連によって最後に解放された国チェコスロヴァキアは,戦前の中・東欧で議会制民主主義が機能していた唯一の国であり,ソ連に対して友好的だった国である.ベネシュを指導者とするロンドンの亡命政権は英仏に見捨てられた記憶があり,ソ連との友好関係の維持が自国の安全にとって必須であると考え,1943年にソ連と友好相互援助条約を結んでいた.したがって,ドイツからの解放に際して,ロンドンの亡命政権とモスクワに亡命していた共産党員とが協力する合同政権が成立したことは自然であった.46年の総選挙では共産党が第一党となり,共産党のゴットワルトを首相とする連立内閣が成立したが,大統領は亡命政権の指導者ベネシュであり,共産党は穏やかに行動していたので,戦前の議会制民主主義が復活し存続するかに見えた.

チェコスロヴァキアは独立を回復すると,ズデーテン地方のドイツ人を追放した.ドイツ人はソ連領またはポーランド領となった地域から西に脱出し,あるいは追放された.ハンガリーの喪失領土からも多数のハンガリー人が追放された.ヒトラーは大戦中ドイツ人の生活圏とみなしたヨーロッパ東部から多くの住民を放逐したが,ドイツ敗戦とともに多くのドイツ人が居所を失った.それらの人口移動に共産党支配からの亡命者たちが加わり,難民が増大したことが,大戦末期から大戦後の特徴であった.ヨーロッパ東部における民族雑居の問題は,多数の難民を生むことになったが,新たな国境に従ってかなり整理された〔マゾワー 2015〕.

6 －日本帝国の敗北と東アジア

[日本のポツダム宣言受諾]

　日本では1944年7月，東条英機首相が辞任して小磯国昭が首相となり，45年4月には小磯に代わって鈴木貫太郎が首相に就任した．東条の失脚は，日本の指導層の中に敗色濃厚なことを悟り，戦争終結への道を探ろうとする意向が強くなったことの表れであった．小磯内閣はまず中国重慶政権との和平を達成し同政権に米英との交渉の仲介を依頼することを狙い，重慶との接触を試みたが，失敗に終わった．鈴木内閣発足までには，アメリカ軍の絨毯爆撃による主要都市の被害，海軍の壊滅と船舶の消耗，それらに伴う生産力の激減などにより，日本の戦争能力はますます絶望的状態になっており，アメリカは日本本土への圧力を加えつつ沖縄への上陸作戦を敢行した．

　鈴木内閣発足直前，ソ連は日ソ中立条約の不更新を日本に通告したが，鈴木内閣の外交目標はそのソ連に向けられた．陸軍は本土決戦に備えてソ連の中立を望んだので，東郷茂徳外相はソ連との外交的接触を通じてソ連を仲介者とする無条件降伏ではない戦争終結の道を探ろうとした．政軍首脳たちがその目的のために近衛文麿を特使としてモスクワに派遣することに合意し，ソ連に同意を求めたのは，7月12日であった．対日参戦を準備していたソ連はそれには応答しなかった〔細谷1988〕．

　ポツダム宣言が発表されたのは7月26日であった．この宣言は前述のように，日本が「無条件降伏」後にどのように扱われるかを明らかにすることによって，日本の降伏を早める狙いをもって発表されたものである．そこには，連合国が日本に対する最終的攻撃を加える態勢を整えており，速やかにこの宣言を受諾して軍の無条件降伏に応じなければ，日本軍のみならず日本国本土の完全な破壊は免れないという警告があり，日本軍の完全な武装解除，連合国軍による占領，日本の主権の主要四島および特定の小島嶼への限定，戦争犯罪人の処罰など厳しい項目が並んでいたが，他方では，日本という国の存続は約束されており，軍隊の武装解除後の兵士たちの家庭への帰還，民主主義的傾向の復活，基本的人権の尊重の確立，平和的経済の維持と将来の世界貿易への復帰の

許容などが言及され，日本人に平和的生活への復帰と民主的な国としての再建の可能性に希望を持たせるものであった．東郷外相は当面政府の応答を保留しようとしたが，鈴木首相は軍の圧力を受け，28日の記者会見でポツダム宣言を「黙殺する」と言明した．

　陸軍首脳が本土決戦論から幾つかの条件付きでポツダム宣言を受諾してもよいというところまで軟化したのは，2発の原子爆弾が投下され，その被害の大きさに衝撃を受けた後であった．ソ連の参戦（8月8日）も彼らの幻想を打ち砕いた．8月9日深夜からの御前会議で東郷外相は天皇制の存続が保証されれば宣言を受諾する方針を主張したが，陸軍側はそのほかの条件を主張したので，鈴木首相は天皇の聖断を仰ぐという形をとって，天皇の大権の保証のみを求める日本政府の意向をまとめた．ワシントンからの回答は天皇制の存続を明白に認めるものではなかったから，この回答をもってポツダム宣言を受諾すべきか否かを巡って，政軍上層部の意見は再び分かれたが，14日の御前会議では天皇が反対派を説得し，宣言の受諾が決定された．天皇自身の声による終戦詔勅の録音が全国放送されたのは翌15日である．天皇の終戦放送を阻止しようとした在京の一部陸軍軍人の試みは失敗したが，その後の徹底抗戦派の動きを封じる必要があった．戦争体制から占領受容体制への転換を混乱なく行うために，首相に皇族が就任することになり，17日に東久邇宮稔彦内閣が発足し，首相もまた放送を通じて国民に事態の受容を訴えた．海外各方面の日本軍の司令官が停戦と武装解除に応じるように，数人の皇族が天皇の使者として諸方面に派遣された．天皇の権威への国民的な敬意は根強いものがあったから，日本はこのような形で一応の国内秩序と機能する政府とを保持したまま，連合軍の占領を受け入れることができた．これは日本敗戦の特徴であり，その特徴のゆえに，占領は間接軍政の形で行われることになる．

　連合国軍最高司令官としてアメリカのマッカーサー将軍が厚木基地に到着したのは8月30日，日本の政軍の代表が東京湾に停泊した米艦ミズーリ号で降伏文書に署名したのは9月2日である〔細谷ほか1997（麻田）；五百旗頭1985；波多野1988〕．

[日本降伏後のアメリカの対日政策]

　アメリカは対日戦争における主役であると意識していたから，戦後の日本の占領についても自ら主役を果たすのは当然であると考えていた．ヤルタ会談でもポツダム会談でも，日本の占領体制についての主要連合国間の合意はなかった．ソ連が対日戦争に参加していなかったこともあり，また対日戦争では米英間には対独戦争におけるような密接な協議はなかったからである．イギリスはアジア太平洋方面の戦争では脇役にすぎなかったので，東アジア全般の国際政治における発言権を強めるために，対独戦争の勝利が見えてくると，太平洋艦隊を編成して対日戦争により大きな役割を果たそうとした．アメリカはイギリスの強い要望を受け入れ，英艦隊の沖縄攻撃作戦への参加を認めた．

　日本降伏時に，日本本土に相当の兵力を送り込める態勢にあったのはアメリカだけであったから，日本の占領はアメリカ軍が担当することになった．アメリカはドイツ式の分割占領を避け，アメリカ主導の統一的な占領政策が維持される形でのみ他の連合国の占領への軍事参加を容認しようとし，当初は日本占領に関する連合国の機関をワシントンに置く諮問委員会に留める考えであった．

　アメリカでは陸軍省が中心となり，ポツダム宣言に沿って「日本降伏後の初期対日方針」が作成された．その最重要点は，従来考えられていた直接軍政の方針を改め，「日本社会の現在の性格ならびに最小の兵力及び資源により目的を達成せんとする米国の希望に鑑み，最高司令官は米国の目的達成を満足に促進する限りにおいては，天皇を含む日本政府機構及び諸機関を通じてその権限を行使すべし」と間接占領方式の採用を指示したことである．この対日方針は8月下旬マッカーサーに送付され，9月22日に正式な文書として発表された．元来間接占領を是としていた彼は，この方針に沿って間接占領方式を採用した．もちろんこの指令は日本の現政府機構を「利用せんとする」だけであってそれを支持するわけではなく，政府機構は民主化・非軍事化の推進に適応するものでなければならず，また日本人民による下からの政治変革も当然想定されていた．

　マッカーサーの占領軍総司令部は政策を指示する際には，日本政府の意見や要望を聴いたが，必要な場合には直接行動した．マッカーサーは昭和天皇との会談を通じて天皇に好感を抱き，天皇を協力者として日本の非軍事化・民主主

義化を行う意向であったが,天皇制の打破なしに平和で民主主義的な日本はありえないという考え方はワシントンの政界でもアメリカ世論でも依然として有力であり,他の旧連合国諸国でも有力であった.戦争犯罪人として天皇を訴追せよという意見も国際的に存在した.総司令部は天皇についてのワシントンおよび国際社会のイメージを変えることに努め,天皇を協力者として日本の変革を実現することが占領政策の成功につながることをワシントンに対して力説した*.

* 日本国内には,天皇への敬意を持ちながら天皇は戦争責任をとって退位すべきだと考える人々は少なくなく,皇族の中にも存在した.アメリカの天皇制維持派の代表グループも退位論者であった.マッカーサーが退位を示唆すれば天皇は同意したであろうが,彼は天皇が退位せず占領の協力者となることを希望したので,天皇も後継体制を不安として,自ら天皇として留まることにした〔吉田1992;中村1992〕.マッカーサーの在任中1945年から51年まで,昭和天皇は彼と11回にわたり会談し,政治的問題について意見を交換した.新憲法が発効して「象徴」天皇になってからも変わらなかった.占領期には昭和天皇は独自に天皇外交というべきものを展開したといえる〔豊下2008〕.

[日本国憲法の制定]

1945年の9月中旬から10月初旬にかけてロンドンで開催された旧占連合国五国外相会議では,ソ連がアメリカの極東諸問委員会構想を非難し,占領政策を決定する日本管理理事会の速やかな設立を要求しただけでなく,他の国々も決定権をもつ国際機関の設置を主張した.アメリカのバーンズ国務長官は譲歩の必要を感じ,12月にモスクワで開催された米英ソ三国の外相会議で,ワシントンに本部を置く極東委員会と東京で会合する対日理事会との設立が決まった.前者は,米英中ソ等11ヵ国から構成され,四大国が拒否権を持つ占領の政策,原則の決定を行う機関であり,後者は,最高司令官を議長として米・英連邦(オーストラリアが代表)・中国・ソ連の代表で構成される最高司令官の諮問機関で,会合は公開で行われ,日本政府代表も傍聴が許された.後者は諮問機関にすぎず,前者は大国が拒否権をもつ決定機関であったが,委員会の合意が得られない場合アメリカ政府は最高司令官に暫定指令を出せることになっており,アメリカの占領政策に関する決定権は実質的に揺るがなかったといえ

よう.

　一方，東京のマッカーサーは，極東委員会が最初に会合する1946年2月下旬までに，民主主義と両立する形で天皇の地位を維持する新憲法案を日本政府にまとめさせ，それを発表して既成事実を作り，日本の戦後体制の構築の主導権を自らの手に確保しようとした．幣原喜重郎内閣内では松本烝治国務相が憲法改正を準備していたが，彼の案は基本的には明治憲法の枠組みを維持するものであり，総司令部の求めるものとは異なっていた．それを知った総司令部は早急に総司令部で新憲法原案を作成し，それを基に日本政府案を作成するように指示した．幣原首相は折衝の末，基本的にアメリカ案を受け入れることを最善と判断し，政府案をまとめることにした．天皇もそれに賛成であった．

　こうして主権在民と両立する国民の統合の象徴と位置づけられた天皇制と，戦争放棄・戦力不保持と，基本的人権の保障および議会制民主主義とを特徴とする日本国憲法が議会で採択され，同年11月「日本国民は……」の前文で始まる憲法は天皇の署名を得て公布されることになった．戦争放棄は幣原の理想であったが，マッカーサーの日本再建の理念に合致し，後者は天皇の地位の存続を国際的に納得させるためにも，この平和条項が必要であると考えたのであろう〔五百旗頭2007；秦1976a；中村1992〕．

[沖縄の日本からの分離]
　ポツダム宣言では日本の主権は本州等主要四島と特定の小島嶼に限られることになっており，沖縄（琉球）は除外されていた．ローズヴェルトはヤルタで千島が日露戦争前から日本領であったことを知りながら，それをソ連参戦の代償の一部としてソ連に引き渡すことに同意したように，かつて琉球を中国に渡すことを考え，1943年11月のカイロ会談の際，蔣介石に誘いをかけたが，蔣は関心を示さなかった．しかし激戦の末に沖縄を占領した以上，アメリカがそれを手放す意思はなくなった．アメリカは日本の委任統治地域であった南洋諸島を軍事基地として保持しようとしたが，大西洋憲章の領土不拡大原則を自ら侵すことを好まず，国連憲章の国際信託統治地域条項に「戦略地域」の規定を設け，軍事的利用の可能な地域として支配することにした．アメリカはそれと同様に，琉球を戦略地域として長期的に自らの信託統治下に置くことを意図し，

琉球支配は日本の占領管理とは別の扱いとなった〔五百旗頭2007〕.

[朝鮮半島への米ソ両軍の進駐]

　日本敗北後の朝鮮について，1943年の米英中三国首脳のカイロ宣言では「然るべき順序」を経て独立させる方針が表明された．ローズヴェルトは主要連合国による信託統治期間を経て，独立させることを考えており，45年にはヤルタ会談，ローズヴェルトの側近であったホプキンスとスターリンとの協議を経て，ソ連側は信託統治に原則的に同意したが，ポツダムでも具体的な議論のないままに，終戦を迎えた．アメリカは日本軍の降伏・武装解除の担当について，主要連合国の同意を得て，日本側に通達したが，在朝鮮の日本軍の降伏・武装解除について，北緯38度線で分け，その北側の日本軍はソ連軍に，南側の日本軍は米軍に降伏することになった．アメリカとしては，朝鮮へのソ連の影響力が強くなりすぎないように，朝鮮の将来についての発言権を保持するために，南部には日本軍の降伏・武装解除のための軍隊を派遣すべきだと考えたのである．戦後米ソ間で，信託統治の具体案と信託統治への移行措置とについて協議が進むことはなく，他方，朝鮮の人々は信託統治期間なしに独立することを望み，信託統治反対運動を展開した.

　ソ連としては数ヵ国の信託統治よりは北朝鮮に共産主義政権を樹立してソ連の勢力圏におくことを好んだであろう．アメリカとしても信託統治を断念するとすれば，米軍の管理下にある南朝鮮に友好的政府を樹立するより選択肢はなかった．日本統治下でもっとも厳しく弾圧されたのは共産主義者であったから，解放後の朝鮮では彼らは対日協力者という烙印を押されない政治集団であった．ソ連軍とともに，ソ連で訓練を受けた金日成ら共産党の活動家たちが朝鮮に入った．アメリカで教育を受け海外で独立運動を指導してきた反共産主義のナショナリスト李承晩は，朝鮮の左翼勢力に対抗するために，民衆のナショナリズムに訴えることによって，民衆の支持を獲得しようとした．朝鮮の人々の信託統治反対の世論は，米ソ両大国の思惑と結びついて，38度線を終戦当初の暫定的分断線から二つの朝鮮の分断線にしていくことになる〔細谷ほか1997（李）〕.

[中国における内戦の勃発]

　太平洋戦争中，中国には重慶の蔣介石を指導者とする国民党政権，延安の毛沢東率いる共産党政権，南京の汪兆銘政権という三つの政権が存在した．連合国が正式な政府と認めていたのは重慶の国民政府であるが，中国共産党も独自の支配地域と軍隊とを保持していた．国民党と共産党とは互いに強い警戒心を持ちつつ，抗日という共通の目的のために敵対を避け，それぞれ対日戦争を展開した．中国に大国の地位を与え，中国との友好関係を通じて戦後のアジア政策を構想していたアメリカにとって，中国の抗日勢力が分裂していることは好ましいことではなく，戦争遂行のためにも好ましいことではなかった．

　アメリカ陸軍は蔣介石が戦後の共産党との対決に備えて精鋭軍を温存しているのではないかと疑い，1944 年 9 月，軍の指揮権をアメリカの中国方面軍司令官スティルウェルに委ねることを求める大統領書簡を送って，蔣に強い圧力をかけたことがあった．蔣介石は，彼に批判的なスティルウェル司令官の更迭と大統領特使の派遣とを条件として，大統領の要求を受け入れると答えた．1ヵ月後，ローズヴェルトはスティルウェルに執着して蔣介石の面子を潰すことは得策ではないと判断して，後任司令官には蔣が指名した候補者の中からウェデマイヤーを任命し，またこの間大統領特使としてハーレーを派遣し，11 月にガウス大使の辞任後に彼をその後任に任命した．

　ハーレーは着任当初，共産党が主導する統一政府案にも好感を示したが，統一問題をめぐって国共の意見が対立すると，蔣介石の立場を支持し，共産党を説得しようとした．重慶在勤のアメリカ人の間には蔣に圧力をかけて共産党に歩み寄らせるべきだと考える人々が多かったが，ハーレーはソ連指導部が国民政府支持であり，中国共産党に特に親近感をもっていないと判断して，統一問題では蔣を支持して共産党側に圧力をかけることを是とした．毛沢東の共産党は民族主義的であり，都市の基盤をもたず農村に解放区を設けて勢力を養っていたから，ソ連の指導者から農民政党と見なされるところがあり，他方，好意的アメリカ人からは農民を支持層とする民主主義政党に発展する可能性を期待された．太平洋戦争勃発後，中国共産党指導部はアメリカを枢軸勢力に対抗する民主主義勢力と評価し，つねにアメリカへの好意を表明した．彼らは国共提携に関するハーレーの態度に失望してからも，あからさまな批判を避け，交渉

を継続した．この問題についてのハーレーと彼の部下との意見対立の問題では，ローズヴェルトはハーレーの立場を支持した．ハーレーに任せようとしたのは，彼にとって当面中国への関心が低下していたことも一因であろう．ローズヴェルトとしては，米軍が太平洋の島伝いに日本を攻める方針をとったので，中国の軍事力に多くを期待する必要はなくなっていた．中国への関心の低下は，彼が対日戦争での勝利のために，ソ連の参戦と中国東北部への進攻を希望していたこととも関連していた．ヤルタ協定におけるソ連の中国東北部権益回復に関する約束は，中国が現実に大国としての実力を持たないことを，彼が認識していたことを意味するものであった．

　1945年の戦争の終結に際して，国民政府軍は共産軍に先んじて主要都市を占領し，日本軍の降伏を受理し武装解除を行うために，アメリカ軍用機による国民政府軍の輸送を要請し，アメリカはそれに協力した．45年秋には国共両軍の間で武力衝突が発生した．ハーレーの国共提携工作が失敗に終わったのである．内戦の激化は友好的な大国としての中国の出現を期待するアメリカにとって避けたいものであった．同年12月，トルーマンは陸軍参謀総長を辞任したばかりのマーシャル将軍を特使として中国に派遣した．マーシャルは46年1月に停戦し統一方式について協議する会議の開催について双方から合意を得た．彼は統一が実現すれば，国民党と共産党との双方のより穏健な勢力が優勢となり，中道的な政権の下で安定政権が成立することを期待していた．しかし国民党と共産党との間の主張の相違と相互不信とは根強く，双方の軍はとくにソ連軍が撤退した後の東北部支配を巡って，本格的な内戦に突入した．マーシャルは国民党の保守派が非妥協的で，共産党よりも協調の精神に乏しいと感じた．内戦の勃発に失望したトルーマンは，蔣介石に彼の強引な方策を支持しないと警告したが，蔣はアメリカとしては彼を見捨てることはできないと考えて強気であった．しかしソ連が旧満州から撤退したことで，アメリカ政府の中国内戦への関心は低下したのである〔国際政治45（宇野）；Cohen 2015〕．

7 －東南アジアへの旧宗主国の復帰

［フィリピンの独立とアメリカへの依存］

　「東南アジア」という地域名が一般に用いられるようになるのは太平洋戦争中であり，イギリスが東南アジア方面軍司令部を設けたのが，この名称が公的に使用された最初であった．東南アジアの独立国はタイのみで，地域の大半は植民地であり，フィリピンはアメリカ領だったが，他はイギリス，フランス，オランダなど西欧諸国の植民地であった．戦争中，日本はタイを同盟国として軍事的に利用し，一時，東南アジア全域を支配下に収めた．日本はフィリピンを1944年に米軍に奪還され，ビルマでもイギリス東南アジア方面軍に敗北していたが，終戦当時なお，東南アジアの広い地域に日本軍が残っていた．日本軍の降伏受理・武装解除の地域的役割分担では，この地域はインドシナ北部（北緯16度線以北は中国軍），ボルネオ（オーストラリア軍）を除き，イギリス軍の役割となった．イギリス軍は自らの植民地の再植民地化に努めるとともに，広い地域で日本軍の降伏受理，抑留連合国民の解放，秩序の維持に当たることになったが，その際に住民の独立運動にどう対応するかという問題に直面した〔矢野1986〕．

　アメリカのフィリピン統治は太平洋戦争中，日本による占領によって中断されたが，アメリカは，フィリピン奪還後，たとえ対日戦争が継続中であっても戦前の決定通り1946年に独立させる方針をとり，同年7月フィリピン共和国は独立した．もしアメリカが44年にフィリピンを奪還せず，日本の降伏後の権力の空白を経てアメリカ軍が到着したとすれば，アメリカは困難に直面したかもしれない．フィリピンの旧来の指導層で抗日レジスタンスに参加したものは少数で，運動の主導権を握ったのは左翼グループ（フクバラハップ＝フク団）であったから，権力の空白期間があれば，彼らが民族主義の代弁者となる可能性があった．

　アメリカは旧来の指導層である上流階級の政治家を協力者としてフィリピン建国を進めたので，フク団がそれに参加する余地はなかった．アメリカは戦争の被害を受けた同国に8億ドルの復興援助を約束し，8年間の相互無関税貿易

とその後の特恵関係の漸進的廃止を定める一方，アメリカ人のために内国民待遇を獲得した（内国民待遇を憲法で規定することにはフィリピン国内にかなりの反対があった）．またアメリカは相互防衛協定によって軍事基地を保持する権利を獲得した．ワシントンには戦時中の対日協力者を厳罰に処すべきだという意見があったが，現地の事情を知るマッカーサー司令官とマクナット高等弁務官は，フィリピン自身に任せることを主張し，その意見が通った．フィリピンの上流階級にとって対日協力も一つの保険であったから，親米派も対日協力者に敵意を抱かず，彼らを裁判したが処罰せず特赦した〔細谷ほか1997（中野）；Taylor 1964〕．

〔インドシナとインドネシアにおける独立運動〕

戦時中，日本は1943年にフィリピンとビルマの独立を認めたが，要港シンガポールを領有する方針であり，重要資源の産地マラヤも支配下に置こうとし，独立願望が強いインドネシアについても資源確保の観点から独立の付与には消極的で，44年に近い将来の独立を約束するに留まった．他方，フランスのヴィシー政府との協定に基づいて軍事進出したインドシナについては，日本の軍事占領下でフランスの統治を許容していた．しかし枢軸国の敗色が濃厚となり，フランス本国でヴィシー政権が崩壊しドゴールを指導者とする政権がパリに成立したため，インドシナへの連合国の軍事侵攻前に，フランス総督府とその軍隊が反日行動に出る可能性を恐れるようになり，45年3月，日本軍はフランス総督から行政権を奪い，フランス軍を武装解除した．日本はこれを契機にバオダイ皇帝にベトナム帝国を独立させるなど，インドシナ諸国に君主国としての独立を認めるが，日本に対するレジスタンスを隣接する中国南部を拠点として行っていた共産党員ホー・チ・ミンを指導者とするベトナム独立同盟（ベトミン）による独立運動も活発となり，北部には解放区も形成された．

日本政府降伏の知らせを聞いた後，ベトミンはベトナム各地で蜂起し，権力を掌握した．バオダイは退位し，ベトミンに権限を委譲した．ベトミンの有力な拠点は北部にあったが，その北部に連合国軍として進駐したのは中国の国民政府の雲南軍であった．中国軍は，フランス植民地支配の復権を嫌っていたが，ベトミンよりも中国国民党に近いベトナム人団体に好意を持っていたので，ホ

ーは中国軍を敵に回さないようにこの団体と提携した．南部で日本軍の降伏受理に当たったイギリス軍は秩序を維持しつつ 1945 年 10 月のフランス軍の到着を待った．ベトミンの勢力は南部では比較的弱かったので，フランス軍はイギリス軍が撤退した 46 年 1 月までにはベトナム南部を支配するようになった．同じ年，フランスはカンボジアおよびラオスの王朝とそれぞれ宗主権協定を結んだ．

　アメリカの諜報機関・戦略諜報局（OSS，中央情報局＝CIA の前身）は中国南部でフランスの対日抵抗派ともホー・チ・ミンとも接触したが，後者に対して好意的であった．ホーは戦中から戦後初期にかけて，アメリカに好意を示し，しばしばインドシナ問題へのアメリカの積極的介入を望んでワシントンに書簡を送った．彼が発表したベトナム民主共和国の独立宣言書がアメリカの独立宣言を模していたことはよく知られている．ホーはベトナムがアメリカ主導の信託統治を経て早期に独立することを是としていた．ローズヴェルト大統領は西欧諸国の植民地支配のなかでもとくにフランスの支配に批判的で，インドシナについては，戦後複数国による信託統治下に置くべきことを彼の側近にも米英会談でも繰り返し述べていたが，それが政府の方針となったわけではなかった．彼の死後，ワシントンではインドシナ信託統治案は棚上げされ，東南アジアにおける西欧宗主国の復権をひとまず認める方針がとられた．1945 年 8 月にドゴールが訪米したとき，トルーマンはインドシナへのフランスの復帰を認めることを明言した．

　ホーはまだフランスと戦うつもりはなく，まず中国軍とフランス軍を対峙させることにより，中国軍が撤退することを狙った．中国はフランスに対して1946 年 2 月に翌月末までに撤退することを約束したが，一部の中国軍は夏まで居座っていた．ホーとフランスとは 3 月に予備協定を結び，フランスはベトナム民主共和国をフランス連合に所属する自由国として，独自の政府，議会，軍隊をもつことを承認した．ホーは 5 年以内に逐次撤退することを条件に，フランス軍の北部への進駐を認めた．フランスはすでに別個の共和国を形成していたコーチシナの帰属について，人民投票を行い，その結果を受け入れると約束した．しかしこれらの予備的な合意をより明確な合意にするための交渉は難航し，両者の対立は 46 年 11 月には武力行使へと発展した．フランス軍はハイ

フォン港を爆撃し，12月にはベトミン側はフランス軍に対して各地でゲリラ攻撃を加えるに至った（インドシナ戦争）．当時アメリカはベトナム問題に積極的に介入する考えはなかった．ワシントンにとって，ベトナムの問題よりも，フランスにおける共産党の台頭がより重要な問題であった．

　イギリス軍が進駐したオランダ領インドすなわちインドネシアでは，日本の敗北直後にスカルノらナショナリスト指導者がインドネシア共和国の独立を宣言し，1945年9月末にイギリス軍が到着したときには，多くの地域で権力を掌握していた．イギリスはオランダの宗主権回復願望に同情的であったが，イギリス軍はジャワとスマトラの一部を支配しただけで，インドネシア独立政権を抑圧することはしなかった．東南アジア方面軍はインドネシア主要地域の秩序を維持することを主要目的としたが，兵力不足のため，日本軍の武装解除を一時延期して，秩序維持に協力させた．相当数のオランダ軍が到着したのは46年3月で，イギリス軍がインドネシアから撤退したのは同年11月である．イギリスの斡旋によりオランダとインドネシアとの間に合意が成立するのは47年3月であるが，その実行を巡って両者は対立し，オランダの武力行使が始まるのである〔赤木1997；細谷ほか1997；国際政治42（宮里）；矢野1986；Fifield 1973〕．

[イギリスの東南アジア植民地への復帰]
　太平洋戦争初期の敗北によりイギリスの威信が著しく低下したことは否定できないが，イギリスの東南アジア諸植民地への復帰はフランスやオランダに比べれば比較的容易であった．日本占領下で辛酸をなめたシンガポールでは，イギリスの復帰は歓迎された．資源の点でもっとも重要な地域マラヤ半島では，マラヤ諸邦を連邦として統一し，連邦市民権をどの民族であれ等しく住民に与えるというイギリスの統治組織再編案はイギリス支配の協力者だったマレー人の反対を受け，彼らの協力を得るために方針を修正せざるをえなかった〔平野1994（田中）〕．

　イギリスは戦争終了までに，ビルマの主要地域を日本軍から奪還したが，戦後まもなく長期的な統治を断念した．アウン・サンを指導者として早期独立を求める運動が強くなったからである．アウン・サンは戦時中一時日本軍に協力

したが，日本の敗戦を予見して共産党と提携して反ファシスト人民自由連盟を組織し，1945年3月には日本に対する蜂起を指導して共産党に対する優位を確立した．イギリスは一時対日協力者だった彼を好まなかったが，彼を協力者として脱植民地化の道を探ろうと試みる．イギリスにとって，主としてインド統治との関連で保持された植民地ビルマは，インドからの早期撤退を模索する時期には，重要性が下がっていた〔Brown & Louis 1999（Stockwell）〕．

　東南アジアで唯一の独立国だったタイに対する戦後政策を巡っては，イギリスとアメリカとの間に立場の相違があり，半年近く外交交渉が続いた．タイはインドシナに進出した日本に協力を強いられ，1942年1月米英に宣戦した．タイを経由して日本軍にマラヤやビルマを攻撃されたイギリスは，タイを敵国として扱い，厳しい講和条件を課すつもりであった．他方アメリカはタイを日本に従属させられた被害国と見なし，タイを敵国として扱わなかった．アメリカはイギリスがタイの保護国化や経済支配を試みることを警戒し，イギリスとの折衝を繰り返したので，イギリスは当初厳しいものにしていた講和条件をかなり緩和し，アメリカの同意を得て，46年1月に講和条約を締結した．それ以後タイはイギリスの勢力に対抗するために，アメリカに接近して均衡をとろうとするようになる〔Fifield 1973〕．

8 ―南アジア・中東・アフリカにおける第二次大戦と戦後

［独立に向かうインド］

　第二次世界大戦は，太平洋戦争の緒戦にイギリスが東南アジアで日本に敗北したことによる威信の低下，インドにおける独立要求の高まり，植民地主義に批判的なアメリカの超大国としての登場などによって，インドの戦後の独立を決定的に促進した．イギリスのクリップス使節団が戦後の自治領化についての提案をもってインドを訪れたのは，戦況がイギリスにとってもっとも不利だった1942年3月である．当時はイギリスの敗戦も予想されたから，インド・ナショナリストの最大勢力だった国民会議派はその提案を拒否し，8月には「インドを出て行け」決議を行い，イギリスへの抵抗の姿勢を示した．イギリスは国民会議派の指導者たちを拘禁し，各地で起こった反乱活動を鎮圧した．この

ような反対にもかかわらず，この大戦中，インドがイギリスにとって重要な兵力の供給源だったことは確かである（200万人以上のインド人が軍に入隊した）．しかしそれまでとは異なり，この大戦ではインド政庁がインド軍の戦費を負担せず，イギリスの負担としたため，イギリスはインドに対して13億ポンドの負債を負うことになった．イギリスはインド軍に戦後の東南アジアにおける独立運動を鎮圧する役割を期待し得なかったし，インドにおける秩序維持のためにインド軍の協力をえることも期待できなかった．インド軍を安上がりな軍隊として帝国の維持のために活用できた時代はまったく過去のものとなっていた．43年以来インド総督を務めていたウェイヴェルは早期独立が得策であると考えていたが，施政権の移譲に当たっては，インド内部のさまざまな集団の利益を調整する必要があることを意識していた〔Brown & Louis 1999 (Jeffery)〕．

インドは一つではなく，インド政庁が直接統治する部分と伝統的君主が支配する多くの藩王国にわかれていたが，さらに複雑な問題は新国家の形を巡る宗教的多数派ヒンドゥー教徒と少数派イスラーム教徒（ムスリム）との間の対立であった．国民会議派はヒンドゥー教徒が多数を占めていた．他方ジンナーが率いるイスラーム教徒の団体，全インド・ムスリム連盟は戦時中イギリスの戦争に積極的に協力することで発言力を強め，ヒンドゥーとムスリムとが対等の政治権力をもつ連邦国家の形成を主張し，ムスリムが支配するパキスタンの創設を唱えた．他方，国民会議派の指導者ネルーは世俗的で中央集権的で社会主義的なインドを構想し，ジンナーの団体が多数のムスリムを代弁するものとは認めなかった．ガンディーは一つのインドの実現のためにはムスリムの立場にある程度譲歩することを考慮したが，ヒンドゥーとムスリムとの政治的対立が地方での両教徒の紛争を引き起こし，社会的混乱が広がりはじめた．1946年5月イギリス政府は閣僚使節団をインドに派遣し，統治権を継承するインド国家について合意の成立に努力したが，合意は成立せず，インドの分割独立もやむなしと考えるようになった．しかし二つのインドの境界線をどこに引くのか，多くの藩王国の帰属をどうするのか，などの難問があった．当時イギリスはパレスチナでユダヤ人とアラブ人との対立を調整できず，泥沼状態の中で双方の敵意に直面していたので，インドが大きな第二のパレスチナとなることを何よ

りも恐れていた〔Shipway 2008〕．

［中東におけるイギリスの支配的地位の動揺］

　第二次世界大戦勃発前，中東は依然としてイギリスの勢力圏であったが，大戦中，ヒトラーのドイツがヨーロッパ大陸に勢力を拡張した時期には，この地域におけるイギリスの立場に脅威を与えた．トルコは大戦勃発の年に英仏と相互援助条約を締結したが，フランスの敗北とともにその条約を無効とし，ドイツがギリシアを制圧したときにはドイツと不可侵条約を結んで，自らの保身をはかった．ドイツはフランスのヴィシー政権を通じて北アフリカに影響力を及ぼし，参戦したイタリアとともにイタリア領リビアからエジプトに進入した．中東諸国には，この地域で帝国主義国として行動してきたイギリスに対する反感があり，イギリスの軍事的立場が悪化すれば，それが一挙に噴出する可能性があった．フランスの委任統治地域シリアはヴィシー派が支配していたので，ドイツがシリアに軍事進出することを未然に防止するため，イギリス軍は自由フランス軍の協力を得て，1941年6月にシリアおよびレバノンに侵攻しヴィシー派を一掃するとともに，その直前イラクにも出兵し，クーデターで権力を握っていた親独的政権に代えて親英的政権を復活させた．

　1941年末に始まったドイツ・アフリカ軍団によるエジプトへの侵攻作戦はイギリスにとって最大の脅威であった．エジプトを失えば，中東全体を失う恐れがあり，そうなれば，日本のシンガポール占領と相まってインドも危険に陥るからである．しかもこのイギリスの危機に際して，ファルーク王と彼の首相は非協力的だったので，42年7月にイギリス大使はカイロの王宮をイギリス軍の装甲車で取り囲んで，親英的な首相の任命を強要しなければならなかった．イギリス軍はエジプト西部におけるエルアラメイン第二次攻防戦に42年11月に勝利を収めエジプト防衛に成功した．その後はアルジェリアに上陸した英米軍とともに，アフリカの枢軸軍に対する攻勢に転じた．

［イランにおけるソ連の勢力拡張策の挫折］

　独ソ不可侵条約時代にはイギリスはソ連の中東への南下を警戒する必要があったが，独ソ開戦によりソ連は中東においても共通の利害を持つ国となった．

英ソ両国は1941年8月，イランを連合国のための輸送路として確保するために共同で派兵し，南北に分担区域を設けた．両国は親独的だったイラン国王パフラヴィー1世を退位させ，42年1月にはイランと同盟条約を結び，イランに連合国への全面協力を約束させ，終戦後6ヵ月以内に撤兵することを約束した．戦争終結後，イラン政府は軍を北西部のアゼルバイジャン地方に派遣しようとしたが，ソ連側はそれを認めなかった．アゼルバイジャンには45年8月親ソの左翼政権が成立し，12月にはアゼルバイジャン自治共和国を宣言した．ソ連はまたイランの石油開発利権を獲得することを狙っていたから，その利権を獲得するまで，撤兵期限を過ぎても駐留を続けた〔Brown & Louis 1999 (Jeffery, Balfour-Paul)〕．

1946年4月，イランとソ連とは協定を結び，ソ連軍の撤退，両国の合弁石油会社（設立後25年間はソ連が51％の株式をもつ）の設立，アゼルバイジャン問題についてのイランと自治共和国との直接交渉の3点について合意したので，5月に撤兵を完了した．

他方，同年7月にはそれまでイランの石油生産を独占してきたアングロ・イラニアン石油会社に対する労働者の総罷業(ゼネスト)が発生したため，イギリスはイラク駐屯軍をイラン国境に派遣して威圧した．それに力を得て，イラン南部では親英派が反乱を起こし，イスラーム聖職者たちの支持を得て，南部では支配的勢力となった．ガヴァーム首相はこの状況をみて，英米の支持を得て反ソ的政策をとることにし，彼の政権から左翼勢力を排除し，アゼルバイジャンに軍を派遣して中央政府の支配下に収めた．クルド民族の分離運動も同時に鎮圧された．ソ連はアゼルバイジャンの親ソ政権の崩壊を防ぐための行動をとらなかった．合弁石油会社設立の協定は議会の批准により発効するという条件が付いていたので，批准を困難にするような行動を避けたのであろう．しかし新たに選出された議会は翌年，圧倒的多数でソ連との石油協定の批准案を否決した．ソ連とイランとの関係は緊張したが，ソ連は反撃に出ることは差し控えた〔Haslam 2011〕．

[戦後中東におけるイギリスの優越への脅威]

こうしてソ連の影響力はイランから後退したが，この時期におけるアメリカ

の影響力の増大を考えれば，それは必ずしもイギリスの勝利とは言えなかった．戦後の中東における自国の地位に対する脅威として，イギリスは四つの源泉を意識する必要があった．中東諸国における反帝国主義的ナショナリズム，パレスチナにユダヤ人国家を樹立しようとするパレスチナおよび在米のシオニスト勢力，そしてアメリカとソ連という二つの大国である．

ソ連は1946年から47年にかけてイランでの失敗を甘受したとはいえ，この地域の北に広い国境線をもつ巨大な大陸国家であったから，ソ連の影響力増大の可能性はつねに存在する脅威であった．アメリカはサウジアラビアに石油利権をもち，この国との関係は親密であり，中東全般への関心を強めていた．アメリカは中東におけるイギリス帝国主義に好意をもっていたわけではなく，石油利権獲得における最強の競争者であった．しかしアメリカがこの地域で権益を拡大し存在感を強めることは，イギリスにとって必ずしも悪いことではなかった．アメリカがこの地域における投資国としての利益を持つようになれば，ソ連の脅威に対してであれ，中東諸国の反帝国主義の脅威に対してであれ，イギリスと共通の立場に立つようになる可能性を期待できたからである．アメリカはアラブ諸国の石油資源に大きな関心があり，それゆえにアラブ諸国との友好に利益をもっていたが，アメリカはパレスチナ問題では明らかに親ユダヤ人的立場をとっており，それゆえイギリスはパレスチナ問題解決のための協力者としてはアメリカに多くを期待できなかった．

［パレスチナ・ユダヤ人の戦時協力と戦後の過激化］

第二次大戦前，イギリスを悩ませていたのは，委任統治地域パレスチナにおけるユダヤ人とアラブ人との対立であった．1930年代後半にはイギリスの統治をユダヤ人に好意的なものとして反発するアラブ人の暴動が頻発した．39年にイギリスが，両民族が対等の立場で一つの国家を形成する構想を示し，両民族の人口の均衡を維持するためユダヤ人の入国を制限する方針を打ち出すと，今度はユダヤ人が強く反発した．しかし大戦が勃発したため，ユダヤ人はドイツ打倒のための対英協力を約束した．イギリスは41年に強い危機感の中で，中東における反枢軸勢力としてもっとも信用できるユダヤ人を武装させて，中東防衛に協力させることにし，また彼らをヨーロッパでのレジスタンス支援な

どの軍事的目的に従事させた．大戦中にパレスチナ・ユダヤ人が獲得した軍事技術への習熟は，戦後イギリスの統治への反対とアラブ人との武力闘争とに活用されることになった．

　パレスチナ・ユダヤ人は戦争中，アメリカのユダヤ人の支持に訴えて，独立国家イスラエルの建設を目指すようになった．イギリスの委任統治に協力的だったヴァイツマンに代わって，アメリカを後ろ盾として独立を達成しようとするベングリオンが運動の指導権を握ったことも，彼らの運動を急進的かつ戦闘的にした．ソ連も戦争末期にはイギリスの中東における勢力を弱めるために，パレスチナ・ユダヤ人に接近した．イギリスがヨーロッパからのユダヤ人難民のイスラエル入国を制限しようとしたために，パレスチナ・ユダヤ人はますます戦闘的になり，アメリカの世論はイギリスの方針への批判を強めた．1946年7月ユダヤ人の軍事組織はイギリス政府機関のオフィスがあるエルサレムのキング・デーヴィッド・ホテルを爆破した．戦後のパレスチナでは，ユダヤ人のテロリズムの跳梁がイギリスにとって最大の問題となった．しかし当時のイギリスは，明らかに手を広げすぎた帝国であって，パレスチナの秩序を維持するために必要な兵力を送り込む財政的また軍事的余裕はなかったのである〔Shepherd 1999〕．

[レヴァントおよび北アフリカのフランス勢力圏]

　パリに帰還したフランスのドゴール政権も後継政権も，イギリスに次ぐ世界帝国としてフランスの伝統的地位を保持しようとした．ドゴールはそれまで西アジア地中海岸（レヴァント）の委任統治地域であったシリアとレバノン（前述のようにドイツがヴィシー政権と組んで中東に進出するのを防止するため，イギリス軍が自由フランス軍とともに1941年に出兵した）の独立を認める方針であったが，独立後もフランス人の自治が認められフランスの経済的軍事的利益が守られることを要求した．フランスは45年5月自国の対日戦争のための中継地にするという名目で，軍隊を増派して両国に圧力をかけた．シリア人の抵抗運動を抑圧するため，フランスはダマスカスを攻撃しようとしたが，イギリスはフランスに自重を求めた．結局フランスは強圧政策を断念し，46年にシリア，レバノンの独立を承認した．インドシナについてもフランス連合の

構成国という形式で宗主権を保持しようとしたことは前記の通りである．

　北アフリカの植民地アルジェリアは戦時中ドゴールの自由フランスが権力の拠点としたところで，多数のフランス系住民がいたが，ムスリム系アルジェリア人に比べれば，人口は6分の1程度であった．フランスは戦後のアルジェリア統治について，フランス政府任命の総督の下に限られた権限をもつ議会を設け，フランス人とムスリム系アルジェリア人の双方に同数の議席を与える方針をとり，それを1947年9月に法制化したが，それはアルジェリア人の間に強い不満を呼ぶことになる．アルジェリアはチュニジアおよびモロッコが王国としてフランスの保護下に置かれたのとは異なり，フランスの植民地として統治され，第四共和制においても，フランスの不可分の領土とされていた．しかしムスリム系アルジェリア人は現状に不満であり，フランスからの独立を求めるようになるのは時間の問題であった〔Duroselle 1981〕．

［サハラ以南アフリカと戦争］

　枢軸国の軍事的脅威がおよばないサハラ以南アフリカは第二次世界大戦中，連合国にとって重要な物資および兵力の供給源となった．イギリスは37万人のアフリカ人部隊，南アフリカ連邦の白人軍21万人を戦争に動員した．自由フランスも，サハラ以南アフリカの多くの植民地をヴィシー政権から奪い，多数の兵力を調達した．サハラ以南アフリカは資源が豊かであったから，この地域では戦略物資のための原料生産が盛んになり，自ら工業を発展させた場合もあった．南アフリカ連邦はアフリカ随一の工業国になった．ベルギーの亡命政府はほとんどの財源をベルギー領コンゴから調達した．この植民地は原料生産で繁栄し，原子爆弾の開発期にはウラン鉱石の主要な供給地となった．

　第二次大戦はアフリカ人の経済力と政治意識の向上の機会となった．原則として植民地支配に反対するアメリカの国際的発言力の増大は，西欧宗主国にも植民地人民にも意識されていた．大西洋憲章の諸国民の自決原則はヨーロッパに適用されるものであるというチャーチルの発言はアフリカ植民地の活動家から批判されたが，イギリス指導層はアフリカの諸植民地の近い将来の独立（自治領化）は現実的ではないと考えていた．フランスのドゴールは1944年初めアフリカのフランス植民地統治担当者たちと協議するためブラザヴィル会議を

開催した．この会議での合意は，それらの植民地をフランスの海外県と位置づけて，フランス議会への代表権を与え，植民地エリートにフランス国会議員となる道を開くという方式で，フランス化と中央集権的支配の継続を図る構想であった．アメリカでもアフリカ諸国の独立を近い将来に起こりうることとは考えていなかった．アメリカは国内にアフリカ系市民を差別する制度を残していたから，アフリカの独立について指図すべき立場にはなかった〔渡邊1998；Reader 1997〕．

9 ―アメリカとラテンアメリカ諸国

［アメリカの勢力圏としての西半球］

ラテンアメリカは第一次世界大戦以降，政治的にも経済的にもアメリカ合衆国の勢力圏であったといえる．貿易額においても投資額においても，アメリカはイギリスをはるかに凌ぐようになった．世界的経済不況期に，アメリカは多数の国と二国間の互恵通商協定を結んで貿易拡大を図ったが，この協定の相手国になったのはまずラテンアメリカ諸国であった．同時にアメリカは南方の近隣諸国に対する軍事干渉を控え，モンロー主義による干渉権を否定する善隣政策によって，ラテンアメリカ諸国の「北方の巨人」に対する不信と警戒を和らげることに努めた．

ヨーロッパにおけるファシズムと共産主義の台頭とともに，ラテンアメリカにもファシストや共産主義者の活動が見られるようになった．ナチス・ドイツの経済復興とともに，ドイツのラテンアメリカとの貿易も拡大した．ヨーロッパで第二次大戦が勃発すると，アメリカは他の半球からの脅威に対して西半球を防衛するための協力体制を整えようとした．アメリカは，ヨーロッパでドイツが優勢になった場合にラテンアメリカに影響が及ぶことを懸念した．ラテンアメリカはブラジルを除きスペイン語文化圏であり，フランコのスペインが枢軸国と友好関係にあることを考慮すれば，ファシズムに親近感をもつ可能性があると考えられたからである．アメリカ政府はドイツの影響力に対抗するためにラテンアメリカ諸国における反ナチズム的文化活動に力を入れ，経済援助と軍事協力を進めた．アメリカに協力的な安定政権であるならば，独裁的政府で

あることは問題にしなかった．

[ラテンアメリカ主要国の参戦]

　パールハーバー攻撃の直後，アメリカは米州諸国の外相会議の開催を求め，枢軸国との断交を共同で決議しようとしたが，アルゼンチンの反対により，明快な決議にはならなかった．アルゼンチンはイタリア移民やドイツ系市民を多く抱えており，ヨーロッパとの経済関係が深い国であったから，できるかぎり中立を保持することを望んだ．

　アメリカの戦略的利害にとって重要だったのは，ドイツの潜水艦が出没したカリブ海周辺地域であり，国としては隣国メキシコと大西洋に突出したブラジルの協力がとくに重要であった．アメリカはこれら二国およびカリブ海地域の国々の飛行場を潜水艦対策の基地として利用した．メキシコは1942年に参戦し，アメリカ在住のメキシコ人を米軍が徴兵することにも同意した．ブラジルにとってドイツはアメリカに次ぐ貿易相手国であったが，42年に対枢軸戦争に参戦し，アメリカとの提携による地位向上を目指し，北アフリカ侵攻作戦の際の後方基地としての役割を果たした．

[米州諸国の連帯とアルゼンチン]

　戦争での勝利が近づいた1945年2月から3月にかけてメキシコのシウダード・メヒコ郊外で戦争と平和の問題に関する米州諸国会議が開催され，この会議では，まもなくサンフランシスコで採択される国連憲章に反しない形で，米州諸国が相互に各国の防衛のための共同行動をとることが決議された（チャプルテペック決議）．これは大戦中の合意であり，戦後に改めて同趣旨の国際条約を締結することが想定されていた．アメリカはこの会議でアルゼンチンに日独への宣戦とファシスト勢力の排除を要求し，それなしには同国の国連設立総会への参加を認めないことを上記決議に明記した．国連設立総会が連合国の会議である以上，交戦国であることが参加資格であった．43年に登場したアルゼンチンの軍事政権は44年に枢軸国と断交していたが，この決議を受けて日本とドイツに宣戦し，国内でファシスト反対の宣伝を開始したので，サンフランシスコの国連設立総会では，アメリカはラテンアメリカ諸国とともに，アル

ゼンチン代表の参加を擁護し,その参加を実現した.

アメリカはファシストとみなすアルゼンチンのペロン副大統領の排除を試み,アルゼンチンの保守派は1945年10月に一時彼を拘束したが,彼には大衆的人気があり,46年2月の大統領選挙で合法的に大統領に選出され,やがて独裁的権力を振るうようになる.彼は主要産業の国有化,労働者や貧農への利益配分など英米資本に頼らない経済発展と福祉国家建設をめざしたが,彼の国有化政策はイギリスにとっては,鉄道などの資産売却により,戦時中の入超で蓄積されていたポンド残高を解消する助けとなった〔Schoultz 1998〕.

10―国際連合の発足

[国際連合設立総会の開催]

戦後の平和と安全保障のための世界規模の国際機構を設立することは,1943年10月の「一般的安全保障に関する四国宣言」(モスクワ)によって,主要連合国の公的な合意となった.翌年8月末から9月末にかけて,ダンバートンオークス会議の米英ソ三国間会合で新国際機構の性格を規定する国際連合憲章の骨子がほぼまとまった後,中国の意見を取り入れるために米英中三国の会合が行われた.ダンバートンオークス会議では米英とソ連との間に合意に至らなかった問題があり,それらの解決は45年2月のヤルタでの首脳会談に委ねられた.それらは国際連合(以下「国連」と略記)の安全保障理事会(以下「安保理」と略記)における拒否権の問題と,ソ連の構成国の加盟の問題であった.

各国とも常任理事国が拒否権を持つこと自体には賛成であったが,とくにソ連は安保理において自国の立場が少数意見になることを警戒し,すべての議事についての拒否権を主張し,他方イギリスは拒否権を限定しようとし,アメリカの立場は中間的であった.ヤルタでは,拒否権についてのアメリカ案(安保理では手続き事項には拒否権がないが,実質的事項について拒否権をもつ)で一応合意が成立し,ソ連構成共和国の加盟については,ウクライナとベロルシア(ベラルーシ)の二国をソ連とは別個に加盟を認めることで妥協が成立し,ソ連はその代償としてアメリカが総会で3票の投票権をもつことを認めたが,アメリカは各国同権の原則に反するこの権利を主張しないことにした.また,

国連設立のための連合国会議をサンフランシスコで4月に開会することも合意された．

ヤルタ会談のあとローズヴェルトの死去によるアメリカ大統領の交代があったが，サンフランシスコ会議は米英ソ中の四国を招集者として*，予定通り開催された．「ザ・ユナイテッド・ネイションズ」は1942年1月の「連合国宣言」の「連合国」であり，それがそのまま国際機構の名称になったのは，戦時中の連合国協調を戦後の国際秩序の基本として制度化しようというローズヴェルトの希望によるものであった．憲章の前文が「われら連合国の（諸）人民は」「国際の平和及び安全を維持するために」「国際機構を用いることを決意して」「われらの努力を結集することに決定した」「よってわれわれの各自の政府は」，全権をもつその代表者を通じて，「この国際連合憲章に同意し，ここに国際連合という国際機構を設ける」という形をとり，人民を主体とする民主主義の思想に立っていることは，アメリカ合衆国憲法の前文のスタイルを連想させるが，国連憲章前文がこのようなスタイルをもっていることは，米英とソ連との大きなイデオロギー上の隔たりにも拘らず，主要連合国が人民に基礎を置く統治の正統性という観念を共有していたことを物語る．

* 安保理の常任理事国に予定されていた中国とフランスのうち，中国は招集国となることを承諾したが，フランスはヤルタ会談にも招待されなかったことを不満として招集国になることを受諾しなかった．

サンフランシスコでは，まずポーランド政府の改組を求める西側諸国と同国の会議参加の即時承認を求めるソ連の主張が対立して紛糾したが，トルーマンがホプキンズ特使をモスクワに派遣して折衝した結果，ポーランド問題での合意が成立し，蒸し返された拒否権問題もアメリカ案で解決したので，その後は国連設立総会の議事は円滑に進み，6月に各国代表が国連憲章に署名し，トルーマンが閉会演説を行い，2ヵ月に及んだ会議は国連憲章採択という成果を挙げて散会した〔Russell 1958; Divine 1971〕．

[国際連合憲章の採択]

国連憲章の第1章「目的及び原則」はダンバートンオークス原案より拡充され，第1条第3項には「人種，性，言語又は宗教による差別なくすべての者の

ために人権及び基本的自由を尊重するように助長奨励すること」について，国際協力を達成すること，という規定が入った．ダンバートンオークスでは人種差別禁止を憲章に入れることを望んだのは中国のみで，他の三大国は消極的だったが，多様な国々が参加した多国間会議であり，アメリカの人権擁護団体の働きかけも活発だったサンフランシスコでは，人権関連の条項が補足強化されて上記のような文言を含む第1条が合意されたのである．上記文言は社会的経済的協力に関する第9章の第55条でも繰り返し主張された．憲章のこのような規定により，人種的・性的平等（男女平等原則は憲章前文でも表明されている）の達成と宗教的多様性の承認とは国際的原理として正統性を獲得したといえる．

ただし国連憲章は同じ第1章の第2条7項で国内管轄権に属する事項への不干渉を明記していたから，これらの理念をそれぞれの国でどのように理解し，どのように実現していくかは，加盟国の権限であった．国連憲章における理念の表明はアメリカの南部諸州では強い力をもっていた人種差別体制に直接影響するものではなく，それゆえ，人種差別主義に執着する南部保守派も国連憲章を支持することができた〔Divine 1971; ローレン 1995〕．

国連は「国際の平和と安全の維持」を第一の目的とする機関であるが，国連憲章では加盟国はそれについての主要な責任を，常任理事国5ヵ国と非常任理事国6ヵ国によって構成される安保理に委ねることが定められていた．平和と安全とに脅威となるような事態の発生に際して，敏速に対処するためには，有力な加盟国によって構成される安保理が決定権をもつことが相応しいと考えられたからである．総会は安保理が審議中の問題については，いかなる勧告もしてはならないと定められていた．

国際連盟規約が侵略的行動をとる国に対する制裁として主として経済制裁を考え，軍事的対抗は例外的なこととしていたのに対して，国連憲章では，ローズヴェルトの「四人の警察官」すなわち四大国による戦後国際秩序の維持という構想が安保理の性格に反映され，安保理は侵略的行動をとる国に対しては経済制裁のみならず軍事的強制行動を決定できる国連の中核機関として位置づけられた．憲章は加盟諸国が安保理と協定を結んで兵力を拠出し，安保理の軍事的措置を実行する常備の国連軍を設けることを想定していたが，国連常備軍は

実際には設置されなかった．

　憲章採択前，安保理における常任理事国の拒否権をどのように定義するかが米英ソ三国間で最後まで議論されたが，拒否権の保持自体について異論はなかった．それは安保理が主要連合国の協力の継続を建前として設置されたからでもあるが，安保理が非軍事的および軍事的な強制行動をとる場合，常任理事国の同意を前提とすることが現実的だったからである．また共産主義国として国際社会において孤立した立場に置かれ，国連においても少数派になると予想されたソ連にとって，安保理における広範な拒否権は国連加盟のための必要条件であり，長年の孤立主義の伝統をもつアメリカにとっても，拒否権の保持は国連を決してアメリカに敵対させないという保証であり，国連加盟について国民に安心感を与えるために必要なものであった．

　国連憲章第2条は「すべての加盟国は，その国際関係において，武力による威嚇又は武力の行使を……慎まなければならない」と定め，第51条では，加盟国に対する武力攻撃が発生した場合，安保理が国際の平和と安全の維持に必要な措置をとるまで，「個別的又は集団的自衛の固有の権利」を行使することを容認した．武力行使は違法とされたが，違法な武力行使が行われた場合，それに対して自衛権を行使して対抗することは，安保理が必要な措置をとるまでは正当なこととされたのは当然と言えるが，ここで「集団的自衛権」が国家の固有の権利として明記されたことは，国際法上初めてのこととして特筆に価する．これは自国が攻撃されなくても，「集団」の一員である他国が攻撃を受けたときにその国を防衛することをも，固有の自衛権として認めるものである．元来はアメリカとともに米州機構（OAS）の形成を予定していたラテンアメリカ諸国の要望によって挿入された文言であるが，これは多国間あるいは二国間の同盟結成を加盟国の権利として是認するものとなった．戦後の同盟条約は国連憲章第51条に関連付けることで，同盟を正当化するようになる．また第53条には「敵国における侵略政策の再現に備える地域的取極」についての言及があり，これはソ連によって近隣諸国との同盟を正当化する根拠として用いられた．

[国連の活動の開始]

　常任理事国を含む多数国が批准手続きを終えて，憲章の効力が発生したのは1945年10月である．憲章の効力発生とともに国連開設準備委員会が活動を開始し，数ヵ月後，46年1月ロンドンで，最初の国連総会が開催される運びとなった．安保理は五つの常任理事国と総会において選出される六つの非常任理事国（任期2年，毎年半数改選）とによって構成されることになっていたから，安保理は総会が最初の非常任理事国を選出するのを待って発足した＊．

　　＊　加盟国（発足時51ヵ国）が増加したことに伴い，1965年から非常任理事国の数は10ヵ国になった．46年に最初の非常任理事国として選ばれたのは，ラテンアメリカからブラジル，メキシコ，英連邦からオーストラリア，東欧からポーランド，中東からエジプト，西欧からオランダの6ヵ国である．

　総会は初代事務総長に，安保理の常任理事国間で合意されたノルウェーのリー外相を任命した．事務総長は安保理の勧告に基づき総会が任命するが，大国ではない国の政治家で国際経験豊富な人物を当てることが慣例となった．リーは五大国の意見を尊重して事務次長たちを選び，他の事務局員を任命して事務局を組織した．総会は開設準備委員会の議論を引き継ぎ，国連本部の恒久的所在地の選定に当たった．西欧諸国には本部を西欧に置きたいという希望があったが，ソ連，中国を含め，それをアメリカ国内に置くことが多数意見であり，ニューヨーク市が選ばれた（本部施設が完成したのは，1952年10月である）．

　国連の安保理は発足最初の1年，いくつかの国際紛争について議論する場を提供したが，安保理の勧告により紛争が解決した事例はなかった．安保理に最初に持ち込まれた紛争は，イランによるソ連軍の行動についての主権侵害の訴えであった．イランの提訴に対して，安保理はまず，二国間交渉による決着を期待するとの決議を行い，ソ連軍が撤退しないという提訴に対しては，ソ連は軍の撤退を開始していると反論したので，安保理はその進展を見守ることを決議した．ソ連はイランとの協定成立後，1946年5月までに撤退した（第8節参照）．その後も安保理は時折イランから状況報告を求めたが，ソ連は解決済みのこととして，それらの会合には欠席した．

　初期安保理に持ち込まれたもう一つの問題は，レバノンおよびシリアから出された外国軍隊の駐留についての提訴であった．両国には英仏の軍隊が駐屯す

る状況が続いたためである（第8節参照）．英仏両国の速やかな撤退を信頼するというアメリカの決議案をソ連が拒否したので，安保理決議はなかったが，英仏の撤兵によりまもなく問題は解消した．

安保理ではさらに，ギリシア問題が議論された（第5節参照）．ウクライナからイギリス軍がギリシアで民主勢力を抑圧しているという提訴がなされたが，議長が議論の経緯を中立的に総括することで一旦決着した．その後ギリシアで内戦が再発生し，安保理には保守政権の行動を非難するウクライナから再び提訴があり，後にはギリシア側から近隣諸国による内政干渉に対する訴えが出された．調査委員会が設けられたが，多数意見とソ連を含む少数意見とに分かれ，安保理では決着はつけられなかった〔Luard 1982〕．

第Ⅱ章

ヨーロッパの冷戦とアジアの戦争

サンフランシスコ対日講和条約に署名する吉田茂全権（1951年9月）
写真提供：akg-images／ユニフォトプレス

　米ソの対抗関係を指す「冷戦」ということばが国際的に流布し，ソ連の勢力拡張阻止を狙うアメリカの政策が「封じ込め」政策と呼ばれるようになったのは1947年である．冷戦初期には，「冷戦」は緊張した対立状態を指す用語であったから，55年，63年，72年など，緊張が緩和された時期にはその都度冷戦は終わったといわれた．しかし現在では，東欧諸国の共産主義体制が崩壊し米ソ首脳が冷戦の終結を宣言した89年に冷戦の時代は終わったとするのが普通である．それまでの40年余りの間には，米ソ関係は緊張の高まりと緩和とを繰り返したから，冷戦の時代とは，緊張の程度には時として差があったにせよ，異なる政治経済体制をもち，それを支える対立的イデオロギーをもつ米ソ両大国の対抗関係を基軸として国際政治が展開していた時代，あるいはそのような国際政治認識が広く存在した時代と定義す

るのが適切であろう．

　ヨーロッパの冷戦の緊張を高めたのは，連合国により分割占領されていたドイツをめぐる対立であった．1948年に西側占領地域の経済的政治的統合を進めようとする米英の方針に対して，ソ連が西ベルリン封鎖という措置に出ると，米英は西ベルリンへの大規模な空輸作戦で対抗し，ソ連は空輸を妨害することはしなかった．双方は直接戦争にならない範囲で権力政治を展開したので，ヨーロッパの冷戦は「冷戦」に留まったのである．

　他方，東アジアで分裂国家となった朝鮮では，ソ連が北に樹立した朝鮮民主主義人民共和国（北朝鮮）が，アメリカが南に樹立した大韓民国（韓国）に侵攻し，実際の戦争が発生した．1950年にソ連のスターリンが北朝鮮に南への侵攻を許したのは，朝鮮の戦争が米ソ戦争に発展する可能性は低く，アメリカが介入する前に北朝鮮による軍事的制圧が可能であれば，それはソ連にとって日本にも影響を及ぼすことができる冷戦上の得点になると考えたからであろう．しかしこの戦争には国連の支持を得たアメリカが軍事介入し，ソ連は北朝鮮の苦境を救うため，人民中国に派兵を要請し，局地戦争とはいえ大きな戦争に発展した．この戦争中アメリカは台湾を人民中国に渡さない方針を固め，米中関係は長期的に凍結された．またこの戦争は冷戦を軍事化する契機となった．米ソとも軍備強化に乗り出し，核戦力の開発競争が始まる．

　アメリカが対日講和を推進し，日本を冷戦における有力な友邦とすることを目指したのは，この戦争の最中であった．日本はそのようなアメリカの政策により寛大な条件の講和を手にして復興を早めることができたが，ソ連および中国との戦後処理は先送りとなり，安全保障面ではもちろん経済面でもアメリカへの依存度の高い国となった．

1 ─ 米ソ冷戦の始まり

[トルーマン・ドクトリンの発表]

　1947年2月，イギリスは財政逼迫のため，ギリシアおよびトルコに対する援助の継続が不可能になったことをアメリカに伝えた．イギリスは自らの伝統的な勢力圏である東地中海地域において，秩序の維持者としての役割を果たせなくなったのである．アメリカはその前年から，ソ連のトルコへの圧力を意識しており，ギリシアではイギリスの政策を支持していた．イギリスが手を引けば，内戦状態にあるギリシアは共産主義勢力圏に吸収されるであろう．ギリシアがソ連の勢力圏に入れば，黒海から地中海への出口を領有するトルコへのソ連の外交的圧力も強まるであろう．トルーマン政権はそのような判断から，ギリシアおよびトルコに対する軍事・経済援助を供与する方針を固め，3月12日，大統領はこの援助のための4億ドルの支出の承認を議会に求めた〔ラフィーバー 2012〕．

　大統領はことの重大性を訴えるために，自ら議会に赴いて演説した．彼は両国の状況とその意味について説明した後，「全体主義」ということばを用いて共産主義の侵略の脅威を強調した．彼は，世界は議会制民主主義と市民的自由とを原則とする「自由世界」と，市民的自由を許さず少数者による多数者の抑圧の体制をとる「全体主義世界」とに分かれており，すでに東欧のいくつかの国が自らの意思に反して全体主義体制を押し付けられたように，自由世界は全体主義勢力の拡張の危険に直面していると述べた*．それゆえにアメリカの政策は「国内の武装した全体主義者の活動や国外の全体主義勢力からの圧迫に対抗して，自由と独立とを守るために戦っている諸国民を助けること」でなければならないと，彼は主張した．この主張はまもなく「トルーマン・ドクトリン」として知られるようになる．演説はこの二つの世界の対抗関係という二元的世界の構図とともに，ギリシアが共産側に倒れれば，次にトルコが，さらに連鎖反応的にその他の中東地域が，そして西欧諸国もまた共産主義勢力の手に落ちるという「ドミノ倒し理論」を特徴としていた．

　＊　この自由世界と全体主義世界という二分法は，新世界アメリカと旧世界ヨーロ

ッパという建国以来のアメリカ・ナショナリズムの二分法的世界観を継承したものであり，直接的には邪悪な枢軸国に対する正義の連合国という第二次世界大戦中の対抗図式を再活用したものであった〔Boorstin 1960〕．

　ギリシア内戦において左翼ゲリラ組織に援助を提供していたのは，ユーゴスラヴィアとブルガリア，とくに前者であった．スターリンは自らがイギリスの勢力圏と認めたギリシアの内戦に介入することには消極的であり，革命勢力に道徳的支持以上のものは与えず，バルカン共産主義国の関与にも自制を求めた．ともあれ，アメリカとしてはギリシア内戦における共産党の勝利を黙視するわけにはいかなかった．戦時中アメリカはイギリスのバルカン政策を帝国主義的利益の擁護策とみなして批判的だったが，今や東地中海地域の戦略的重要性を認め，ギリシア，トルコにおけるイギリスの役割を肩代わりすることになったのである．

　この演説の語調と論理は主として国内政治向けのものであった．これまで関わりが薄かった東地中海地域で政治的責任を引き受けることはアメリカにとって初めてのことであり，外国政府に無償の援助を与えることも平時にはないことであったから，トルーマンは世論や議会の支持を得るために，ソ連が全体主義の世界的拡張を狙う新たな脅威であることを強く訴え，ギリシア，トルコへの援助の戦略的意義を二つの世界の対抗という脈絡のなかで強調することにより，国民に危機意識を与えなければならないと考えたのである〔Goldman 1956〕．

　「冷戦」とは武力衝突としての戦争とは異なり，対立状態あるいはそのような状態の認識であるから，冷戦がいつ始まったかを特定することはできない．米ソ関係は1946年にすでにかなり悪化していたから，冷戦は46年に始まったとも言える．しかしトルーマン演説が，二つの世界という構図に立って，ソ連あるいは共産主義勢力の拡張政策に対抗するという政策を表明したワシントンの指導者による最初の演説であったという意味で，これをもって冷戦の始まりとみなすことは適当であろう．ただしこの演説が直ちに米ソ関係の緊張をもたらしたというわけではない．スターリンからみれば，演説の修辞はともかく，具体的な政策の提案はギリシア，トルコという西側勢力圏への限定的な援助であり特に驚くべきものではなかった．47年3月から4月にかけて，ドイツと

の講和条約問題を検討する四国外相会議がモスクワで開催され，成果なく終わったが，トルーマン演説がなかったとしても結果は同じであったろう．ヨーロッパがアメリカ・西欧圏とソ連・東欧圏とに明確に分かれていく国際政治の大きな動きは，同年6月マーシャル・プランの提唱から始まる〔Haslam 2011〕．

[マーシャルのヨーロッパ復興への協力表明]

ギリシア・トルコ援助法は1947年5月に議会を通過したが，当時，国務省内ではヨーロッパへの大規模な経済援助計画が検討されていた．アメリカ政府当局者が，ソ連圏外のヨーロッパ諸国において経済復興が遅れ，社会的政治的不安が生じており，イギリスに供与した借款もイギリスのドル不足解消には効果がないことを深刻に受け止めたのは，47年に入ってからである．アメリカからの大規模な経済援助が期待できなければ，西欧の経済の回復は進まず，西欧諸国民に不安と失望が強まり，社会的混乱が広がるという憂慮がワシントンの対外政策担当者を捕えるようになった．社会的混乱に乗じた共産党の勢力伸張の可能性を別としても，西欧の経済的不振がアメリカの輸出の不振を導き，アメリカ経済に悪影響を与えることは明らかであった．トルーマン政権は，このような状況に対処して，アメリカが大規模な援助を提供する形で，西欧諸国の経済復興に協力する用意があることを発表し，それを西欧諸国の政府と国民に知らせようとした〔Jones 1955; ラフィーバー 2012〕．

6月5日，マーシャル国務長官はハーヴァード大学の卒業式の場を借りて演説を行い，ヨーロッパ諸国が共同で経済復興計画を立てるならばアメリカは協力を惜しまないことを表明した．この演説は主としてヨーロッパへの呼びかけであったから，トルーマン・ドクトリンのような全体主義の脅威といった言辞が使われることなく，人道的・経済的理由が前面に出されていた．またアメリカが一方的に政策を進めるのではなく，ヨーロッパ諸国が共同の経済復興計画を作るならばそれに協力するという協力者の立場が強調された．彼の呼びかけはヨーロッパ全体に向けたものであり，ソ連を除外するものではなかったが，計画の立案者たちはソ連の参加を期待せず，希望もしていなかった．社会主義統制経済の国ソ連がアメリカの条件でこの計画に参加することはないと予想されたし，また仮にソ連がアメリカの条件を呑んで計画に参加するというのであ

れば，アメリカにとってそれなりの利点はあるが，ソ連を対象国に含めた経済援助計画には議会の賛成を得ることは難しいと思われたからである．しかしマーシャルは全ヨーロッパに向けた呼びかけとし，自らヨーロッパ分断の線引きをせず，線を引く役をソ連にさせようとしたのである〔Jones 1955〕．

　マーシャル演説へのヨーロッパの対応を主導したのはイギリスのベヴィン外相であった．彼は10日後にパリを訪問してマーシャル提案の受け入れについてフランスのビドー外相と協議し，6月26日にはソ連のモロトフ外相をパリに招いて三者の協議が行われた．モロトフが経済専門家を多数帯同したことは，ソ連がマーシャル・プランに関心をもっていたことを物語る．彼は当初アメリカ側が求める経済情報の相互公開や，統一的復興計画の作成という条件をソ連に無害なものにする可能性を探ろうとしたのであろう．しかし彼はクレムリンからの指示でそれを断念し，各国がそれぞれの復興計画に基づいてアメリカの援助を受け入れるという原則的立場を主張した．英仏両外相がそれではアメリカの条件に合わないと反対すると，彼はマーシャル・プランを非難し，交渉を打ち切って帰国した．英仏のマーシャル・プラン協議の呼びかけに対して，ポーランド，チェコスロヴァキア，フィンランドは一旦参加の意思表示をしたが，ソ連の圧力を受けて不参加を決めた．こうしてアメリカの期待通り，モスクワがヨーロッパの線引きを行ったのである〔Haslam 2011〕．マーシャル提案に沿ってアメリカの援助を受け入れようとする諸国は1947年7月に会合して，欧州経済協力委員会（CEEC）を設立し，受け入れの具体案の作成に当たることにした＊．

　＊　それらの国々は，アイスランド，イギリス，イタリア，オーストリア，オランダ，ギリシア，スイス，スウェーデン，デンマーク，トルコ，ノルウェー，フランス，ベルギー，ポルトガル，ルクセンブルク，およびドイツの米英仏占領地域である．

　トルーマン政権にとって無差別で開放的な国際貿易体制の実現の希望は変わらなかったが，西欧経済の再建が当面の急務になるとともに，国際貿易体制の一般原則を定めることは急ぐが，ブレトンウッズ体制の第三の柱と考えられていた国際貿易機構（ITO）の設立は目標としないことにした．それは西欧諸国に復興の息継ぎの時間を与える必要を認めたためでもあるが，通商規制は合衆

国議会の重要な権限であり，国際的監督機関の設立は，とくに共和党が多数を占める議会の承認を得られないことは確実だったからである．1947年ジュネーヴで開かれた国際関税貿易会議では，国際貿易機構憲章は翌年ハバナで開催される会議で調印されることが合意されたが，米英など主要国のジュネーヴ会議代表はハバナ憲章が発効することを期待せず，それまでの間，47年10月に成立した「関税および貿易に関する一般協定（GATT）」に暫定協定としての効力をもたせることとした〔Gardner 1980〕．

[「封じ込め」と「冷戦」という言葉の流布]

　マーシャルは1947年1月の国務長官就任直後，長期的な対外政策を立案する必要を感じ，国務省内に政策企画室を設け，その室長にソ連に詳しい外交官ケナンを任命した．彼はその前年モスクワからソ連の対外政策の性格を分析した「長文電報」をワシントンに送っていたが（第I章第1節参照），外交評論誌『フォーリン・アフェアーズ』の47年7月号に「ソ連の行動の源泉」という論文をXという匿名で発表した．その筆者がケナンであることはすぐにメディアに探知され，個人名を出さない論文はむしろ政府の公式見解を表明したものであるとみなされた．彼はこの論文でソ連の対外政策の性格について次のように述べた．ソ連の指導者は資本主義と社会主義との基本的対立を信じているが，資本主義の究極的崩壊を確信しているので，世界革命の達成を急ごうとはしない．ソ連は資本主義国を混乱させ，弱体化することを狙い，膨張が可能である場合には膨張しようとするが，動かしがたい障害に直面する場合には，あえて無理をしようとはしない．それゆえ，アメリカはソ連が膨張しようとする一連の地理的・政治的争点において，相手が威信をあまり損なうことなく後退できる道を残しながら，巧妙に注意深く対抗力を適用し，その膨張傾向を「封じ込め」なければならないと論じ，ソ連は西側世界全体に比較すればまだはるかに弱い相手であるから，そのような封じ込め政策を長期的に継続していけば，将来ソ連の体制が変質する可能性も期待できることを示唆した．「封じ込め政策」というケナンの用語はジャーナリズムによって取り上げられ，当時形成されつつあったアメリカの対外政策の基調を表す言葉として用いられるようになった．

アメリカの原子力政策立案に関わっていたバルークはトルーマン演説後の1947年4月に演説し，その中で「今日われわれは『冷たい戦争』の只中にいるのだ」と述べた．「冷たい戦争（冷戦）」という言葉もまたジャーナリズムを通じて国際的に普及した*．トルーマン政権が対ソ封じ込め政策を展開するに当たって必要としていたのは，一種の戦争イメージであった．冷戦という言葉がもつ戦争という象徴のゆえに，政府の政策遂行のために好都合な機能を発揮したのである．もし状況が世界戦争に似たものであるならば，アメリカ人は敵に対抗するために味方に大規模な援助を与える気になるからであり，また世界の権力政治に活発に介入することをはばからなくなるからである．それゆえアメリカはアメリカの力を用いて世界政治に恒常的に関与するようになるためには，冷戦を必要としたのだということもできよう〔Goldman 1956〕.

* 米ソ両超大国が互いに戦争はできない抗争状態に陥ることを1945年に予想して「冷戦」という言葉を最初に用いたのはイギリスの作家オーウェルであるという〔Leffler & Westad 2010, I (Westad)〕．アメリカの著名なジャーナリスト，リップマンは「冷戦」という言葉の普及を助けたが，『冷戦』と題した彼の論集は「X論文」の痛烈な批判であった．彼はトルーマン・ドクトリンの無限定な介入主義に反対し，他方マーシャル・プランには大賛成であったが，トルーマン・ドクトリンとの関連で「X論文」を読み，それに反発した．彼の主要な批判は，ソ連が膨張的傾向を示すあらゆる場所・争点についてアメリカが軍事的対抗力を用いることは不可能であり，自らの能力と利害とを考量した選択的関与の政策をとらねばならないということに集約される．ケナンは「X論文」では誤解を招く表現を用いたが，彼自身トルーマン・ドクトリンの原則的主張には批判的であり，彼のいう「対抗力」とは主として非軍事的方策であった〔Lippmann 1947; ケナン 2016-17〕.

「冷戦」という状況は，それまでの平時とは異なり，アメリカにとって，外交と軍事を総合的に考慮しつつ対外政策を展開することが必要になったことを意味していた．1947年7月の国家安全保障法の成立はそのことを物語る．この法律により，軍事を統括する国防長官の職が置かれ*，諜報活動の機関としてCIAが設立され，大統領を議長として外交・軍事・諜報関連の高官をもって構成される国家安全保障会議が発足した．

* 国防長官と統合参謀本部は設けられたが，国防省（「国防総省」とも訳される）設立は1949年になってからで，それまではとくに三軍間の軍事予算配分を

巡る争いが絶えなかった．

2 ― マーシャル・プランの実現とソ連の自陣営締め付け

[経済協力法の成立]

　CEECは4年間で総額193億ドルの援助をアメリカに求める案をまとめ，アメリカ政府は1947年12月その額を170億ドルに減額して援助の承認を議会に要請した．しかし共和党が多数を占める議会には巨額の援助の供与に強く反対する人々がおり，政府案の支持者たちはソ連共産主義に対抗するためにヨーロッパ諸国を強化する必要を強調したが，それでも経済協力法案の立法化は難航した．法案の通過を後押ししたのは，48年2月に起こったチェコスロヴァキアの政変による共産党政権の成立の衝撃であった．この政変自体，マーシャル・プランに対抗するソ連の勢力圏固めの一環であったが，それがプランの実現を促す役割を果たした．4月に米議会はまず12ヵ月から15ヵ月の間に53億ドルの支出を承認した．この事件が西欧諸国に与えた衝撃も大きかった．イギリス，フランスとベネルクス三国は3月にブリュッセル条約を締結した．それは民主主義の擁護を目的として相互の紐帯を強め，国際の平和と安全のためにまた侵略に対して相互に援助するという趣旨の条約である．

　アメリカが経済協力法に基づいてヨーロッパに供与した実際の復興援助は，4年間で総額130億ドルであった．アメリカの援助が実際に始まる前，1947年末にはイギリスとフランスとの工業生産はそれぞれ戦前の水準まで回復しており，他の西欧諸国の経済復興もある程度進んでいた．しかしアメリカの援助がなければ，さらなる復興は困難だったであろう．アメリカの援助は諸国のドル不足を補い，切実に必要とされた食糧や資本財の輸入を可能にした．マーシャル・プランはとくにドイツの米英仏占領地域の経済復興を促進し，フランスを含めた西側の占領地域の経済的政治的統一への動きを生み出した．西ドイツの形成を進めるとすれば，ドイツ政府を含めた安全保障システムの形成と西ドイツを含めた経済統合もまた政治課題となる．マーシャル・プランは援助受け入れ機関として欧州経済協力機構（OEEC，48年4月にCEECから改組）を生み出しただけでなく，欧州石炭鉄鋼共同体（ECSC）のような国家を超えた権

限を持つ国際機構を生み出し，またブリュッセル条約からアメリカを含めた北大西洋条約へという多国間安全保障体制の動きを生み出すことになる．ソ連もそれに対抗してソ連・東欧圏を固める国際機構を作っていった．マーシャル・プランはこのような流れを作る触媒の役割を果たしたといえる〔Leffler & Westad 2010, I（Hitchcock）〕．

[ソ連のマーシャル・プランへの対抗策]

　スターリンは，マーシャル・プランを，ドルの力で西欧資本主義を再建するとともに東欧諸国にも勢力を伸ばそうとする策略とみなし，ソ連の東欧支配を強化しなければならないと考えた．東欧諸国をソ連に結び付けておくために，ソ連からの輸入費用に充てるための借款を東欧諸国に与えた．それはマーシャル・プランとは異なり借款であり，供与額も少なかったが，安全保障上重要なポーランドは比較的優遇された．

　ソ連は積極化したアメリカのヨーロッパ政策に対抗してヨーロッパ諸国の共産主義政党の連携を強化するため，1947年に情報交換を名目として「コミンテルン」の戦後版を設立した．スターリンはユーゴスラヴィアのティトーに音頭をとらせ，ヨーロッパ主要国共産党会議を同年9月ワルシャワで開催し，ベオグラードに本部を置く「コミンフォルム」の発足を決めた．その会合で，ユーゴスラヴィア共産党の代表はソ連共産党の支持を得て，議会主義をとるフランスとイタリアの共産党の同志たちを批判した．この会合は仏伊両国の共産党の行動を急進的にし，両国ではマーシャル・プラン受け入れ反対のストライキが頻発した．スターリンはそのような運動の高まりを歓迎したが，その反面，両国の共産党が性急な革命運動を試みて政府側に弾圧をうけることを恐れた．そのようなモスクワの二面性はこれら諸国の共産党指導部の内部対立を刺激した．48年4月のイタリアの総選挙で左翼連合が敗北したのは，CIAによる保守派へのてこ入れのためでもあるが，共産党指導部の内部不統一もまたその一因であった．

　しかしスターリンはソ連圏とみなしたチェコスロヴァキアについては，一党独裁体制の確立を急いだ．この国では共産党が最有力政党であり，首相を共産党から出していたが，政治は民主的手続きに従って行われていた．ソ連はこの

国をソ連の明白な勢力圏に組み入れるために，ゴットワルト首相に強い圧力をかけた．彼は政府内の共産党の権力を強化し，2月にはベネシュ大統領に迫って共産党の一党政権を承認させた．マサリク外相は不慮の死を遂げ，ベネシュ大統領もまもなく辞任して，数ヵ月のうちにソ連型の共産党の一党独裁体制が実現した．

　スターリンのもう一つの行動はソ連の勢力圏におけるティトー派の排除であった．1947年にティトーはブルガリアのディミトロフのバルカン同盟構想を支持して二国間同盟を結び，またアルバニアの属国化を企てた．これらの行動は，モスクワから見ればモスクワから独立した自らのバルカンでの覇権を追求するものに見えた．しかもティトーはモスクワの意思に反してギリシアの革命派への援助を継続した．国際共産主義運動におけるモスクワの指導権のこのような軽視をスターリンはもはや許せなかった．彼は48年6月コミンフォルムからユーゴスラヴィア共産党を除名して，ティトーを失脚させようと試みた．同時に東欧諸国の共産党指導部からティトー派あるいはナショナリスト的偏向者を排除する工作が進められ，ポーランドのゴムウカも統一労働者党総書記の地位を追われた．しかしティトーのユーゴスラヴィア共産党における立場は揺るがず，党はコミンフォルム支持派を粛清した．ソ連は翌49年夏には他の東欧諸国とともにユーゴスラヴィアとの経済関係を絶って，ティトーに追い討ちをかけたが，彼は西側諸国との貿易関係を発展させることで，この苦境を切り抜けた．ソ連以上に西側に敵対的姿勢を取ってきた彼はソ連の排除政策に直面して，西側諸国との関係を改善せざるを得なくなり，ギリシア革命派への援助もとりやめたので，同年10月にギリシアの内戦は終息した〔Haslam 2011〕．

3 ─二つのヨーロッパ，二つのドイツの形成

[ソ連による西ベルリン封鎖と東西ドイツの形成]

　ドイツの西側占領区域の経済復興を図り，それを西側諸国の経済復興と結びつけて推進することはマーシャル・プランの目的の一つであった．1947年11月から12月にかけてロンドンで開催された四国外相会議がドイツに対する経済政策の問題をめぐる対立のため，成果なく終わると，48年2月にはフラン

スも同意して，西側占領区域にドイツ統一政府を作らせる準備を始めることになった．6月には西側占領区域の経済復興のため安定性のある新マルク通貨の導入を発表すると，ソ連も自己の占領区域で独自の通貨改革を行い，その区域の経済的利益を守るため対抗措置として，西側占領区域と西ベルリンとの地上交通路を全面的に遮断した（ベルリン封鎖，第一次ベルリン危機）．それによって西側諸国にドイツ政策について譲歩するか，西ベルリンから撤退するかのどちらかを選択させようとしたのである．西側には，ドイツ問題についてソ連への譲歩を前提にソ連と交渉を開始するか，武装列車を仕立ててソ連の封鎖線を強行突破するか，輸送機の動員によって空の交通路を確保するという三つの選択肢があった．トルーマンは封鎖線の強行突破は戦争になる可能性が高いと考え，輸送機の活用による空輸作戦を選択し，この対抗手段を望んでいたイギリスとともに，空輸作戦を試みることにした．この作戦は日を追って効率的になり当初の予想以上の成果をあげた（封鎖解除までに空輸は約28万回，輸送した物資は230万トンに達した）．ソ連はこの空輸作戦を一切妨害しなかった．こうして最初のベルリン危機は，戦争を避けたいという点では双方の思惑が一致し，文字通り「冷戦」として争われたのである．

　ソ連は1948年のアメリカの大統領選挙で親ソ的なウォレスがトルーマンからかなりの票を奪い，共和党政権が出現すれば，アメリカのヨーロッパ政策も変わると期待していた．たしかにこの年の選挙では，トルーマンは劣勢を伝えられていた．民主党を離党したウォレスが進歩党を組織し，南部の保守派からサウスカロライナ州知事のサーモンドが州権民主党を名乗って，それぞれ大統領候補となったので，トルーマンは共和党の大統領候補デューイに敗北するというのが，投票前の予想であった．しかし共産党の支持を受けたウォレスの支持者は減り，サーモンドも南部の一部の州でしか勝てず，組織労働者と，アフリカ系，ユダヤ系など非主流エスニック集団の票を確保したトルーマンが，楽勝を信じて鷹揚に構えた共和党のデューイを破って当選した．

　トルーマンが大統領の地位を守り，米英が空輸作戦を続け，譲歩の兆しを見せなかったので，ソ連はベルリン封鎖の継続を断念し，ソ連の面子をたてる形式的譲歩を得て，1949年5月に封鎖をとりやめた．この危機の間に，西側三国はドイツの西側占領地区を統合する政府を形成し，三国でその政府を監督す

る方針を決めた．ベルリン封鎖が解除される数日前，ドイツ連邦共和国基本法が成立し，9月にはそれに基づいてドイツ連邦共和国（西ドイツ）政府が発足した．他方，ソ連占領区域では5月にドイツ民主共和国憲法が採択され，10月にそれに基づくドイツ民主共和国（東ドイツ）政府が発足した．西ベルリンは西側占領地域として存続し，西ドイツ（西独）政府の権限が及ぶことになった．西独の実質的政治指導者である首相にはCDUのアデナウアーが就任した．東ドイツ（東独）では大統領・首相とも名目的な存在で，政治的実権はSEDの第一書記ウルブリヒトが掌握した．

[北大西洋条約の調印]

ベルリン危機は二つのドイツとともに二つのヨーロッパを創り出した．1949年に西側の軍事同盟条約，北大西洋条約が成立した．48年3月，前月のチェコスロヴァキアでの共産党クーデタに対応して，イギリス，フランスとベネルクス三国とが軍事条項を含む相互防衛条約（ブリュッセル条約）を締結したが，これら西欧諸国はソ連に対して西側の立場を強めるために，アメリカの西欧防衛の保障を要望するようになった．アメリカ政府は，上院外交委員長で超党派外交の提唱者だったヴァンデンバーグの協力により，48年6月アメリカが各参加国の自助努力，相互援助の原則に基づいて地域的集団的自衛のための取り決めを結ぶことについて議会の承認を得た（ヴァンデンバーグ決議）．アメリカはすでに西半球においては47年9月米州相互援助条約を締結（48年発効）し，48年にボゴタ憲章によりワシントンに本部を置くOASという常設機関を設けていたが，平時において初めて西ヨーロッパ防衛にコミットするために，まず議会でこのような決議を得てから，北大西洋条約の交渉を進めようとした．

北大西洋条約はアメリカ，カナダとブリュッセル条約加盟5ヵ国および，アイスランド，ノルウェー，デンマーク，ポルトガル，イタリアの12ヵ国が参加する条約として，1949年4月に調印され，8月に発効した．この条約は加盟国にイタリアを入れて「北大西洋地域」を広く解釈し，「加盟国の占領軍が駐屯するヨーロッパの地域」として西独を条約適用範囲に含め，また北大西洋地域の安全に寄与すると判断されるヨーロッパの国の加入を招待するという条項により，ギリシア，トルコの加盟への道を拓いていた．この条約は，加盟国代

表からなる定期的理事会，その下部組織としての防衛委員会等の設置を定めており，51年までには常設の諸機関と統合軍司令部などからなる北大西洋条約機構（NATO）が形成されたので，「NATO条約」と呼ばれる．ただしアメリカのトルーマン大統領は当初，この条約を西欧諸国に安心感を与えるための政治的な必要と見なし，実際にソ連が戦争を仕掛けることはないと考えていたから，西独占領を担当する2個師団のほかに西ヨーロッパに地上軍を置かず，軍事費の増額にも消極的であった〔Patterson 1996〕．

　一方，ソ連はOEECに対抗して1949年1月，東欧諸国とともに経済相互援助会議（COMECON）を結成した．ソ連はその前から東欧諸国との経済関係を二国間条約によって規定しており，COMECONもまた二国間関係の集積であり，ソ連が石油と原料を供給する代わりに，他の国々はソ連が必要とする物資を優先的に供給することが求められた．ソ連は東欧諸国との安全保障関係も二国間条約で取り決めていたが，55年5月には西独のNATO加盟に対抗して，東独を含む東欧諸国とともに8ヵ国の多国間友好協力相互援助条約（ワルシャワ条約）に調印してワルシャワ条約機構を設立し，共同防衛のための統一軍司令部を設ける．

［欧州石炭鉄鋼共同体（ECSC）の形成］

　フランスは戦後初期にはドイツの無力化により自らの安全を確保しようとし，そのために，他のドイツ占領国とは異なり，ドイツ分割を主張した．フランスは西独の政治的統一にも消極的であったが，それを推進するアメリカとイギリスに同調し，その代わりに石炭資源の豊富なザール地方を経済的にフランスに統合された自治地域とすることについて両国の支持を得た．ドイツが東西二つに分かれたことは，フランスにとって統一ドイツの復活よりも好ましいことであったが，西独は相当の人口と資源および産業をもつドイツの主要部分であり，西独が国家として復活発展すれば，フランスの経済的競争者となり，将来フランスを脅かす軍事力をもつ可能性があった．その意味でもアメリカが西ヨーロッパ諸国の安全を保証した北大西洋条約はフランスにとって好ましいものであった．フランスが第一次世界大戦後にしたようなドイツとの対立を繰り返せる立場にないことはパリの指導者たちの一部は了解していた．西独はもちろんフ

ランスもアメリカの経済援助と軍事的保護を必要としていた．そして米ソという二大超大国が出現しイギリスはアメリカとの特別の関係を保持している戦後世界で，フランスが独自の政治力を持ちうるようになるとすれば，それは西独を含む近隣諸国との経済的政治的提携を通じてのみ可能であることも明らかであった．

　フランスの国際派の経済人モネが発案し，シューマン外相が実現を推進した「シューマン・プラン」あるいは「モネ・プラン」と呼ばれた欧州石炭鉄鋼共同体計画は，そのような判断の産物であった．それは西欧諸国が「長年の敵対関係を協力関係に置き換えるために」石炭と鉄鋼というエネルギー資源および重工業素材のための共同市場を形成し，共同市場を管理運営するための超国家的機関を設ける計画である．シューマンは1950年5月に西独政府の賛成を得てこの構想を発表し，他の西欧諸国の参加を求めた．イギリスの参加なしに西独および近隣諸国を引き入れることはモネとシューマンの暗黙の方針であった．ワシントンはこの構想に賛意を表したが，事前に相談を受けなかったイギリスは冷淡に反応した．イギリスにはまだ経済統合のために主権の一部を放棄する用意はなかった．フランス，西独，ベネルクス三国とイタリアが参加して具体化のための交渉が進み，51年4月に欧州石炭鉄鋼共同体（ECSC）条約が調印され，翌年モネを初代委員長としてECSCが発足した．これは後の欧州共同体（EC），欧州連合（EU）へと発展するヨーロッパ統合の先駆であり，そのための超国家的機構のモデルを提供した〔細谷2001；渡邊1998；Girault 1993〕．

　当時フランスの発議で実現しかけたもう一つの超国家的機構があった．提唱者プレヴァン首相の名をとって「プレヴァン・プラン」と呼ばれた欧州防衛共同体（EDC）構想である．彼は米英両国が西独再軍備について発議することを予想し，先手を打ってECSCの軍事版というべき構想を立て，1950年10月EDCの管理下に置かれる欧州防衛軍の中に西独軍を組み込むことを提唱した．米英両国もEDCとの協力を約束したので，EDC条約は52年5月に調印されたが，この条約案はフランス議会で批准を得られず，西独再軍備問題はイギリス案で解決されることになる（第Ⅲ章第3節参照）．

[もう一つの西欧多国間条約]

　NATO および ECSC という二つの国際統合的機構の形成とは別に，西ヨーロッパには，欧州審議会の設立と，それから派生した国際機関の設置の流れがあった．欧州審議会（「欧州評議会」ともいう）は西欧 10 ヵ国が西欧民主主義の擁護および人権保護の推進を理念として 1949 年 5 月に条約を結び，ストラスブールに設立したもので，西欧民主主義の価値観，とくに人権理念をヨーロッパにおいて擁護するという意味では，冷戦と関わりがあったが，欧州審議会は国連総会によって 48 年 12 月に採択された「世界人権宣言」の精神に沿うものであった．世界人権宣言は「すべての人民とすべての国とが達成すべき共通の人権基準」を明らかにしたもので，国連総会は反対なしでそれを採択した．個人の人権を保障する国家の権力を重視するソ連をはじめとする共産主義諸国，イスラームの風習と抵触するところがあるとするイスラーム国家のサウジアラビア，人種差別主義をとる南アフリカ連邦など 8 ヵ国が棄権したが，反対する国がなかったのは，どの加盟国も人権という理念そのものを否定することは避けようとし，そしてこの宣言が法的な拘束力を持たないものと理解されたためである*．

*　世界人権宣言を起草した国連人権委員会の委員長を務めたのは，前アメリカ大統領夫人で人種平等について進歩的立場をとっていたエリナー・ローズヴェルトである．彼女のようなアメリカのリベラルは国内の人種差別主義者の存在を意識しながら，まず法的な拘束力をもたないものとして，人権の国際基準を定めた文書を国連の宣言にしようとした．アメリカの人種差別主義者は南部の差別体制が国内管轄権不介入原則によってまもられていると考え，法的拘束力をもたない宣言にはあえて反対しなかった．

　そのような中で，西欧 10 ヵ国は人権擁護を共同の目的として欧州審議会を設立し，欧州審議会は参加国の人権擁護に法的な拘束力をもたせるために欧州人権条約を作成し，この条約は諸国の批准を経て 1953 年 9 月に発効した．それとともに，この条約の国際的実施機関として欧州人権委員会と欧州人権裁判所とが設置された．

4 ―ソ連に有利な二つの展開

［ソ連における原爆実験の成功］

　1949年夏までにヨーロッパにおける西側陣営の体制は，マーシャル・プランの実施，北大西洋条約の調印，西ベルリン空輸作戦の成功，ドイツ連邦共和国基本法の制定によって強化された．他方，ソ連は西ベルリン陸路封鎖を成果なく解除し，またユーゴスラヴィアのティトー排除に失敗して，共産主義陣営の分裂を招いた．ワシントンの指導者もロンドンの指導者も，西側の態勢強化により冷戦ではソ連側は守勢に追い込まれ，西側が優位に立っているという楽観を抱いた．しかしその年の後半には，冷戦の力関係においてソ連の得点となる二つのできごとが起こった．一つはソ連における原爆実験の成功であり，もう一つは中国内戦における共産党の勝利である．

　1945年12月，米英ソ三国外相会議で国連に原子力の国際管理と核兵器の廃止とを審議するための委員会を設置することに合意し，国連総会は46年1月，満場一致で，原子力の国際管理の方式を安保理に答申する役割を担う原子力委員会の設置を決議した．しかしアメリカとソ連との間には基本的な意見の対立があり，この委員会における審議は48年までに行き詰まった．アメリカは強い権限をもつ国際機関を設置し，それに原子力のすべての原料および関連鉱山を管理し，すべての原子力関連施設を査察して世界平和に脅威となりうる施設を接収する等の権限を与え，原子力の研究と開発を行わせるという案（バルーク案）を提示した．しかしこの案では上記のような権能をもつ国際機関が確立した後に，アメリカの核兵器は廃棄され，使用を禁止されるので，ソ連側は，アメリカがその後も核兵器のノウハウを保持できるのに対して，ソ連は核兵器を開発する独自の能力をもつ機会を恒久的に奪われることを意味すると考えたからである．ソ連はまず核兵器の使用禁止と廃棄を行ってから，国際管理の機構を整備することを主張した．

　その間ソ連は西側諸国や中立国の知識人の核兵器反対運動に賛意を表しながら，他方では核兵器の開発に全力を挙げた．一方アメリカは原子力の国際管理の旗印を掲げつつ，原爆の生産と備蓄の速度を上げた．ベルリン危機に際して

は，アメリカはソ連との戦争になった場合には，ソ連の主要都市に対して原爆を用いる方針をとり，原爆の搭載が可能なB29爆撃機をイギリスに配備した．当時のアメリカの軍事戦略は原爆の独占に依存して組み立てられていた．しかし，アメリカの独占の時期は予想外に早く終わることになった．

　1949年9月にトルーマンはソ連が先月原爆実験に成功したという判断を発表した．ソ連が近い将来複数の使用可能な原爆を持つようになることを予想し，50年1月に，トルーマンはこれまでの原爆よりはるかに巨大な破壊力をもつ水素爆弾の開発開始についての大統領指令を出し，また4月に国家安全保障会議が54年半ばにも頂点に達すると見込まれるソ連の軍事的脅威に対抗してアメリカの通常・核兵器の大幅強化の必要を提言する文書「NSC-68」をまとめた〔佐々木1993；Leffler & Westad 2010, I（Holloway）〕．

[中国内戦における共産党の勝利]

　ソ連が原爆実験に成功したとき，中国では共産軍が内戦に勝利しつつあった．アメリカは国民政府と独自の軍隊と支配地域とをもつ共産党との内戦を望まず，戦後マーシャル特使を派遣して統一政府形成についての両者の合意を斡旋しようとした．しかし1946年半ば以降大規模な内戦が起こり，マーシャルは翌年1月正式に国共合作斡旋の断念を発表した．国共内戦では当初は，アメリカ製の武器をもつ国民政府軍が優勢で，47年3月には共産党の本拠地延安を占領した．ソ連は共産党の勝利を予想せず，ただ東北部は共産党が支配することを望んだのであろう．ソ連軍は撤退の際にかなりの武器弾薬類を残し共産軍に提供した．国民政府は内戦を行う一方，46年憲法に基づいて47年11月に議会選挙を行った．しかし戦後経済の復興が進まず高官の腐敗が目立ったため，民心は国民政府から離れていた．その頃までには，国民政府軍は手を広げすぎ共産軍の反撃にあって形勢は逆転した．当時アメリカではギリシア，トルコへの援助に関連して，議会ではなぜトルーマン・ドクトリンを適用して中国を援助しないのかという質問が出たが，政府側は，中国情勢は危機的状況にはないし，アメリカは以前から中国には援助を行ってきたと説明した．マーシャル・プランが公表されると，中国にも援助すべきだという意見が議会の内外で高まったので，政府は経済協力法案の成立を早めるために，4億ドルの対中援助法案を

抱き合わせることにし，それらは48年4月に成立した．

　1948年後半には共産軍は国民政府軍との東北部争奪戦に勝利し，華北の戦闘でも国民政府軍を圧倒し，49年1月国民政府軍は北平（北京）から撤退した．国民政府側では一時下野した蔣介石に代わった李宗仁総統代理は共産党との現状に基づく休戦のための交渉を行おうとし，米英ソ各国大使にも介入を求めた．しかし共産党側は勝利を確信していたから，国民政府側の全面降伏以外の条件での休戦を受け入れようとはせず，戦闘は4月には全面的に再開され，共産軍は首都南京を占領した．アメリカには苦境にある国民政府を助けるために，軍事援助を増やし，軍人を派遣して実戦指導に当たらせることを主張する人々がいたが，トルーマン政権は国民政府と政府軍を見限っており，49年には援助の供与をできるだけ遅らせる措置をとった．アメリカ政府は共産党政権が成立しても通商関係を継続する方針であり，共産軍が進出した都市にも総領事館を残していた．しかし共産軍は外交官特権を尊重せず，瀋陽では総領事らアメリカ外交官を拘禁し，共産党幹部は国民政府と諸外国との通商条約を廃棄する方針を発表するなどの行為により，アメリカ政府を失望させた．その一方で，共産党の南京渉外担当者黄華は5月から6月にかけてスチュアート米大使と接触し，大使の燕京大学（黄は彼の同大学学長時代の学生）への定例訪問を歓迎するという毛主席の意向を伝えた．スチュアートはすぐワシントンに訓令を求めたが，トルーマンとアチソンは諸般の事情を勘案して大使の北平訪問を認めないことにした．当時中国共産党指導部は共産主義国ソ連との提携関係を基軸とする方針をとっていたが，アメリカとの関係修復の可能性の有無を探ろうとしていたのであろう〔Stueck 1981; Leffler & Westad 2010, I（Niu）〕．

　一方，毛沢東は7月には「向ソ一辺倒」論を発表し，党内ナンバーツーの劉少奇をモスクワに派遣して，中国共産党の親ソの方針を伝えた．スターリンは彼を歓迎し，かつてソ連は中国共産党を過小評価する誤りを犯したと述べたという．彼は劉が希望した中ソの関係発展のための幾つかの施策を直ちに実行することを約束した．ソ連はその間にも依然として国民政府との外交関係を維持しており，共産軍が国民政府軍を新疆地方から排除するまで，新疆での希少金属資源開発の権利を獲得するための外交交渉を国民政府側と行っていた．各国大使の中で，国民政府とともに南京から広州に移り，数ヵ月そこに滞在したの

は，ソ連大使だけであったという．国民政府もアメリカだけを頼りにしていたわけではなく，同盟条約のあるソ連との関係を重視していた〔石井1990〕．

[中ソ同盟の成立]

1949年10月中国共産党は北京を首都とする中華人民共和国（人民中国）政府の成立を宣言し，毛が国家主席に就任した．国民政府（中華民国政府）は蔣介石が指導者に復帰して，広州から重慶，成都と転々として，12月には台湾に逃れた．アメリカ国務省は8月に『中国白書』を発表し，アチソン国務長官はその序文で，アメリカは中国政府にできるかぎりの援助を与えてきたが，その援助は受け手の腐敗と無能とのために効果がなかったと述べて，共産主義中国の出現が一般国民に与える衝撃をあらかじめ和らげようとした．しかし中国内戦における共産党の勝利がアメリカ国内に与えた衝撃は大きく，政府は国民政府援助に消極的だった政府の失策が「中国の喪失」を招いたと親国民政府派や共和党議員から批判された．

アメリカの軍部はそれより前，共産軍の台湾進出を牽制するために米艦の派遣を考慮し，アチソンは，台湾中立化のために台湾人指導者による自治政府の樹立の可能性に関心を抱いたが，これらの策は実行されなかった．トルーマン政権は，ソ連が満州や新疆の植民地化を試みて中ソ対立を引き起こす可能性があると考え，中国のティトー化を促すためには，台湾に露骨な干渉をするのは得策でないと判断したからである．1950年1月トルーマンは台湾には基地を置かず軍事援助もせず，経済援助だけを継続するという方針を語り，アチソンはアメリカとしてはアジア諸国民のナショナリズムがソ連の帝国主義に抵抗することを信じると演説し，中ソ離間を狙いつつ米中和解への期待を滲ませた*．

*　アチソンはこの演説でアメリカの太平洋防衛線に言及し，それをアリューシャン―日本―フィリピンに連なる線であると述べた．これは米ソ全面戦争の勃発を想定した軍部の戦略に沿った発言であったが，韓国防衛を明言しなかったために，北からの侵略を誘発したと，後に批判されるようになる．トルーマンの台湾政策の表明やアチソンの防衛線への言及が，モスクワに新中ソ同盟締結に伴うリスクは少ないと思わせたかもしれない．

しかし1950年2月の中ソ友好同盟相互援助条約の成立によって，アメリカ

のそのような期待は当分実現しないことになった．49年12月に毛沢東はソ連を訪問し，スターリンとしばしば会談してソ連からの経済技術援助および軍事同盟の締結の希望を述べた．翌50年1月にスターリンが新同盟条約交渉に同意し，中国から周恩来首相が多数の外務実務家とともにモスクワに到着して具体的交渉が始まった．毛も条約調印までモスクワに滞在した．この同盟条約は，日本帝国主義の復活と侵略とともに日本と提携する国（つまりアメリカ）からの侵略に共同で対処することを目的に掲げ，一方が日本またはその同盟国からの攻撃を受けたとき他の締約国は直ちに全力を挙げて軍事上その他の援助を与えることを規定するものであり，中国側の希望によりソ連案より明確な援助義務を伴う内容となり，条約名称にも「相互援助」という言葉が加えられた．同盟条約とともに調印された中国東北部のソ連権益についての協定では，ソ連は45年の中ソ友好同盟条約により保持していた長春鉄道（旧東清鉄道および南満州鉄道）と旅順海軍基地については，52年末までを目途に中国に返還することに同意した．またソ連が米ドル建てで5年間で総額3億ドル相当の低利借款を供与し，中国の経済建設のための資材購入に充てる協定も結ばれた．まもなく貿易協定や新疆開発の合弁事業についての協定も成立した〔石井1990〕．

　これらの条約や協定はソ連としては中国側の要望に最大限応じたものであったといえよう．スターリンはかつては農村に拠点を置く中国共産党の革命方式を異端視し，共産軍の実力を低く評価していたが，新中国を同盟国として歓迎した．人民中国の出現はアジアにおける帝国主義勢力にとって大きな後退を意味し，ユーラシア大陸二大国の同盟は冷戦におけるソ連の大きな得点と見られたからである．

　インドシナ共産党（現在のベトナム共産党）の指導者ホー・チ・ミンも中ソ首脳会談中にモスクワを訪問しており，中ソ両国はベトナム民主共和国を承認した．アメリカは中ソ同盟成立と中ソのホー・チ・ミン支持に対抗して，フランス側に援助を与えるようになった．イギリスは香港の現状を守るために1950年1月に人民中国との国交を樹立したが，アメリカは国民党政府との関係を維持し，国連の代表権を北京政府に譲ることにも反対した．しかしそれは固定した政策ではなく，当時トルーマン政権はいずれ人民中国を承認すべきだと考えていた．朝鮮戦争が起こらなければ，トルーマンとアチソンは50年の

中間選挙後に北京政権を承認するつもりだったといわれる〔Cohen 2010〕．

5 ── 朝鮮戦争の勃発と展開

[朝鮮戦争の勃発とアメリカの軍事介入]

前章で述べたように，戦争が終わったとき，朝鮮にいる日本軍は北緯38度線以南ではアメリカ軍に，同線以北ではソ連軍に降伏することになったため，朝鮮はこの線を境として，南は米軍，北はソ連軍の暫定的な管理下に置かれた．米ソ両国は朝鮮の独立を協議するために合同委員会をつくったが，冷戦の進展とともに合意は困難になった．アメリカは朝鮮問題を国連に付託し，国連総会の決議により朝鮮統一政府の形成に向けて，全朝鮮での選挙を実現しようとした．選挙はソ連が北側での実施を拒否したため，南側だけで行われ，その結果1948年8月に李承晩を大統領とする大韓民国（韓国）政府が樹立された．国連朝鮮委員会は選挙後も状況監視のため南朝鮮に駐在していた．ソ連は対抗措置として翌9月，北側に金日成を指導者とする朝鮮民主主義人民共和国（北朝鮮）政府を樹立した．

米ソはいずれも双方の軍隊の朝鮮半島からの撤退を望み，1948年から翌年にかけて，それぞれ軍事顧問団を残して，分断された朝鮮から撤退した．南北両政府は互いに朝鮮全土を支配すべき正統な政府であると主張し，38度線付近ではしばしば小紛争があり，両者ともに力による統一をほのめかしていた．

アメリカ政府は李承晩政権が北側に攻撃をしかけることを警戒した．朝鮮での戦争を望まなかったから，韓国への軍事援助を制限し，攻撃用兵器を提供しなかった．北朝鮮からの攻撃の可能性については，アメリカの情報機関はありうることだが，差し迫ってはいないと見ていたという．アメリカ政府は防衛同盟条約を求めた韓国政府の要請には同意しなかったが，1950年1月には米韓相互防衛援助協定を締結した．これは中国の共産党政権の成立に対応して周辺諸国の防衛を援助する政策をとるようになった一環である．北朝鮮の金日成は49年以来南部攻略の意思をソ連に伝えていたが，ソ連に制止されていた．

朝鮮戦争は1950年6月25日，北朝鮮軍の南部への全面攻撃とともに始まった．この攻撃は金日成の発議により，ソ連のスターリンの賛成を得て，中国の

毛沢東の了解も得て行われた．金としては，ゲリラや工作員による南部攪乱作戦には限界があったこと，近い将来アメリカが日本と講和条約を結び日本の再軍備を進めるであろうこと，沖縄の米軍基地が拡張されつつあり，韓国の軍事力も強化されることが予想されたから，それらの事態が進展しないうちに，韓国に敏速に侵攻することにより，アメリカが軍事介入する前に朝鮮半島に既成事実を作り上げようとしたのであろう．スターリンが方針を変えたのは，アメリカの極東防衛体制が不十分な間に，人民中国の建国，中ソ同盟成立を背景に，東アジアでのさらなる得点をもたらすものとして，北朝鮮軍による半島統一の成功に賭けたのであろう．毛は台湾攻略を目指しているとき，北朝鮮がアメリカを挑発する行動をとることを望まなかったが，すでにスターリンが支持したことを聞いて，金の計画に同意した〔ギャディス2004；朱2004；Leffler & Westad 2010, I（Stueck）；Haslam 2011〕．

　この事態に直面してワシントンの指導者たちは軍事介入を決断した．アメリカが支持してきた韓国政府に対する公然たる侵略行為を阻止しなければ，アメリカに対する東アジア諸国の信頼は失われ，アメリカの威信はアジアのみならず，ヨーロッパにおいても大きな打撃を受けると考えたからである．また断固たる措置をとらなければ，すでに「中国の喪失」を非難されていたトルーマン政権が国内で非難を受けることも必至であった．6月25日，北朝鮮軍侵攻の報を受けて，ソ連不在の国連安保理は北朝鮮軍の38度線への撤退を要求し，27日には加盟国に「韓国への侵略を撃退しその地域の平和と安全を回復するために必要な措置をとること」を要請する決議案を採択した（ソ連代表は中国国民党政府が安保理に残留していることに抗議して1月以来欠席していた）．トルーマン大統領はすでに6月26日にアメリカ海・空軍に韓国軍を援助するよう指令し，第7艦隊の台湾海峡への出動を命じ，30日には地上軍の派兵を指令した．翌月国連は，国連決議に基づいて行動する軍隊が米軍の指揮のもとに国連旗を掲げることを認め，トルーマンにより日本における連合国軍最高司令官マッカーサー将軍が朝鮮で行動する国連軍の総司令官に任命された（韓国軍も国連軍総司令官の指揮下に置かれた）．他の15ヵ国も朝鮮における軍事行動に軍隊を派遣し，そのほかに非戦闘員や資材を提供した国々もあったが，朝鮮の国連軍の主力はアメリカ軍であり，米軍司令官でもある国連軍総司令官に

命令を与えるのはアメリカ大統領であった*.

 * 1951年末の韓国軍を含めた国連軍兵力のなかで，米軍は地上兵力の50％（韓国軍40％），空軍兵力の93％，海軍兵力の86％を占めた．アメリカ以外の派兵国はイギリス，カナダ，オーストラリア，ニュージーランド，フィリピン，タイ，フランス，オランダ，ベルギー，ルクセンブルク，トルコ，ギリシア，南アフリカ連邦，コロンビア，エチオピアである〔Luard 1982；ストゥーク 1999〕．
 旧連合国管理下の日本は国連軍の後方基地としての役割を果たしたほか，米軍の要請により海上保安庁の掃海艇を韓国沿岸の機雷除去作業のために派遣した．

[米軍の北進と人民中国軍の参戦]

 国連軍は1950年7月中に一度は朝鮮半島南端まで追い詰められたが，9月に入ると攻勢に転じ，仁川（インチョン）への上陸作戦の成功によって，戦況は国連軍側に決定的に有利になった．トルーマン政権は38度線を越えて国連軍を進撃させ，国連軍によって南北朝鮮の統一を目指した．マッカーサーに，ソ連あるいは中国の介入の危険がなければ北朝鮮に進撃してよいと指示し，国連総会も国連軍の北進を容認した．前記のように，ソ連は国連安保理の諸会合を1月以来欠席しており，朝鮮戦争に関する重要な決定が行われた6月から7月にかけての諸会合にも出席しなかったため，安保理ではアメリカ主導の一連の決議を行うことができたが，8月にはソ連が輪番制の議長国として安保理に復帰し，拒否権を行使するようになった．

 そのためアメリカとその同盟諸国は，朝鮮統一のために必要なあらゆる手段をとる（つまり北朝鮮に国連軍が進攻してもよい）という決議案を安保理ではなく拒否権のない総会にもちこみ，10月に可決に成功した．すでに安保理で扱っている朝鮮問題について，総会に勧告権限があるかどうか憲章上問題があったが（憲章11条2項，12条），多数国は権限ありと解釈したのである．アメリカでは，6月にはたまたまソ連が欠席していたから安保理決定ができたが，ソ連が出席する安保理では同様の事態に対して何の決定もできないという憂慮が高まり，アメリカの働きかけにより，11月3日には，安保理が常任理事国の全会一致を得られぬために，国際の平和および安全の維持に関する主要な責任を果たせない場合には，総会が集団的安全保障措置をとることができるという決議「平和のための結集決議」を採択した〔西崎 1992；Luard 1982〕．

10月1日，韓国軍は38度線を越えた．それより前，中国の周恩来は北京駐在インド大使パニッカーに米軍が北朝鮮内に進入すれば中国は朝鮮戦争に介入することを告げ，このことはすぐにワシントンに伝達された．トルーマンは10月15日にはるばるウェーク島まで出向き，中国の軍事介入の可能性についてマッカーサーの意見を尋ねた．マッカーサーは中ソの介入の可能性は極めて低いと語り，もし装備の劣る数万の中国軍が参戦しても空軍の援護なしでは何もできないと述べ，きわめて楽観的であった．

　しかし10月下旬，中国「人民義勇軍」は北朝鮮に入り始め，11月24日にマッカーサーが北朝鮮制圧を目指す「戦争終結のための攻撃」を宣言すると，中国軍は本格的な攻撃を開始した．金日成は劣勢に陥るとスターリンに救援を繰り返し訴えたが，スターリンは中国に派兵を求め，最悪の場合には，北朝鮮の亡命政権をソ連領に受け入れるつもりであった．窮地に陥った北朝鮮を救うためには，大きな兵力の派遣が必要であり，これは人民中国首脳部にとって簡単に決断できることではなかった．毛が最終的に決断したのは，訪ソした周恩来にスターリンがソ連の中国への軍事援助と空軍による援護を約束したからである．北京の指導者にとって，ソ連の軍事協力の約束が朝鮮派兵の重要な要件であったが，派兵はアメリカ帝国主義の朝鮮における勝利が中国北東部の安全を脅かすとともに，中国全域および東アジア諸地域における反帝国主義革命勢力の士気に及ぼす影響を考えた上での決断であった〔ギャディス 2004；朱 2004；Whiting 1960; Haslam 2011〕．

　人民中国軍が大挙して戦線に加わると，国連軍は想定外の攻撃に敗走を余儀なくされた．マッカーサーはワシントンに中国東北部爆撃の許可を求め，トルーマンは記者団に軍事情勢に対処するためにあらゆる必要手段を採ると述べ，原爆使用の可能性を否定しなかった．イギリスのアトリー首相は大統領の原爆使用発言に驚き，アメリカがアジアの戦争に踏み込みすぎることを恐れて，12月初め政策協議のため，急遽ワシントンを訪問した．アメリカ側は彼に対して，戦域を朝鮮に限定して戦う方針を明言するとともに，半島失陥の場合には中国に対して海岸封鎖などの強硬措置で対抗することを示唆し，また原爆は使用を考えていないことを内々に保証した．しかしアトリーの休戦交渉案については，南朝鮮を保持できるなら休戦に応じる用意があるものの，台湾の問題や中国の

国連代表権の問題を休戦の取引材料にはできないと主張した．アトリーは休戦交渉案についてはアメリカの同意を得られなかったが，戦争不拡大と原爆使用問題についての協議では彼の訪米は一定の成果を挙げた〔細谷1984〕．

　朝鮮戦争勃発以来，中国に関するトルーマン政権の態度は大きな変化を遂げた．戦争前にはアメリカ政府は北京政権をすぐに承認する気はなかったが，適当な時期に承認する方針であり，台湾政策の見直しを求める国内の意見に対して，アチソン国務長官は朝鮮戦争勃発直前にも台湾への不介入政策の維持を言明していた．しかし戦争勃発直後，彼の提案によりアメリカは暫定措置として台湾海峡に艦隊を派遣した．政府関係者はもはや台湾問題を中国の国内問題とは見なさず，国連による台湾問題の解決を唱え始めた．他方では中国の朝鮮戦争介入を望まなかったから，北京を不必要に挑発することを避けようとし，台湾海峡へのアメリカ艦隊の派遣は「どちらにも加担しない行動」であって，戦争が終結すれば撤退すると述べていた．しかし中国軍の参戦後は，人民中国はアメリカの敵となり，ワシントンはその国連加盟に強く反対し，台湾の防衛力を強化するため国民党政府への軍事援助を開始した．

[朝鮮戦争の継続と戦線の安定]

　北朝鮮・中国軍は38度線を越えて南下し，1951年1月初旬にはソウルを再占領した．国連ではカナダなど英連邦諸国が中心となり，全外国軍隊の撤退，自由選挙による統一政府の設立，その間の国連による朝鮮統治，人民中国も参加する国際会議による極東諸問題の協議などを前提とする停戦案を中国側に提示したが，戦場で優位に立った中国はそれを拒絶した後，自らの条件を発表した．国連には中国との折衝を継続すべきだという意見があったが，アメリカ政府は国内の強い反中国感情を考慮し，また戦況の現状も交渉には不適当と見なしたので，中国との交渉の余地なしとして，中国を侵略者とする非難決議案を国連総会に提出した．この決議案には中立国のみならずアメリカの同盟国にも抵抗があった．しかし同盟国はアメリカとの同盟の維持を重視して賛成することにし，決議案は2月初めに賛成44，反対7で可決された．アメリカ政府がヨーロッパ防衛体制の強化に力を入れ，米軍を増派し，NATO軍最高司令官に第二次大戦の英雄アイゼンハワー将軍を任命したことが，決議案の成立を助

けた.

　戦況が不利になって以来，マッカーサーは中国全土の戦略目標の爆撃，中国大陸の沿岸封鎖，対中戦争への国民党政府軍の活用などの方策を主張した．ワシントンの軍幹部にも一時はそれを支持する者もあった．トルーマンとアチソンは全面戦争を避ける立場からも，また国連の旗の下に行動している立場からも，戦域を朝鮮半島に限定する方針を維持しつつ，戦線を持ちこたえようとした．彼らにとって幸いなことに，中国軍はまもなく失速した．事故死したウォーカー第8軍司令官に代わって米軍の指揮をとったリッジウェー中将の下で，1951年2月には国連軍は態勢を立て直して反撃に転じ，3月にはソウルを再奪還し，ほぼ38度線まで戦線を押し戻した．

　ワシントンの指導者たちは再び北に向かって大規模な攻勢をかける意思はなく，国連の軍事行動を支持する他の国々（韓国を除く）も戦線を安定させ休戦交渉の機会を待つことを望んだ．トルーマンは中国・北朝鮮側に休戦交渉を呼びかけることにしたが，マッカーサーは大統領の先手を打って，中国領土への戦争拡大を示唆する脅迫的な休戦要求を独断で発表した．しかも彼の手を縛る政府のやり方を非難した彼の書簡が議会で公開されたため，トルーマンはついにマッカーサーの解任を決意し，アチソン国務長官とマーシャル国防長官（前国務長官，戦争勃発後トルーマンに再び頼られて1年在任した）および統合参謀本部の支持を得て，4月にマッカーサーを朝鮮における国連軍総司令官，在日連合国軍最高司令官などの地位から解任した．アメリカの世論は老将軍に同情的で，彼の帰国時には群衆が彼を凱旋将軍のように歓呼して迎えた．

　マッカーサーは議会で証言し，中国は香港から大量の軍需物資を入手していると述べたため，議会では侵略者への軍需用物資の輸出を国連総会決議によって禁止すべきだという声が強まり，アメリカ政府は国連総会での決議を急いだ．イギリスも支持に回ったので，中国・北朝鮮への軍需用物資の禁輸決議は5月に大多数の支持で採択された〔ストゥーク 1999；Patterson 1996〕＊．

＊　アメリカは共産圏諸国への戦略物資の輸出規制を強化するため1950年1月には西欧諸国とともに公表しない国際機関「対共産圏輸出統制委員会（COCOM）」を設置した．アメリカは中国の朝鮮戦争参入後，中国への全面禁輸と中国の在米資産凍結措置をとり，国連総会決議に基づく国際的規制措置をとっ

たが，中国に対するより厳しい戦略物資輸出規制のために，対日講和の後，米英仏にカナダ，日本を加えた戦略物資の対中輸出規制の機関「対中国輸出統制委員会（CHINCOM）」を組織してCOCOMと同列の機関とした〔加藤1992〕．

マッカーサーに代わって国連軍総司令官となったリッジウェーは図上の線にすぎない38度線は休戦のための軍事境界線としては不適当であると考え，防衛可能な地形を求めて38度線よりある程度北に進出した．毛沢東は再進撃を意図し多数の新兵力を投入して再三攻撃をしかけたが，国連軍に撃退された．1951年6月23日にはソ連の国連大使マリクが当事者間の休戦交渉の開始を希望する旨を発言したのに応じて，リッジウェーは29日共産側軍司令官に対して，休戦交渉のための会議を望むなら国連側にも交渉の用意があると伝えた．中国・北朝鮮側もそれに反応して，休戦交渉が7月から開城(ケーソン)で始められ，中断後は10月には板門店(パンムンジョム)で行われるようになったが，休戦合意は53年7月まで成立しなかった．

休戦交渉は停戦合意なしに始まったので，1951年9月から10月にかけて共産側は激しい攻撃を仕掛けたが，逆に国連軍に若干の前進を許した．当初，共産側は38度線を休戦ラインとすることに固執したが，交渉再開後は現に対峙している前線を休戦ラインとすることに同意した．休戦ラインに沿って非武装地帯を設けること，休戦を監視するための国際的監視団を設けることなどについては，52年中に双方の合意が成立したが，捕虜の送還を巡って意見が対立し折り合わなかった〔ストゥーク1999〕．

[朝鮮戦争の歴史的意義]

朝鮮戦争の休戦については次章で扱うが，ここでこの戦争の国際関係史における意味についてまとめれば，次のように言えるであろう．

一，米ソ冷戦の主要舞台であったヨーロッパでは戦争は起こらず，冷戦は文字通り冷戦であったが，東アジアでは限定戦争とはいえ米中両軍が参加する朝鮮戦争が起こったことである．「冷戦」という表現はヨーロッパの国際関係にはよく適合するが，東アジアについては，戦争が現実に起こっている事実に照らせば，しっくりしない用語であり，米ソの対立がありながら米ソは直接戦わなかったという意味でのみ，「東アジアの冷戦」を語ることができる．

二，この戦争はいわば双方の誤算の応酬によって特徴付けられた．スターリンが金日成の韓国攻撃を容認したのは，この攻撃はヨーロッパにおける戦争と異なり米ソ戦争を引き起こす危険が低く，ソ連にとって，小さいリスクで冷戦の勢力関係における大きな得点を得られる可能性が高いと考えたからであった．金日成はアメリカが行動を起こす前に既成事実を作れると考えていた．しかしそれらは誤算であり，アメリカが敏速に本格的な軍事行動をとり，北朝鮮を崩壊の瀬戸際に追い込んだ．アメリカは中国の大規模な軍事介入を予想せずに北進し，敗走を強いられた．中国も優勢なときにはアメリカを甘く見て，勝者の休戦を求めて兵力を損耗した．

三，この戦争は朝鮮全土の正統政府を主張する南北二つの政府間の戦争として始まったので，内戦というべき一面があり，その戦争は米ソ冷戦と連動していたから，「国際内戦」と言われることもある．ただしこの戦争は内戦というには最初からゲリラ戦の要素が乏しく，正規軍相互間の激闘を特徴とした＊．

＊　激闘の主役となった米軍の死者は5万5000人，中国軍の死者は90万人と推定される．戦場になった南北朝鮮の人的物的損傷は甚大で，一般市民を含めて北朝鮮150万人，韓国130万人の犠牲者を出した．

四，米ソともに，朝鮮戦争後もヨーロッパにおける利害をもっとも重視していたことは確かであるが，それにもかかわらず，この戦争以後は冷戦の舞台が東アジアに広がり，ヨーロッパ以外の地域における紛争が冷戦と結び付く始まりとなった．

五，この戦争により，東アジアにおける米中対立の構図が固定化したことである．ソ連は中国に軍事援助を与え，またソ連空軍部隊を中国東北部に派遣し，中国および北朝鮮の一部空域の防衛に当たったが，表立って参戦しなかった．北朝鮮の敗北はソ連にとって不面目ではあっても，自国の安全に大きな影響を及ぼすことではなかったが，中国にとっては自国の重要地域に隣接する国に対するアメリカの勝利は大きな脅威であった．それゆえ，人民中国は朝鮮戦争における主役となり，大きな犠牲を払ってアメリカの軍事的勝利を阻止した．それにより中国は威信を高め，ソ連の敬意と信頼を得る一方で，アメリカからはアジアにおけるソ連の強力な代理人，封じ込めるべき敵とみなされた．そのため，この戦争がなければ遠からず実現したであろう台湾支配もアメリカとの国

交樹立も長期的に不可能になった．朝鮮戦争はスターリンにとって目算違いとなったが，米中接近の可能性を除去するという副産物を得た．

　六，この戦争を契機にアメリカは韓国と台湾を自国の防衛範囲とするようになった．戦争前には東アジアにおける共産圏・非共産圏の境界線とアメリカの防衛線との間に隔たりがあったが，戦争によってその二つの線は一つとなり，アメリカが守るべき線が引き直された．その結果，朝鮮半島における南北分断は固定化され，二つの朝鮮が長期的に存続することになり，また人民中国にとって台湾は「未回収の中国」として残ることになった．

　七，この戦争によりアメリカの冷戦政策は軍事化した．それまでアメリカは「封じ込め政策」は武力行使を伴わない非軍事的手段によって達成可能と考え，北大西洋条約締結後も西欧の防衛強化に力を入れなかった．ソ連における原爆実験成功を受けて，朝鮮戦争直前に，数年後の米ソ戦争に備えてアメリカの軍備大幅増強を主張するNSC-68文書がまとめられていたが，朝鮮戦争がなければ，大統領がその文書の意見を採用したかどうかは疑わしい．1949年に彼が国防長官に任命した友人ルイス・ジョンソンは軍事費の削減を自らの任務と感じていた．戦争中，アメリカは軍備を大幅に増強し，欧州共同防衛体制の強化に力を入れ，ソ連も大戦に備えて東側の防衛体制の強化に努めた．同時に米ソの核戦力の開発競争も進展し始めた．

　八，この戦争はアメリカの戦略思想に限定戦争あるいは局地戦争（他の戦争にも備えつつ，戦域を限定し使用兵力を限定して戦う戦争）という観念を導入した．しかし朝鮮戦争は限定戦争だったとはいえ，激しい地上戦闘があり，多くの死傷者を出したために，1950年代には局地戦争に地上部隊を送り込むべきではないという考えがアメリカを支配し，それと関連して局地侵略抑止のため，アメリカは局地侵略にも限定戦争とせず大量報復力を発動する場合があることを警告した．

　九，この戦争は現代の戦争が宣戦布告なく行われることの始まりとなった．戦争に加わったどの当事国もどの相手に対しても宣戦を布告しなかった．

　十，この戦争は「国連軍」が侵略行為に対抗する強制行動を行った唯一の例であるが，国連の戦争であるとともにアメリカの戦争であるという二面性があった．ソ連不在時の国連安保理もまたソ連の拒否権のない国連総会もアメリカ

の意向に沿って動き，国連がアメリカの望む行動に正統性を与える役割を演じたことは確かであるが，他方では，アメリカは国連の旗の下に行動したために，国連総会で大多数の国々の支持を確保することに留意しなければならず，それゆえにカナダなど中級国家(ミドル・パワー)が総会を舞台に発言し行動することを可能にしたという面もあった．

　この戦争の日本への影響については次の節で詳しく述べるが，アメリカが戦域を朝鮮半島に限定して戦ったことで，日本は戦争に直接巻き込まれることを免れた．アメリカが中国領土を爆撃すれば，ソ連は中国空域防衛のために参戦したであろうし，日本の米軍基地を爆撃しようとする可能性もあった．アメリカは同盟国候補としての価値が増大した日本を戦域の外に置くことを選択し，軍事情勢の悪い時期にも，対日講和を推進した．また他方でこの戦争は，日本がインフレ体質改善のための金融引き締め政策に伴う不景気から早期に脱出することを可能にした．日本経済が復興の軌道に乗ったのは，戦争に伴う「特需」（米軍による日本の製品やサービスの発注）の増大があったからである．

6 ―サンフランシスコ対日講和の成立

［日本占領の長期化と目的の変化］

　冷戦の進展とともに，アメリカの日本占領管理の目的は旧敵国日本の非軍事化，軍事的潜在能力の除去から，アジアにおけるアメリカの協力国として再生させることへと変化していった．

　1947年3月にマッカーサーは日本占領の目的は達成されたとして，早期講和の希望を表明し，それを受けてアメリカ政府は7月に極東委員会構成国に対日講和問題を審議する代表者会議の開催を呼びかけたが，この会議での採決方式（拒否権の可否）についてソ連および中国の反対に遭うと，それ以上この問題について協議を進めようとしなくなった．国務省内では極東局長特別補佐ボートンを長とするグループが対日講和条約草案の作成に当たっていたが，日本の無力化を目的とする彼らの条約構想は冷戦時代には合わないものとなりつつあった．ケナンら政策企画室はボートン草案の性格に反対であり，早期講和にも反対であった．日本を当分占領下において日本の経済復興を進め，経済発展

と政治的安定を維持できる態勢を整えてから講和を実現すべきだ，というのが彼らの主張であった．またワシントンの軍当局者は軍事的な理由から早期講和を支持しなかった．こうしてアメリカ政府は対日講和の推進をしばらく見合わせ，日本の政治動向と国際情勢の展開を見ることにした．

　中国の内戦で共産党が勝利を収めたことは，アメリカの防衛体制における日本および沖縄の重要性を増大させた．このことを裏書きするように1950年1月ワシントンの軍首脳たちが日本を訪れた．ブラッドレー統合参謀本部議長は人民中国の出現によりアメリカの勢力圏が大きく後退したことを意識して，日本について「かつての敵国はわが国にとって，太平洋におけるもっとも強力な防砦であるばかりでなく，太平洋戦争の戦勝の果実としてわれわれの手中に残されているほとんど唯一のものである」と感想を述べた．彼はアメリカが日本および沖縄に強力な軍事基地を保持すると言明し，その後まもなく沖縄では大規模な軍事基地の建設が開始された．

　アメリカにとって，軍事的な観点から日本に軍事基地を維持することがいっそう必要となる一方で，占領のさらなる長期化は日本人を反米的にすることが懸念された．それゆえ国務省は1949年秋以来，対日講和の早期実現を望むようになり，ソ連や新中国の参加なしにアメリカの方針に賛同する国々だけで日本との講和を行う構想をまとめていた．東京にいるマッカーサーは講和に賛成であったが，国防省は占領下の日本で米軍が行使している自由が制限されることを好まない統合参謀本部の意見を反映して，対日講和には消極的で，トルーマンも反対派を説得できなかった．対日講和問題の調整者として登場したのは，50年4月に国務長官顧問に任命された共和党の外交通ダレスであった．彼の任命は東アジア政策とくに対日講和問題を超党派的基礎の上におこうというトルーマン政権の意図の表れであった．ダレスは対日講和推進役を引き受け，6月には日本を訪問した．彼は東京でマッカーサーだけでなく吉田茂首相ら日本の要人たちとも会談した．朝鮮戦争が勃発したのは彼の東京滞在中であった．

[アメリカの対日講和方針と他の連合国の反応]

　ダレスは朝鮮戦争の勃発により日本の指導者たちがアメリカとの安全保障上の協力をより切実な必要と考えるであろうと予想し，戦争勃発にもかかわらず，

むしろそれゆえに，日本再軍備につながる対日講和を推進すべきときだと軍幹部の説得に努めた．9月には，トルーマンはダレスが国防省の同意を得てまとめた対日講和の基本原則案を基に対日講和のための対外交渉を開始することを指示し，ダレスを対日講和問題担当の特別代表に任命した．

アメリカ政府は交渉に先立って，対日講和についてのアメリカの構想を7原則にまとめた文書を旧連合諸国に送付した．その文書では，講和の当事国について「日本と戦った国の中で，提案されそして同意されるであろう基礎に立って講和を行う意思のある諸国」として，ソ連が不同意でも，同意した国々とともに対日講和を結ぶ考えを示した．その文書には日本の国連加盟を認めることや賠償請求権を放棄することなど日本に有利な項目が含まれ，日本の軍備や産業の制限については何も言及していなかった．領土に関する項目では，琉球・小笠原について，日本は「アメリカを施政権者とする国連信託統治地域とすることに同意する」こととされ，日本の安全保障については，日本区域の国際の平和と安全の維持のために，当面，「日本の施設とアメリカの軍隊との，そしておそらく他の国の軍隊との協力的責任を存続させる」と在日米軍基地の維持により日本地域の平和と安全を守るアメリカの意向が述べられていた．日本の再軍備が期待される一方，講和後も米軍が日本国内の軍事施設を自由に使用できることは国防省が対日講和推進に同意した際の必須の条件であった．

イギリスは対日講和について英連邦諸国とも協議し，アメリカとは異なる構想をもっていた．イギリスは再建された日本が東南アジアなどの市場で経済的な競争者となることを懸念し，日本の海運や造船を制限する条項を入れることを望み，また英連邦諸国のオーストラリア，ニュージーランドとともに日本軍国主義の再興を防ぐために，日本の軍備にも制限を課そうとしていた．講和後の日本の安全保障はアメリカが担うべきものと考え，自国の参加には消極的だった．人民中国を承認していたイギリスは講和会議に人民中国が参加すべきだとの考えであったが，その考えには日本が東南アジアより中国に市場に求めることが望ましいという意向が含まれていた．

ソ連はアメリカ案について全面的な批判のコメントを発表し，多数講和，南サハリン・千島のソ連への帰属の不明示，琉球・小笠原の日本からの分離，米軍の駐留の継続などについて異議を唱えた．人民中国は自国の参加しない講和

は無効であるとし，アメリカの対日講和構想をアメリカ帝国主義のアジア侵略のために日本を利用するものであると非難した．ダレスは当初台北と北京の両政府の代表を招請する案をもっていたが，中国の朝鮮出兵後はその考えを捨てた．

［戦況の悪化と対日講和の促進］

9月以降アメリカ側の優勢に転じていた戦争は，11月末には中国軍の本格的な戦線参入により形勢が逆転した．この時期にアメリカ国務省は，日本の再軍備の早急な実現のため，アメリカとアジア太平洋諸国との集団安全保障体制を設けて，その中で日本の安全を保証するとともに日本にこの地域の安全保障への貢献を求める案が検討され，朝鮮の戦況が不利な中で，日本にこの体制への参加を求める誘因として，琉球・小笠原の領有権を日本に返還する案も浮上した．一方，国防省はアメリカがアジア太平洋の広域に防衛責任を広げることには反対であり，とくに琉球・小笠原の日本返還案は国防省の拒否にあった．軍部は朝鮮情勢から見て日本の再軍備なしに対日講和を結ぶことを非現実的と考え，講和条約を結ばず実質的独立へと近づける方式を主張したが，マーシャル国防長官の説得により，対日講和推進への反対を撤回した．

ダレスは対日講和促進の再確認を得て，1951年1月から2月にかけて来日し，「われわれは日本を戦勝者の意思を押し付けられる敗戦国ではなく，相談にあずかるべき相手と考えている」と語った．日本をアメリカに協力する友邦として確保するための講和であるから，講和の具体案作成過程で日本の指導層と意見を交換し合意を形成することに努めた．日本国内には有力な全面講和論があったが，自由党の吉田茂内閣はアメリカの多数講和方針に沿って速やかに主権を回復することを目指し，安全保障については，アメリカに基地を提供することでアメリカから日本防衛の保証を得る日米間の安全保障条約を締結しようとした．沖縄・小笠原については日本の主権を主張したいがアメリカの戦略的必要を考慮するという方針を立てていた．再軍備については，吉田は否定的態度をとり，経済再建が優先課題であることを主張してアメリカ側の理解を得ようとした．

日本側の安全保障条約案についてダレスは，アメリカにはヴァンデンバーグ

決議（第3節参照）の拘束があり，自衛力をもたない日本とは相互防衛条約は結べないと述べて，将来は双務的な条約に変えるが，当面の暫定条約としては，日本に米軍を配備することにより日本の安全に寄与するという取り決めとすることを主張した．ダレスは再軍備に極めて消極的な吉田の態度に失望したが，何らかの自衛力漸増について具体案を示すことを求め，吉田は講和発効後に，警察予備隊（1950年8月設置）と海上保安庁とは別に陸海合わせて5万人からなる保安隊と国家治安省とを創設して，米軍人の助言を得て将来の参謀本部要員を育成するという内密の覚書を提示した．

　ダレスは1951年2月日本からの帰途，マニラ，キャンベラに立ち寄り，フィリピン，オーストラリア，ニュージーランドの政府首脳と会談した．かねてからフィリピンは日本から相当額の賠償を得ることを強く希望し，オーストラリアとニュージーランドは日本軍国主義の復活をおそれ，日本の軍備，商船隊や重工業に厳しい制限を課すことを要望していた．ダレスは日本からの賠償取り立ては望ましくなく，日本の再軍備は必要であることを力説したが，彼らを説得するに至らなかった．そこでこれら諸国の不満と不安を和らげるために，イギリスの反対を知りながら，これらの国々の安全を保証する条約を結ぶ方針をとることにし，4月半ばまでには，日米安全保障条約に加えて，アメリカ－フィリピン，アメリカ－オーストラリア－ニュージーランドの二国間および三国間の安全保障条約（米比相互防衛条約，ANZUS）を結ぶというアメリカの太平洋安全保障体制の構想がまとまった．無賠償ではフィリピンが講和条約に調印しないことが予想されたので，ダレスも4月来訪の際には，日本が役務による賠償支払いを受諾する必要があることを示唆した．

　一方，ソ連政府はアメリカが対日講和条約作成について独断的に振る舞っているとして，主要連合国の外相会議の開催を要求し，平和的民主的日本の確立，再軍備の制限，経済発展の自由，旧連合国に対する敵対的同盟の禁止，外国軍隊の駐留禁止などを基本原則とするソ連の講和条約案を発表した．

　アメリカはもっとも有力な同盟国イギリスとの間で共同条約案をまとめ，講和会議を米英共同で開催する方針をとった．しかし上記のように，両国間には対日講和についてかなりの意見の隔たりがあり，その後の折衝過程でイギリスは原則的には軍備制限なし，賠償なしの原則に歩み寄ったものの，依然として

日本に対してアメリカ案より厳しい立場を維持していた．6月にダレスがロンドンを訪問して行われた共同条約案交渉では，イギリス政府は大局的判断からできる限りアメリカ案に歩み寄ることにした．しかし最後まで難航したのは，講和会議の中国代表権問題をめぐる対立の調整で，これは結局，どちらの政府の代表も招聘しないという双方に不本意な妥協案で折り合いがついた．こうしてまとまった米英共同案が関係国に配布され，最終調整が行われた後，9月4日にサンフランシスコで開催される講和会議への招待状が関係国に送られた．米英両国は講和会議では講和条約最終案の審議修正はせず，各国全権が賛成し調印する儀礼的会議とすることについて合意していた〔細谷1984；渡辺・宮里1986；楠2009〕．

[サンフランシスコ講和会議の開催]

講和会議には欠席を予想されたソ連はポーランド，チェコスロヴァキアとともに代表団をサンフランシスコに送り込んだが，アメリカは主催国として首席代表アチソン国務長官を議長に据え，修正動議を出そうとするソ連全権団の活動を封じた．講和条約は9月8日，参加の49ヵ国によって調印され（インドネシアは条約に調印したが，批准しなかった），調印を拒否したのは参加国の中ではソ連，ポーランド，チェコスロヴァキアの三国のみであった．インドは中立主義の立場からアメリカ主導の講和を好まず会議を欠席した．講和条約の調印式がおこなわれたのと同じ日の夕刻，日米両国の代表は日米安全保障条約に調印した．講和条約と日米安全保障条約とを併せて「サンフランシスコ講和」と呼ばれる．

講和条約は基本的にはアメリカが作成した文書であり，その重要な特徴はアメリカの日本に対する関心の性格を反映していた．条約は日本の軍備，産業，貿易に何の制限も課さず，賠償については日本に金銭的支払い能力がないことを認め，請求国に役務による賠償を課したのみで，その点ではきわめて寛大な講和であった．それは日本を極東における安定勢力にしようというアメリカの目的に沿うものであり，南西諸島（沖縄諸島のほか奄美群島を含む）・南方諸島（小笠原諸島など）に関する規定はこれらの諸島に対するアメリカの戦略的関心の反映であった．条約第3条は，日本はこれらの諸島を「合衆国を唯一の

施政権者とする信託統治制度の下におくこととする国際連合に対する合衆国のいかなる提案にも同意する．このような提案が行われ且つ可決されるまで，合衆国は，領水を含むこれらの諸島の領域及び住民に対して，行政，立法及び司法上の権力の全部及び一部を行使する権利を有する」と規定していた．この条項の要点は前段よりも後段にあった．国連の制約なしに自由に沖縄を統治できる現状を維持することがアメリカにとってもっとも望ましく，国連の信託統治を利用して統治するという大戦終結当時の選択は冷戦下では現実的ではなくなっていたからである．

　アメリカは，将来これら地域を日本に返還するであろうという期待を日本にもたせながら，これらの諸島を期限なしに統治することを選んだ．基本的にアメリカ原案の性格を変えることなく，多数の旧連合国による調印を得たことは，アメリカ外交の成功であった．そしてアメリカは日本との二国間安全保障条約により，日本に自国の防衛のため漸増的に自ら責任を負うことを期待しつつ，日本をアメリカに軍事施設を提供する協力者とし，日本の施設を「極東における国際の平和と安全の維持に寄与」するために自由に使用する権利を得た．

[日本にとって寛大な講和の表と裏]

　日本はアメリカの対日講和政策を受け入れることにより，大戦直後には予想もできなかった寛大な条件の講和を獲得した．講和期の日本外交を指導した吉田首相がアメリカからの再軍備要求に極力抵抗し，軽武装経済国家という戦後日本のあり方を設定した方針は，現実的で賢明な選択として高く評価されることが多い．ただしそれは沖縄を米軍統治下に無期限に残すという沖縄の犠牲において購われた．また再軍備問題で内密に小出しの譲歩を行った彼の手法は，その後の日米安全保障条約関連の事柄に付きまとう秘密主義の端緒となり，次第に憲法の規定と実態の乖離を招き，政界における安全保障問題の論議を観念的な次元に留める傾向を生んだ〔国際政治151〕．

　日本が二つの中国政府のどちらと国交を樹立するかは，米英の1951年6月の合意により，主権回復後の日本の選択に委ねられたが，アメリカの上院では，台湾の国民党政府と国交を樹立するという言質をとるべきだという意見が強まったので，ダレスは批准促進のため二人の上院議員とともに日本を訪れ，国民

党政府と外交関係を樹立するという首相の書簡を求めた．「吉田書簡」がアメリカで発表されると，イギリス政府は合意違反に不快感を示した．吉田は国民党政府と外交関係を樹立する方針であったが，国内の日中貿易復活への期待とイギリスの立場とに配慮して，曖昧な態度を維持していた．彼にとって，外圧により選択を迫られたという形をとることは，国内的にも国際的にも好都合な面があった．

　台湾の国民党政府はサンフランシスコ会議への参加を望んで，それが果たせなかったので，サンフランシスコ講和成立後できるだけ速やかに日本との講和交渉を始めようとした．吉田書簡は国民党政府としても望んだものであった．交渉が台北で始まり，日本の主権回復の日に日華平和条約が調印された．それは国民党政府の支配下にある（また将来支配するであろう）地域に適用範囲を限定していた．この講和では内戦の敗者である国民党政府は日本から勝者としての特典を何も獲得できなかった．国民党政府は賠償を求めたが，日本は応じなかった．国民党政府の面目は唯一，日本が北京ではなく台北を選んだということによって保たれた．このようにして日本は好条件の講和条約を多数の国と結んだ半面，近隣に領土を持つ二つの共産主義大国，ソ連とも人民中国とも戦争を法的に終結できない状態に置かれることになった．

7 ─ 西欧帝国主義の後退

［東南アジアにおける再植民地化の試み］

　日本軍に占領されたまま終戦に至った東南アジアのイギリス，フランス，オランダの旧植民地では，戦後西欧諸国はそれぞれ再植民地化を試みた．イギリスはビルマ以外の日本に占領された植民地，マラヤ，シンガポール，英領ボルネオに復帰して再植民地化政策をとった．それはこれらの植民地が錫，天然ゴムなど豊かな資源をもち，地理的位置からも戦略的経済的に重要な地域だったからである．戦後のイギリスの復帰は住民の抵抗に遭うことなく受け入れられたが，マラヤ再統治はやがて重大な抵抗運動に直面した．1948年成立のマラヤ連邦の形成と統治方式は，多数民族のマラヤ人を協力者として優遇するものであったから，中国系，インド系の反感を買った．戦時中イギリスに協力して

抗日ゲリラ活動を行った中国人主体のマラヤ共産党は，今度はイギリス統治に抵抗するゲリラ活動を開始した．彼らは中国における共産党の勝利や朝鮮戦争での共産軍の一時の優勢に元気づけられ闘争を拡大した．イギリスは戒厳令を敷いて駐留英軍とマラヤ警察，グルカ兵やサラワク兵を動員して戦い，50年代半ばにようやく鎮定に成功した．マラヤとは別個の王領植民地となったシンガポールでは保守的な中国系の有力者たちの協力を得て，イギリスは共産党など革命派の活動の押さえ込みに成功した〔Brown & Louis 1999; Springhall 2001〕．

　オランダとフランスによる再植民地化の試みは，独立を宣言した地元勢力の抵抗にあい，再植民地化-独立戦争を戦うことになった．オランダはオランダ領インド（インドネシア）の支配を回復しようとして，スカルノ，ハッタらを指導者とするインドネシア共和国と敵対した．1948年1月アメリカの軍艦の上でオランダとインドネシア共和国との間にレンヴィル協定が調印され，両者の交渉が始まったが，オランダは，この共和国の支配地を限定し，他の地域にはオランダに友好的な複数の国々を設けて，インドネシア連邦の一区画に共和国を封じ込めるとともに，連邦に対する宗主国の権限を保持することを狙っていた．その間，共和国内部ではインドネシア共産党が政権奪取を試み，共和国政府により鎮圧された．その後オランダと共和国との交渉が年末に決裂すると，オランダは共和国に対して「警察行動」をとり，政府要人を逮捕し，ジャワ，スマトラ両島の主要都市を占領した．この行動は国際社会から非難され，それまでオランダに好意的だったアメリカはとくに強く反発した．

　アメリカは共和国の指導者たちを共産主義者とは一線を画すナショナリストとして評価し，彼らを盛り立てようとしたのである．国連安保理は1949年1月に，オランダに原状の回復を要求するとともに，50年7月までにインドネシア連邦を独立させるために，インドネシア委員会の監督のもとで準備を整える手順を提示した．アメリカはオランダがこの決議を受諾しなければ，すべての援助を差し止めると告げて強い圧力をかけた．オランダは国連の定めた期限より早く49年12月に16の独立国から構成されるインドネシア連邦共和国に主権を移譲した．連邦共和国大統領となったスカルノは50年5月他の連邦構成国と協議し，連邦に代えて中央集権的な国家を形成することを決め，8月新憲法を採択して統一インドネシア共和国が誕生した．このようにオランダとイ

ンドネシア独立派との政治闘争は後者の完全な勝利に終わった〔Fifield 1973; Luard 1982〕.

[インド・パキスタンの分離独立]

イギリスの労働党内閣は，インドの独立時期を引き延ばすことなく，イギリスの威信を保ってインドから撤退する方針をとった．旧宗主国としての影響力を残すためにインドを英連邦のメンバーとすることが考慮された．このような政策を現地で実現する任務を託され，最後のインド副王（総督の称号）として1947年2月に赴任したのは，第二次大戦時の東南アジア方面軍司令官を務め，労働党に人脈をもつ貴族マウントバッテン子爵であった．アトリーは48年6月末をインド独立の予定日と発表したが，マウントバッテンはインド要人たちと会談した結果，一刻も早くインドを独立させるべきであり，インドの分割独立もやむをえないと考えるようになった．国民会議派のネルー首相の統一的世俗的インド国家の構想と，全インド政治におけるムスリムの一定の発言力の制度的保証を求めパキスタン設立を望むムスリム連盟の指導者ジンナーの主張とが対立していたが（ガンディーはジンナーとの妥協を模索していた），マウントバッテンはムスリムが多数を占める地域をインドから分離して二つのインド人国家の独立を認めることにし，その案でロンドンの了解をえた．彼は数百の藩王国については藩王にどちらに合流するか独立するかを選ばせることにした．インドとパキスタンとは47年8月に独立を宣言し，イギリスは統治権を二つの国に移譲した．

両国の境界線の線引きはマウントバッテンが委嘱した委員会によって行われたが，宗教的多数派のヒンドゥーや第三の宗教集団シク教徒の居住区と，イスラーム教徒のそれとが混在している地方が多かったので，インド側に多くのムスリムが住み，パキスタン側に多くのヒンドゥーが住むことは避けられず，境界線の発表とともに，各地で宗教集団間の紛争が生じ，宗教集団の双方向の大移動が起こって，その間双方に多数の犠牲者を出した．藩王のほとんどは宗教的または地理的理由によりインドかパキスタンへの帰属を決め，インド領に囲まれながら独立を維持しようとした藩王もインドの軍事的経済的圧力を受けて合併に同意した〔James 1997; Brown & Louis 1999〕.

インドの早期独立を決めたイギリス政府は抵抗勢力が強いビルマの再植民地化を断念し，有力なナショナリスト指導者アウン・サンを通じて独立ビルマとの友好関係を形成することを狙ったが，1947年7月アウン・サンと彼の同志たちの暗殺によりその望みを断たれた．他方，セイロン（現スリランカ）は大戦中，イギリスに協力し東南アジア方面軍が本拠を置いていたところで，親英的な地主指導層が存在していたから，イギリスにとって独立への移行はもっとも都合のよい形で進展した．48年2月セイロンは英連邦の自治領として独立し，英海軍基地の継続使用を認めた．タミル系インド人移民問題でインドとの紛争も予想されたので，イギリス海軍の存在を望んだのである．

セイロンとともにインド，パキスタンを英連邦に迎えるため，イギリス政府は共和国の英連邦参加を認めることにし，また加盟国がイギリス王を連邦の象徴として受容することを条件に The British Commonwealth of Nations（英連邦）から British の語を除いた．そのことは1949年4月ロンドン宣言として発表された．それまで共通の王を主権者とする本国とその分身である自治領との特権クラブであった英連邦（その中で異端的存在だったアイルランドは49年に脱退した）は，非白人の共和国を含むより多文化的なものとなり，またより結束のゆるやかな連合へと変化した．ただし結束の緩みはメンバーの多様化によるというよりも，中心国イギリスの世界強国としての力の低下によるものである〔Brown & Louis 1999; Springhall 2001〕．

[カシミールをめぐるインド‐パキスタン紛争]

インドとパキスタンは独立直後に両国間の問題は交渉により解決することを協定したが，カシミールの問題を巡って両者は対立し，1947年10月には武力抗争に発展した（第一次インド‐パキスタン戦争）．インド北部に位置し両国に境を接する大きな藩王国カシミールの藩王はヒンドゥーであったが，住民の大部分がムスリムであった．藩王は専制的統治を行っていたため，ムスリムの一部が暴動を起こし，パキスタン側北東部の同族の民兵が越境してカシミールの首都近くまで進出した．カシミール藩王はインドに応援を求め，インドは藩王にインドへの帰属を表明させた後，カシミールに軍隊を送り，パキスタンからの侵入者の撤退を求めて国連安保理に提訴した．

安保理は1948年にインド－パキスタン委員会を設けて，調停に当たったが，双方を満足させる解決策を見出せなかった．その間に紛争は双方の正規軍の戦闘に発展したが，旧宗主国イギリスの働きかけもあり，双方は49年1月初めに停戦することに合意した．しかし停戦後の段取りについては合意不成立のまま，数年が経過した．カシミールの西部のムスリム居住地はパキスタン側に支配されていたが，カシミール藩王領の主要部分を占拠したインドは停戦ラインを事実上の分割線とする現状維持に傾き，カシミールのインドへの政治的経済的な統合を推進するようになり，53年にはそのために障害となった藩王国を廃した〔Luard 1982〕．

[インドシナ戦争とアメリカ]

トルーマン政権はフランスの対ベトナム政策について，帝国主義的利益に執着しすぎていると批判的であったが，フランスはアメリカにとってヨーロッパの西側陣営再建のために協力が欠かせない大国であったから，インドネシア問題でオランダにかけたような強い圧力をフランスにかけることはできなかった．ベトミンは共産主義者ホー・チ・ミンに率いられた民族独立運動だったから，アメリカはフランスに対して，速やかにインドシナ三国（ベトナム，カンボジア，ラオス）のフランス連合の中での独立を認め，共産主義者ではないベトナム・ナショナリストたちの支持をとり付けるよう要望した．アメリカがベトミンと戦うフランスを援助し，フランス連合に属するインドシナ三国政府を承認するのは，人民中国の成立によって東アジア情勢が大きく変化し，フランスが三国にフランス連合内の独立国家の地位を認めた後の1950年2月である（1月には人民中国とソ連はホー・チ・ミンのベトナム民主共和国を承認していた）．トルーマン政権は，ベトナムにおけるフランスの戦争（インドシナ戦争）をアジアにおける共産主義の拡張との戦いの一環と見なすようになった．とくに朝鮮戦争勃発後は，ワシントンはフランスのベトナム戦費の大半を負担してフランスの戦いを助けた．もし中国がベトナムに介入する場合には，アメリカは海空軍で対抗することを考慮していた〔有賀1987；Fifield 1973〕．

8 ―イスラエル独立とパレスチナ戦争後の中東

[イギリスのパレスチナ統治能力の喪失]

1948年に委任統治国イギリスがパレスチナから撤退せざるを得なかったのは，西欧帝国主義の退潮の一つの表れであり，それはイギリスがアラブ人とユダヤ人の双方の同意を得られる一つの国パレスチナの構図を描けず撤退したという点でインドの場合と似ているが，パレスチナの場合は受け皿なしのイギリスの一方的責任放棄であり，それはインドとパキスタンのカシミールを巡る数回の紛争よりもはるかに深刻なイスラエル対アラブ諸国の長期的な敵対を中東にもたらした．

イギリスは戦後パレスチナにおけるユダヤ人とアラブ人の抗争と両者のイギリス統治への反抗とを抑えて秩序を維持するための余力を持たず，アメリカの協力も得られなかったので，1947年4月パレスチナの将来について国連総会で審議し勧告することを要望した．国連では多数の国がパレスチナをユダヤ人国家とアラブ人パレスチナの二国家に分割する案を支持するようになった．米欧国際社会には大戦中にヨーロッパ・ユダヤ人のホロコーストの悲劇への同情があり，ユダヤ人の国際的人脈とくにユダヤ系アメリカ人団体を通じての働きかけがユダヤ人国家設立への国際的支持を強めた〔Shepherd 1999; Stearns 2001〕．

[国連のパレスチナ分割独立案とアメリカの態度変更]

パレスチナ分割独立についての決定は，1947年11月，国連総会で重要事項の採決に必要な3分の2の多数を得て可決され，それを実施するための委員会も設けられた．イギリスはパレスチナの両民族双方の同意を得られない国連の解決案を実施する当事者にならないという態度をとり，翌48年5月14日で委任統治を終了することを表明した．分割独立案を積極的に推進してきたアメリカは，48年3月末になって態度を変え，パレスチナ分割独立案を一時凍結し，国連信託統治委員会の統治下に置くこと，両民族の代表機関に休戦を呼びかけることを提案し，それは安保理で承認された．4月半ばに開催された総会では，

イギリスの統治終了が目前に迫っていたから,多くの国々はこの期に及んでの方針転換には消極的で,諸宗教の聖地エルサレム周辺のみの国連統治を検討する方が現実的だと考えた.イギリスの委任統治が終了した5月14日ユダヤ人はイスラエル建国を宣言し,彼らとパレスチナ・アラブ人および近隣アラブ諸国とのパレスチナ戦争(第一次中東戦争)が始まった〔Luard 1982〕.

アメリカ政府がパレスチナ政策を土壇場で変更したのは,国務長官や国防長官が,分割独立を承認した場合,ユダヤ人国家とアラブ諸国との戦争が必至であり,その場合ユダヤ側が敗れることを恐れたため,またアメリカがユダヤ人国家を支持すればアラブ諸国の反感を買い,アラブ産油国との関係が悪くなる(中東からの増大する石油供給は西ヨーロッパの経済復興のために不可欠であるだけでなく,アメリカ自体の経済発展維持のためにも重要になると予想された)ことを懸念したためである.イギリスが二国家分割案を支持しなかったのも,石油資源をもつアラブ諸国との関係悪化を避けるためであった.しかしホワイトハウスの助言者たちはこの年の大統領選挙でのトルーマンの当選を優先課題としていたから,民主党支持者が多いユダヤ系市民の支持を確保するためにイスラエル支持は不可欠と考え,トルーマン自身もその判断を優先した.彼はイスラエルの建国宣言が行われると直ちにイスラエルに事実上の承認を与えた〔Patterson 1996; Leffler & Westad 2010, I (Painter)〕.

[パレスチナ戦争(第一次中東戦争)と国連安保理の対応]

パレスチナ・ユダヤ人は当時約60万人,パレスチナ・アラブ人の半数にも及ばなかったが,少数集団として結束力が強く,戦闘態勢を整えた6万の民兵隊によってパレスチナ・アラブの軍隊を圧倒し,周辺国の個別的攻撃を防いだ.戦争が勃発してからしばらくの間,国連安保理の反応は鈍く,2週間後の5月29日に停戦を求める決議を採択した.その頃にはイスラエル側もアラブ側も速戦即決は無理と判断し,息継ぎの時間を望んだので,双方同意して6月に停戦が実現した.しかしその後も双方の私的集団による破壊活動や小競り合いが絶えず,9月には国連の特別調停官ベルナドッテ伯爵(スウェーデン赤十字総裁)がエルサレムのイスラエル支配地を通行中に暗殺され世界に衝撃を与えた.

ベルナドッテの死後,10月には再び戦闘が始まり,エジプト軍が南部のネ

ゲヴ砂漠に進出したが，イスラエルはエジプト軍に反撃してその退路を断ち，南部の戦線でも優位に立った．安保理の停戦命令をイスラエル側もアラブ側も受諾し，特別調停官代行としてベルナドッテの任務を引きついだバンチの仲介活動により*，1949年2月にはイスラエルとエジプトとの休戦協定が成立し，3月から7月にかけてイスラエルはレバノン，ヨルダン，シリアともそれぞれ休戦協定を結んだ．

* バンチはハーヴァード大学で植民地統治を研究して政治学博士号を得た最初のアフリカ系アメリカ人であり，大戦中，国務省職員となり，国連事務局に入って信託統治事務部長となり，パレスチナ戦争に際してベルナドッテの補佐役を務め，彼の死後休戦交渉をまとめるなど，国連公務員として平和外交のために活躍しノーベル平和賞を受賞した．彼は1930年代の学者時代には急進的な人種差別撤廃運動のために活動した経歴があり，60年代には公務の傍らワシントン大行進やセルマ行進に参加した．

[休戦協定締結後の緊張状態の継続]

国連総会はイスラエルとアラブ側との間の長期的和解の模索を和解委員会に委ね，和解委員会は当事者双方が参加する合同委員会を設置しようとしたが，双方の主張が折り合わず，合同委員会は成立しなかった．イスラエルは獲得した占領地については返還の意思は毛頭なく，アラブ難民の権利についても全面的解決の一環としてのみ合意するつもりであった．アラブ側はこれらの問題についてまず満足すべき解決が得られなければ，イスラエルを国家として承認する意思はなかった．こうして平和とは程遠い緊張した対立状態が両者の間に継続した．イスラエルは委任統治時代のパレスチナの領域の80％を支配し，その中では約15万人のアラブ人の存在を許すのみで，非常事態を理由に彼らの政治的権利を認めなかった．戦争勃発に際してイスラエル支配地から排除されあるいは迫害を恐れて脱出した70万人のパレスチナ・アラブは帰国を許されず，他の45万人はもともとイスラエル支配地外のヨルダン川西岸（休戦協定によりヨルダンが支配）およびガザ（エジプトが支配）に居住していた．当初国連の計画にあったパレスチナ・アラブ国家は実現せず，パレスチナ・アラブの半ば以上は故郷を失い，その問題は今日まで未解決のまま中東紛争の原因となっている．

国連は停戦当時の当事者間の力関係に基づいて休戦協定をまとめることには成功したとはいえ，長期的な和解についての交渉を促すことができず，不安定な敵対的対抗状態を残すことになったのである．当時，諸大国の中で一貫してイスラエルを支持したのはソ連であるが，アメリカの立場が国連の動向およびイスラエル指導層の動きに，より決定的な影響力をもっていた．アメリカ政府は石油資源をもつアラブ諸国との関係に配慮して，親ユダヤ的立場から一歩後退しようとしたことがあったが，世論は一貫して親ユダヤ人，親イスラエルであり，トルーマンは終始親イスラエルであった．他方ソ連は，パレスチナ・ユダヤ人との友好関係の形成を期待し，彼らを支持することは中東におけるイギリスの立場を弱めると考えていた〔Luard 1982; Louis 1984〕．

[中東石油権益をめぐる政治]

伝統的に石油輸出国だったアメリカは戦後の経済発展のためには海外からの石油供給を必要とした．アメリカ石油資本は戦間期からサウジアラビアに油田開発利権を保持していたが，第二次大戦以来，アメリカ政府もサウード王家との友好関係を重視し，世界最大の埋蔵量をもつとみられる同国の油田開発を促進しようとした．1950年にはアラビア・アメリカ石油会社（アラムコ）が王国政府と協定を結び，大きな利権を入手するとともに，原油生産の収益を会社と王国とで折半する条件を認めた．この条件は南米の産油国ベネズエラでは，大戦中の43年にアメリカ政府の仲介により，大手石油企業が約束したものであったが，中東での開発権契約では最初であり，その後の中東石油開発に大きな影響を及ぼした．アメリカ政府は中東の資源保有国との長期的関係を維持するため，資源保有国に利益の分け前を十分に与えるべきだと考えていた．

ワシントンはイランにおけるアングロ・イラニアン石油会社への反感がソ連にイラン進出の機会を与えることを恐れ，石油利権協定をイランに有利にするようにロンドンと同社とに働きかけていた．アングロ・イラニアン石油会社は1949年にイラン政府と新協定を結び，イラン政府への利益配分を増やしたが，同社への反感は収まらず，親英派の指導的政治家が暗殺され，議会では新協定を不満とし会社の国有化を要求する意見が高まった．50年に首相となったラズマラ将軍は穏健派であったが，同年12月サウジアラビアとアラムコとの利

益折半の協定が結ばれることが報道されたので，前年の協定の支持を撤回した．会社は利益折半の条件を提示したが，議会は国有化論者のモサデグに指導され，国有化論で固まりつつあり，国有化に反対したラズマラ首相は暗殺された．51年4月国王パフラヴィー2世は議会の圧力によりモサデグの首相任命と石油国有化の5月実施を承認した．イギリス政府はこの会社の国有化を認めれば他の国におけるイギリスの投資も同様の運命をたどることを恐れ，イランに対する武力行使を考慮したが，アメリカの支持が得られず，思いとどまった．朝鮮情勢が微妙な時期であったからアメリカはこの問題では交渉による事態収拾を希望し，仲介役を果たそうとした．アングロ・イラニアン石油会社はそれまでイランで中東石油の40％を生産し，アバダンには重要な製油所があった．イギリスはイラン国営石油の輸出を阻止する措置をとってイランに圧力をかけ，米英両国はイラン石油の供給途絶による不足分の穴を埋めるために協力した．モサデグは時にはアメリカの和解斡旋に関心を示すそぶりを見せたが，アメリカの提案を結局拒否するのがつねであった．経済状況悪化の中で，彼は次第に独裁的になり，ソ連に傾斜するように見えた．

　モサデグ排除の工作の筋書きがアメリカのCIAとイギリスの情報機関MI6の協力によって準備され，実行に移されたのは1953年にアイゼンハワーの共和党政権が発足してから（イギリスでは51年10月からチャーチルの保守党政権）である．53年8月ザヘディー将軍が親国王派とともにモサデグを失脚させ，パフラヴィー2世の権力再掌握を助けた．米英はイラン新政権に国有化を原則として認めたが，アングロ・イラニアン石油会社（54年「ブリティッシュ石油会社」と改名）およびアメリカの大手石油企業を含む国際的コンソーシアムがイラン石油産業の復旧を引き受け，25年間主要油田とアバダン製油所とを管理し，石油生産の利益をイランと折半することになった．こうしてイラン石油紛争はアメリカ主導で決着がついた〔Louis 1984; ヤーギン 1991〕．

第Ⅲ章

西欧帝国主義の終幕と米ソ冷戦の継続

ベルリンの壁を視察するケネディとブラント（1963年6月）
©FIA/Rue des Archives／写真提供：ユニフォトプレス

　1953年から54年にかけて，朝鮮戦争の休戦，インドシナ戦争の休戦が実現し，日本帝国の崩壊後の地域的支配を巡る争いに米ソ冷戦が絡んだ二つの戦争は，一応幕を閉じた．東南アジア，南アジアに始まった戦後の西欧植民地主義の撤退は，急速にアフリカに波及し，60年は「アフリカの年」となった．アフリカにおける英仏の植民地主義からの撤退に抵抗したのは植民地に住むヨーロッパ系住民であった．とくにフランス系アルジェリア人の植民地支配への執着はフランスの共和政を揺るがす大問題となった．

　1953年にスターリンが死去した後のソ連指導者は二つの体制の間の平和共存を提唱し，国際緊張は相対的に緩和されたが，米ソの基本的対抗競争関係は変わらなかった．以後60年代初めにかけては，東西両陣営とも内部対立が目立った時期で

ある．アメリカは西欧諸国の戦争が共産主義との戦いであると見た場合にはそれを支持したが，共産主義者ではないナショナリストに対する英仏の武力行使（スエズ戦争＝第二次中東戦争）には強く反対し，英仏を窮地に追い込んだ．そのため西側同盟はひび割れし，フランスのアメリカ離れが生じた．

ソ連の指導者フルシチョフ共産党第一書記によるスターリン批判は，東欧諸国のスターリン派体制の動揺を引き起こし，ソ連はハンガリーのソ連圏離脱を防ぐために出兵を決断した．中国はハンガリー革命の弾圧を支持したが，原子爆弾技術の供与と軍事的自立性の維持とを巡って中ソは対立し，1960年代には両国の同盟関係は急速に冷えこんだ．

1955年に西側三国とソ連の指導者たちが戦後10年を経て初めて会談するなど，冷戦の緊張緩和が見られたが，57年にソ連はアメリカに先んじて人工衛星を打ち上げた実績を誇示して外交攻勢を試み，58年以降ベルリン問題を巡って米ソ関係は再び緊張し，62年のキューバ・ミサイル危機では両国は核戦争の一歩手前まで近づいた．この危機の後，ケネディ大統領とフルシチョフ首相とは緊張緩和の新たな必要を感じ，米英ソ三国の部分的核実験禁止条約（PTBT）を締結し各国に参加を呼びかけた．核兵器に関する国際規制についての米ソ合意に基づく多国間条約として重要であるが，フランスと中国の不参加が目立った．しかしこの条約に西ドイツが加入したことは意義深く，それはソ連に安心感を与え，ヨーロッパの冷戦に安定をもたらすことになった．ベルリンをめぐる緊張の産物「ベルリンの壁」も長期的にはその安定をもたらす要因となった．

本章は1953年以降10年間の西欧帝国主義の終幕，米ソ冷戦の継続，国際関係の多様化を描くとともに，その間の戦後日本外交の発足と展開とについて述べる．

1 ― 米ソ両国における指導者の交代

[アイゼンハワー政権の軍事・外交戦略]

　1953年1月にアメリカではアイゼンハワーが大統領に就任し，3月にはソ連でスターリンが死去した．52年のアメリカの選挙で，共和党は庶民的な人柄の名将として人気があったアイゼンハワーを大統領候補に担ぎ出し，20年ぶりに政権に復帰した．国務長官には対日講和の取りまとめに活躍したダレスが就任した．

　アイゼンハワーはトルーマンの指名を受けてNATO軍最高司令官に就任し，ダレスは対日講和問題に尽力し，民主党政権時代の軍事・外交に関わったが，選挙戦ではともに民主党政権の封じ込め政策を消極的な政策と批判し，共産主義の抑圧下に苦しむ諸国民に自由をもたらすことを対外政策の目標にすると述べた．彼らはこの「解放政策」を軍事的な手段によって達成しようとしたわけではなく，宣伝活動や外交工作などの手段によって行う方針であった．1956年にハンガリー動乱が起こったときにも，彼らはソ連の勢力圏に踏み込む意図はなかった．アイゼンハワーは就任後，小康状態にある朝鮮戦争について攻勢再開を検討したが，現状での休戦を現実的な策として選択した．54年にインドシナ戦争への軍事介入をほのめかしたことはあったが，実行しなかった．地域的に拡大した冷戦の舞台で左翼勢力を封じ込めあるいは巻き返すために，彼が好んで用いた手段はCIAによる隠密の謀略工作であった．前記のイランのモサデグ政権の打倒工作はその一例であるが，CIAは54年6月中米のグアテマラでも左翼政権を転覆させることに成功した．

　アイゼンハワーも彼の助言者たちも，アメリカの強さは強い軍事力と強い経済力との適度な均衡を維持することによって保たれる，つまりアメリカ経済の強さを維持するためには，軍事支出の過大化を避けるべきだと考えた．彼らはNSC-68文書が前提とした，ソ連が数年後に世界戦争を企てるという考えをとらず，より長期的な対抗戦略をとろうとした．彼らは軍事支出を過大にしないように，アメリカの軍備の中心を核兵器開発と戦略空軍の強化に置き，他方で海外に駐屯する地上兵力を削減し，アメリカの軍事援助を受ける同盟国の地上

軍を強化するという「ニュールック」構想を打ち出した．局地戦争の地上戦闘は同盟国に任せ，アメリカは海空軍をもってそれを援助し，必要ならば戦術核兵器を用いる考えであった．

彼らはアメリカが大量報復能力（戦略核兵器と戦略空軍）をもっていることにより，ソ連が全面戦争を起こすことを抑止できるが，局地戦争に留まると思えば侵略を始めるかもしれない，それゆえアメリカは局地的侵略に対してつねに局地的防衛で対応するわけではなく，場合により大量報復をもって対応すると警告することで，局地的侵略をも抑止しようとした．それが1954年のダレスの「大量報復」論である〔佐々木2008〕．

［スターリン後のソ連外交］

1953年3月，スターリンが急死し，マレンコフ副首相が後任となったことが発表された．マレンコフはスターリンの葬儀の演説では，東西両陣営の平和的共存は可能であると述べた．マレンコフを後継者とすることで党幹部の合意を取り付けたのはベリヤで，スターリンの片腕として内務省と秘密警察を支配してきた彼はマレンコフにとってもっとも有力な協力者であった．彼らは長年の独裁者の死後，スターリンの行き過ぎを若干修正することで，共産党独裁体制を維持していこうとした．当時ベリヤはマレンコフとともに国内では民生の向上をはかり，対外的にはティトーとの関係修復や西側との緊張緩和の道を探ろうとしていた．イギリスのチャーチル首相はスターリンの死を冷戦打開の機会と捉え，東西首脳会談の早期実現を提唱したが，イーデン外相はむしろ消極的であり，アイゼンハワー政権はソ連との緊張緩和には警戒心が強く，強硬姿勢を崩さなかった．

マレンコフは就任した首相職を優先するため，党の第一書記の地位をフルシチョフに与えたが，彼もベリヤも他の党幹部たちも無学な農民風の書記の能力と権力欲を過小評価していた．しかしクレムリンの権力闘争に勝ち残ったのはフルシチョフであった．フルシチョフは誰からも恐れられているベリヤをまず抹殺することを狙い，マレンコフにベリヤの存在が共通の脅威であると説得した．そして軍の協力を得てベリヤを逮捕し，形式的裁判により反逆者として彼を処刑した．ベリヤはスターリン時代のベリヤ的手法によって抹殺されたが，

当時のクレムリン政治の脈絡では，彼の失脚はソ連指導部から西側との緊張緩和のもっとも熱心な提唱者が失われたことを意味した．彼の粛清後まもなく1954年1月から2月にかけてベルリンで開催された久方振りの四国外相会議では，モロトフ外相はドイツ統一問題について原則的立場を崩さず，ダレスもドイツ問題での合意を期待しなかったから，ドイツ統一問題では成果なく終わった〔田中ほか 1997；Haslam 2011〕．

[朝鮮戦争の休戦実現]

朝鮮戦争の休戦交渉が1951年末以降進展しなかったのは，捕虜送還問題を巡る対立のためであった．捕虜の意思に反して彼らを中国と北朝鮮に送還することは人道的見地からアメリカが望まないところであり，国連軍側は意思確認の必要を主張した．他方，共産軍側は亡命希望者の数が僅かであれば問題ないとしても，かなりの数になれば面子に関わる問題であったから，この点での歩み寄りは困難であった．インドは朝鮮戦争の休戦交渉が停滞したままである事態を憂慮し，52年12月に，捕虜の強制的送還をしないこと，国際的送還委員会を組織し，捕虜を120日間その管理下におき，その間彼らに十分な説明を与え，行き先を選択させることを骨子とする解決案を国連総会に提出し多数国の賛成をえたが，ソ連と中国は受諾しなかった．

1952年中，朝鮮休戦問題が動かなかったのは，この年がアメリカの大統領選挙の年だったこととも関連している．53年にアメリカでアイゼンハワーの共和党政権が発足し，ソ連では権力者スターリンが急死したことが，休戦への動きを早めた．アイゼンハワー政権は発足以来，中国圧迫により強い姿勢を示し，朝鮮半島での攻勢再開を検討したこともあった．他方，中国側もアメリカの新政権をより好戦的な政権とみなし，中国に戦争を仕掛けてくる可能性を恐れ，休戦を延期するよりも早期に実現することを得策と考えるようになった．スターリン後のソ連の指導者たちは東西関係の緊張緩和を望む意向を表明しており，朝鮮休戦についても交渉再開を望んでいた．

アイゼンハワー政権は朝鮮休戦について必ずしも積極的ではなかったが，何らかの交渉の進展を望む国連総会の空気を読み，インドが国際赤十字会議で提議した傷病捕虜の速やかな交換を率先して推進する姿勢を見せるために，1953

年2月国連軍司令官に休戦実現前に傷病者の捕虜交換をまず行うことを提案させた．3月末になって共産側からこの問題のみならず捕虜問題全般の解決について交渉を進めるために板門店会議を再開しようという積極的反応があり，さらに中国の周恩来首相は傷病捕虜の即時交換，休戦後帰国希望捕虜の速やかな送還，残りの捕虜の中立国への移管による適切な帰国問題解決の保証への希望を表明した．この声明は国際社会から歓迎され，アイゼンハワー政権としても共産側がここまで踏み込んだ提案をしてきた以上，交渉再開により細部を詰めて休戦協定に達することが現実的な対応策であった．傷病捕虜に関する双方の代表による交渉は4月にまとまり，休戦に向けての会談も同月中に再開された．帰国を希望しない捕虜の扱いについて合意がまとまりかけたとき，「勝利なき休戦」への反対を唱えてアイゼンハワー政権の足を引っ張ったのは，李承晩大統領率いる韓国政府とアメリカ共和党内の教条的反共主義者であった．とくに李は勝利なき休戦に断固反対の立場をとり，民衆を反対運動に動員した．南北折半のままアメリカが休戦に同意し，手を引いてしまうのではないかという彼の不安はアメリカ側も理解していたから，休戦後も長期的に韓国を支援することを約束して彼を宥めようとしたが，それでも彼は捕虜問題についての合意成立を防ぐために，米軍側の不意をついて2万人以上の捕虜を収容所から解放した．共産側はこの事件を非難して国連軍総司令官に釈明を求めたが，その釈明を受けて休戦協定の署名の段取りを予定通り進めると回答した．同時に共産軍は韓国軍の守備地域に攻撃を加え，韓国軍に大きな損害を与えた．李はようやくアメリカの説得に応じ，米韓相互防衛条約の締結等を条件に，休戦に同意したが，韓国軍代表は休戦協定には署名しなかった．

　1953年7月27日に休戦協定は国連軍と中国軍・北朝鮮軍の双方の代表によって署名された．これは純然たる休戦協定であって，外国軍隊の撤退や朝鮮問題の平和的取り決めなどの政治問題は3ヵ月以内に関係国による政治会議を開催して解決することになっていた．しかし予備会議は一度開かれたもののこの会議は開催されることなく，1年後に朝鮮問題を議論することを一つの目的として開催されたジュネーヴ会議でも何の合意も成立しなかった．こうして朝鮮休戦は朝鮮問題の政治的決着をもたらすことなく，休戦ラインを挟んで南北が軍事的に対峙するという不安な状況を長期化することになったのである〔神谷

1990；ストゥーク 1999］．

［主権回復後の日米関係］
　アメリカは朝鮮戦争勃発とともに，対外援助政策の軸足を経済援助から軍事援助に移し，1951 年 10 月の相互安全保障法（MSA）によって，「自国の防衛力ならびに自由世界の防衛力の発展と維持のために」寄与することを約束する国々への援助を総括的に行うようになった．アイゼンハワー政権は日本がこの協定（日本では「MSA 協定」と呼ばれた）を結んで再軍備を促進することを求めた．吉田首相は MSA 協定を結んで最小限の自衛力を整備する方針をとった．53 年 11 月，戦後最初の国賓として来日したニクソン副大統領は東京で演説し，日本はアジアにおける自由にとって最も重要な砦であると述べ，46 年に日本に非武装を押し付けたのは，その後の国際情勢を見れば誤りであったと語った．
　当時の日本政府の再軍備計画とアメリカ側の期待する再軍備との間には大きな隔たりがあり，そのため交渉は長引いたが，1954 年 3 月に MSA 協定（日米相互防衛援助協定と三つの附属協定を含む）がまとまった．この協定により，合衆国は日本の防衛に必要な装備，資材，役務を提供し，日本はアメリカが必要とする原料・半加工品を提供することになった．また附属協定により，アメリカは 5000 万ドル相当の農産物を日本に売却し，その代金を日本銀行に積み立て，その 20％を日本に贈与し，残額を軍事援助のための日本での物資購入に用いることにした（アメリカは 55 年，56 年には農業貿易発展援助法によって日本に余剰農産物を売却し，その代金を対日援助のために用いた）．
　この協定が 1954 年 4 月末国会で承認された後，日本政府は「防衛二法案」の国会通過をはかり，6 月それらの成立により，保安隊は自衛隊に改組され，防衛庁が設置されて，日本は小規模ながら陸上・海上・航空の 3 部門からなる自衛隊をもつことになったのである．アメリカは防衛庁と自衛隊の発足に満足したわけではなかったが，日本が中立主義に傾斜することなくアメリカの有力な友邦として発展するためには，反米感情を刺激するような再軍備への過度の圧力を控え，むしろ経済的自立への地道な努力を促すことを重視するようになった．

米軍は日本国内にまだ多数駐屯し基地を各地に保持しており，その点では占領期からあまり変化がなかったことに加え，アメリカが 1954 年 3 月に太平洋ビキニ環礁で行った大型水爆実験が日本漁船を巻き込んだことが，日本人の間に反米感情を生んでいた．第五福竜丸はアメリカの指定した危険水域の外で操業中に放射能を受けて被曝したが，アメリカが当初福竜丸は指定水域内に立ち入ったと主張したため反発を招いた．翌月になってアリソン駐日大使がアメリカ政府を代表して遺憾の意を表し，正当な補償を約束したが，福竜丸乗組員に被曝症による死者が出たので反米感情はしばらく収まらず，それは吉田政権の不人気を助長した．朝鮮特需減少後の日本経済の低迷，与党幹部の汚職事件の隠蔽などもあり，有権者は吉田の長期政権に飽き，指導者の交代を求めていた．与党の自由党内で反吉田派の動きが活発になり，反吉田派が野党の改進党と合同するに及んで，12 月吉田は政権の座を降りた〔五百旗頭 2014〕．

アメリカは日本の国際経済への復帰を助けるために，1953 年 4 月に日本と友好通商航海条約を調印し（10 月発効），日本に最恵国待遇を与えた．アメリカは日本の最大の貿易相手国であったが，当時の日本は復興のための資本財も国民生活に必要な食糧・原料もアメリカからの輸入に頼っていたから，対米貿易は日本側の大幅入超であり，貿易収支全体の赤字も大きく，その赤字を補塡していたのは，主に特需とアメリカの政府系銀行や世銀からの借款であった．それゆえアメリカは，日本が特需や援助なしでは経済的に自立できない状態から脱却することが急務であると考えるようになり，インフレを抑制して産業の国際競争力を高めることを日本政府に強く要望した．ワシントンが日本の GATT 加入を積極的に支持したのも，日本の国際市場復帰を促進するためであったが，イギリスでは特に商務省に東南アジア市場を日本の進出から防衛しようとする意識が強く，そのため日本の GATT 加盟は 55 年 9 月まで実現しなかった〔高木 1968（安場）；石井 1989；赤根谷 1992〕．

2 ―1954 年ジュネーヴ会議とインドシナ休戦

［インドシナにおけるフランスの敗北とアメリカの介入の可能性］
1954 年 1 月から 2 月にかけてベルリンで開催された米英仏ソ四国外相会議

では，朝鮮の政治的統一を協議するための会議を4月26日にジュネーヴで開催すること，そこには四大国のほか人民中国と南北朝鮮および国連派兵国代表を招くことを決めたが，フランスの要望により，インドシナ問題についてもその会議で協議されることになり，インドシナ関係諸国の代表も招かれることになった．ダレスは人民中国の参加を認めたが，それはアメリカの外交承認とは無関係であるという但し書きを付けた．アメリカの援助を得て，インドシナ確保のためにベトミン軍と戦っていたフランスでは，この頃には厭戦気分が強くなり，政府もインドシナ問題の国際会議の場での交渉による解決を望むようになっていた．

ジュネーヴ会議では，朝鮮の統一の問題については朝鮮全土で国連の監視のもとで自由選挙を行い，全国政府を形成することを条件として主張するアメリカ側と，南北それぞれで選挙を行って合同委員会を設けることを主張する共産主義国側との対立の溝は埋まらず，進展がないまま6月半ばに協議は打ち切られた．双方とも現状を維持したまま休戦を続けることを，やむをえない現実的選択と考えたのである．休戦協定はすでに成立していたから，朝鮮の問題は諸大国にとって喫緊の関心事ではなくなっていた．諸大国の関心は朝鮮休戦後に重大な局面を迎えていたインドシナ問題に移っており，ジュネーヴ会議は主としてインドシナ問題の議論に費やされた〔Duroselle 1981; Girault 1993; Luard 1982〕．

ジュネーヴにおけるインドシナ問題の議論は多分にインドシナ戦争の情勢いかんにかかっていた．1954年3月下旬インドシナ情勢の悪化に驚いたアメリカ政府首脳はインドシナに対するアメリカの対策を急いで再検討するとともに，アメリカの軍事介入の可能性をほのめかし始めた．アイゼンハワーは4月7日にインドシナを喪失すれば自由世界は計り知れない打撃を受ける，インドシナが共産主義勢力の手に落ちれば，アジア大陸周辺の地域は次々とドミノ倒しのように倒れ，日本も市場を失って共産中国に接近せざるを得なくなると，事態の重大性を強調し，ダレスはそれより前3月29日に共産中国が直接軍事介入しない場合でもアメリカの軍事介入はありうると語った．彼らは中国のインドシナ介入を牽制するとともに，アメリカの介入について国内世論の反応を見ようとしたのであろう．倒れるドミノの最後に日本が置かれていたことは，日本

をアメリカの友邦として確保するためには日本の貿易相手たるべき東南アジアの共産主義化を防がねばならないという考えがアメリカの指導層にあったことを物語る．

その間，政府内ではインドシナへの軍事介入が検討されていた．ラドフォード統合参謀本部議長は海空軍による軍事介入論者であった．アイゼンハワーもダレスも，議会指導者たちが軍事介入に消極的であることを考慮し，多数国による共同介入の形式を望み，少なくともイギリスとの共同を軍事介入の必要条件と考えた．しかしイギリスはジュネーヴ会議開会前に西側大国が刺激的な行動をとることに反対した．イギリスはベトナム分割を不可避とみて，それを前提とした休戦を考えていた．イギリスにとって，インドシナで事を荒立てることなく，この戦争を共産主義国との合意によって終息させることが，マラヤの共産党ゲリラを封じ込めるためにも望ましかった．

4月下旬，フランス軍の重要拠点ディエンビエンフーが危うくなり，フランスがアメリカ軍に空からの応援を求めたとき，NATOの会議のためパリにいたダレスはワシントンに連絡し，イギリスが参加を承諾するならば大統領が議会からの承認を取り付けるという返事を得たので，ダレスとラドフォードはイーデン外相にイギリスの参加承諾を求めたが，彼はその要請を断った．アメリカの軍部のなかでも，陸軍のリッジウェー参謀総長は海空軍による武力行使だけで戦況が好転するとは考えず，陸軍の投入が必要になり結局は朝鮮戦争の二の舞になると大統領に介入反対意見を具申していた．このように介入のための国際的国内的条件が整わず，その間にディエンビエンフーが陥落したので，アイゼンハワー政権は軍事介入を事実上断念した〔松岡 1988；ラフィーバー 2012；Duroselle 1981; Girault 1993〕．

[ジュネーヴ会議におけるインドシナ休戦合意]

4月26日に始まったジュネーヴ会議でインドシナ休戦の協議が進展したのは，フランスで6月18日にマンデス－フランス内閣が成立してからである．急進社会党の指導者マンデス－フランスは7月20日までに名誉ある休戦を実現する決意を述べ，共産側が休戦を拒否する場合には徴兵の発動もあることを示唆して，自らジュネーヴに乗り込みベトナム民主共和国側代表と直接交渉に

当たった．ソ連のモロトフはイギリスのイーデンとともに全体会議の共同議長を務めたが，彼は北緯17度線を分界線として二つのベトナム政権の暫定的並立を認める案を是としていた．中国の周恩来も交渉決裂を避けるよう民主共和国側を説得した．民主共和国側は暫定境界線を置くとしてもそれを北緯13度に置きたかったが，ソ連・中国が譲歩を望んだので，17度線を受諾し，統一選挙の実施も2年の期間をおいた後にすることに同意した．休戦の監視と統一選挙の管理はインドにカナダ，ポーランド両国が協力する国際委員会によって行われることになった．フランスはこの境界線問題を含めて一連の個別協定に満足し，戦後ベトナム北部を含むインドシナでのフランスの影響力を保てると期待して，インドシナ三国のフランスからの完全な独立を承認し，それぞれの政府の意向に合わせてフランス軍を撤退させることを約束した．このようにしてジュネーヴ会議は，フランス首相が付けた期限までにインドシナ休戦協定をまとめ，7月21日に閉会した．しかしこの協定にベトナム国（南ベトナム）代表は不同意の態度をとり，またこの会議への関与に消極的だったアメリカはこの協定とは距離をおいて，アメリカはこの協定に反する新たな侵略を許さないこと，また分裂国家の統一自由選挙については国連の管理下に行われるべきであるという方針をもっていることを声明した〔松岡1988；Duroselle 1981; Girault 1993〕．

[1954年ジュネーヴ会議の歴史的意味]

ジュネーヴ会議は東西両陣営の五つの大国（四大国および人民中国）が参加してインドシナ休戦についての合意という成果を生み出した多国間会議，冷戦期において初めて脱冷戦型の多国間外交が行われた会議として歴史的意義をもつ．西側大国間には立場の目立った隔たりがあり，とくに米英の立場の相違が目立った．他方，東側の二つの大国とベトナム民主共和国との間には立場の違いがあったとしても，中ソの立場は一致しており，ベトナムも両大国の勧告を受け入れた．

イーデンとモロトフという英ソの外相が全体会議の共同議長を務め，休戦合意のために協力したことは興味深い．初めて中国代表が大国外交の表舞台に登場したことも特筆すべきことであり，周恩来が休戦協定の成立に協力的だった

のは，中国の政策が妥当なものであることを国際社会に印象付け，中国にもっとも敵対的なアメリカを孤立させる狙いがあったのであろう．フランスに対する長期抗戦でようやく優位を確立したベトナム民主共和国にとって，統治地域を限定されることは不本意であったが，次の行動の前の息継ぎの時間を得るという利点があった．中立主義のインドはこの会議の参加国ではなかったが，会議開会直後に南アジア，東南アジア5ヵ国のコロンボ・グループ（第3節参照）を組織してインドシナ休戦を求めるなど外部から圧力を行使し，ベトナム休戦監視団三国の団長国を引き受けた．

　他方，この会議は超大国アメリカが故意に自らの影を薄くした会議であった．ダレスは開会当初姿を見せた後は，会議のアメリカ代表をスミス国務次官に任せた．朝鮮戦争における敵である人民中国の代表と同席して外交儀礼を交わすことは，ダレスにとって国内政治的に好ましくなく，また会議の合意が二つのベトナムの暫定的並存ということに落ちつかざるを得ないとしても，ベトミンの北ベトナム支配を承認することは共和党政権にとって主義としてできないことであった．アイゼンハワー政権はインドシナの現実を変えるための介入はできないが，現実に基づく協定にも賛成できないというジレンマに陥ったのである．

　アメリカの不同意を目立たせないために，戦争の当事国による個別的な協定や声明文書を会議の名において総括したこの会議の最終宣言は，調印を要する協定の形をとらない文書となり，アメリカの立場は最終全体会議の議事録に声明として採録された〔Grenville 1975〕．諸大国が揃って調印し，合意の実施を約束する協定であれば，それは地域の安定を保証できたであろう．しかしこの会議の協定はアメリカが合意に明確にコミットせず，とくにベトナムでの選挙の実施について留保しているものであったから，その後の状況の進展が示すように脆弱なものであった．

[東南アジア集団防衛条約と米華相互防衛条約の調印]

　イギリスはこの会議の前，フランスを軍事的に支持する多国間連合を形成するというアメリカ案に反対したが，会議の後で東南アジア地域の安全保障に協力する多国間条約を結ぶことには同意した．アメリカが音頭をとった1954年

9月マニラでの会合で，東南アジア集団防衛条約が米英仏三国とオーストラリア，ニュージーランド，タイ，フィリピン，パキスタンの8ヵ国によって調印された．これは加盟国に軍事的対応の共同責任を課さず個別的対応の自由を認める緩やかな条約であり，それゆえにどの国にも調印しやすいものだったといえる．同条約に基づき東南アジア条約機構（SEATO）が設立された．

この条約は，条約の名称だけを見るならば，インドシナ戦争末期にフランスを助けるために集団行動，米英共同行動を求めたアメリカの願望を戦後に実現したもののように見えるが，実際にはアメリカがその経験に照らして，ジュネーヴ会議後の東南アジア政策の軸足を西側大国との協調から単独主義に移したことを示すものというべきであろう．つまりアメリカ主導でベトナム民主共和国を除くインドシナ諸国と近隣の親米的な諸国との提携関係を形成することに主眼があったのである．条約地域はアジア加盟国の領土を含む東南アジアおよび西太平洋地域とされ，附属文書でラオス，カンボジアおよびベトナム国（南ベトナム）の管轄下にある地域を含むことが定められた．南アジアからパキスタンだけが参加したのは，同国がインドとの対抗上アメリカに接近しようとしていたからであり，アメリカもアジアの加盟国を増やしたいという思惑をもっていたからである（ただしアメリカはこの条約でアメリカが防衛義務を負うのは共産主義勢力による侵略行動に対してだけであるという但し書きを付けた）．

アメリカは朝鮮戦争勃発以来，台湾と台湾海峡の澎湖諸島とを人民中国に渡さない方針をとり，また国民党政府軍の強化に協力してきたが，国民党政府との安全保障上の取り決めはなかった．アイゼンハワー政権発足後，1953年8月には米台合同の軍事演習を行うなど，米台関係はより密接になった．ジュネーヴ会議終了後，アメリカが国民党政府と相互安全保障条約を結ぶ可能性を察知した北京政府は，それを阻止する狙いをもって，台湾問題は中国の内政問題であることを内外に対して強調する国民的運動を展開するとともに，54年9月には金門・馬祖諸島への砲撃を開始した．これらの島嶼は本土から砲弾が届く福建海岸にある国民党政府軍がまだ支配している大陸沿岸の主要な島嶼であった．

ワシントンにはこれら島嶼の防衛を重視する親国民党政府派の意見があったが，アイゼンハワーはむしろ国民党政府軍を大陸沿岸島嶼から撤退させ，台湾

海峡を境界線として確立することを望んだ．しかし台北政府はこれら諸島からの撤退は軍の士気に悪影響を及ぼすと強く反対した．アメリカは北京を牽制するとともに台北の単独行動を防ぐために，12月に米華相互防衛条約に調印した．この条約はそれが適用される中国領土として「台湾と澎湖諸島」のみを挙げている点で，また侵略に対しては「共同行動をとる」ことを定めている点で，アメリカの意向を反映していた．アメリカはこの条約が北京側への抑止力として働くことを期待したが，翌年1月に人民解放軍は浙江省の沿岸島嶼の一つ一江山島を占領し，大陳島への砲撃を開始したので，アイゼンハワーはアメリカの台湾防衛へのコミットメントをさらに明確にするために，台湾と澎湖諸島およびそれらに関連する地域への攻撃を阻止するために必要な場合には軍事力を用いる権限を大統領に与える議会の決議を要請し，1月下旬に民主党が多数を占める新議会はその要請に応じた．アメリカは台湾に米軍を増派し，中国の出方次第では核兵器の使用も辞さないことを中国側に伝えた（第一次台湾海峡危機）．しかしアイゼンハワーは金門・馬祖への中国の侵攻の抑止に努める一方，台湾から遠い大陳島から国民党政府軍が自主的に撤退するよう蔣を説得し，またソ連には人民中国側に国民党政府軍の撤退作戦中は攻撃を差し控えるよう伝達を依頼した．北京の指導者も大陳島回収後はアメリカの強硬な姿勢を見て平和攻勢に転じ，4月以降は台湾問題の平和解決の用意があることを強調するようになる〔宇野ほか 1986；Ross & Jiang 2001（Accinelli）〕．

［ジュネーヴ会議後のベトナム情勢］

フランスが樹立したベトナム国の元首は引退生活から担ぎ出されたかつての皇帝バオダイであったが，彼には人気も統治能力も乏しかったから，ジュネーヴ会議後の実質的な指導者となったのは，新たに首相に就任したゴー・ディン・ジエムであった．彼は1955年10月にはバオダイを廃して国民投票により自らベトナム共和国の大統領となった．彼は敬虔なカトリックで確固たる反共主義者として知られ，フランスからの完全独立を望む熱烈な民族主義者という点では，アメリカの眼鏡に適う人物であったが，アメリカがもてあますほど権威主義的で親族による政権掌握に固執した．

フランスはジュネーヴ休戦協定成立当初はインドシナにおいてある程度の影

響力を保持するつもりであった．ホー・チ・ミン政権もフランス人企業を存続させており，フランスとの関係を絶つ意図はなかった．しかし実際にはインドシナにおけるフランスの影響力は急速に失われ，アメリカが影響力を強めた．アメリカは休戦後，フランスを経由せず直接インドシナ三国に援助を与える方針をとり，とくに南ベトナムのジエム政権への支援を強化した．フランス軍の影響力が強かった南ベトナム政府軍の訓練と装備の近代化もアメリカ軍人によって指導されるようになった．しかしアメリカの強力なてこ入れにも拘らず，権威主義的で同族支配意識の強いジエム政権はベトナム南部においても敵を増やし，支持者を失った．ジエムは1956年に予定された統一自由選挙を実施しないことを決め，アメリカも南ベトナムの共産圏への吸収を阻止するためにそれに同調した．二つのベトナムの存在を固定しようとするアメリカとジエム政権の政策に対処して，北ベトナムは南部における反政府運動「南ベトナム解放民族戦線」を支援し，ゲリラ活動の積極化を指導するようになる〔松岡 1988；ラフィーバー 2012〕．

3－1955 年体制の形成

［二つのドイツの主権回復と東西両陣営への軍事的統合］

　EDC 条約は 1952 年 5 月に調印され，西ドイツ（西独）とベネルクス三国の批准は済んでいたが，フランスの批准が遅れていた．この共同体構想は元来フランス政府から提案されたものであったが，フランスではいかなる形であれ，ドイツ人の軍隊の再建を認めることには抵抗が強かった．ヨーロッパでソ連軍に対抗するためにはドイツの再軍備は欠かせないとするダレスは，EDC が実現しなければ，アメリカはヨーロッパ政策の「苦渋に満ちた再検討」をしなければならなくなると，53 年 12 月に警告したが，フランス議会による条約承認は先送りとなった．

　マンデス－フランス首相はインドシナ休戦成立後，条約承認を議会に求めたが，1954 年 8 月に議会は否決した．西側主要国は急いで善後策を協議し，イギリスのイーデン外相の提案がもとになって，10 月にはパリ協定と呼ばれる関係諸国間の一連の合意が成立した．それは西独を主権国家として NATO に

迎え入れること，ドイツは再軍備を認められるがドイツ軍はNATO軍司令部の指揮下に置かれること，NATO軍がドイツに駐留すること，ブリュッセル条約に西独とイタリアを加えて西欧同盟（WEU）を形成すること，イギリスは4個師団を大陸に配置することなどがその骨子である．マンデス－フランスの説得により，フランス議会は12月にこの条件を僅差で可決した．西独が正式に主権国家としての地位を回復し，NATOの一員となったのは翌55年5月である．

ソ連はこれら西側の動きを阻止できなかったので，1955年5月にはソ連圏の東ドイツ（東独）を含む東欧7ヵ国とともにワルシャワ条約機構を結成した．それまでソ連は東欧衛星国とは二国間条約によって軍事的提携関係を維持してきたが，西独のNATO加盟に対抗して，東独を含めた集団安全保障体制を構築することにし，9月には東独の主権回復を正式に承認した．二つのドイツがそれぞれ主権を回復し，東西ドイツが東西両陣営に軍事的に統合され，NATOとワルシャワ条約機構とが対峙する体制が長く続いてきたという意味で，これを石井修に従って「1955年体制」と呼ぶことができよう〔石井2000；岩間1993；ジャット2008〕．

[緊張の相対的緩和の年としての1955年]

上記1955年体制の成立は東西ヨーロッパ間の緊張を高めたわけではない．この年はむしろ緊張緩和の年であった．スターリンの死後，西側三国とソ連の新指導者との「頂上会談」（首脳会談）を最初に提唱したのはイギリスのチャーチル首相であり，モスクワの新指導者もそれに関心を示したが，ワシントンは時期尚早という態度をとってきた．55年4月にチャーチルは高齢のため，保守党の党首と首相を辞任し，イーデン外相が後継首相に就任した．イギリスでは冷戦の緊張緩和を望み，東西首脳会談の開催を求める世論が強くなっており，保守党政権の手で頂上会談を実現しなければ，来るべき総選挙で保守党が不利になることが予想された．アメリカも西欧の世論の要望，とくにチャーチルからの強い要請に応じて，頂上会談開催に同意し，会談は7月にジュネーヴで開催された．

この会談は西側とソ連の首脳が一堂に会して意見を交換しただけで，具体的

問題について合意が成立したわけではないが，第二次世界大戦の戦後10年を経て，はじめて西側主要国とソ連の首脳（ソ連からはマレンコフの後継者ブルガーニン首相とともにフルシチョフ共産党第一書記が出席した）とが数日間にわたり，友好的雰囲気のなかで話し合ったことに，この会談の意義があった．

ただしこの年には東西関係に関わる具体的な問題について幾つかの進展があった．この会議が開催される前の5月，米英仏ソ四国はオーストリアの主権回復と中立化，外国軍隊の撤退とを取り決めたオーストリア国家条約に調印した．この条約のとりまとめを推進したのはソ連であり，統一政府が存在するオーストリアではドイツで失敗した中立を条件に主権を回復させる方式を実現しようとしたのである．また9月には西独のアデナウアー首相がソ連を訪問し，ソ連と西独との国交樹立が声明されたことも注目に値する．その後にソ連は東独との主権回復協定に調印するが，西独政府は今後東独を承認する国とは外交関係を絶つという政策原則（ハルシュタイン・ドクトリン）を公表した．つまり西独こそドイツ国民を代表する唯一の政府であるという原則を維持しようとしたのである．

また1955年には中国が台湾問題で平和攻勢に転じたため，米中関係の緊張も緩和された．インドシナ休戦後，インドはコロンボ・グループ諸国の共同主催によるアジア・アフリカ諸国会議の開催をよびかけ，その会議は55年4月にインドネシアのバンドンで実現した．バンドン会議は人民中国にとってもアジア・アフリカの諸国との外交的接触を広げる好機であった．中国は前年6月周恩来首相がインドを訪問して，「平和五原則」を共同声明して以来，アジア・アフリカ諸国に対しては平和的姿勢を強調してきた．中国にとって台湾問題は国内問題であったが，この会議への参加国の多数は台湾問題の平和的解決を要望したので，中国はそのような国際的希望に前向きな姿勢を示す必要があった．中国としても台湾海峡の緊張を緩和し，アメリカと直接対話の機会をもつことは望ましいことであった．周首相はこの会議で，中国政府にはアメリカ政府と「膝を交えて話し合う用意，とくに台湾地方の緊張した情勢を和らげる問題について話し合う用意があり，また台湾地方の責任ある当局者とも話し合う用意がある」ことを表明した．これをきっかけとして55年8月にはジュネーヴで米中大使級会談が開始されたが，相手国に抑留・足止めされた民間人の

帰国問題については進展があったものの，台湾問題では合意点を見出せず，57年には会談は中断された．しかし米中間で直接対話が始まったことは冷戦における一つの変化であった．50年以来，共産主義者・同調者の排斥運動の音頭をとって「マッカーシイズム」と呼ばれる風潮を生み出した扇動政治家ジョセフ・マッカーシー上院議員が，54年末には行き過ぎた行動のゆえに上院で非難決議を受け，世間の信用を失ったのも，アメリカにおける冷戦の雰囲気の変化を裏書きする事件であった〔宇野ほか 1986；Patterson 1996〕．

　1950年代半ば以後も，国際政治は米ソの対抗関係を基軸として展開するが，本章の後半に述べるように，東西両陣営それぞれに亀裂が生じたこと，米ソともそれぞれの利害を守りつつ緊張を緩和するための外交交渉を試みるようになったことが，50年代後半の新たな特徴であった．

[欧米諸国の経済発展とヨーロッパ経済統合]

　1950年にはアメリカの経済力は卓越していた．アメリカの国民総生産（GNP）は3810億ドルで，ソ連の3倍以上であり，西欧主要国の合計の2倍であった〔ケネディ 1993 表〕．53年の統計でも，世界総生産に占めるアメリカの割合は44.7％と高く，ヨーロッパのそれは26％に留まっていた．50年代はアメリカにとっても経済成長・所得水準向上の時代であり，熟練労働者を含む幅広い中流階級が大量消費経済の成果を享受できた時代であった．アメリカのGNPは50年から60年までに実質37％増大した．しかしさらに目覚しい発展を遂げたのはヨーロッパの経済であった．50年代，西独のGNPは実質年率で8.0％，イタリアのそれは6.0％，フランスのそれは4.6％増大した．西独の工業生産力の伸長は「経済の奇跡」と呼ばれたほどで，世界の工業製品輸出に占める西独のシェアは50年には7％程度であったが，60年には20％に躍進した〔Alford 1995 表〕．ドイツ人には東西ドイツ統一への執着はあり，それはアデナウアー政権の長期的目標であったが，西独の経済的成功が西側諸国との同盟政策への支持を強め，穏健保守政党としてのCDUを中心とした政権の安定をもたらした．

　戦後世界経済の主導国アメリカが開放的経済政策をとったこと，マーシャル・プランなどの経済援助を提供し同時に西欧諸国間の経済協調を奨励したこ

と，ソ連の軍事的脅威に対する軍事力の盾を提供したこと，そして廉価な石油の安定供給を可能にしたことなどが，ヨーロッパの経済復興を促した要因として挙げられる．西欧諸国の穏健保守派が福祉政策を支持したことにより国内の階級的対立は緩和され，超大国ソ連の脅威を前にして西側諸国間の対立もまた抑制された．このことは西欧諸国間の政治的同盟と経済的協調とを生み出し，相互間の貿易関係が発達し，それが西欧全体の経済発展を促進した．大陸諸国は1957年にローマ条約により共同市場（欧州経済共同体＝EEC）の形成に踏み切るが，「それはすでに現実に進行していた共同市場形成過程に制度的表現を与えたにすぎない」というジャッドの見解は適切であろう．西欧諸国は58年には通貨の交換性を回復した．IMFが目標とする主要通貨相互の交換性はようやく実現したのである〔ジャット2008〕．

イギリスの場合，大陸諸国とはやや異なりヨーロッパ外の諸地域との貿易が大部分を占めており，1950年代の経済成長の速度も年率2.9％と大陸諸国より遅く，世界貿易の拡大，特に工業製品輸出の急増傾向に比べれば，イギリスの工業製品輸出の伸びは少なかった．しかし50年代半ばまでは，イギリスは保守政権の下で福祉国家と混合経済を維持しつつ，米ソに次ぐ世界大国としての地位を保持することに自信をもっていた〔Alford 1995〕．

[日本における1955年体制]

1954年12月に成立した鳩山一郎内閣の与党民主党は55年2月の総選挙で議席を増やしたが，衆議院の過半数を得られなかった．他方では社会主義政党の議席増があったので，民主党は政権安定のため11月自由党との「保守合同」を実現し自由民主党となった．その直前，左右に分裂していた日本社会党も統一を回復し，日本の政党政治は自民党と社会党とが二つの主要政党として対峙する体制，いわゆる「五五年体制」が成立した．

アメリカは対米自主外交を唱える鳩山が共産圏への接近を試みて中立主義に傾くことを警戒した．重光葵外相や外務官僚は対米関係を考慮して対共産圏外交により慎重であったが，鳩山としても自主外交は対米関係に配慮しつつ進めるべきことであった．アジア・アフリカ会議への参加を決めたときにも，政府はこれを機会に人民中国との国交正常化を目指す意思はないことをアメリカに

伝えた．

　この会議を共同で招請した「コロンボ・グループ」のうちインド，セイロン，ビルマ，インドネシアは中立国であったが，パキスタンはSEATO加盟国であった．参加を呼びかけられた国々も人民中国のようにソ連の同盟国でアメリカと敵対関係にある国もあり，また日本やフィリピン，タイのようにアメリカと防衛協力関係にある国々もあった．参加国の大部分は冷戦における中立国であったが，冷戦の対立陣営を超えてアジア・アフリカ諸国の国際会議が開催されたことは注目に値する．

　主催国のなかで，日本の参加を求めることに熱心だったのはパキスタンで，それはインド－中国枢軸により会議が主導されることを警戒したからであった．国際社会への復帰をさまざまな形で拡大しようとしていた日本にとって，この会議への招待は歓迎すべきものであり，アメリカも日本の参加はこの会議をより好ましいものにすると考えて，参加を支持した．日本の代表が経済審議庁（後の経済企画庁）長官の高碕達之助であったことは，政治的議題には深入りせず経済交流の議題に力を入れたいという日本の立場を示していた〔宮城2001〕．

[日ソ国交回復]

　ソ連のマレンコフ首相は平和共存の一環として日ソ国交回復に関心を示し，その関心は彼の失脚後のソ連指導者に引き継がれた．鳩山も日ソ国交回復を重要な外交目標としていたから，両者の交渉は1955年6月ロンドンで開始された．同年8月訪米した重光外相がアメリカ側に鳩山政権の外交方針全般を説明した*．日ソ交渉について，アメリカ側は関与を避けて交渉を見守る態度をとった．

> *　重光はこの会談で，日米安全保障条約を双務的なもの，そして日本の自主防衛を重視するものに改定することを提議した．ダレスは，まだ日本には海外派兵を可能にする憲法改正など，そのような改定のために必要な体制が整っていないではないかと反問し，否定的な反応を示したという〔坂元2000；波多野2010〕．

　日本は交渉開始の当初，ソ連支配下にある旧日本領土全域の返還を求めたのに対して，ソ連側は日本の反ソ的軍事同盟への不参加の約束やソ連に有利で反

米的な海峡通行権の規定などの要求を持って応じたが，8月には歯舞諸島と色丹島の返還には応じるという態度をとり，既存の日米安全保障条約にも理解を示して軍事同盟禁止条項を撤回する意向を示した．当時交渉に当たっていた松本俊一全権はさらに問題点をつめて平和条約を早期にまとめることへの希望を東京に伝えたが，重光ら外務省幹部は交渉が長期化してもよいと考え，国後・択捉の返還も交渉の対象にすること，北千島，南樺太の帰属は国際会議で決するという了解を取り付けることを指示した．

　重光は歯舞・色丹のみならず，国後・択捉両島も日本固有の領土として返還を求める日本の立場をアメリカ側に伝え，アメリカの意見を求めたが，アメリカ側はそのような立場で交渉を進めることに異議はないとしながら，サンフランシスコ講和の際には「千島」（クリル）の範囲は定義されなかったと述べて，国後・択捉が1952年に放棄した「千島」の範囲外であるとする日本の主張には与しなかったので，アメリカの支持によって，対ソ交渉における日本の立場を強めようとした彼の思惑は外れた．

　ソ連側は歯舞・色丹の返還には応じる意向を示したが，それ以上の領土的譲歩を行う意図はなかった．保守合同の際，民主党は日ソ交渉に批判的だった自由党と対ソ交渉方針についての合意をまとめたため，国後・択捉返還要求に固執せざるを得なくなり，そのためロンドンでの交渉は頓挫した．鳩山の側近である河野一郎農相は北洋漁業への出漁権を得るためにモスクワで日ソ漁業協定交渉を行い，1956年7月末までに国交回復交渉を再開することを条件に，5月に暫定的漁業協定の調印にこぎつけた．

　7月末，重光外相は首席全権としてモスクワに赴き，平和条約交渉を行った．鳩山や河野は領土問題の解決は先送りとして，ソ連が抑留者の送還と国連加盟の支持を約束するならば，共同宣言形式（1955年9月の西独とソ連の国交樹立はこの方式）により国交を回復してもよいと考えていたが，重光外相は領土問題も解決する条約を結ぶことにこだわった．重光は最終的にはソ連の条約案を呑んで国後・択捉を断念せざるをえない，歯舞・色丹だけの返還でも条約調印に利点があると考え，56年8月中旬東京の同意を求めたが，鳩山内閣は国内世論の動向など内政上の理由により，一致して重光の提案を斥け，交渉を中断してスエズ運河問題国際会議に出席するよう彼に指示した．重光はその会議

でダレスに会った際に，彼に日ソ条約についてソ連案受諾もやむをえないという考えを説明したが，ダレスもそれに強く反対した．ダレスは，日本にはサンフランシスコ講和で放棄した領土の帰属について約定する権限はないと述べ，もし日本が千島をソ連領と認めるなら，講和条約第 26 条により，アメリカにも沖縄の主権を認めなければならなくなると警告した．まもなくアメリカ政府は日ソ交渉への公的不介入の方針を改め，アメリカの立場を示す覚書を日本政府に手交し，双方の合意によってそれを公表した．その覚書は日本にはサンフランシスコ講和条約で放棄した領土の帰属についてソ連と約定する権限はないというダレス発言を文章化するとともに，それまで支持したことがなかった，国後・択捉は日本が講和条約で放棄した「千島」には含まれないという日本政府の見解を支持することを表明した．

　重光外交の挫折によって対ソ外交の主導権は鳩山首相に移り，鳩山は日ソ国交樹立を急ぐために，自ら 10 月にモスクワに赴き，日ソ共同宣言に調印した＊．この共同宣言は日本では 12 月までに国会で承認され，同月中に両国の批准を経て発効した．日ソ国交回復は冷戦の緊張緩和期における日本外交の成果であったが，歯舞・色丹はその後もソ連，そしてロシアの支配下にあり，北方領土問題が日ロ関係の発展の足かせとなっていることを考えれば，この成果には功罪両面があった．鳩山政権が日ソ平和条約をまとめるべき時機を逸したことは否定できないが，その背景にはナショナリズムの高まりがあった．当時の日本のナショナリズムは反米感情あるいは対米自主の主張として表れる一方，ソ連に対しても国後・択捉返還要求では譲れないという強硬な態度を固めさせたのである．

> ＊　共同宣言で両国は「平和条約の締結に関する交渉を継続すること」に同意し，またソ連は歯舞諸島・色丹島を日本に引き渡すことを約束し，ただしこれらの諸島は「平和条約が締結された後に現実に引き渡される」こととした．これらの文言により，日本は領土問題の交渉の余地を残したが，他方，平和条約が締結されない限り，ソ連は歯舞・色丹を返還せず，支配を継続することになった．

　ともあれ，日ソ国交回復により，ソ連はそれまで拒否してきた日本の国連加盟を認めたので，12 月に日本は念願の国連加盟を果たし，重光外相が国連総会で日本国憲法の国際協調と平和主義の精神を再確認する演説を行った．日ソ

国交回復と国連加盟を花道として鳩山と重光はともに引退し，自由民主党の総裁には石橋湛山が選ばれ後継首相となった．彼は日中国交正常化の提唱者であったから，アメリカは彼の政権下で日本外交の漂流が進むことを懸念した〔田中 1993；細谷ほか 1999；五百旗頭 2008〕．

4 — ハンガリー動乱とスエズ戦争

〔フルシチョフによる「脱スターリン主義」の表明〕

　1956 年はほぼ時を同じくして起こった二つの事件，第二次大戦後ソ連の勢力圏となった東欧におけるハンガリー動乱と，後退する西欧帝国主義の伝統的勢力圏であった中東におけるスエズ戦争（第二次中東戦争）によって記憶される．

　1956 年 2 月，ソ連共産党第 20 回大会の秘密会議でフルシチョフは党第一書記として報告をおこない，その中でスターリンが自らの絶対的権力を保持するために党に忠実な多くの同志と軍人とを抹殺したこと，あらゆる方法を用いて彼自身を偉大な指導者として国民的に崇拝させようとしたことを批判した．彼は「大祖国戦争」（第二次大戦）に言及し，その輝かしい勝利はスターリンの天才的指導力によることが強調されてきたが，実際には彼は独善的思い込みにより，ヒトラーのソ連攻撃に対する準備を怠って，緒戦において国を危うくしたと非難した．ソ連共産党はいまや個人崇拝や恐怖政治とは決別し，マルクス－レーニン主義の党としての基本に戻り，レーニン時代の集団指導的党運営を回復しなければならないと彼は述べた．彼の演説は非公開の会合で行われたが，その内容はまもなく外部に伝わり国際的にも報道されたので，共産圏諸国に大きな動揺をひき起こした〔世界史史料⑪〕．

　この年ポーランドではポズナンの労働者が待遇改善を求めて暴動を起こし，それは数百人の死傷者を出して鎮圧された．社会不安の増大のなかで，スターリン派の支配が動揺し，1948 年以来ナショナリスト的偏向者として失脚していたゴムウカの復権を望む声が高まった．フルシチョフらソ連指導部は 56 年 10 月自らポーランドに乗り込んでゴムウカ擁立の動きを阻止しようとした．ポーランド統一労働者党はソ連の意向に従うか国民の要望を尊重するかの選択

を迫られ，後者を選んだ．ポーランド側は党および国家の指導者を自ら決める自主性については譲らなかったが，ゴムウカはポーランドの国内秩序を回復してソ連の同盟国として留まることを明言した．話し合いの末，ソ連は軍事介入の一歩手前で踏みとどまり，ゴムウカの統一労働者党第一書記への就任を容認した．彼は確信的な共産主義者であるとともにナショナリストであり，ソ連との提携の必要を認識しつつ，ポーランドの自主性と利益の尊重をつねに主張した〔Haslam 2011；ジャット 2008；Casey & Wright 2011（Prazmowska）〕．

［ハンガリー自由化革命とソ連軍の介入］

しかし 10 月から 11 月にかけてのハンガリー動乱では，ソ連は話し合いによる収拾に失敗し，軍事介入によって秩序を回復した．ハンガリー労働者党内および知識人の間では，ポーランドと同じくソ連からの自立を求める動きが強まり，その運動はポーランドにおいてゴムウカが果たした役割を，前年に右翼的偏向を理由に首相を解任されたナジに期待するようになった．7 月に党はラコシらスターリン主義者を排除し，10 月にナジを首相の座につけた．ソ連は党幹部をハンガリーに派遣して交渉に当たらせ，一時はナジを指導者として容認し，武力行使を避ける方針をとった．しかしハンガリーの改革派は共産党支配体制の革命的な変革を求め，ナジ首相はそれに応じて，11 月初めには自由選挙による政府形成を表明し，さらにワルシャワ条約機構からの離脱を発表した．ソ連指導部はハンガリーの自由化革命をソ連軍により制圧することを決断し，約 1 週間にわたる戦闘の後，ハンガリーを制圧した．ソ連がハンガリーの新たな指導者の地位に据えたのは，一時はナジを支持したこともあるカーダールであった．カーダールはナジら革命派への加担者を反逆者として処刑し，一党支配体制を再建するとともに，経済面では次第に自由市場を導入し，それにより長期政権を維持した．

ソ連の軍事介入決定にはおそらく他の諸大国の行動も影響を及ぼしたと思われる．人民中国指導部はポーランドのゴムウカには同情的であったが，ハンガリーの革命状況に対しては速やかに軍事的に対処するようソ連を促した．ハンガリーの革命派はアメリカの援助を期待したが，当時アメリカ政府首脳にはソ連圏内のハンガリー動乱に介入し「巻き返し政策」をおこなう意図はなかった．

もっとも CIA の出先機関では革命派への内密の武器援助が検討されていた．CIA が実質的に運営する「ラジオ自由ヨーロッパ」が革命運動への支持を表明していたことはソ連の介入を早めたであろう．また英仏が中東の権益擁護のためにスエズ戦争を開始したことが（後述），ソ連にとって東欧勢力圏の維持のための強硬手段をとりやすくしたことも確かであろう〔Haslam 2011〕．

[ナセル政権とアラブ・ナショナリズム]

1948 年のパレスチナの戦争でイスラエルに敗北したことは，エジプトのファルーク王の体制の崩壊を早めた．陸軍中堅将校の間にはファルーク国王体制への不満が高まり，「自由将校団」は 52 年 7 月軍事クーデタにより権力を掌握し，ファルークを退位させた．イギリスはファルーク王の政府とスエズ駐留権とスーダン（イギリス–エジプト共同統治地域）問題について交渉していたが，より強硬なナショナリスト政権と交渉を再開する必要に迫られた．イギリスはスーダンにエジプトとの連合か単独自治かを選択させることで革命政権と合意し（スーダンは後者を選択），54 年 10 月にはナセル新首相と協定して，エジプトが侵略されたときには復帰できることを条件に，56 年 6 月までにスエズ基地から全イギリス軍を撤退させることに同意した．この革命の指導者は年長のナギブ将軍であったが，若手の実力者はナセル大佐であり，54 年以降は名実ともに彼が新政権の指導者となった．当初，彼は西側の大国アメリカと友好を保ち，イギリスとも折り合いをつけながらスエズ運河問題で最大の譲歩を引き出す政策をとった．イギリスのイーデン外相は，エジプトのナショナリスト政権にスエズ運河に関するイギリスの利益を尊重させるためには，イギリス軍の速やかな撤退が必要であると考えた．しかしナセルはスエズ運河会社の存続を認めるとしても，次第に運河経営についてのエジプトの発言権を強める方針であったから，双方の思惑には違いがあった．

ナセル政権とイギリスの対立を早めたのは，イギリスとイラクとの同盟であった．イラク王国のヌーリー・アッサイード首相はイギリスの参加を前提に 1955 年 2 月トルコとの防衛協力条約（バグダード条約）を結び，翌月イギリスもイラクとの協定を結び，4 月この同盟に加盟した．これはソ連に対して中東の「北層部」を守るためのものであり，のちにイラン，パキスタンもそれに

参加したが（バグダード条約機構＝中東条約機構），ナセルにとっては，この条約は中東におけるエジプトの影響力を弱め，かつイギリス帝国主義を利するものであった．アメリカはこの条約を歓迎したが，全面的に賛同したわけではなかった．アメリカはイスラエル－アラブ関係修復のためにエジプトを含むアラブ諸国との友好関係を重視していたので，帝国主義的権益をもつイギリスが中東の地域防衛体制に参加することを良策とは考えなかったのである．

その頃，バンドン会議に出席し，中東の中立主義の指導者として存在感を示したナセルは，それ以後次第に中国やソ連などの共産主義国に接近し，西側諸国が売却を制限している兵器をソ連圏から買い付けることで，イスラエルに対抗する立場を強化しようとした．それはスターリン後のソ連がアラブ新興国に接近することにより，中東におけるソ連の影響力を強めようとしていたときであった．

アメリカ政府はエジプトの対ソ接近を抑えるために，ナセルの野心的計画，「アスワン・ハイ・ダム」建設計画に世銀およびイギリスと共同で融資する意向を示した．しかし議会では共産圏への接近を進めるナセルへの反感が強かったので，政府も次第に消極的になり，1956年7月アメリカはダム計画への融資案を撤回し，イギリスもそれに同調した．ナセルはそれに反発し，スエズ運河を国有化すると発表した．

スエズ運河国有化の発表にイギリスのイーデン首相は猛反発した．それはイギリス軍がスエズ基地から撤退した直後であった．彼はかつて1930年代の対独宥和の努力が枢軸国に裏切られたように，ナセルに裏切られたと感じた．いまや宥和の時期は終わり，全面対決の時期であった．彼はフランスのモレ首相と協議し，軍事行動を起こしてナセル政権を崩壊に追い込む計画を進めた．イーデンもモレも運河会社の技術者たちの協力なしにエジプト人だけで運河を安全に運営することができないと予想し，その際には，堂々と軍事介入できると考えたが，エジプトは船舶の安全運行に失敗することなく運河の管理を継続した〔佐々木1997；ラフィーバー2012〕．

モレにはエジプト攻撃を希望する理由があった．フランスもスエズ運河会社には利害があったが，彼がナセル政権をアルジェリア独立運動の支援者であると考えていたことが主な理由であった．フランスからの独立を目指すアルジェ

リア人の武力闘争は1954年から活発になり，後述するように，社会党のモレ首相も武力制圧政策に転じ，ナセルを倒せば，アルジェリアも鎮まると期待したのである〔渡邊1998；Shipway 2008〕．

[スエズ戦争（第二次中東戦争）への道]

　アメリカ政府首脳はスエズ情勢を速やかな軍事介入を正当化するものとは考えていなかった．彼らはスエズ運河会社がその権利と義務を1888年の国際条約によって定められている国際的運河であり，国際公益にかかわるものであるから，まず国際会議を開催して解決策を探ることを提案した．英仏も国際会議の開催に同意し，運河利用国の会議が1956年8月半ばロンドンで開催された．この会議はスエズ運河の管理運営に当たる国際機関を設置するという18ヵ国提案をまとめ，エジプトとの交渉のためオーストラリア首相らで構成される使節団をカイロに派遣した．アメリカ政府にはこの解決案のエジプトへの強制に関与する意思はなく，ナセルが拒否すると，ダレスは運河利用国の利益を守るための別の構想を提議し，利用国に同調を求めた．彼はエジプトへの経済的圧力を強める方針であったが，ナセルが受諾しない場合でも英仏が軍事行動をとることを支持しなかった．ワシントンの政府首脳はエジプトに対する軍事行動が他の新興諸国の敵意を招き，ソ連を利する結果になることを恐れており，とくに大統領選挙直前にスエズで戦争が起こることを恐れていた．

　イーデン首相はアメリカの支持を取り付けることに見切りをつけ，エジプトへの武力行使を決断した．彼はフランス政府首脳と協議し，イスラエルをこの計画に誘い入れるというモレの提案を受け入れた．イスラエルとエジプトとの間で国境紛争が起これば，スエズ運河の安全確保のためという兵力派遣の口実ができるからである．イスラエルも，ナセル政権との対立を強めていたから，英仏の誘いに乗った．イギリス政府は武力行使によって運河地帯の安全確保に留まらず，ナセル政権を崩壊に追い込むことを狙いとした．イーデンはこの戦争計画についてアメリカ側には説明せず，計画を進めた．彼は英仏が一旦行動を起こせばワシントンは黙認すると期待していた．

　1956年10月29日イスラエルがエジプトとの国境を越えて侵攻を始めると，30日には英仏は両国に即時停戦とスエズ運河地帯からの撤兵を求める最後通

牒を発し，翌朝エジプトの軍事目標への空爆を開始した．こうして「スエズ戦争（スエズ動乱）」，また「第二次中東戦争」と呼ばれる戦争が始まった．しかし英仏がポートサイドへの上陸作戦を行うまで1週間を要した．それまでには国連が事態収拾に動き出していた．英仏は国連安保理での決議には拒否権を行使したが，総会での決議を拒否できなかった．英仏が本格的な武力行使段階に入る前に，武力行使の正当性は崩れ始めていた〔佐々木1997〕．

[スエズ戦争と西側同盟の亀裂]

英仏の最後通牒を事後に知ったアイゼンハワーはイーデンに騙されたと感じ，怒り心頭に発した．アメリカは国連においても，英仏への同情を示さず，英仏に停戦と撤退とを求める決議案に賛成した．元来，国連安保理におけるソ連の拒否権行使に対する対抗策として考案された「平和のための結集決議」が，スエズ戦争において，アメリカの同盟国英仏の拒否権を無力化するために用いられたことは歴史の皮肉であった．冷戦における敵対国の米ソはともに総会多数派の決議案を支持した．

国連総会は11月1日に即時停戦と撤兵を求める決議案を，4日には上記決議の実施のためにスエズ運河地帯に国連緊急軍を派遣する決議案を採択した．6日には国連事務総長がイスラエル，エジプト両国は停戦に同意したことを告げ，英仏に総会決議を受諾するよう要請した．

イーデンは最初，国連緊急軍の先遣隊的役割を果たすものとして英仏の軍事行動の継続を正当化しつつ，停戦に応じる場合でも英仏軍を国連緊急軍の一部として残せることを期待して，決議受諾を決めた．しかしアメリカは利害関係の少ない国々の軍により国連緊急軍を編成することを主張して，彼の希望を打ち砕いた．イーデンが政治的敗北の甘受を余儀なくされたのは，労働党は戦争に当初から反対であり，外務省も軍部も作戦に消極的で，ワシントンの政府の非妥協的な態度と強い経済的圧力に対抗できるような国民的支持がなかったためである．

ワシントンはスエズ運河の閉鎖によるイギリスの石油不足にも，国際的ポンド売りによるポンド危機にも，冷淡な態度をとり，撤兵完了までロンドンへの援助を与えようとしなかった．ロンドンが屈服すれば，作戦の主導権をロンド

ンに与えたパリもそれに追従せざるを得ず，両者は名誉なき撤退を強いられた．アロンが述べたように，アメリカは冷戦の敵対国ソ連のハンガリー革命への武力行使よりも，同盟国英仏のエジプトへの武力行使に対して，厳しく対応したのである〔佐々木 1997；Reynolds 2000b; Aron 2009〕．

この戦争の失敗により，イギリスの指導層は西側第二の世界大国という自己意識が多分に幻想であったことをあらためて痛感した．イーデン首相は憔悴して療養生活に入り，翌年1月に正式に辞任し，マクミラン蔵相が代わって首相となった．フランスにとってもこの戦争は大きな敗北であり，フランスから見ればアメリカの行動は同盟国への裏切りであった．スエズ戦争により大西洋同盟の結束は崩れた．その後，米英関係はまもなく修復に向かったが，フランスは1957年にはアルジェリア問題でもアメリカの批判に反発した．

イスラエルはこの戦争で撤退前にシナイのエジプトの軍事拠点を破壊し，またアカバ湾の航行権を手に入れるという収穫を得た．エジプトのナセル大統領はこの戦争で軍事的には敗北したが，政治外交的には最大の勝者であり，彼はこの危機を切り抜けたことで国民的英雄となった．彼の政治的運命を救った決め手はアメリカの政策であったが，スエズ戦争後の彼の政策は反欧米的，親ソ的傾向を強めた．

ハンガリーの革命を武力で弾圧したソ連のフルシチョフにとって，スエズ戦争は国際社会の注目をソ連のハンガリーにおける行動からそらすという点で好都合なできごとであり，それはまた中東における影響力を強化する絶好の機会となった．ソ連はエジプトに軍事・経済援助を供与し，さらにアスワン・ハイ・ダム計画の資金調達にも協力することにした．アメリカのアイゼンハワー政権は，スエズ戦争直後，中東におけるソ連の影響力拡大に対抗する必要を感じ，1957年1月には中東における共産主義による侵略には対抗措置をとること（アイゼンハワー・ドクトリン）を発表し，イギリスのマクミラン政権とともに米英関係の修復に努めた．

中東では1958年2月シリアはエジプトとの連合（アラブ連合共和国）によりエジプトの影響下に入り，ヨルダンはイラクに接近していたが，7月にイラクで国王や政府要人が革命派に殺害され，カーセム将軍が率いる共和国政権が成立した．米英両国はこのイラク革命がヨルダン，レバノンの政情に影響を及

ぼすこと，イラクが親ソ的なエジプトと提携することを警戒し，アメリカはレバノンの政治的混乱を防止するため，イギリスはヨルダンの王政維持を助けるために，それぞれの政府の要請を受けて派兵した．カーセム政権は翌年バグダード条約機構から脱退したが（他の加盟国は機構名を中央条約機構＝CENTOと改称），他方ではソ連を警戒しエジプトをイラクの対抗勢力と見て，米英との友好関係を維持しようとした〔佐々木1997；ラフィーバー2012；Shipway 2008〕．

5 ―アフリカ植民地の独立

[アルジェリア戦争とフランスの危機]

1956年3月，フランスは北アフリカでは旧保護国（第二次大戦後はフランス連合参加国）のチュニジアとモロッコの独立を承認した．フランス系住民の数が少なく，独立後の政府との友好関係が期待できたから，両国の独立への移行は比較的容易であった．しかしフランスは古い植民地アルジェリアでは，独立派の武力闘争を鎮圧する政策をとった．アルジェリアは制度上フランス共和国の一部，フランスと一体の地域とされており，ムスリム系住民が多数を占めているとはいえ，アルジェリアを故郷とする約100万人のフランス系住民がいたから，自治の拡大から独立への道を用意するには困難があった．フランスの一部としてアルジェリア人はフランス議会に議員を送ることができたが，イスラーム教徒には選挙権がなかった．彼らの懐柔策として，47年にキリスト教徒とイスラーム教徒が同数の議員を送るアルジェリア議会を設けることが決まったが，現地ではこの法律は字義通り実施されず，有名無実の制度となった．

1956年首相となったモレは議会からアルジェリア問題について大きな権限を委任されて，統治の改革を行い，交渉による解決も模索するが，大軍の投入により独立派の武闘勢力「民族解放戦線（FLN）」を制圧するという方針をとった．その年のうちにアルジェリア駐屯軍の兵力は40万人以上に増強された．徴兵された新兵たちも派遣されたため，フランス国内では左派勢力を中心に政府批判が強まり，現地フランス住民の強硬姿勢に同調する右派もまた強硬論により政府を突き上げた．57年5月モレは議会の不信任決議により辞任し，そ

の後は不安定で無力な政権が続いた．この年に FLN はアルジェなどの都市で激しい闘争を試みて敗北し，一部はチュニジアに逃れた．フランス軍は国境付近のチュニジアの村を爆撃し，多数の住民を殺傷したため，親仏的なチュニジア政府もこの問題を国連に提訴した．フランス政府は米英の調停使節を受け入れることに同意したが，再びアメリカの圧力に屈服したと強硬派から批判された．58年5月にはアルジェリアのフランス人強硬派と軍とが実権を掌握し，本国の政治的混乱に乗じてパリを軍事占領することが計画された．右派はフランス共和政の救済者としてドゴールの首相就任を期待した．ドゴール将軍の政権掌握には軍部も賛成であった．社会党の指導者モレも多くのフランス人と同じく，ドゴールのカリスマに頼ろうとした〔渡邊 1998；Shipway 2008〕．

［ドゴールの登場とアルジェリア問題の解決］

　ドゴールは6月議会で首相に選出され，挙国内閣を発足させた．彼は憲法改正に着手し，9月に新憲法を国民投票により成立させ，12月にはその憲法に基づく選挙によって大統領に選出された．第五共和制の発足である．第四共和制時代の儀礼的な元首に過ぎなかった大統領は，第五共和制においては，議会から独立し（1962年からは国民投票により選出），議会に勝る広範な権限を有する帝王的権力者となった．

　ドゴールは首相就任後まもなくアルジェを訪問し，「あなた方のことを理解した」と述べてフランス系住民を喜ばせたが，彼自身は心中を明かさず，アルジェリア政策を模索中だった．彼は大統領としてまず FLN に休戦・改革・和解を提案したが，彼らから休戦を拒否される一方，彼に不信感を抱いたフランス・ナショナリストの反乱を呼び起こした．ドゴールは反乱を封じ込め，沈静化に成功した．彼はなおも「アルジェリア人のアルジェリア」をフランス共同体（1958年にフランス連合から改組）のなかに留める目標を追求したが，1960年末にはそれを断念し，61年1月国民投票を経て完全独立の付与の方針を決めた．しかし4月には現地のフランス軍は再び反乱を起こし，ドゴールはその威信をかけて反乱派と対決し，反乱を崩壊させたが，反乱派は地下に潜り，テロ活動をアルジェリアからフランスに拡げ，ドゴール自身もからくも暗殺を免れた．フランス政府とアルジェリア共和国政府との間で両国の関係を規定す

る条約が結ばれたのは62年3月であるが，多くの犠牲者を出したアルジェリアの騒乱はまだしばらく続いた〔渡邊1998〕．

[「変化の風」と「アフリカの年」]

ドゴールは「フランス共同体」の名のもとに，植民地や保護国とフランスとの軍事的・政治的・経済的結びつきを長期的に維持しようした．1958年に西アフリカのギニアは，従属より自由を選ぶと述べたセク・トゥーレを指導者として，共同体からの独立を選択したが，他の諸植民地は「海外県」となるかあるいは将来の自治を目指して共同体に留まるかの道を選んだ．しかし60年にはドゴールはアルジェリアの完全独立を認めざるを得ず，アフリカの大部分の植民地でも完全独立を求める運動が活発になったので，ドゴールは敏速に対応し，60年には共同体構想を撤回し，アフリカ諸国に完全独立を認めることにした．サハラ以南アフリカでは，50年代に独立した国は，イギリスから独立したガーナ（旧ゴールドコースト）と上記のギニアだけであったが，ドゴールの決断により，60年にはアフリカの多くの国が独立し国連に加盟したので，この年は「アフリカの年」と呼ばれるようになった〔川嶋2007〕．

1960年に独立したのはフランスの植民地だけでなく，ベルギーもコンゴ植民地の独立を認め，イギリスもナイジェリアを独立させた．この年アフリカを訪問したイギリスのマクミラン首相は「変化の風」ということばを用いて，独立を求めるアフリカ大陸の動向を受け入れるべきことを語った．彼がこのことばを最初に用いたのはガーナにおいてであったが，それは当時ガーナの指導者エンクルマがアフリカの独立と統一のための運動を推進し独自の影響力を広げていたからである．マクミランは「変化の風」を語ることで，イギリスの指導者もアフリカ諸国の独立願望を認識していることを示し，エンクルマの影響力の拡大に対応しようとした．ナイジェリアを大きな連邦国家として独立させたのは，それによりガーナとの勢力均衡を保たせる狙いがあった．

マクミランが同じことばを南アフリカ連邦のケープタウンで用い，好むと好まざるとに関わらずその風を現実として受け入れねばならないと述べたのは，その自治領のあからさまな人種差別が時代の趨勢に合わないことを示唆しつつ，イギリスのアフリカ植民地における白人優越主義者を自重させようとしたから

である．イギリスはケニアでは「マウマウ団」との長い武力闘争の後アフリカ人独立運動と妥協する方向に転じており，白人定住民が多い南北ローデシアおよびニヤサランドでは人種的均衡のもとに連邦自治政府を形成しようとしていた〔Shipway 2008; Brown & Louis 1999（Louis）〕．

［コンゴ民主共和国独立後の混乱］

1960年前後にアフリカの非植民地化が急速に進んだことは，アフリカ諸国に多くの混乱を生んだ．アフリカはヨーロッパの国々により多くの植民地に分割されていたので，アフリカはほぼそれら植民地ごとに独立することになった．アフリカ人の独立願望が強くなったとしても，独立した国に「国民」としての意識が育っているわけではなく，いくつかの部族に分かれていたから，国家形成にはそれぞれ困難が伴った．独立国家形成の過程で大きな混乱が生じたのはベルギー領コンゴ（現コンゴ民主共和国）であった．この広大な植民地はウラン，コバルトや銅その他の鉱物資源の生産地として長年搾取されてきたが，自治政府の形成に向けた準備は皆無に等しかった．しかし50年代後半には独立を求める諸部族の団体の活動が活発化し，59年1月首都レオポルドヴィル（キンシャサ）で大規模な暴動が発生した．この事件に衝撃を受けたベルギー国王は独立への道を準備すると声明した．60年1月ブリュッセルで開催されたベルギーとコンゴの諸団体との会議で，コンゴ側の主張により同年6月末に独立することが合意された．にわかに憲法が制定され，5月に総選挙がおこなわれ，大統領にはカサヴブ，首相にはルムンバが就任した．ベルギーはコンゴ軍の将校団と行政組織の上層とを白人で固めることで，既得権益を守ろうとしたが，コンゴ人兵士の反乱と下級役人の抵抗に遭い，その試みは失敗し，多くのベルギー人がコンゴから引き揚げた．

コンゴ紛争を大きくしたのは，南東部のカタンガ州の支配的部族の指導者チョンベのカタンガ州独立宣言（1960年7月）であった．カタンガはコンゴの中でも地下資源，とくに銅と錫が豊富な地方であり，ダイアモンドなどの資源をもつ隣のカサイ州も独立に加担した．これらはベルギーの資源開発企業にとってもっとも重要な地域であり，企業関係のベルギー人やベルギー軍が居残っていた．コンゴ政府の提訴を受けて，国連安保理はベルギー軍の撤退とそれに

代わる国連軍の派遣を決議した．国連軍は到着したが，その目的は軍事衝突の抑制にあったから，武力を用いても統一を回復しようとするルムンバの助けにはならなかった．ルムンバはアフリカ諸国に援助を求めたが，積極的な反応はなかった．彼はコンゴ独立の志士の名に相応しい人物であったが，フルシチョフに援助を求め，ソ連の援助物資を受け取ったことが，彼の命取りとなった．

　アメリカは資源豊かな国へのソ連の影響力を恐れ，ルムンバを厄介者と見なした．カサヴブは9月に大統領権限をもって彼を解任し，軟禁状態に置いた．数ヵ月後ルムンバは首都から脱出したが，捕らえられて非業の死を遂げた．中央政府の実権はカサヴブと軍参謀長のモブツ将軍の手に握られ，次第に後者が有力になった．モブツはアメリカの支持を得て1965年までにコンゴ内戦の収拾と権力の完全掌握に成功したが，その後コンゴ（ザイール）*は彼の恣意的な独裁のもとに置かれた〔Shipway 2008; ウェスタッド 2010〕．

　　＊　コンゴ民主共和国は1971年モブツにより「ザイール」と改称されたが，97年彼の失脚後，もとの名称に戻った．なおコンゴ共和国はコンゴ川の北側に位置する旧フランス植民地で，同じ60年に独立し，キンシャサの対岸ブラザヴィルに首都を置く別個の国である．冷戦期には左翼政権が支配していた．

6 ─ 米ソ・米中関係と中ソ対立の端緒

[スプートニク成功の衝撃]

　1957年8月，ソ連は大陸間弾道ミサイル（ICBM）の実験に成功し，10月には人工衛星スプートニク1号を宇宙空間の軌道に打ち上げることで，世界の注目を集めた．科学技術では世界一をもって任じてきたアメリカは，このソ連の成功に衝撃を受けた．アメリカが衛星打ち上げに成功したのは，58年になってからである．アメリカの軍事専門家や野党政治家の間では，ソ連の成功はアメリカの国際的威信にとっての打撃であるだけでなく，安全保障にかかわる重大な問題であると受け止める者が多かった．彼らは長距離ミサイル開発においてアメリカがソ連に遅れをとったと論じ（ミサイル・ギャップ論），大規模な軍事力増強なしにはアメリカは劣勢に陥ると主張した．しかし名将としての威信をもつアイゼンハワー大統領は冷静に対応し，大規模な軍備拡張に賛成し

なかった．

　ソ連のフルシチョフにとって，スプートニク打ち上げの成功は彼の権力を固めるための追い風となった．モロトフ，カガノヴィチ，マレンコフら古参の共産党幹部は，性急な非スターリン化によってハンガリー動乱を引き起こしたフルシチョフの責任を追及して 1957 年 6 月に彼を失脚させる手筈を整えたが，フルシチョフは国防相ジューコフ元帥や KGB 幹部の協力を得て，彼らとの権力闘争に勝って，彼らを党の要職から排除した．しかしフルシチョフはまもなくそのときの協力者ジューコフを恐れるようになり，10 月にはジューコフ国防相を解任し，党の要職からも排除した．こうしてフルシチョフはスターリン後の権力闘争の勝利者となり，独裁的地位を固めた．彼が翌年 3 月，首相職を兼任するに至ったことは，その彼の権力の確立を裏書きした．

　1957 年当時フルシチョフは陸軍の大兵力ではなく戦略核兵器の充実こそが，ソ連をアメリカと対等の超大国の地位に引き上げる鍵であると考えるようになっていた．米ソ双方が相手に破壊的打撃を与える能力をもつならば，第三次世界大戦は不可能であり，資本主義世界は社会主義世界に戦争を仕掛けることができず，平和的競争を強いられる．社会主義計画経済の経済発展力は資本主義のそれより優れているから，社会主義世界はやがて資本主義世界を経済的に圧倒し，後者を平和的に葬ることができるというのが，共産主義者としての彼の楽観的な長期構想であった．当時のアメリカの経済成長率に比べ，統計上のソ連の経済成長率は高かったから，工業力においてアメリカに追いつき追い越すことができるという彼の考えには一応の根拠があった．

　しかしソ連は ICBM の実験に成功していたとはいえ，まだそれを兵器として配備できる状況にはなかった．スプートニクの打ち上げ成功も当時の技術水準ではむしろ幸運な成果であった．しかしスプートニク・ショックにより西側にはソ連がすでに ICBM を実戦化したという過大な懸念が生じたので，フルシチョフは西側の思い込みを政治的に利用して西側に圧力をかけるという衝動に駆られた．彼はスエズ戦争の際，英仏に核ミサイルをお見舞いすると威嚇して以来，西欧の外交官にしばしば脅迫的な言辞を弄した．アメリカ政府は彼の脅迫に対抗するために，1958 年はじめイギリス，イタリア，トルコに中距離弾道ミサイル（IRBM）を配備する方針を決めた．フルシチョフは 60 年にソ

連にはミサイルをソーセージのように量産する力があると国連で豪語したが，彼は戦略核戦力においてソ連がアメリカに比べまだ劣勢であるという現実を知っていたから，アメリカとの全面対決の危険を冒すつもりはなかった〔Haslam 2011; ラフィーバー 2012〕．

［中ソ対立の始まり］

　1957年6月の反フルシチョフ派の敗北により，非スターリン化は党の方針として確認された．フルシチョフ時代には彼の政敵や潜在的政敵は排除されても，生命は奪われず，スターリン時代のような大粛清がおこなわれることはなくなった．その点ではたしかに非スターリン化があったが，非スターリン化は言論の自由の拡大を意味するものではなく，とくにハンガリー動乱後は，フルシチョフは知識人の言論を厳しく統制した．他方，人民中国では，毛沢東は1956年5月に「百家争鳴」を提唱し，人民の自由な言論を奨励する態度をとった．彼はスターリンの業績を評価していたから，ソ連の性急な非スターリン化には批判的だったが，毛には人民の智恵と活力を社会主義発展のために動員しようという独自の人民信仰があった．しかし百家争鳴は共産党支配の正統性や社会主義の効用をも問題にする言論を生み出したので，翌年6月には彼は一転して反右派闘争を推進し，すべての批判を抑圧した．

　フルシチョフはハンガリー動乱後の社会主義圏の統一を再建するために中国に協力者の役割を期待して，周恩来をソ連・東欧訪問に招待し，また中国に原子爆弾の原型を含む軍事技術を提供することを約束した．国内で権力を固め，スプートニクの成功で国際的威信を高めたフルシチョフは，1957年11月にロシア革命40周年記念式典をモスクワで大々的に挙行し，共産党・労働者党の国際会議を開催した．モスクワの指導者はユーゴスラヴィア共産党を共同宣言に引き込もうとして交渉したが，同党は社会主義陣営の一体性の強調には同意しなかった．中国共産党を自ら代表して訪ソした毛沢東は，社会主義圏の結束を示すためにソ連と折り合いをつけ，共同宣言に署名した．彼はスプートニクの成功により，「東風が西風を圧倒する」，すなわち社会主義陣営の力が資本主義陣営の力に勝るようになったと演説し，さらに核戦争を恐れるべきではない，莫大な死者が出るにしても生き残るのは社会主義陣営であるという意見を披露

した．彼は帝国主義国の好戦的性癖を軽視すべきでないとして，平和共存論に疑問を呈した．台湾という未回収の領土をもつ中国の指導者としては，現状維持的な平和共存を容認できなかった．毛はソ連が核大国アメリカとの平和共存のために，中国への核技術提供に消極的になることを警戒していた．表面的には中ソ関係は円満であるように見えたが，すでに中ソ対立は始まっていたと言える〔宇野ほか 1986；Lüthi 2008〕．

[「大躍進」運動と第二次台湾海峡危機]

ソ連指導部に不信感をもつ毛沢東は，人民とくに農民の活力を最大限に引き出すことによって，ソ連型とは異なる独自の急速な経済発展「大躍進」を進めようとした．地域ごとに農民・労働者・商人・学生・兵士をまとめるコミューン（人民公社）を設立し，統合された労働力を生産活動に動員し，農村地帯を基盤に重工業を盛んにし，とくに鉄鋼生産を一挙に引き上げる計画であった．毛は計画の見直しを求める党指導者を「右傾派」として排除し，無理のある政策の推進にこだわったため，鉄鋼生産が伸び悩む一方で，食糧生産量が低下した．中国は深刻な食糧不足に見舞われ，1958 年から 61 年にかけて，1500 万人ないし 1800 万人の餓死者を出したといわれる．

ソ連とは異なる急進的な社会主義経済の発展を目指した毛沢東は軍事・外交面でも独自の立場を守ろうとした．1958 年 7 月末から北京を訪問したフルシチョフに対して，中国側は最新の軍事技術の提供を求める一方，共同の潜水艦隊による中国防衛や無線通信基地についてのソ連側の提案には強く反発した．台湾問題について，フルシチョフはソ連としては台湾進攻を助けるためには戦わないが，米中戦争になれば中国防衛に協力すると語ったという．8 月下旬，人民解放軍は金門・馬祖に対する激しい砲撃を開始した．中国がソ連に予告なしに行動を起こしたことは，ソ連に不快感を与えた．アメリカは台湾海峡に艦隊を増派して，人民中国を牽制する一方，9 月には平和的解決のための米中大使級会談の再開を示唆した．中国側も会談に関心を示し，台湾海峡危機は収束に向かった．そのときになって，フルシチョフがアメリカの中国攻撃を許さないと声明した〔宇野ほか 1986；Lüthi 2008〕．

7 ─第二次ベルリン危機からキューバ・ミサイル危機へ

[第二次ベルリン危機とフルシチョフ訪米]

　1958年11月，フルシチョフは第二次大戦後続いてきた旧四連合国によるベルリン占領を解消することを西側三国に提案し，半年以内に西側との合意ができなければ，ソ連は単独で東ベルリンを東独に返還し，西ベルリンは自由都市にするが，西ベルリンへの交通の管理権も東独に委ねると警告した．彼は半年という期限をつけて西側に圧力をかけたが，米ソ戦争を誘発するかもしれない一方的行動を急ぐことはしなかった．アイゼンハワー政権は冷静に対応し譲歩を拒否する一方で，核軍縮交渉や文化交流を含め緊張緩和のための多面的な政策を進めた．59年夏には米ソがモスクワとニューヨークで相互に自国の博覧会を開催し，モスクワのアメリカ博覧会会場でフルシチョフがニクソン副大統領に「台所論争」を挑み，ソ連は消費生活においてもアメリカに追いつき追い越すと述べた．第二次ベルリン危機にもかかわらず，このような文化交流と指導者間の対話が行われたことは興味深い．9月にはフルシチョフがアイゼンハワーの招待を受けて夫人同伴で2週間アメリカ国内を旅行し，アイゼンハワーも翌年春ソ連を訪問することが決まった．フルシチョフがソ連指導者として訪問した国は23ヵ国に及んだが，このアメリカ訪問旅行は特筆すべきものであった．彼は行く先々で生身の人間としてのソ連指導者の姿をアメリカ市民とメディアに見せたからである．

　フルシチョフ訪米の締めくくりはキャンプ・デーヴィッド山荘におけるアイゼンハワーとの会談であった．彼はアイゼンハワーが「ベルリンの現状を恒久化させて占領軍を永久に駐留させるつもりはない」と述べ，ベルリンの法的地位の再検討を約束したことに期待をかけた．フルシチョフはアメリカから帰国後，建国10周年記念式のため，北京を訪問した．1959年2月，中ソ間には借款協定などあらたな協力が合意されたが，原爆の雛形など軍事上の新技術は供与しないことを決めていた．フルシチョフはベルリン問題で進展があったと述べ，戦わずして西側世界に勝利できるという持論を展開したが，彼がアメリカで米ソ親善を演出したことにより，中ソの溝はいっそう深まった．

アイゼンハワーは東西首脳会談でベルリン問題を進展させるため，西側関係国との意見調整をはかり，米英仏に西独を加えた西側首脳会談を1959年12月にパリで開催することにした．アイゼンハワーは西ベルリンを国連が管理する案を考慮していた．そのような案が米・西独外交折衝で西独側から提起されたことがあったが，西側首脳会談ではアデナウアーはフランスのドゴールとともにベルリンの現状不変更の立場を強く主張した．アデナウアーとしては西側諸国による東独認知につながるような解決には反対であり，ドゴールはフランスを含む四大国ベルリン管理の継続を望み，現状の変更に反対した．この会合でアイゼンハワーもマクミランも結局ベルリン問題では東西首脳会談には西側として現状維持の方針で臨むことに同意した〔倉科2008〕．

1960年5月の東西首脳パリ会談が開催早々に流会となったのは，直接的には5月1日アメリカの超高空偵察機U-2がソ連領内で撃墜され，捕らえられた米軍パイロットが超高空からの偵察活動を告白したU-2事件のためであった．ソ連がパイロットの生け捕りを明らかにするまで，アメリカは気象観測機の失踪と発表していたが，その後は大統領自身がU-2のスパイ活動を安全保障上の必要として指令したものであることを認めた．フルシチョフはパリ会談に出席するためモスクワを出発したが，会議初日までには会議を流会させることを決め，アイゼンハワーのソ連招待を取り消した．交渉の場を潰したフルシチョフはベルリン問題で一挙に緊張を高めることはせず，この年のアメリカの選挙で選ばれる新大統領が就任するまで，ベルリン問題についての話し合いを先送りする方針をとった〔Haslam 2011〕．

[ケネディ政権の登場]

1960年の大統領選挙では民主党のジョン・F.ケネディ上院議員がニクソン副大統領を僅差で破って当選した．就任演説で彼はアメリカの指導権は新しい世代に移ったと述べたように，就任時に43歳の若い大統領だった．ケネディはアメリカが共和党政権の消極的政策のゆえにミサイル開発でソ連に抜かれ，経済的にも成長が鈍く，世界の指導国としての外交的立場も後退したと批判し，いかなる規模の侵略にも適切な対抗手段で対処する柔軟反応戦略とそのための多面的な軍備増強を主張した．彼はアイゼンハワーと異なり，軍備増強と経済

発展とは両立するものであるとの観点にたち，軍事費に上限を設けることに反対した．アイゼンハワーは引退に際しての国民向けの演説で，アメリカに「軍産複合体」というべき軍事機構と軍需産業との結合が生じたこと，それが政策決定に力を持ちすぎないように注意すべきことを語ったが，そこには新大統領の目指す政策への懸念が表れていた．

　ケネディが軍備増強とともに重視したのは，第三世界における共産主義勢力の封じ込めであった．彼がとくに重視したのは，「アメリカの裏庭」といわれたラテンアメリカにおける共産主義の勢力拡大である．1959年1月のカストロ主導の革命によってアメリカのすぐ南のキューバに左翼政権が成立し，まもなくカストロがマルクス-レーニン主義を標榜しソ連に接近したことは衝撃的であり，他のラテンアメリカ諸国でも同様の革命が起こることをケネディは恐れた．彼はキューバの例に鑑みて，親米的という理由で保守的な独裁政権を支持することの危険を意識し，穏健な進歩勢力と提携してこれら諸国で適切な開発政策を進めるための「進歩のための同盟」政策を61年3月に提唱した．併せて彼は左翼の武装ゲリラが存在する国にはゲリラ鎮定援助を与えることにした．それとともにキューバをどうするかという問題があった．ケネディはアイゼンハワー政権時代に準備されていたキューバ人亡命者をもってキューバ侵攻を行わせるCIAの計画を4月に実行する指示を出したが，侵攻がキューバの反カストロ勢力の蜂起を触発するという期待は外れ，侵攻軍が窮地に陥ったとき，彼は米軍の直接介入を認めず，この失敗を甘受した（ピッグス事件）．しかしケネディ政権はそれによってカストロ政権転覆を諦めたわけではなかった〔佐々木 2017；ラフィーバー 2012；Schoultz 1998〕．

[ケネディ-フルシチョフ対決――ベルリンとキューバ]

　フルシチョフはケネディの失敗を見て，彼を過小評価し，4月にソ連がアメリカに先駆けて宇宙飛行士を乗せた人工衛星の打ち上げに成功したことに勢いづいて，6月にウィーンで開催された米ソ首脳会談では，ベルリン問題で再び半年後という期限を設けて，西側に脅しを掛けた．ケネディはこの高飛車なフルシチョフの態度に驚き，譲歩はアメリカの威信に関わるとして，ベルリン問題では一歩も譲らない方針をとり，西ベルリンに軍隊を増派した．ソ連は8月

には東西ベルリンの連絡通路を断ち，境界に壁を築いた．それまで相互の往来が自由であったから，西ベルリンは東独から西独に亡命する人々の脱出経路となった．西独と東独との経済格差が広がるとともに，西独に行く人々が増大し，それは東独政府にとってもソ連政府にとっても，早急に対処すべき問題となっていたのである．閉鎖された通路では境界線を挟んで米ソの戦車が対峙する緊張した状態も生じたが，アメリカ側はソ連による窮余の一策とみなし，壁の建設を容認することにした．ソ連側も東独人口の流出を食い止めることができたので，戦争の危険をはらむ最後通牒を実行することを避けた．東西対立を象徴するこのベルリンの壁は，逆説的ながらヨーロッパの冷戦を安定化することに役立ったのである．

しかし東西ベルリン交通閉鎖後も，米ソ関係の緊張は続いた．ソ連は大気圏内核実験再開を発表し，アメリカも同様な対抗措置をとった．ソ連は大型核爆弾の実験を行い，西側を威嚇しようとしたが，ケネディ政権の高官はソ連が核攻撃をしかけてきても，アメリカはそれに匹敵する反撃力をもっている，ミサイル・ギャップなどは存在しないことは明らかだと述べた．アメリカはU-2に加えて衛星からの写真撮影により，ミサイル配備の状況を把握していた．ソ連に有利なミサイル・ギャップが存在しないことをよく知っていたのは，フルシチョフ自身であった．彼が脅し外交に出て，効果がないときには繰り返し後退したのはそのためであった〔ギャディス 2004〕．

［キューバ・ミサイル危機］

フルシチョフが 1962 年にキューバに中距離核ミサイルを持ち込むことにしたのは，米ソのミサイルの均衡における不利な現状を変えるためであった．ソ連指導者たちはキューバがソ連圏に入ったことに大いに元気づけられた．ソ連の援助も指導もなしに，共産党という組織もなしに，情熱的な革命指導者のもとで，アメリカの近隣に社会主義国が自生的に誕生したからである．この事実はラテンアメリカをはじめ第三世界全域に大きな影響を及ぼすと思われた．ソ連はアメリカが先の失敗を帳消しにするためにキューバに新たな攻撃を仕掛けることを懸念した．中距離ミサイル（IRBMとMRBM）のキューバ持ち込みにはキューバを守る狙いがあった．そしてアメリカの鼻先にミサイルを設置し

てにらみを利かせられるならば，それこそいまや東風が西風を圧倒していることを世界に印象付ける象徴となり，政治的効果が大きいと考えたのである．

　キューバを防衛するには地対空迎撃ミサイルを増強すれば十分であったが，フルシチョフは米ソの核の戦略的均衡の回復のためにアメリカ本土に核攻撃を加えられるミサイルを配備しようとして，カストロを説得した．カストロは自国がソ連の軍事基地となって自主性を失うことを懸念したが，社会主義圏の戦略的勝利のためにそれに同意した．彼もソ連がすでに核戦略バランスでは優位に立っていると信じていたから，キューバへの核配備は「アメリカ帝国主義」に対する決定打となると予想した．フルシチョフは秘密裏にことを進め，ミサイル配備の既成事実を作る方針であり，1962年10月にアメリカ側が建設中の中距離ミサイル基地を発見して詰問したときにも，ソ連側はそれを否定した．

　ケネディはこれを黙認すれば，核バランスにおけるアメリカの優位が失われるだけでなく，国際的威信が著しく傷つくと考え，中距離ミサイル撤去を求めて強硬に対応することにした．彼は国連でソ連の欺瞞を非難するとともに，ソ連の脅威に対応するためのOAS諸国の支持を取り付け，西欧の同盟国にも使節を派遣して強硬な対応策への了解を求めた．ただしケネディはアメリカがキューバの基地自体を攻撃すれば即，米ソ戦争になると考え，キューバの周辺に「隔離」*海域を設定し，その海域に入るソ連船舶を臨検する方針をとった．しかしソ連船が潜水艦に守られて隔離線を突破しようとすれば，米ソ戦争となる．ソ連船が隔離線を越えることなく引き返したことで緊張はやや緩和された．フルシチョフはキューバのミサイル基地を守るために核戦争に突入することを望まなかった．彼はミサイルの撤去と引き換えにアメリカがキューバ侵攻をしないという約束を取り付けようとした．ケネディは事実上その条件に応じ，また非公式な外交接触を通じてトルコの中距離核を近々撤去することを内密に約束し，危機の収束に努力した〔佐々木2017；ギャディス2004〕．

　　＊　「隔離」は海上封鎖と同じであるが，「封鎖」は国際法上，武力紛争行為となるため，アメリカは武力紛争を避けるための手段として，それを「隔離」と呼んだ．

　フルシチョフはケネディから譲歩を得たとはいえ，アメリカの強硬な対応にあって一旦持ち込んだ中距離ミサイルの撤去を約束し，それを実行したことは，政治的敗北であった．しかしフルシチョフが自ら蒔いた種を自ら取り除いたこ

とは，ケネディが隔離海域の設定という対応策をとってフルシチョフに自発的後退の機会を与えたこととともに，核戦争の一歩手前で踏みとどまることを可能にしたという意味では，両者の政治家としての経綸を示す行為であった．

[部分的核実験禁止条約（PTBT）体制の成立]

それぞれ指導者として核戦争寸前の危機を経験したケネディとフルシチョフはそれ以後，ホワイトハウスとクレムリンの専用電話（ホットライン）の開設により，緊急時の意思疎通をはかることにし，また核軍拡競争制限の第一歩として，大気圏内の核実験を禁止する部分的核実験禁止条約（PTBT）の締結に同意した．ケネディは1963年6月の演説で，米ソ両国は政治体制と理念を異にするとはいえ，核戦争を避けなければならないという共通の利益をもっている，それゆえに双方は戦うことなく問題を解決する不断の努力が必要であると述べ，米英ソ三国で包括的な核実験禁止条約を目ざすと発表した．三国は交渉の末PTBTで妥協したが，これを多国間条約にするために，核兵器未保有の国々にも加入を呼びかけた．日本を含む多くの国が加入したが，フランス（60年に原爆実験に成功）と中国（実験準備中）は不参加の態度をとった．両国とも外交的自主性を維持するために独自の核兵器を持とうとしていた．

ドゴールは当初，米英とフランスとが西側三大国として世界政策を協議する体制を創ることを提案したが，米英の反応は冷淡であった．彼はまた英仏がともにNATO外で独自の核兵器を保持することを希望したが，イギリスは1962年12月，NATOの多角的核戦力（MLF）に関するアメリカ案の実現に協力を約束した*．彼は対米協調を重視するイギリスに失望し，西独との政治的提携を図るとともに，イギリスをEECに入れれば「トロイの木馬になる」（アメリカの影響力を呼び込む）ことを恐れ，イギリスの加盟を拒否することにした．たしかにケネディはイギリスのEEC加盟を奨励し，イギリスの参加で拡大されたEECと関税一括引き下げ交渉を行うという貿易秩序構想を抱いていた（GATTを舞台とする多国間関税引き下げ交渉「ケネディ・ラウンド」自体は64年に開始された）．

* MLFはアメリカのポラリス・ミサイルの提供を受けて，NATOの多数国が費用と要員を出して，共同の核戦力（潜水艦隊）を設立する構想．費用の分担の問

題等で米英間でも交渉は進展せず，イギリスは核保有国がそれぞれ核ミサイル装備の潜水艦をNATOに提供する案（ANF）を提起したが，米英は1966年にMLFを断念し，非核保有国を満足させるための策としては，NATO内に非核保有国も対等に参加できる核計画グループと核防衛問題委員会を設けることにした〔川嶋2007；Young & Kent 2004〕．

ドゴールは米英への対抗を意識してEEC諸国の協力関係を強め，とくに西独との関係を重視して，1963年1月には仏独協力条約を成立させたが，ドイツの核兵器保有を望まなかった．西独側は大西洋同盟を重視し，それと両立する範囲にフランスとの提携を留めようとした．西独はフランスが参加を拒んだMLF案に賛成し，アメリカの強い要望に応じて，PTBTにも参加を決めた．アデナウアーは西独自ら核兵器をもつことに関心があったが，アメリカの意向に逆らうことは自国の安全を損なうことを知っていた．ソ連にとって西独の条約加入は歓迎すべきものであった．ソ連は西独の核武装を恐れていたからである．西独の加入にソ連は安堵し，それがヨーロッパの冷戦を安定に導いた重要な要因であった〔川嶋2007；Duroselle 1981; Trachtenberg 1999〕．

8 ― 日米安全保障条約の改定

［岸信介首相の外交構想］

前記のように日本では1956年に日ソ国交回復と国連加盟を花道に鳩山首相と重光外相は引退し，石橋湛山が自民党新総裁として首相に就任したが，彼は就任早々健康を害し，首相の座を副首相格の岸信介外相に譲った．岸は30年代に敏腕な商工官僚として知られ，若くして東条内閣の国務大臣を務めた．戦後一時戦犯容疑で巣鴨プリズンに拘置されていたこともあったが，50年代半ばまでには，民主党幹事長として政界の中枢に復帰していた．戦後の岸は戦前・戦中と同じくナショナリストであったが，日米の強固な提携関係を日本再発展のための前提条件とみなし，その関係を維持しながら，アジアにおいて主要国としての役割を果たしていくことが，彼の政策構想であった〔原1995〕．

岸が1957年5月，首相（7月まで外相兼任）としての最初の海外訪問先として東南アジア，南アジア諸国を選び，6月訪米した後，11月から12月にか

けてオセアニア，東南アジアを訪問したことは，積極的なアジア太平洋外交を展開しようとする彼の意欲を示すものであった．岸はアジア太平洋地域の非共産主義国との関係を発展させることにより，日米の同盟関係もまたより対等なものになると考えていた．彼が最初のアジア外遊の日程に台湾訪問を含めたことは興味深い．彼は国民党政府との国交維持を約束し，大陸中国との貿易関係を発展させる方針を述べた．岸は訪米の際には対中禁輸品目の緩和の必要を訴え，帰国後イギリスに追従して「チャイナ・ディファレンシャル」（対ソ輸出規制より厳しい規制部分）を撤廃した*．

* 岸政権時代，日中関係は悪化するが，岸も彼が外相にすえた藤山愛一郎も長期的には中国との関係の発展を希望していた．とくに藤山は日米安全保障条約改定で対米関係を安定させた後，日中関係改善に取り組む構想をもち，在任中，ワルシャワに中国専門家を配置して中国側との接触を試みたという〔細谷・有賀1987（有賀）；陳2000〕．

アメリカのダレス国務長官は岸首相の訪米前に，彼を「戦後日本に出現したもっとも有力な政府指導者となるあらゆる兆候を示している」と評価し，彼の首相就任によって日本における「漂流の時期」は終わったと考え，より対等な日米協力の発展のために，現行の条約をより相互的な安全保障条約に変えることに前向きな姿勢をとるべきときであるとアイゼンハワーに進言した．しかし岸訪米時の岸－アイゼンハワー共同声明では，安全保障条約に関連する諸問題を協議する政府間委員会を東京に設けることが合意されただけであった．ワシントンでも軍部を含めた政府内の意見をまとめる時間が必要であったし，岸も2年前に重光外相の訪米に同行し，重光が新たな安全保障条約の締結を提案してダレスに一蹴された記憶が鮮明だったから（第3節参照），日本側の態勢がまだ整っていないことを自覚し，要望を控えめに述べるに留まったからである．岸は条約改定については，まず補足的協定による現行条約運用の改善，次に憲法改正後の新条約締結という2段階を考えていた．上記の共同声明の中で，アメリカ側から表明された安全保障関連の具体的な方針は，1958年中に全地上戦闘部隊の撤退を含む日本本土からの大幅な兵力の撤退を行うことであった．これは当時のアメリカの軍事戦略に沿う決定であるが，57年1月には相馬ヶ原演習場で米兵が農婦射殺事件を起こしており，米軍基地の縮小と兵力撤退は

岸の希望であり日本国民の希望でもあった〔細谷・有賀 1987（有賀）；坂元 2000〕．

　岸政権は1958年3月に双方の民間団体により調印された第四次日中民間貿易協定を支持し，国民党政府との関係と両立する範囲で，通商代表部の設置や国旗掲揚権などについて柔軟に応じる方針をとったが，北京・台北ともそれには不満足で，結局長崎国旗事件が起こり（裏で台北の工作があったといわれる），北京は日本政府の事件への対応を非難して，日中貿易を断絶すると発表した．それは日本の総選挙の直前であったが，この選挙では政党の議席に大きな変動はなく，自民党政権が信任を得た形となった〔陳 2000；添谷 1995〕．

［日米安全保障条約改定交渉の始まり］

　岸はアメリカの出方を見極めてから交渉するつもりであった．1958年7月から8月にかけての藤山外相との一連の協議の中で，マッカーサー2世駐日大使は，憲法改正がなくても日本側が希望すれば，アメリカが相互援助条約型の新条約の締結に同意する可能性を示唆した．岸はそのような新条約に向けた交渉を希望することを伝え，9月には藤山外相が訪米してダレス長官に条約改定交渉の開始を申し入れた．ダレスは，日本の憲法上の制約を知りながら条約改定交渉に応じるのは，友好の精神を最重視するからだと藤山に語った．

　条約改定交渉は10月に東京で始まった．改正点についての日本側の希望は，藤山からダレスに伝えたように，(1)日本の国際的地位の向上を考慮に入れる，(2)合衆国が日本防衛義務を負う，(3)日本の義務は憲法に合致するものに限る，(4)在日米軍の配備・装備の著しい変更，日本の基地からの海外出撃に際しては，日本政府に事前協議する，(5)条約に期限を設けるという5点であったが，日本側は10月には上記条件に沿う新条約案をまとめていなかったので，アメリカ側が用意した草案を基に協議を進めることになった．

　アメリカ側から提示された草案は，(1)条約名を「相互協力と安全保障のための条約」とし，安全保障のみならず経済面を含む協力関係のための条約とする，(2)両国は自助および相互援助を通じて，個別的また相互に協力して，武力攻撃に対する個別的および集団的自衛能力を発展させる，(3)両国は太平洋地域における一方の国への攻撃が自国の平和と安全に危険であることを認め，憲法上の

規定と手続きとに従って共通の危険に対処する，(4)条約の期限を10年とし，それ以後は一方の通告により1年後に解消する，(5)現行の行政協定を継続する，などを骨子としていた．アメリカはこの草案とともに，米側が在日米軍の配備に重要な変更を行う場合，また日本の基地を日本防衛と直接関係のない作戦行動に使用する場合，日本政府と事前協議することを約束する附属文書の草案も提示した．

　日本側は，日本は憲法上，集団的自衛権を行使して国外で軍事的責任を引き受けることはできないと主張して，ヴァンデンバーグ決議に関連する「個別的および集団的自衛能力の発展」という文言の削除を求めた．アメリカ側には議会対策上，この文言にこだわりがあったが，マッカーサー大使は日本の立場を了解していた．日本側はまた「太平洋地域」を条約区域とすることについては，あまりに広すぎて，国民の支持を得られないと難色を示した．岸・藤山は一時，沖縄・小笠原を条約区域に含めることを検討したが，与党内に反対があり結局断念した*．アメリカは日本の立場に歩み寄り，条約区域を日本の施政権下にある地域に限定する代わりに，「極東における国際の安全及び平和」に脅威が生じたとき，両国が協議するという条項を入れることで折り合った．条約区域が限定されたので，日本が自国の平和と安全への脅威と認めて対応するのは，日本にあるアメリカの施設が攻撃を受けた場合に限られることになった．形式的には相互防衛条約ではあるが，日本の防衛義務は日本に限られ，アメリカの支配地域には及ばないという意味では，非相互的であり，実際の相互性は日本が米軍基地の提供義務を負う代わりにアメリカが日本防衛義務を負うところにあったといえよう．アメリカ側が簡単に譲歩したのは，もともと条約改定に，日本の面子を立てるための化粧直し以上のものを期待していなかったことを示唆する．11月末までには条約案について双方の意見は基本的には一致したので，順当なら新条約の調印は間もないはずであった．しかしまさにそのとき岸は交渉の中断をアメリカに申し入れる．それは与党内の意見調整ができていないためであった〔細谷・有賀 1987（有賀）；原 1988；坂元 2000〕．

　＊　岸は沖縄への配慮として沖縄を条約区域に含めたいと考えた．新条約の附属文書である岸－ハーターの交換公文の一つが，沖縄が攻撃を受けた場合の民生援助のための日米協議について述べているのは，沖縄を忘れていないことを示そうと

いう彼なりの思いからであった．

[与党内派閥政治と反対運動の展開]

　安全保障条約改定（安保改定）は自民党の基本的外交方針であったにもかかわらず，日米交渉が開始されたことに対して党内の反応は奇妙に冷淡であった．党の有力者たち，とくに反主流の領袖は，岸が条約改定に成功して政治的得点をあげることを歓迎しなかった．主流派の領袖たちも，交渉を担当する藤山外相がその財力と岸の支持によって有力な政界人となることを警戒していた．反主流派は時期尚早論を唱え，主流派も条約内容に注文をつけた．政府は与党内の意見調整のため，条約交渉を一時中断せざるをえなくなった．その上，岸は1958年10月あまり緊急性のない警察官職務執行法（警職法）改正を行おうとして，与党内反主流派に反対されて断念せざるをえず，他方では「警察国家」反対の運動を展開した野党勢力に安保反対運動に向かう勢いを与えたのである．

　政府は1959年2月に自民党の審議機関から政府の条約案について同意を取り付けたが，しかしそれは条約改定とともに行政協定の全面改定のための交渉を行うという条件付きであった．条約の早期調印を望む岸・藤山は行政協定については若干の修正ですませるつもりであり，アメリカ側もそれには応じる心積もりであったが，全面改定となれば，長い交渉を必要とした．日米交渉再開後の交渉は60年1月まで継続するが，その期間の交渉はほとんど行政協定の改定の問題に費やされた．

　条約改定交渉が長引いたことは左翼勢力に安保反対運動を盛り上げる機会を与えた．社会党は1959年3月の「アメリカ帝国主義は日中両国人民の共同の敵」という浅沼稲次郎書記長の北京発言が示すように，中国に接近していたから安保反対運動に力を入れた．しかし安保改定反対運動の要の役を演じたのは，組合員を大衆運動に動員できる有力な労働団体「日本労働組合総評議会（総評）」であり，総評の呼びかけで労働団体，社会党，共産党，学生団体，市民団体などが「安保改定阻止国民会議」を組織した．国民会議は59年に10回に及ぶ大衆行動日を設けて集会と示威行進を組織し，とくに11月末の第8回行動日には全国で20万人を動員した．しかしその後の大衆行動は盛り上がらず，首相渡米阻止行動には学生が参加しただけであった．労働団体の間でも対外政

策への反対行動をいつまで続けられるかという自信の欠如があったという〔細谷・有賀1987（有賀）；原1988；波多野2010〕．

[1960年新条約調印と5月の「安保騒動」]

　新条約は1960年1月ワシントンで調印された．アメリカ側の調印者はダレスの後継者ハーター国務長官であったが，日本は岸首相自身が渡米して調印し，日米修好百周年に当たる同年6月大統領の訪日を要請して同意を得た．新条約とその附属文書は藤山外相が説明した岸政権の改定方針5原則を満たしており，新行政協定にも日本側の要望が取り入れられ改善されたから，その点では安保改定交渉は外交的成功と言える．アメリカは新条約で日本防衛義務を明示し，交換公文で在日米軍の配備・装備の「重要な」変更や在日基地からの海外への出撃について事前協議することを約束し，日米首脳共同声明で大統領は事前協議事項について日本の意思に反して行動しないことを表明した．アメリカが期待した新条約の利点は，より対等な形式の条約の締結によって，日本側の不満を解消し，日米の協力関係を安定的に維持することであった．しかし日本国内で新条約について，アメリカの行動を十分拘束せず，他方では日本をアメリカの極東防衛体制により深く引き込むものではないかという懸念が多く表明された．そのような懸念を予想して，日本政府は二つの合意を非公式な公表しない合意に留めた．一つは国連軍のとして朝鮮に緊急出動する場合の事前協議の例外規定，もう一つは後述する核兵器搭載艦船の一時的寄港・通過の容認に関する規定である．

　国会における条約審議が手間取っている間に，5月初めにはU-2事件が起こり，パリ会談の流会，米ソ関係の暗転があった．日本の米軍基地にもU-2機が配備されていることが明らかにされ，ソ連はそれらがソ連領空を侵犯すれば，その基地にも報復攻撃を加えると警告した．こうした雰囲気のなかで，日米安保によって保障される安全よりも冷戦に巻き込まれる危険が大きく意識され，新条約の批准を阻止するための大衆運動が再び盛んになった．岸首相やその支持者たちは野党による条約審議の引き延ばしに苛立ち，社会党議員の妨害を警官導入によって排除して，衆議院で条約と関連文書の承認案を一晩のうちに可決した（5月20日）．彼らが採決を強行したのは，それにより参議院の承認が

なくても，条約承認は1ヵ月後に成立し，アイゼンハワー大統領の来日に合わせて条約を批准できるからである．当初の予定では大統領はソ連を親善訪問した後，東京に降り立つはずであったが，U-2事件のため，大統領の訪日の国際的文脈は極めて異なったものとなっていた．

　岸政権による新条約承認の強行採決は議会制民主主義の精神に反する暴挙として世論を憤激させ，安保反対運動に岸政権反対運動が結びつき，大衆運動が格段の盛り上がりを見せ，デモ隊は大統領訪日反対を叫ぶようになった．アメリカ側は大統領訪日を2ヵ月延期することを提案したが，岸は予定通りの訪日を希望した．6月10日，日程打ち合わせのため来日したハガティ大統領報道官の車を羽田空港付近でデモ隊が取り囲み，報道官は米軍ヘリで脱出するという事件が起こった．マッカーサー大使は再び岸と大統領訪日延期を協議したが，岸は世論の変化を理由に，6月19日の予定通りの訪日に執着した．彼は大統領訪日を切り札として，世論を味方につけ危機を乗り切ることに賭けていた．

　たしかに主要新聞はハガティ事件を批判し，礼節をもって国賓を迎えるべきことを呼びかけた．総評も社会党もこの事件に遺憾の意を表し，大統領来日中のデモを自制しようと動き始めた．しかし15日夜，全日本学生自治会総連合（全学連）の率いる学生デモ隊が国会議事堂構内に突入し，警官隊と衝突して死者を出す事件が発生した．岸首相は大統領訪日中の警備には警察だけでは不十分と考え，自衛隊を動員しようとしたが，防衛庁長官と制服幹部の反対で断念した．大統領は予定通り訪日するため，極東旅行に出発していたが，岸はついに来日直前の大統領に訪日延期を要請し，条約承認の成立を待って，辞意を表明した．7月後継首相には池田勇人が就任した．安保改定阻止運動はそのまま安保廃棄運動に発展することなく，新条約成立と岸退陣とともに力を失った．その運動が5月段階で岸内閣の退陣要求に収斂していたことから考えれば，それは当然の帰結であった〔細谷・有賀1987（有賀）；原1988〕．

[新条約発足後の日米関係]

　反対運動の盛り上がりは岸首相個人の要因によるところが大きい．岸の過去の経歴のために岸政権の政策が「戦前」への逆行をもたらすのではないかという不安を，国民の間に搔きたて，警職法改正の試みがその不安を募らせた．岸

が推進した安保改定であることが，彼の内政上の戦術的誤りと結合して，反対運動をより強いものにした．しかし安保改定阻止運動が日本人のアメリカに対する自己主張という情緒的性格をもっていたことも否定できない．敗戦・占領以来の対米劣等感の心理的補償を求めようとすれば，反米的姿勢によって自らを主張する方が効果的であり，安保改定阻止運動はそのような情緒のはけ口を提供したのだと言えよう．

　他方，アメリカ人の当時の自国イメージは自由世界の保護者としてのアメリカであった．このような自国イメージのゆえに，彼らは日本に対して寛容な態度をとることができた．日本で起こったすべてのことを国際共産主義の陰謀であると解釈するにせよ，大部分のデモ参加者は反米なのではなく「反岸」なのだと解釈するにせよ，アメリカの公衆はとくに反日的になることはなかったのである．アメリカ議会では日本懲罰論が高まることはなく，上院は日本の条約承認をまって，条約を承認した．

　アメリカの大統領選挙と前後して日本の衆議院総選挙が行われたが，自民党の国会における優位は変わらなかった．池田首相はいわゆる「低姿勢」をとり，国内の政治的対立を刺激することを避けた．そして軍備強化や憲法改正には消極的な態度をとる一方，「所得倍増」を唱え，国民の生活向上をうたった．池田によって作り出された「泰平ムード」の中で安保反対運動は解消した〔細谷・有賀1987（有賀）〕．

　波乱の中で成立した新条約は，荒れた出航後の穏やかな航海のように，安定的に継続した．それは新条約が日本の保守派が求めた旧条約の是正を一応満たしたからであり，アメリカも新条約に同意したことにより，日本に日本国外での軍事的役割を期待しなくなったからである．この二つの理由により，新条約体制は日本の有権者多数によって安定的に受容されるようになった．それとともに，不平等な安全保障条約の改定の前提として憲法改正を行うという保守派の行動計画が不必要になり，自民党政権にとって国内の政治的波乱を引き起こしてまでその実現を急ぐ誘引はなくなった．社会党は原則的に安全保障条約反対，非武装中立の立場を守りつつ，しかし既成事実を脅かすことのない万年野党の役割に安住するようになった．このようにして新条約体制は定着していくのである〔坂元2000；原1988〕．

ケネディ大統領が駐日大使には知日派の筆頭といわれたライシャワー教授を任命したことは日本人に好感を与えた．ケネディ政権は自国軍備の拡張を推進していたから，軍事面では日本の貢献をあまり期待せず，経済交流と文化交流により日米関係を発展させることを望んだ．それは池田の望むところと一致していた．1961年6月の池田訪米の際，それら二つの交流のための閣僚級の日米委員会を設けることが決まった．ケネディは中国の核武装の可能性に対してはアメリカの核の傘を供与することで日本独自の核武装を予防する方針であったが，池田自身は中国の脅威を意識していなかった．PTBTも核軍縮への第一歩として日本の世論から歓迎された．アメリカを困惑させたのは，池田が核兵器搭載艦船の一時的寄港や通過を認めないことを国会で明言していることであった．それについては，それらを事前協議の対象外とするというマッカーサーと藤山との非公式合意（59年6月）があったので，ライシャワー大使は63年4月の会談で大平正芳外相にそれについて注意を喚起した．大平は，それは知らなかったが了解したと述べ，適当な時期に国民に説明すると答えたが，日本政府は事前協議がないから核兵器搭載艦船の一時的寄港はないという立場をとり続け，大平が首相になったときにも，現実からの乖離の解消を望みながら，その機会を失った〔波多野2010；石井2010；黒崎2006〕．

第Ⅳ章

ベトナム戦争と米ソ中三国関係

ニクソンと毛沢東（1972年2月, 北京）
写真提供：akg-images/Picturtes From History／ユニフォトプレス

　1963年8月のPTBT締結により，米ソ関係の緊張は緩和されたが，この条約の成立は中ソ対立を決定的にした．中ソ対立を『新たな冷戦』と呼んだクランクショーの著作が出版されたのもこの年である．上記条約の発効を一つの時代の始まりとするならば，その次の新たな時代の始まりは第四次中東戦争勃発に伴う73年から74年「第一次石油危機」の発生であろう．63年に始まる10年間は，アメリカとソ連，中国との三つ巴の対抗関係を中心において見るにせよ，アメリカがベトナムで戦った大きな地域戦争を中心において見るにせよ，72年に米中接近，米ソ「デタント」，日中国交正常化があり，そして73年初頭にベトナム休戦協定が成立したことによって一つの終わりを迎える．

　この時期には，アメリカ国内はベトナム戦争問題と人種平等の問題をめぐって政

治的社会的亀裂が生じ，とくに学生層の反戦運動が目立ったが，西欧諸国でも急進的学生運動が台頭し，フランスではそれが労働運動と連動して政府を窮地に追い込んだ．西側の反政府運動はソ連圏内部にも影響を与え，ソ連や東欧諸国は「プラハの春」を抑圧した．中国では毛沢東の指導により「文化大革命」運動が展開されたが，その手足となったのも学生たちの「紅衛兵」であった．1960年代はアメリカ，西欧，東欧，さらに中国において既成権力への反乱が叫ばれた時代であった．

　アメリカのニクソン大統領は共産圏のソ連，中国に対する新たな外交とベトナム戦争終結政策に力を注ぐかたわら，ドルを基軸通貨として樹立されたブレトンウッズの国際為替制度の維持が困難になっているという状況に対処することを迫られた．彼は1971年8月，「新経済政策」を発表してドルの金との兌換性を停止し，非常措置として輸入課徴金を課すことで，他の経済先進国に自国通貨のドルに対する切り上げを迫り，それはスミソニアン会議で実現するが，その後もドルの金との兌換性は復活せず，主要通貨は73年には変動相場制に移行する．これも戦後国際関係における大きな画期であった．

　ニクソンの中国訪問や新経済政策実施はいずれも抜き打ちの発表であり，日本には大きな衝撃を与えたが，ニクソンの対中接近はそれまで両立不可能とされてきた日米安保維持と日中国交正常化とが両立する環境を作り出したという意味で，日本に利益をもたらした．

　この章では，1963年から10年間のベトナム戦争の進展と米ソ中の対抗関係の行方を追い，最後に沖縄施政権の日本への返還と日中国交正常化とについて述べる．

1―米ソ中の対立・対抗関係と米ソ指導者の交代

［ケネディ暗殺事件によるジョンソンの大統領就任］

　キューバ・ミサイル危機からPTBT締結に至る米ソの緊張緩和を演出した二人の指導者，アメリカのケネディとソ連のフルシチョフとはともにその後まもなく政治の表舞台から去った．前者は1963年11月に暗殺され，後者は翌年10月にクレムリンの「宮廷革命」によって失脚した．アメリカではリンドン・ジョンソン副大統領が大統領に就任し，ソ連では共産党第一書記にはブレジネフが，首相にはコスイギンが就任した．このような指導者の交代はあっても，米ソ，米中，中ソの三つ巴の対抗関係は継続した．

　ケネディ大統領は1963年11月22日，テキサス州ダラスを訪れオープンカーで市内を行進中に銃弾2発を受けて死亡した．暗殺犯として逮捕されたオズワルドも数日後に護送車から下りた際に撃たれて殺された．事件の真相解明のためジョンソン大統領はウォレン最高裁首席判事を委員長とする調査委員会を設置し，同委員会は翌年オズワルドの単独犯行と結論する報告書を発表した*.

*　この事件をめぐっては，その後もさまざまな陰謀説が流布している．オズワルドは地元の青年で，海兵隊を抜けた後，ソ連に行き孤独な生活を味わって帰国しており，1963年当時はキューバのカストロを崇拝していた．彼の単独犯行であったとすれば，米ソの緊張が緩和に向かっても，アメリカ-キューバ関係は緊張したままであったという状況が犯行の背景にあったといえよう．

　ケネディが軍事・外交を得意としたのに対して，ジョンソンは内政を得意分野とした．彼は南部テキサス州出身の政治家であったが，フランクリン・D.ローズヴェルトを尊敬し，ニューディールの支持者であり，南部の人種差別についても撤廃すべき時機であると考えていた．彼はローズヴェルトがしたように，連邦権限を積極的に活用することによって，より公平でより豊かな社会を創出することを望んだ．議員経験が長く議員操縦に長けていた彼は，巧みに議会に働きかけて人種差別撤廃と社会福祉の充実を目指す多くの法案を成立させ，実行力ある大統領として名声を得た．しかしベトナム戦争に深く介入し長期戦にしたために，彼は自らの政治生命を縮めることになる〔Patterson 1996〕．

[フルシチョフの失脚とブレジネフ体制の発定]

　フルシチョフがキューバに攻撃的ミサイルを持ち込み，アメリカの強い反発に直面してミサイル撤去に応じたことにより，彼の威信は傷ついたが，彼の失脚を導いた主な原因は内政上の失敗であった．一つは，彼の農業政策の破綻である．彼は農業生産量を増やすために，草原地帯を開墾する農地拡張を行ったが，開墾地は砂嵐による手痛い打撃を受け，1963年には農業生産の落ち込みが目だった．また彼が試みた共産党の党組織の改組も党内に混乱と不能率を生み，党官僚の反発を招いた．ブレジネフが首謀者となり，コスイギンら党幹部とともにフルシチョフの不在中に彼の解任を計画し，10月15日のソ連共産党中央委員会幹部会に彼を呼び出して解任を決議し，それは中央委員会で承認された．

　フルシチョフはスターリン時代の個人崇拝と恐怖政治とを批判した指導者として歴史に名を留める．スターリン後の指導権をめぐって彼は競争者たちを排除したが，スターリンの死の直後のベリヤ粛清を除けば，フルシチョフの政敵が逮捕あるいは処刑されることはなく，彼自身も失脚後は年金生活者として老後を過ごした．彼の時代に共産党支配は抑圧的ではあったが，ある程度穏和になったといえる．彼の時代のソ連はロケット技術の開発ではスプートニク打ち上げ成功という業績をあげ，ソ連が長距離ミサイルの開発でアメリカに先行しているという印象を世界に与えた．彼の平和共存論は社会主義陣営と資本主義陣営との基本的な対立を前提としながら，核戦争を回避しつつ社会主義の勝利を勝ち取ることができるという主張であり，それは上記の実績を背景に打ち出された教義であった．

　しかしフルシチョフの時代には，ソ連は実際には核兵器の力関係でまだ不利な立場にあり，それを一挙に改善しようとした彼の試みはキューバ・ミサイル危機をもたらし，アメリカの強い反発を前にして後退をよぎなくされた．彼の平和共存論は米ソ両超大国の率いる二つの陣営を想定していたから，ほかの諸国による核兵器の開発は望ましくなく，核の不拡散は米ソ双方の共通の利害であった．PTBTはそのような相互認識の反映であり，中国とフランスという目立った例外は存在したが，多数の国々がその条約レジームに参加したことは，二つの超大国が優位に立つ世界の安定を望んだからである．彼は多くの国々に

出かけて首脳外交を行い，テレビ放送が普及し始めた時代に適応して，世界の人々に自らの姿と表情を見せた．

　フルシチョフ後のソ連の指導権はロシア革命後に成人した世代に移った．フルシチョフに代わって党の第一書記（1966 年にスターリン時代の「書記長」の名称に戻った）となったブレジネフは実務家のコスイギンに首相職を委ね，当初は主として党務に専念した．ブレジネフの外国訪問は少なく，ソ連を代表して外国を訪問したのはコスイギン首相であった．ブレジネフは露骨な権力闘争を避けながらブレジネフ体制を築き，82 年に死去するまで政権を維持した．18 年あまり続いた彼の政権の間，ソ連指導層は次第に老齢化し保守化した．彼の時代には共産党内から革新の気運が失われ，ソ連は官僚的惰性によってアメリカと中国とに対する二つの「冷戦」を継続するようになる〔田中ほか 1997；Haslam 2011〕．

[中ソ対立の継続]
　フルシチョフの失脚は中ソ対立を緩和しなかった．中国はソ連の政変後まもなく核実験を行う一方，十月革命記念行事に合わせて周恩来を団長とする代表団をモスクワに送り，中ソ協調復活への期待を示した．ソ連の新政権も中ソ関係の改善を望んでいたが，中国側がフルシチョフ路線の全面的撤回を要求したため，イデオロギー上の対立は解消せず，マリノフスキー事件（ソ連国防相マリノフスキーが宴会中に，ソ連はフルシチョフを排除したのだから中国も毛沢東を排除したらどうかと中国側出席者に語った事件．ソ連側は酩酊発言として謝罪した）は中国側の対ソ不信感を強めた．
　ベトナム戦争も中ソ接近には役立たなかった．中国は北ベトナムと援助協定を結び，1965 年 10 月以降，延べ 32 万人の兵力を派遣し，一時は 17 万人の支援部隊が防空・鉄道建設・後方支援などに活動した．65 年 2 月コスイギン首相はハノイ訪問の往復の途上，北京に立ち寄り北ベトナム支援について中国側と協議した．双方ともアメリカに対抗して北ベトナムを援助することに合意したが，中ソ相互の協力は限定的なものであった．中国はソ連の援助物資を中国の鉄道により無償で輸送することに同意したが，武器などの援助物資を運ぶソ連の輸送機が中国の空港を使用することは例外的にしか認めなかった．中ソお

よび北ベトナムの三者の協議機関を設けて援助体制を組むというソ連の提案はつねに中国に拒否された．中国は北ベトナムがソ連の地対空ミサイルやソ連軍の技術指導に頼ることを好まず，過度にソ連に頼るなと勧告した．

しかしアメリカによる北ベトナム爆撃（北爆）の開始以降，北ベトナムは地対空ミサイルなどの高性能兵器を切実に必要としていたから，兵器調達ではソ連への依存を強めた．ソ連は多量の兵器を北ベトナムに提供して，兵器供給国としては中国を凌ぐようになり，それらの操作を指導するための軍事要員を派遣した．中ソ両国は相互対立にも拘らず，むしろそれゆえにいっそう，北ベトナムおよび南ベトナム解放民族戦線（NLF）の援助に力を入れた．北ベトナムは中ソ双方から必要な援助を獲得できたので，中ソ対立の継続はハノイにとって必ずしも不利なものではなかった．ハノイは中ソの和解を希望しつつ，そのときの状況に応じて，中ソ間の自らの立ち位置を決めた〔朱 2001；Lüthi 2008; Leffler & Wested 2010, II（Radchenko）〕．

アメリカはベトナム戦争に中国軍が大挙参戦するという朝鮮戦争の二の舞になることを恐れていたから，ベトナム戦争が拡大する際にも，中国を挑発しないよう注意を払った．アメリカは北爆を拡大しても，中国国境近辺の爆撃には慎重を期し，地上兵力をもって北に侵攻することはしなかった．中国側も1965年春以降アメリカが中国領土を攻撃するか北ベトナムに地上軍を送り込むならば中国は全面的に参戦するとたびたび警告して，参戦に消極的な姿勢を言外ににじませた．中国はアメリカが当時予測した以上の多数の中国軍を北ベトナムに派遣していたが，米軍が北ベトナムに大規模侵攻するような事態にならなければ，中国としても朝鮮戦争型の参戦をするつもりはなく，そのことをアメリカ側に分からせることにより，自国の安全を確保しつつ，アメリカのベトナムにおける軍事行動に一定の歯止めを掛けようとしたのである〔Lüthi 2008; Ross & Jiang 2001（Schulzinger）〕．

1966年秋に，中国では「プロレタリア文化大革命（文革）」が発生し，67年にはその運動は急進化し反ソ的になった．中ソ和解はもはや不可能であった．ソ連は北ベトナムへの援助に力を入れたが，米ソとも双互関係の悪化を限定しようとした．両国はベトナム問題について話し合い，また米英ソ三国は核兵器の不拡散に関する多国間条約のための交渉を進め，68年6月に条約案につい

て国連総会で賛同を得た（核兵器不拡散条約＝NPT）〔Haslam 2011〕．

2 ─ アメリカの戦争としてのベトナム戦争

[ケネディのベトナム政策]

　アイゼンハワー政権期には，南ベトナムはアメリカの支援によってゴー・ディン・ジエム政権のもとで安定するという期待があった．しかしジエムは独裁的で腐敗していたから，人民の支持を失い，1960年12月には，かつての抗仏派勢力を中心にNLF（西側諸国では「ベトコン」の名で知られた）が結成され，反政府ゲリラ活動を行うようになった．彼らは北からも援助や指導を受けたが，主として南ベトナム政府軍の武器庫の襲撃などにより南ベトナム政府軍の武器を奪うことで武装を整え，ゲリラ活動を農村地帯で拡大した．ケネディ政権は現地に視察団を派遣して対策を検討し，政府軍の対ゲリラ戦を指導するために，アメリカ軍事顧問団を61年末の3000人から翌年には9000人に増員した．ジエムはアメリカの援助を受けてNLFから農民を隔離するための「戦略村」政策を進めたが，農民の支持はえられなかった．

　カトリック教徒のジエムは1963年には仏教の祝祭で伝統的な旗を掲揚することを禁じ，南ベトナムで多数を占める温和な仏教徒を敵に回した．抗議する仏教徒を警察が銃撃する事件があり，何人かの僧侶がそれに抗議して公共の場で焼身自殺をはかった．ケネディはゴー・ディン・ジエムに見切りをつけ，彼への不満を強めていた軍幹部によるクーデタを容認した．しかしゴー一族を抹殺した軍幹部も統治能力を欠き，65年6月にグエン・ヴァン・チューとグエン・カオ・キーの二人を主軸とする政権が成立するまで，政治的混乱が続いた〔Herring 2014; Patterson 1996〕．

[ジョンソンのエスカレーション政策]

　ジョンソンはこのように破綻したケネディのベトナム政策を引き継いだ．NLFの活動は活発化し，南ベトナム政府は不安定なままであった．1964年の大統領選挙で共和党の大統領候補となったゴールドウォーター上院議員が北ベトナムをアメリカの軍事力で叩き潰せという強硬論を主張した．ジョンソンは

ベトナムへの深入りを好まなかったが，南ベトナムを NLF に渡してはならないと考えていた．彼も彼の助言者たちも，NLF の背後には北ベトナムがあり，北ベトナムの背後には中国がある（その中国はソ連よりもアメリカに敵対的であり，ベトナムを手始めに東南アジアに共産主義勢力を拡張しようとしている．南ベトナムで共産主義者が成功すれば，東南アジアの国々は次々に共産主義化するであろう），それゆえにアメリカは南ベトナムを擁護しなければならないのであり，これまでアメリカの歴代政権が援助してきた南ベトナムを放棄することは，アメリカの世界的威信にかかわる．ジョンソン政権は南ベトナムのアメリカにとっての意味をそのように理解し，南ベトナム防衛のために必要であれば，アメリカの軍事力を投入する方針であった．

　1964 年 8 月，アメリカの駆逐艦マドックス号が北ベトナム魚雷艇から攻撃を受けた事件が起こると（トンキン湾事件），ジョンソンは北ベトナムに対する報復爆撃を指示し，共産主義勢力の侵略的行動に対処するために，武力行使を含む手段で対抗する権限の承認を議会に求めた．議会は大統領の決意を支持し，そのような権限を大統領に与える決議（「トンキン湾決議」）をほとんど満場一致で可決した．政府は事件の真相を歪曲する発表を行い，議会も世論もそれを額面どおり受け止めて，大統領を支持した．翌年 2 月プレイクにある米軍基地が NLF 軍の攻撃を受けると，アメリカは北ベトナムからの援助と北ベトナム軍兵士の浸透が増大していることを理由に，北爆で対応し，次第に北爆を恒常的に繰り返すようになった．また 3 月には最初の地上戦闘部隊として海兵隊がダナンに上陸した．米軍は南ベトナム内の地上戦闘に参加するとともに，南ベトナム内の NLF の拠点と物資輸送路に対する爆撃を拡大した．ベトナム駐屯米軍は 65 年末までに 18 万 5000 人に増えていた．米軍が戦争の主役になる以前には北ベトナム軍の戦闘参加は少なかったが，米軍の本格参戦とともに北ベトナムも南ベトナムでの戦闘に本格的に参戦した．当初，北ベトナム軍は最新兵器で武装した米軍に正面から戦いを挑んだため，多くの死傷者を出して敗退した．65 年に米軍が戦争の見通しに楽観的だったのはそのためである．しかし北ベトナム軍がゲリラ型戦闘に切り替えてからは，米軍の死傷者の方が増大した．米軍が 66 年に大幅に増派したのはそれに対処するためであるが，訓練不足の兵士たちからなる部隊を増派してもゲリラには対抗できなかった．

派遣軍の兵力は 66 年には 36 万人，67 年には 48 万人に達する．

米軍の軍事行動を次第に拡大強化することは「エスカレーション」と呼ばれた．エスカレーション戦略は，それにより NLF の活動を封じ込め，北ベトナムに打撃を与えれば，北ベトナムは南ベトナムへの介入を断念し，アメリカの条件で休戦交渉に応じるはずだという期待に基づいていた．しかし北ベトナムは南に送り込む兵力を増やして対抗し，中ソとも北ベトナム援助を拡大したから，NLF と北ベトナムの抗戦力は衰えなかった．米軍の本格的参戦により南ベトナム政府の軍事的崩壊を防ぐことはできたが，戦況は軍部の楽観的予想を裏切り，北爆もハノイの士気を挫くことができなかった〔Herring 2014; Young & Kent 2013〕．

［アメリカ国内におけるベトナム政策批判の高まり］

冷戦期には，共産主義勢力の拡張を阻止するために必要な場合にはアメリカは軍事力の行使も辞さないという考えがアメリカでは支配的になった．むしろアメリカがそのような姿勢をとることが，共産主義勢力の侵略を抑止する効果をもつと考えられた．トンキン湾決議が政府の要請に応じてすぐに採択されたのも，そのような効果が期待されたからである．たとえ米軍が実際に軍事介入するとしても，少数の兵力で足りるという期待があった．南ベトナムでの戦闘は主としてゲリラ戦争であったから，アメリカが介入しても朝鮮戦争のような大きな戦争になるとは思われなかった．しかし実際には，敵味方の区別ができない異国の地で戦うゲリラ型の戦争の方が，米軍にとっては戦いにくいものであった．

米軍の介入効果についての楽観的予想が崩れ始める前から，アメリカの知識人の間にはベトナムへの軍事介入に反対する意見があった．介入反対論者たちは，自由選挙によりベトナム統一政府を形成するという国際的合意を無視したのは，朝鮮の場合とは異なり，北側ではなく南側ではないか，南ベトナム政府が苦境に陥ったのは，北からの侵略によるのではなく，自らの抑圧的支配のために人民の支持を失ったからではないか，アメリカの軍事介入は侵略に対して自由な国を防衛するのではなく，革命闘争に対する反革命的行為ではないかと論じた．リアリストの国際政治学者として知られたモーゲンソーは中国という

大国の勢力拡大を封じ込めるのが目的であれば,ホー・チ・ミンを中国依存に追い込むようなアメリカの軍事介入は逆効果であり,中国への対抗力として統一されたベトナムが存在することが,たとえ共産主義のベトナムであっても,むしろ望ましいと述べた.ケナンやリップマンらの外交評論家もベトナムに過剰に介入することはアメリカの世界的な利益を損なうから,交渉による和平への道を探るべきだと主張した.

しかしジョンソン政権は南ベトナムの共産主義化を防ぐことを戦争目的としており,それが中国の封じ込めのために必要だと考えていた.ただし,1966年にはジョンソン政権の中国を見る目はかなり変わってきた.北ベトナムを動かしているのは北京であるよりもハノイ自身であると見るようになった.中国研究者は中国に対する「孤立化なき封じ込め」政策を提唱し,ジョンソン政権も米中戦争の危険は遠のいたと感じて,中国に学術文化交流の開始を呼びかけるようになるのである.

アメリカ国内でベトナム戦争がアメリカの反革命的な行為であることをとくに強調し,反戦運動を指導したのは,1960年代に登場した新左翼(ニューレフト)の知識人たちであった.新左翼と呼ばれたのは,彼らが共産党など旧来の左翼政党に所属せず,マルクス-レーニン主義の階級対立の枠組みを用いずにアメリカの支配構造を分析し,既成秩序の変革の役割を労働者階級に期待するよりも,変革の希望を若い知識階級に託したからである.若い知識階級すなわち学生層を組織して反戦運動を盛り上げたのは,ヘイデンを指導者とする「民主主義社会のための学生組織(SDS)」であった.SDSは創立当初は小さな組織であり,人種差別撤廃闘争など社会変革のための活動に力を入れていたが,65年以降,もっぱらベトナム反戦運動に力を注ぎ,66年には全国の大学に支部を設けて勢力を拡張した.彼らは多くの大学で討論集会を行い,反戦デモや座り込みに多数の学生を動員した.SDSに加入する者の数は限られていたが,彼らの示威運動に参加する学生の数は著しく増大した.徴兵されベトナムに派遣される若者の数が増えるとともに,通常は政治に強い関心をもたない多くの若者が戦争反対運動に参加した〔吉澤1999;白井2006;Patterson 1996; Ross & Jiang 2001〕.

［ジョンソン政権の苦境］

　アメリカ市民は，ベトナム派遣軍を増員しても一向に効果が上がらず，しかも兵士の犠牲者が増えていくことに苛立ち，ジョンソン大統領の戦争のやり方に次第に不満を強めた．ジョンソンの批判者のなかには，核兵器を含めた北ベトナムへの全面攻撃を主張する立場から政府の政策を生ぬるいと批判する右翼勢力もあった．しかしジョンソンの国内政策を高く評価し，ベトナムに関しても限定的介入に留めることを期待して彼を支持した人々の中に，エスカレーション政策に反対し，戦争の意味に疑問をもつ者が増大した．冷戦を必要悪として支持し当初はベトナムへの介入に反対しなかった有力な神学者ニーバーも，1965年後半には戦争を批判するようになった．66年には，一般有権者の過半数は大統領を支持していたが，67年になると彼の支持率は大幅に低下した．戦況はまもなく好転するという楽観的見通しを繰り返してきたジョンソン政権と軍部に対する信頼が失われたからである．政府内で，エスカレーション政策の推進者であったマクナマラ国防長官も，66年にはベトナム戦争の勝利の見込みはないと感じるようになり，68年には世銀総裁に転出した．

　戦争前にアメリカ経済は好況であり，十分な雇用があったところに，軍需の増大が加わったため経済が過熱し物価が高騰したことも，国民の政府への不満を強めた．ベトナム派遣軍総司令官ウェストモアランド将軍はベトナム戦争勝利のためには，さらに2年にわたり毎年10万人の増員が必要であると主張した．1968年の再選を目指していたジョンソンはそのような要求を受け入れず，さらなる派兵は数万人規模に留めようとした．彼は67年11月ウェストモアランドをワシントンに呼び，「65年には敵は勝利を収めつつあったが，今は敗北しつつある」と議会で証言させた．

　しかし1968年のベトナムの旧正月（テト）の時期に，NLFが米軍の主要拠点に対して大規模な一斉攻撃を行い，首都のサイゴンにも砲撃を浴びせたことは，ジョンソン政権にとって決定的な打撃となった．サイゴンをはじめ米軍の拠点が攻撃されたことはテレビのニュースで大きく報道されたから，アメリカ国民に与えた衝撃は大きく，この戦争が勝利に向かっていることをもはや誰も信じなくなった．民主党内でジョンソンのベトナム戦争政策を批判してきたユージン・マッカーシー上院議員が民主党の大統領候補に名乗りを上げ，ニュー

ハンプシャー州の予備選挙でかなりの支持を得たのに続いて，司法長官を辞してニューヨーク州選出の上院議員になっていたロバート・ケネディもベトナム戦争の終息のために大統領候補の指名獲得を目指すことを明らかにした．

　民主党内の有力政治家の離反に直面して，ジョンソンは劇的な対応策をとることを決断した．彼は 3 月 31 日の国民向けの演説で，北爆の縮小を発表し，北ベトナムに対して和平交渉を呼びかけ，任期中和平交渉に全力を挙げるため，大統領選挙には出馬しないと言明した．ただし彼はベトナムでの敗北者として政権を去るつもりは毛頭なく，北ベトナムが交渉を拒否した場合には，戦争への国内の支持を回復できると考え，相手側が交渉開始に応じた場合にも，南ベトナム政府軍を強化すれば米軍の増派なしに軍事的優位に立てると期待し，それにより交渉を有利に進められるという希望を抱いていた．彼は北ベトナム軍の南からの撤退がなければ米軍の撤退もないという立場を変えていなかった．

　北ベトナムはこの演説の数日後，交渉開始に同意すると発表した．北ベトナムはジョンソンの提案を拒否して，アメリカの世論を再硬化させることは望まなかった．テト攻勢により NLF 側は多大の犠牲を出していたから，態勢立て直しのための息継ぎが必要であった．しかし北側によるベトナム再統一のために米軍の全面的撤退を勝ち取るという目標は変わらなかった．双方とも目標を変えることなく，交渉しながら戦争を継続するという方針への変更に同意したのである〔Herring 2014; Lawrence 2008; Patterson 1996〕．

［ベトナム戦争と国際政治］
　アメリカのベトナムへの軍事介入の根拠は，東南アジア集団防衛条約（SEATO 条約）第 4 条とそれに関する議定書に基づく加盟国としての責任を果たすためとされていた．SEATO の加盟国のうち，オーストラリア，ニュージーランド，タイ，フィリピンの四国はアメリカの軍事介入を支持し，軍事的に協力した．そのなかで実質的に派兵したのは 8000 人を派遣したオーストラリアだけである．オーストラリア政府には東南アジアへの共産主義勢力の進出に対する強い懸念があり，アメリカのベトナム戦争に協力するとともに，マレーシア‐インドネシア紛争（第 3 節参照）においてもイギリスのマレーシア防衛政策に協力して，マレーシアに派兵した．タイはラオス，カンボジアの隣国

であり，インドシナ三国情勢にもっとも影響を受けやすい国であったから，兵士の派遣には慎重を期す一方，米軍に基地の使用を認めた．フィリピンは独立以来，米軍に基地を提供していた．

アメリカは SEATO 加盟国ではないアジアの同盟国の派兵を歓迎した．台湾の国民党政府は隠密作戦のための特殊部隊をベトナムに派遣した．アメリカに次ぐ最大の兵力を派遣したのは韓国である．朴正煕(パク・チョンヒ)大統領はその代償として軍事援助の増額と経済開発のための資金とを望み，6万人の精鋭部隊をベトナムに派遣した．アメリカはその経費をドルで支払うとともに，韓国企業にベトナム関連事業に参入する機会を与え，戦争中多くの韓国民間人が現地で活動した．韓国はまたアジア太平洋地域の非共産主義諸国の地域協力機構としてアジア太平洋協議会（ASPAC）の設立を積極的に推進し，1966年に第1回閣僚会議をソウルに誘致するなど，外交活動を活発に展開した（71年の米中接近後に解消）．

日本はもちろん ASPAC に参加したが，日本が積極的に設立に協力した機関は1966年成立のアジア開発銀行である．この銀行の本部はマニラに置かれたが，日本はアジアの経済大国としてアメリカとともに最大の出資国となり，歴代の総裁には日本人が就任してきた．

日本では1964年の東京オリンピック後に，病気で退任した池田首相に代わり佐藤栄作（元首相岸信介の実弟）が首相に就任していた．日本国内には，アメリカのベトナムでの戦争に反対する有力な世論があり，反戦市民運動も活発であった．佐藤首相は当初からアメリカの南ベトナム防衛政策を支持し，南ベトナムへの医療支援や経済援助などを行った．ベトナムでの米軍の活動が活発化すると，アメリカはベトナムで使用する軍需物資を多く日本で調達するようになり，日本のベトナム特需は増大した．佐藤は南ベトナムへの経済援助やドル防衛支援で主役を引き受けることには消極的であったが，東南アジア開発閣僚会議の発足（66年）には主導的役割を果たした．彼は南ベトナム支援を限定的なものに留めつつ，国内に強い批判があっても，アメリカのベトナム戦争政策を公然と支持しつづけ，67年10月の東南アジア歴訪の際にはサイゴンを訪れることで，ジョンソン政権の信頼を得ようとした．沖縄返還促進のためにもベトナム戦争が早期に終結することは望ましかったから，佐藤は和平の糸口

を探るべく北ベトナムとの接触を繰り返し試みたが，佐藤の親米的な政策のゆえにハノイ側は応じなかった〔竹田 2000；波多野 2004；川島・服部 2007；国際政治 126（鄭）；国際政治 130（菅）；Herring 2014〕．

　SEATO 加盟国であるヨーロッパの大国イギリスとフランスはともにヨーロッパの視点からアメリカがベトナムに軍事的に深入りすることを望まず，ベトナムに派兵せず，平和的解決の可能性を探った．しかしアメリカとの距離の置き方は両国では異なっていた．

　イギリスでは 1974 年 3 月に政権が保守党から労働党に移ったが，ハロルド・ウィルソン首相の労働党政権はアメリカと特別の関係にある友邦としてアメリカのベトナム政策を支持しつつ，アメリカの戦争への深入りを望まず，それゆえに 54 年のジュネーヴ会議の共同議長国の立場から，あるいは英連邦の盟主として，ベトナム紛争の平和的解決への糸口を探る努力を繰り返した．イギリスには次節で述べるようにマレーシア，シンガポールの軍事的保護者という立場があり，そのための協力者であるオーストラリア，ニュージーランドは ANZUS によりアメリカと結ばれていたから，東南アジアの安定のためにアメリカとの提携を希望したが，その一方で，イギリス政府はアメリカの過剰介入がかえってこの地域の不安定化をもたらし，アメリカの世界的立場が損なわれることを恐れていた．イギリスは経済的不振のため，世界強国としての軍事力と国際通貨としてのポンドの価値とを維持することが困難になっており，その維持のためにもアメリカの協力が必要であった．ウィルソン首相はマレーシア防衛という任務のため英軍のベトナム派兵の余裕はないと釈明し，形ばかりでも派兵をというアメリカの要望にも，国内事情を理由に応じなかった．イギリスには戦争に批判的な世論があり，与党労働党にはベトナム戦争に反対する左派議員たちがいたからである．

　一方フランスのドゴール政権は当初からジョンソン政権の軍事介入策に批判的立場をとった．フランスはアルジェリア紛争解決のあと政治的安定を取り戻し，経済的にも好調だったので，ドゴールはアメリカとの距離を置く独自の外交によって，世界大国としてのフランスの存在感を示すことを狙っていた．彼は 1964 年に人民中国との外交関係を樹立していたが，66 年にはモスクワ訪問，NATO 軍事機構からのフランス軍の引き揚げ，カンボジア訪問と，矢継ぎ早

に目立った外交行動をとり，9月のカンボジアでの演説では米軍の撤退とインドシナの中立化を提唱した．彼が国際協議によるインドシナ問題の平和的解決を提唱したのも，この地域の国際政治へのフランスの復帰を目指す意図があったという．

　アメリカの友邦としてのイギリスも，アメリカに距離を置くフランスも，アメリカのベトナム政策に対する影響力は限られていたが，両国の行動がそれぞれアメリカの政策形成に影響を及ぼす外部的要因として作用したことは確かである．ジョンソン政権の内部も北ベトナムへの軍事的圧力増大で結束していたわけではなく，ハンフリー副大統領やボール国務次官らは軍事介入の効果に懐疑的であったから，大統領は彼らの意見を考慮し，国内世論，国際世論をにらみながら政策を選択していた．それゆえ軍事的圧力強化とともに北爆の一時停止などによる交渉の可能性に期待し，アメリカにとって受け入れられる合意の可能性を求めて，他の国々あるいは国連事務総長による交渉の仲介や情報提供に関心を示した．もちろんジョンソン政権は中ソ両国と直接接触していた．ソ連との間には核兵器不拡散問題の交渉という課題があったから，米ソ首脳会談を1967年6月に行い，その際にはベトナム問題を議題として，ソ連がハノイに影響力を行使して交渉の糸口を作る可能性を期待した．また中国とは一連の大使級会談（ワルシャワ）を行い，ベトナム戦争に対する互いの態度を確かめ合う場として活用した〔森2009；佐々木2006（樋口）；Duroselle 1981; Reynolds 2000b; Dockrill 2002〕．

3－1960年代の東南アジア・南アジア情勢

［東南アジアのもう一つの紛争］

　イギリスは東南アジアでは1957年にマラヤ連邦の独立を承認したが，マラヤの武装共産主義革命勢力はまだ一部地域で抵抗を続けており，イギリス軍はその平定のため駐留していた．イギリスはマラヤ独立に際して防衛協定を結び，その安全を保障した．イギリスは当分シンガポールを貿易港，軍港として利用するつもりで，内政についてのみ自治を認めていたが，住民の間には独立願望があった．イギリスは中国系住民が大多数を占めるシンガポールを単独で独立

させた場合に親中国的な勢力が政権を握る可能性を懸念し，またマラヤ，シンガポールの統合だけでは中国系人口の比重が大きいので，マレー系人口が優位に立てるように，ボルネオ島のイギリスの保護領サラワク，ブルネイと，北ボルネオ植民地（サバ）を加えて，連邦国家マレーシアを形成することを最善と考えた．シンガポールの親英的な華僑指導者リー・クアンユーも連邦の一部として独立する方式に同意し，人民投票で支持を得たので，イギリスは63年にマレーシア連邦を発足させることにした．ブルネイは逡巡の末，現状維持を選択し連邦には加わらなかった．イギリスは新連邦の防衛への協力を約束し，シンガポール軍港の使用権を得た．

　ボルネオ島の南半分（カリマンタン）を領有するインドネシアは北半分も将来インドネシアに吸収したいという願望を持っていたから，イギリス主導のマレーシア連邦形成に異議を唱え，フィリピンもサバについて領有権を主張して異議を唱えた．マレーシア，インドネシア，フィリピンの三国の指導者が協議して，マレーシア連邦の形成の前提としてサバとサラワクについては国連を通じて住民の意向を確認することになった．しかしイギリスとマレーシアはその調査結果が出る前にマレーシアの独立の期日を1963年9月半ばと決めたので，インドネシアとフィリピンはそれに反発して独立を承認せず，とくにインドネシアはマレーシアに対して敵対的であった．スカルノはマレーシア形成をイギリス帝国主義の策謀であると非難し，サバ，サラワクさらにマラヤ半島にも攻撃を仕掛け，ジャカルタでは興奮した群衆がイギリス大使館を焼き討ちした．それまでスカルノに好意的だったアメリカのケネディ政権も援助をやめ，IMFも融資を撤回した（アメリカはそれより前，スカルノがオランダ領ニューギニア＝西イリアンの領有権を主張してオランダと戦おうとしたときには，スカルノに対して宥和政策をとり，オランダの譲歩による合意を斡旋した）．

　インドネシアがマラヤ半島にも攻撃を仕掛けたので，イギリスはオーストラリア，ニュージーランドの応援を得て，マレーシア防衛のため一時は7万人に近い軍隊と全艦隊の3分の1をこの海域に派遣して対抗した．アメリカもイギリスも，賠償外交を通じてスカルノ政権との関係が密接な日本に，スカルノの好戦的な態度を改めるよう説得する役割を期待したが，イギリスには日本がスカルノ寄りの外交行動をとることへの懸念もあった．池田首相は1963年9月

から10月にかけて西太平洋諸国を歴訪して日本がこの地域の紛争解決ないしは秩序形成のために果たしうる役割を探った．そして64年6月にはインドネシア，フィリピン，マレーシア三国の首脳会談を東京に誘致して，休戦交渉の場を提供するなど，休戦斡旋の努力を続け，アメリカも64年はじめまでは同様の努力を試みたが，スカルノ体制を支持する二大勢力である陸軍も共産党も対外強硬策を支持したため，スカルノは「マレーシア粉砕」を唱えて対決政策を継続した．共産党と軍部とは，高齢の大統領の衰弱に備えて，それぞれ実権を握るための勢力争いの手段として対外強硬策を主張していた〔宮城2004；Young & Kent 2013〕．

[インドネシアの「九月三〇日政変」]

インドネシアは1965年1月にはマレーシアが国連の安保理の非常任理事国に選出されたことに抗議して，国連を脱退した．スカルノは国連脱退による孤立を補償するために，ジャカルタ－北京枢軸の形成を目指して中国に接近した．中国もかねてからマレーシアとの紛争では一貫してインドネシアに好意を示し，スカルノとの提携，そしてインドネシア共産党との提携を強化することに積極的であった．中国はインドネシアの国連脱退を支持し，第2回アジア・アフリカ会議開催のために両国の連携を強化しようとした．

他方，マレーシアでは，経済政策をめぐるマレーシアとシンガポールの対立の調整が困難になったため，マレーシアのラーマン首相もシンガポールを連邦から分離することが次善の策と考えるようになり，1965年8月シンガポールは島嶼国家として独立した．シンガポールは英連邦に加入し，イギリスとの軍事協定を維持した．イギリスもマレーシアも，シンガポールの分離がインドネシアを元気づけて，サバ，サラワクに攻勢を掛け，マレーシアの解体を狙うことを懸念した．

そのような時に，9月30日から翌朝にかけてジャカルタで，大統領親衛隊長ウントゥン中佐を中心とする共産党系青年将校に率いられたクーデタが発生した．彼らは陸軍幹部6名を拉致殺害し権力を奪取したが，スハルト将軍の率いる陸軍戦略予備軍が反撃に出て，彼らの計画は失敗に終わった．スハルトはクーデタ派の油断に乗じて彼らのクーデタを失敗に追い込み，スカルノら政府

幹部の身柄を確保することができた．スカルノはクーデタ計画を黙認していたのであろうが，意外な事態の進展のなかで，とりあえずスハルト将軍に秩序回復に関する一切の権限を与えた．スハルトはその権限を与えられると，共産党勢力の解体を全国規模で推進し，軍や群衆によって多数の共産党員が殺害された．その数は50万人に上るという．共産党はスカルノの事態収拾能力に過大な期待をかけたため対応が遅れ，組織を分断されて壊滅状態に陥った．共産党自体が非合法化されたのは，翌年3月である．

スハルトは共産党を壊滅させたが，終身大統領スカルノには当面忠誠の意を表しており，スカルノはスハルトを陸相に任命したほかは旧来の閣僚を代えず，強硬な対外政策を維持しようとした．陸軍とスカルノとの二重の権力構造は1966年3月，スカルノの復権の試みに反発した陸軍の無血クーデタで解消された．スカルノは政治の実権を失い，翌年には大統領としての地位も失った．スハルトが政治の実権を握った後，66年8月，9月にマレーシア，シンガポールとの国交正常化協定が成立し，インドネシアの政策は破綻した国内経済の再建に向けられた．同国は9月に国連に復帰し，スハルト政権に敵対的な中国との国交を断絶した．中国は東南アジア諸国の左翼勢力に反政府武力蜂起を呼びかけていたから，翌67年8月にタイ，インドネシア，マレーシア，フィリピン，シンガポールの5ヵ国がバンコクで会合し，相互協力の推進のために東南アジア諸国連合（ASEAN）を設立した．

ASEAN発足直後はまだ相互に対立する問題が多く，結合は脆弱であった．それを強めたのは，一つはアメリカのインドシナからの撤退志向，とくに1969年7月のグアム・ドクトリン（後にニクソン・ドクトリンに発展）の表明であり，もう一つはイギリスのシンガポール軍港から71年末までに撤退するという68年1月の決定であった．斜陽の世界帝国にとってマレーシア紛争は大きな負担となり財政が逼迫していたので，イギリスは67年11月にポンドの切り下げに踏み切り，翌年初めシンガポールからの軍事的撤収とスエズ以東からの撤退を決意した．これらの状況の変化がASEAN諸国に提携の強化を促したのである〔宮城2004；和田ほか2011（木畑，倉沢，佐藤）；Reynolds 2000b〕．

[中国－インド国境紛争と第二次インド－パキスタン戦争]

　1962年10月，中国は中国－インド（中印）間の東部および西部の国境地帯で軍事行動を開始し，とくに東部戦線ではインド軍に大きな打撃を与えてインド領に深く進出した．開戦から1ヵ月後に，中国は一方的停戦を宣言し軍隊を撤収して，59年の境界線の両側に非武装地帯を設けることを条件にインドに休戦交渉を呼びかけた．中国としてはインドの国境線の前方防御政策（インド首相ネルーが実施した前哨基地を紛争地帯に建設し，国境を警備する政策）を打破することが当面の狙いで，それ以上インドとの紛争に深入りすることは望まなかった．この中印国境紛争はソ連がキューバに核弾頭と中距離ミサイルを持ち込みアメリカとのミサイル危機を作り出したのと同じ時期であった．フルシチョフはキューバへのミサイル持ち込みに際して中国との関係改善を望み，国境紛争が始まると，ソ連は中国の立場を支持する態度をとって，インドへの軍事援助を控え，中国の条件を受け入れて中国と休戦するようインドに要望した．

　しかし中国はソ連のキューバ・ミサイル危機での行動を激しく非難したので，ソ連もインドとの友好関係の再構築に力を入れ，ミグ21戦闘機を含む兵器の供給を行うとともに，インドでのミグ21のライセンス生産のためのプラント輸出を約束した．イギリスのみならずアメリカもインドへの軍事援助を行うようになったから，ソ連にとってインドとの友好関係の再建は南アジアにおけるアメリカの影響力の増大を阻止するためにも必要であった〔岡部 2001；Lüthi 2008〕．

　1950年代のパキスタンはSEATOおよびCENTOの加盟国として米英との結びつきを保つことにより，中ソとよい関係にある中立主義のインドに対抗する戦略をとってきた．インドもパキスタンも非共産主義国であり，インドはパキスタンよりも大きな国であったから，米英両国は南アジアにおける共産主義国の影響力を抑えるために，インドとも友好的な関係を維持しようとした．パキスタンもインドに対抗する上で米英のみに依存することは得策ではないと悟り，60年以降，ソ連および中国との関係改善を試み，とくに中印国境紛争の後は中国に接近した．パキスタンのアユーブ・ハーン大統領は62年のインド軍の敗北をみてインドの軍事力を過小評価し，65年にはインドとの間の緊張

を高めてインドを挑発し，9月には双方の正規軍による戦争，第二次インド‐パキスタン（印パ）戦争が始まった．

この戦争では最初はパキスタンが優勢であったが，インドが反撃に出て，戦況は引き分け的な状況になった．9月中に国連の決議を受けて停戦が実現し，1966年1月ソ連のコスイギン首相を仲介者として印パ双方がタシケントで会合し，原状への復帰と国交正常化とに合意したが，カシミール問題をめぐる基本的な対立は解消されなかった．この戦争中，中国はインドに敵対的態度をとり，戦後もパキスタンとの提携を強めようとした．他方インドはソ連だけでなく西側大国にも接近した．60年代半ばには，南アジアにおける印パ両国の対立は米中ソの権力政治と結びついて展開した〔Young & Kent 2013〕．

4 ― 第三次中東戦争（六日戦争）

[1960年代冷戦の舞台としての中東]

中東の国際政治では1960年代に外部の国として影響力を及ぼしたのは主として二つの超大国，米ソであった．アメリカの中東政策は，世界有数の石油資源をもつ中東の国々との友好関係の維持に努めるとともに，アラブ世界のなかで孤立するイスラエルの国家としての生存を支持することであった．ソ連は自国の経済のためにはアラブの産油国からの石油供給を必要としていなかったが，アメリカを含む西側諸国の経済発展にとってそれは欠かせないものであった．ソ連はイスラエルとアラブ諸国との敵対関係を利用して，アラブのなかでも米英との距離を置こうとする共和政諸国――エジプト，シリア，イラク――に接近し，それら諸国への兵器供給と経済援助を推進することにより，この地域における自らの影響力を強め，アメリカのそれを弱めようとした．それゆえ米ソ双方にとって，中東地域は冷戦を戦う上で戦略的に重要な地域であった．

1960年代半ばに，ソ連がとくに提携関係を強化しようとした国は，ナセル大統領の率いるエジプトであった．ソ連は50年代から軍事援助と経済建設計画への援助とを通じてエジプトへの影響力を強めていたが，フルシチョフは64年5月にカイロを訪問し，両国の密接な関係の発展を称え，ナセルに「ソヴィエト連邦英雄」の称号を与えた．フルシチョフのエジプト重視の政策は彼

の失脚後もクレムリンの新指導者によって継承された．エジプトがアラブの大国であり，地理的にも地中海と紅海とをつなぎ，アジアとアフリカとをつなぐ重要な位置を占めていたからである．ソ連は，中ソ対立の深まりとともに親中・反ソの姿勢を強めるアルバニアの海軍基地を失ったので，エジプトの地中海岸に海軍基地を得て，アメリカの第6艦隊に対抗することを狙っていた．

ソ連がエジプトに接近したもう一つの理由は北イエメン情勢との関わりであった．1962年9月に北イエメンの宗教指導者の王政が倒れ，革命派がイエメン・アラブ共和国を樹立したが，王政派の抵抗により内戦が始まった．王政派はサウジアラビアの援助を受けて優勢だったので，ナセルは革命派を助けるためエジプト軍を派遣しイエメン内戦に参入し，派遣軍の兵力は6万人を越えた．ソ連はそのエジプトの戦争を軍事援助によって背後から支え，同国のソ連依存が強まった．ソ連はエジプトを通じて北イエメンに影響力を樹立し，そしてさらにイギリスの海軍基地アデンがある南イエメンでの急進派の蜂起に期待した．南イエメンはそれまでイギリスが保護下に置いていたアデンとその東に隣接する族長諸国とをまとめて，62年4月に南アラビア連邦として独立させた国である．北イエメンでは，これから述べる67年の六日戦争でエジプトが敗北したのち，エジプト軍が撤退し，内戦が終結して穏健なナショナリストが政権を握ったので，ソ連の政策は失敗したが，南イエメンでは67年11月イギリスが撤退した後は，ナセル派ナショナリストと共産主義者との権力争いとなり，後者の勝利によって，70年11月にはイエメン人民民主共和国と改称され，ソ連の影響下に置かれた〔Rubinstein 1989〕．

［第三次中東戦争に向かう危機の発生］

1960年代半ばにソ連が注目した中東の国はシリアであった．とくにシリアで66年2月のクーデタによりバース党左派が政権を握ってからは，ソ連は同国に多額の援助を注ぎ込んだ．シリアとイスラエルの間では，従来から小競り合いが繰り返されていたが，67年春には武力衝突が頻繁になり，両国間の緊張が高まった．ソ連はイスラエル軍がシリア攻撃を準備しているとの誤った情報をエジプトに伝え，エジプトにシリアとの軍事同盟を結ばせた．当時エジプトは北イエメンの内戦に深入りしすぎており，経済開発に失敗し財政的にも苦

しく，客観的にはイスラエルと戦う好機とは言えなかった．しかし反イスラエル気分は国内でも他のアラブ諸国でも高まっており，イスラエルとの対抗に消極的な態度をとればアラブの大国の指導者としてのナセル自身の威信が低下したであろう．エジプト軍幹部はイスラエルと戦うことに自信を示したので，ナセルはイスラエルに強硬な態度をとることにし，5月には第二次中東戦争後シナイ半島東部とガザ地区に駐留していた国連緊急軍に撤退を求め，国連のウ・タント事務総長はそれに応じて，国連緊急軍を引き揚げた．

　エジプトは国連緊急軍撤退後，イスラエルとの国境近くに陸軍を派遣し，ティラン海峡をイスラエル船舶およびイスラエルに戦略物資を輸送する船舶に対して封鎖すると宣言した．ソ連は中東情勢に介入する一方で，直接戦争に巻き込まれることを望まなかったから，エジプトのこれら一連の行動がイスラエルとの戦争を引き起こすことを憂慮したが，ナセルのソ連離れを恐れて，エジプトの行動を支持することにした．この海峡の自由通行はアメリカが第二次中東戦争後，シナイ半島からの撤退の交換条件としてイスラエルに保証したものであったが，アメリカはベトナム戦争の泥沼化に苦しんでいたから，イスラエル－エジプト間の戦争が勃発することを嫌い，またその戦争を防止するために単独でイスラエル船舶を保護しエジプトを抑える役を引き受けることも望まなかった．アメリカは国際的な空軍の護衛により海峡の自由航行を擁護するというイギリス案に同調したが，フランスをはじめ西側の大陸諸国はこの構想には冷淡であった．それまでフランスはイスラエルへの主要な兵器供給国であったが，ドゴール大統領はこの危機に際して，フランスの伝統的な親イスラエル政策を踏襲せず平和的解決を望み，海峡問題でイスラエルが開戦するのであれば，同国を侵略者とみなすと警告した．アメリカは海峡問題についての国際共同行動の約束によりイスラエルの開戦を遅らせようとしたが，イスラエル側は自国がエジプトに攻撃を仕掛けても，1956年の場合とは異なり，アメリカが反イスラエル的な行動をとることはないと判断し，開戦に踏み切った〔Oren 2002; Duroselle 1981〕．

[「六日戦争」におけるイスラエルの圧勝]

　イスラエルは挙国一致内閣を組織して，エジプトへの先制攻撃によって戦争

を開始することを決断した．戦争の危機が切迫していたとき，ヨルダンのフセイン国王は急遽カイロに飛び，それまで不仲だったナセルと会見し，同盟締結を申し出た．フセインはイスラエルを恐れていたが，イギリスとの関係が深い君主であったから，戦争勃発に際して消極的な政策をとれば，シリア，エジプト，そして国内で活動するパレスチナ解放機構（PLO）により権力の座を追われることをもっとも恐れた．エジプトとの軍事同盟は戦争勃発の際に自らの地位を守るための保険であった．

　イスラエルは1967年6月5日，開戦の第1日の空軍の先制攻撃と陸軍の迅速な進撃によりエジプトに対する優勢を確立した．空軍がまず第一撃によりエジプトの空軍主要基地の滑走路を使用不可能にし，反復爆撃により多くの空軍機を破壊し，陸軍は空軍の援護を得てシナイ半島の前線に展開していたエジプト軍に大打撃を与え，退却するエジプト軍を追撃した．イスラエル軍は数日でスエズ運河東岸まで進出した．エジプト軍は物的戦力においてはイスラエルに引けをとらなかったが，訓練と組織力において劣り，危機に際しても臨機即応の態勢がなかったことが，大敗の原因となった．さらにイスラエルはヨルダン軍に反撃して東エルサレムおよびヨルダン川西岸地域を占領した．

　国連安保理は戦争勃発を知って，その当日対応を協議したが，休戦条件について米ソの合意は成立しなかった．ナセルはイスラエルの予想外の優勢の背後にはアメリカの軍事協力があると思いこみ，6日にはアメリカとの外交関係を断絶し，「帝国主義」と「シオニズム」に対する戦いを続ける意思を示して，アラブ世界の支持を得ることに努めた．しかし実際にはエジプトの劣勢は覆しがたいものとなったので，モスクワの外交当局は同日すみやかな停戦が望ましいと考え，アラブ諸国の同意がなくても，無条件停戦，つまり占領地撤退を条件としない停戦の決議に同意せよと国連代表に指示した．イスラエルはそれを受諾したが，エジプトはしばらくその決議を拒否し，8日晩になって，エジプトの国連代表は停戦を受諾することを表明した．イスラエルはすでに他の戦線では満足すべき成果を得ていたが，シリアに対しては攻勢を控えていたので，休戦実施前にシリアを叩こうとした．10日イスラエル軍がシリア領に進出しゴラン高原を占領したとき，ソ連はイスラエルに対してソ連軍の参戦を警告し，アメリカも即刻停戦を求めて圧力をかけたので，イスラエルも停戦を発表した．

第三次中東戦争は6日目に終わったので，「六日戦争」と呼ばれる．戦前の予想を越えたイスラエルの完勝であり，それによりイスラエルは広い占領地域を支配することになった〔Oren 2002〕．

[国連安保理決議242号の運命]

この戦争の後，アメリカのジョンソン大統領は中東の和平について，占領地からの撤退，中東地域各国の国家としての存立の承認，地域諸国の軍縮と相互の平和共存，難民問題および自由航行権の国連による解決などの原則を打ち出し，ソ連のコスイギン首相とアメリカ東部のグラスボロで1967年6月下旬に頂上会談を行った際に，中東和平についての双方の立場の相違を埋めようとしたが，合意には至らなかった．ソ連は中東問題を安保理から臨時国連総会に移してアラブ側に有利な決議を通そうとしたが，アラブ側がイスラエルを侵略者とする決議を強く求めたため，ソ連の総会外交は徒労に終わった．中東和平問題は再び安保理に戻され，11月に安保理決議242号が採択された．これは米ソの同意を得てイギリスがまとめたもので，和平の前提として，占領諸地域の返還，地域内各国の存立の尊重，領土の相互不可侵，海峡航行権の承認，難民問題解決のための国際協力などの諸原則を関係国が受け入れることを求めたものである．

イスラエルはアラブ諸国が受諾するならば自国もそれを受け入れるという態度をとったが，ヨルダン以外のアラブ諸国には反対論が強く，とくにPLOはその受け入れに断固反対した．アメリカとソ連の合意によりこの決議は成立したが，どちらもこの決議を実効あるものにするために，それぞれの支援国に圧力をかけることはしなかった．エジプトは「消耗戦争」と称してエジプト－イスラエル国境線で小競り合いやゲリラ活動を続けたため，ますますソ連の軍事的経済的援助への依存を強め，ソ連の衛星国化した．アメリカはベトナム戦争をめぐる国内対立のためにジョンソンの政権基盤が揺らいでおり，1968年にはその中東政策は消極的なものになった〔Oren 2002; Young & Kent 2013〕．

5 ― 中国のプロレタリア文化大革命

[毛沢東と劉少奇との対立]

　毛沢東は悲惨な結果に終わった大躍進の失敗を認め，1962年1月，「七千人大会」を開催して，指導者として自己批判した．彼は政策を調整する必要を認め，その実施を劉少奇，鄧小平，周恩来らに任せた．彼らにより人民公社は事実上解体されて経済的行政的な単位となり，農民の自由耕作地や農村市場の制度が復活した．しかし毛は永久革命論に執着しており，大躍進の失敗を調整する政策が進行する中で，ブルジョワ思想あるいはソ連型の修正主義が社会に広がることを恐れた．それゆえ彼は同年9月には思想的逆行を防ぐための「社会主義教育運動」の必要を提唱した．この運動方針は党中央により支持されたが，その実行の主導権は，劉や鄧ら毛沢東が「実権派」と呼ぶようになる人々に握られ，彼らが各地に派遣した工作隊によって，中央の調整施策と矛盾しない形で進められたので，毛自身は不満であった．毛沢東は59年に自らは党主席の地位を保持して，国家主席の地位は劉少奇に譲っていたが，毛の威信が大躍進の大失敗で低下する一方，その後の生産回復に実績を挙げた劉の声望が高まったので，毛は劉を自らの地位を脅かす対抗者と見なした．

　二人の対立には，社会主義社会建設を巡る理念の相違が関わっていた．毛沢東がプロレタリア意識の革命的高揚の繰り返しによる「継続革命」を基本と考えたのに対して，劉少奇は社会主義への移行期の経済発展の体制作りを重視した．前者が指導者のカリスマによる人民動員に社会主義発展の契機を求めたのに対して，後者は制度と組織を通じて社会主義を建設しようとした．前者が人民の意識・思想の変革によって経済発展の跳躍を可能にするという夢を抱いていたのに対して，後者は経済発展に内在する法則を無視することなく発展過程を促進しなければならないと考えていた．前者が延安時代の革命精神の初心に繰り返し回帰することで，中国社会主義の純潔性を保つことを課題としたのに対して，後者は経済発展とともに複雑化する中国社会の社会主義的統合を図ることを課題とした．劉は毛に忠誠の立場をとってきたが，二人の間には気質的にも社会主義建設の理念においても違いがあった．対外政策面で毛がソ連と論

争するばかりでなく，ソ連を敵対勢力としてアメリカと同列に置くようになったのに対して，劉は社会主義圏内の対立と資本主義大国との対決は別次元の問題とみていた〔宇野ほか 1986；国分 2009；Dittmer 1998〕．

[プロレタリア文化大革命の発動]

1966年8月になると，毛沢東は「プロレタリア文化大革命」を発動するために，江青夫人グループと林彪国防相の支持を得て，劉少奇国家主席と鄧小平党総書記らが実権をにぎる体制に挑戦した．彼がこの運動のために動員したのは，大学生や中高生の集団「紅衛兵」であった．林彪は毛の著作を抜粋した小冊子『毛沢東語録』を編集して人民解放軍のテキストとして軍内で毛沢東崇拝を煽動していたが，紅衛兵もそれを携行し，熱狂的な毛崇拝が横行した．「造反有理」という毛のことばに鼓舞されて，紅衛兵たちはまず中国共産党エリートの子女をメンバーとして発足したが，やがて一般の学生も参加するようになって大きな運動に発展した．彼らはそれぞれの学校で教師たちをつるし上げてブルジョア主義について自己批判を求め，そして知識人たち，教育者・学者・作家・芸術家をブルジョア主義者として迫害し，彼らの邸宅を略奪した．続いて攻撃の矛先は党幹部の「走資派」すなわち実権派に向けられた．党幹部が攻撃目標になるとともに，紅衛兵のほかに，より年上の層が造反派として文革運動に動員された．

劉少奇の国家主席としての一連の外交日程が終わるのを待って，毛沢東は彼の排除に乗りだした．劉は 1966 年から自己批判書を書いていたが，67 年には党書記局員である王光美夫人とともに，何回も糾弾集会に呼び出された．王は外国のスパイとして投獄され，劉は 68 年 10 月にすべての地位・権限を剥奪され，翌年 11 月監禁されたまま病死した．鄧小平は地位を失ったが，劉ほどの迫害は受けず，やがて周恩来の推薦により復権の機会をえた．

共産党中央の実権派幹部は粛清され，軍中央の実権派幹部も罷免されたが，地方での反実権派闘争は人民解放軍の内部対立を生み，各地に混乱と無秩序をもたらした．1967 年 7 月には武漢で二つの造反グループの間の武力衝突が発生し，当時武漢を訪問していた毛が急いで脱出するという事件も起こった．このような経験を経て，同年後半には毛は混乱の収拾に乗り出し，人民解放軍内

の規律の回復に努め，文革の武闘から文闘への転換を呼びかけ，68年7月には紅衛兵に対して彼らの運動の打ち切りを告げ，彼らの組織は解体された．

　1969年4月の党大会では文革派による新体制が発足し，林彪は毛の後継者としての地位を正式に獲得した．しかし毛は林を全面的に信用していたわけではなかった．70年に林が国家主席の地位の復活を要望したとき，毛は彼が自らその地位を狙っていることを感じ取り，林の同志陳伯達を批判する運動を開始した．周恩来グループが極左グループと提携して林彪追い落としを図ったために，彼は追い詰められたのであろう．林にとって状況が悪化する中で71年9月，彼の長男林立果は空軍の同志とともに毛の殺害を計画して失敗した．林彪夫妻はそれを知って長男らと海外逃亡を急ぎ，周恩来配下の追跡を逃れるため，飛行機でソ連に向けて飛び立ったが，途中モンゴルで全員墜死した．この事件で周は自らの立場を強めたが，文革極左の江青ら四人組の挑戦を警戒しつつ，毛の支持を得た対外政策の転換を図らねばならなかった〔宇野ほか 1986；松丸ほか 2002（天児）；和田ほか 2011（国分）；毛里 2012〕．

［文化大革命高揚期の対外関係］

　1965年に中国外交は挫折を経験した．ソ連共産党の修正主義を批判し毛沢東思想の正統性を主張する中国の立場は国際共産主義運動のなかでは少数派であった．そこで中国は65年6月アルジェリアで開催予定の第2回アジア・アフリカ会議で，スカルノ（55年の第1回会議の主催国インドネシアの大統領）とベン・ベラ（第2回会議の主催国アルジェリアの大統領）の協力を得て，アジア・アフリカの多数の国から中国の立場への支持を獲得することに期待をかけていた．しかしこの会議の直前，親中国的な指導者ベン・ベラは軍のクーデタで失脚し，中国のもくろみは実現せず，結局この会議は無期延期された．そしてアジア諸国の共産党の中でもっとも中国共産党に接近していたインドネシア共産党がスハルト将軍の弾圧政策によって壊滅したので，北京－ジャカルタ枢軸により東南アジアに優越した地位を築くという中国の夢は破れた．印パ戦争におけるインドに対する好戦的な姿勢も第三世界諸国の支持を得られなかった．中国はインド人民に武装蜂起を呼びかけたが，インド政府のみならずインド共産党からも強い反発を受けた．

この年の9月に林彪が「人民戦争の勝利万歳」という論文で，アジア，アフリカ，ラテンアメリカ各地で人民戦争を盛り上げることにより，アメリカを包囲するという議論は，アメリカで注目されベトナム戦争の「アメリカ化」を正当化することにも利用されたが，彼が提唱したような人民戦争が当時世界にひろがることはなかったのである．

　ソ連指導部は群衆行動が野放しにされ続け，対外的暴発が起こることを恐れた．文革運動の高揚とともにその時期の中国の対外政策は反米的であるとともに次第に反ソ的な性格を強め，中ソ同盟は形骸化した．ソ連は中国との国境周辺に配置する兵力を増やした．

　紅衛兵を使って乱暴狼藉を働かせる文化大革命のやりかたは，中国の国際的孤立を導いた．ヨーロッパの共産主義政党では唯一中国共産党の支持者だったアルバニア労働党のホッジャも秘かに，文化大革命はレーニン主義からの危険な逸脱であり，国際共産主義運動において中国を自ら孤立に追い込むものだと批判した．社会主義圏各国の指導層にとって，最高指導者が自ら党の組織を破壊する革命を主導することは想像を絶する事態であり，議会主義に適応しつつある西欧の共産党指導層にとっても，異様な行動にみえた．中国の隣国である北朝鮮およびベトナムの指導者たちもソ連の支援を必要としていたから，毛の反ソ的立場に同調できなかった．日本共産党も，1966年にはソ連「修正主義」非難の文言のない日中両党の共同声明は無益だとする毛の態度に失望して，中国共産党から離れた．

　その反面，西側世界の一部の知識人や青年層には文革の理念に共感する人々もあった．経済的に繁栄する1960年代の資本主義社会の中で精神的疎外感をもち，その社会との共存をはかる既成左翼政党に飽き足らない知識人や青年にとっては，毛沢東の新たな革命は，官僚的管理社会への挑戦を，既存の権力構造との対決を鼓舞する，東洋からの福音であるように感じられた．「造反有理」は学園紛争時代の日本の学生運動の旗印としても用いられた．紅衛兵の運動は，同じ学生の運動として，西欧の学生運動に刺激を与えた．毛沢東の革命思想に共鳴した小グループが，新たな革命党を形成する場合もあった．

　1968年に毛沢東が文革全盛期の無秩序から秩序の再建へと方針を変え始めたとき，ソ連によるチェコスロヴァキア侵攻が行われた（後述）．北京の指導

部に「プラハの春」への共感はなかったが，ソ連軍の出動とその正当化の論理とに強く反発した．翌年3月に中ソ国境のウスリー川の珍宝島（ダマンスキー島）で軍事衝突が起こり，中国軍がソ連軍に敗北したとき，毛沢東はソ連の「社会帝国主義」に対抗するために，周恩来とともに中国外交の歴史的転換を模索し始めるのである．「ソ連修正主義」を「アメリカ帝国主義」と同列に置き，ソ連をも「帝国主義」とみなした毛沢東思想の展開があったことにより，「ソ連帝国主義」の脅威に対抗するために「アメリカ帝国主義」との関係を改善するという外交戦略が可能となった．その意味では，米中接近に向かう中国外交の転換点は1965年にあったとする朱建栄の解釈には理がある．文革期に中国外交が現実的にまったく機能していなかったわけではない．ベトナム戦争がらみの米中戦争を避けようとする外交的シグナルは送られていたし，またアフリカではタンザニア-ザンビア鉄道（タンザン鉄道）を建設する交渉も進めていたことも注目される（70年着工，75年開通）〔朱2001；下斗米2004；国際政治130（朱）；Lüthi 2008; Daniels 1994〕．

6 ―混乱の年としての1968年

［混迷の中のアメリカ］

　1968年のアメリカはさまざまな対立の激化や不満の噴出によって引き裂かれ，混乱状態にあった．64年にジョンソンとリベラルな民主党の圧勝を導いた民主党支持層は分裂した．その第一の原因はベトナム戦争である．それを意識したジョンソンは党内の戦争批判勢力を抑えるために，前に述べたように，68年3月末北爆を部分的に停止して北ベトナムに交渉開始を呼びかけ，自らの大統領選挙出馬を断念した．

　民主党支持層の分裂のもう一つの原因は人種対立の激化であった．1964年公民権法と65年投票権法が成立し，公民権運動が大きな成果を挙げたが，65年8月にロサンジェルスのワッツ地区でアフリカ系住民の大暴動が起こり，それから数年間，夏になると全米各地の都市のアフリカ系市民の居住区で暴動が頻発した．公民権法は差別されてきた黒人市民に希望を与えたが，彼らの現実の生活環境は改善されなかった．むしろ50年代以降，多くの黒人が南部農業

の機械化によって農村から押し出され都市のスラム地区に流入したため，アフリカ系の貧しい都市住民の労働居住環境はさらに悪化していた．キング牧師は非暴力直接行動の闘争方式を変えなかったが，彼の運動は貧困問題への取り組みに向けられた．テネシー州メンフィスの黒人清掃労働者の闘争を支援するため同地のモーテルに滞在中（68年4月），彼は白人に暗殺された．キングの暗殺に憤激した黒人市民の暴動が首都ワシントンをはじめ全米各地で発生した．リベラルな白人は貧困問題への取り組みを強化する必要を感じた．大統領候補に名乗りを上げたケネディ上院議員は人種偏見の超克と積極的な貧困対策の必要を雄弁に説いて，人種と階級を越えた連帯の再構築を試みたが，68年6月にロサンジェルスのホテルでアラブ系の青年によって暗殺された．

　他方，この年には多くの白人が，黒人暴動と過激派学生たちの大学占拠などに反発して，「法と秩序」を主張する指導者たちに惹きつけられた．人種差別主義者として知られたアラバマ州知事ジョージ・ウォレスは民主党を離れて独立の大統領候補として運動し，「法と秩序」と労働者階級のための福祉を唱えて，北部の白人労働者階級の間でも支持を伸ばした．著名な州立大学や私立の名門校は反戦運動と大学改革運動の拠点であったが，1968年4月のコロンビア大学紛争以降，過激派学生の学園闘争はとくに暴力的破壊的になった．8月下旬，民主党全国大会がシカゴで開催されたとき，権力者側の暴力を挑発することを戦術とする「青年国際党」の活動家たちがシカゴに集結した．地元の民主党の実力者デイリー市長の指示で動員された警官隊は過激派デモ隊に対して過剰な鎮圧策をとり，流血の惨事を引き起こした．民主党の全国大会ではジョンソン-ハンフリーの主流派が多数を占め，マッカーシー派の反対を抑えてベトナム戦争支持の綱領を採択し，険悪な雰囲気のなかでハンフリー副大統領を大統領候補に指名した．このような全国大会会場外での混乱と会場内での対立はテレビで報道され，民主党支持の有権者を失望させた．一方，共和党はニクソン元副大統領を大統領候補に指名した．彼自身不人気な政治家であったが，11月の大統領選挙では，有権者の民主党政権への失望と「法と秩序」願望に乗じて，僅差でハンフリーを破った．

　ジョンソンは投票日前に北ベトナムとの和平交渉を進展させようとし，北ベトナムもニクソンへの不信感からジョンソン政権との交渉に利点を認めたので，

10月にパリ会談では一連の合意が成立した．アメリカは自発的に北爆を全面的に停止し，北ベトナムは南ベトナム諸都市への砲撃を控え南への軍事浸透を自制する．双方はパリ交渉に南ベトナム政府とNLFの代表の参加を認め，北爆停止後の交渉を進捗させるという内容である．しかし南ベトナムのチュー大統領は，反共主義者として知られるニクソンの当選を期待し交渉への参加を拒否したので，ジョンソンはやむなく，北爆の停止のみを発表した．ニクソンは交渉の進展を察知し，投票日前に合意が発表されてハンフリーの支持が増えないように，ジョンソンに利用されるなとチューに間接的に伝えたといわれる．このようにして，ベトナム戦争の終息に向けた政策は，ニクソンの就任をまって，改めて始まることになった〔白井2006；カーランスキー2008；Patterson 1996; Herring 2014〕．

［フランス五月危機とドゴール時代の終焉］

アメリカの新左翼運動や反戦運動，大学生の学園闘争は国際的に連動し，西ヨーロッパにも影響を及ぼした．西欧諸国の反戦運動の中心的役割を果たしたのは西ドイツ（西独）のドイツ社会主義学生同盟（SDS）で，1968年2月にはベルリン自由大学で国際反戦集会を開催した〔カーランスキー2008；Klimke 2010〕．

学生運動が労働運動と連動して政治危機を招来したのはフランスであった．フランスでは1968年3月にパリ郊外ナンテールの大学を極左派学生が占拠したのに始まり，5月にはパリ市内の学生街カルチェ・ラタンにバリケードを築いた学生集団に警官隊が攻撃を仕掛け，大騒動になった．それに労働者のストライキが連動して，パリは混乱状態となり，左翼政党の指導者たちは，ドゴール政権は統治能力を失ったと述べて，臨時政府の樹立や大統領選挙の実施を主張した．ドゴールは当初事態を軽視して外国訪問を予定通り実施したが，5月末には自らの進退を決断すべき深刻な状況であることを悟った．彼は職務に留まることを決断したと述べて，議会の総選挙を行うことを発表した．彼の部下が事態の沈静化に努め，また有権者たちが社会的無秩序と左翼革命を恐れたために，総選挙結果はドゴール派の圧勝となった．しかし78歳のドゴールの政治指導は国民から飽きられていた．彼が自らのカリスマ性を信じて，翌年4月

一種の信任投票として上院改革と地方政治改革の提案を国民投票に掛けたとき，彼は過半数の反対に遭い，即日辞任した．

　ドゴールは「ナポレオン以来のフランスのもっとも重要な政治指導者」（ホフマン）と言われる．たしかに彼の功績は偉大である．第二次世界大戦でヒトラー軍に惨めな敗北を喫したフランスが戦後五大国の一国としての地位を得られたのは，「自由フランス」の旗を掲げて海外から枢軸国との戦いを続けたドゴールの指導力ゆえであった．彼はアルジェリア問題で第四共和制が危機に直面したとき，首相に復帰し新憲法の下で共和国を救い，その後の政治的安定と経済的発展とを可能にした．それとともに彼はフランス国民に自信と誇りを吹き込み，米英と対等な大国としてフランスの存在を主張し，西欧大陸諸国の政治的経済的提携を密にしつつ，共産圏諸国に対しても独自の外交を行おうとした．彼はNATOの軍事機構からフランス軍を引き揚げ，NATO本部のパリからブリュッセルへの移転を余儀なくさせたが，現実主義者としての彼はフランスを北大西洋条約の加盟国として留め加盟国会議に代表を参加させており，緊急時におけるNATOとの協力を排除したわけではなかった．ジョンソン政権もフランスを西側陣営内に留めるため，フランスの行動への反発を控えた．それは当時アメリカを悩ましていたNATOにおけるもう一つの問題，すなわちキプロス問題を巡るギリシア-トルコ紛争であり，トルコがNATOから離脱する可能性があったからである（後に述べるソ連のチェコスロヴァキアへの軍事干渉がトルコにNATOに留まる必要を再認識させる）．

　しかしドゴールの最晩年の外交には老いの一徹が強く出過ぎた．1967年7月の彼のカナダ訪問は大失敗に終わった．彼はケベック州モントリオール（モンレアル）でケベック独立派の集会で演説し，「自由ケベック万歳，カナダのフランス人万歳」と叫んだため，カナダ連邦政府から内政干渉的発言であると抗議を受け，彼はオタワ訪問を取り消して急遽帰国した．彼はEECの5ヵ国がイギリスの加盟を希望したにもかかわらず，イギリスの加盟申請に拒否権を発動した．彼は65年に金本位制への復帰を主張し，フランスが保有するドルの金への兌換を推進した．しかし国際的基軸通貨としてのドルの地位を揺るがしつつ，フランス・フランの価値を維持しようとする政策には無理があり，68年までに破綻した．フランの価値を維持するための緊縮政策は経済成長を鈍化

させ，ドゴール政権の人気を落とした．彼自身，68年秋にはフランの価値を維持するためにはアメリカの協力が必要であることを認めるようになっていた．彼が引退するとフランスはフラン切り下げを行い，イギリスの EEC 加盟反対を撤回した〔渡邊 1998；Duroselle 1981; Krieger 2001（Hoffmann）〕．

[「プラハの春」とワルシャワ条約機構軍による鎮圧]

　社会主義体制をとる東欧8ヵ国は，ソ連との関係では相違があったが，共産党一党独裁体制をとることでは共通していた．1960年代の東欧で経済的成功を収めていたのは，自由化革命鎮圧後の一党独裁体制を再建したカーダールを指導者とするハンガリーであった．彼は個人的小企業を許容し，西側諸国との貿易を通じて経済生活の改善に成果を挙げることで，一党独裁に対する国民の不満を吸収した．

　一党独裁体制の東欧圏のなかで，1968年にチェコスロヴァキアの共産党指導者は現状変革を求める国民の要望を察知して，共産主義をリベラルなものに改革しようと試みた．同年1月チェコスロヴァキア共産党第一書記に，「人間の顔をした社会主義」を唱える改革派のドゥプチェクが就任した．彼はモスクワを訪問して，チェコスロヴァキアの内政改革は社会主義体制内改革であることを説明して，ソ連指導部の了承を得たが，2月にクーデタを試みた共産党保守派への世論の反発が高まり，3月にノヴォトニー大統領以下保守派の高官が一掃され，4月には共産党の新たな行動綱領が発表され，この国の改革は言論の自由化など西側民主主義の要素を取り込むものへと発展した．これは恒例の音楽祭の名にちなんで「プラハの春」と呼ばれた．ソ連指導部はチェコスロヴァキアの事態の進展に憂慮を深めた．その影響が東欧諸国にもソ連自体にも及びかねないことを恐れたからである．

　ソ連指導部はワルシャワ条約機構軍の演習を名目としてプラハを軍事的に威圧しつつ，7月末から8月初めにかけてソ連あるいはワルシャワ条約機構5ヵ国がチェコスロヴァキアとの交渉を行ったが，満足すべき結果を得られなかったので，ワルシャワ条約機構軍による軍事干渉を決意した．東ドイツ（東独）やポーランドは西側諸国や西ベルリンの学生運動が国内に波及するのを恐れており，とくにポーランドでは3月にワルシャワその他の都市で学生グループが

反政府デモを行い，労働者にも不穏な動きがあったので，「プラハの春」は脅威であった．ポーランド，東独は軍事干渉を積極的に支持し，ハンガリー，ブルガリア両国もソ連に追従した．ルーマニアは共産主義ナショナリズムを標榜するチャウシェスク政権下で対外政策ではソ連と一線を画する態度をとってきたから，このときもソ連の軍事介入政策に反対の態度をとった．

ソ連としても共産圏内部の友好国に軍事干渉を行うことはできれば避けたかったであろう．中国共産党のみならずイタリアやフランスの共産党からそれが支持されることは期待できなかったからである．また核兵器不拡散体制の形成や核兵器制限のためにアメリカとの合意をつくっていく方針だったから，穏便な形で収めたかったであろう．軍事干渉は米英ソ三国および他の賛同国によりNPTが調印された後に行われた．

ソ連はドゥプチェクら改革派の幹部を逮捕監禁したが，ノヴォトニーの後任であるスヴォボダ大統領は国民的支持を背景に彼らの釈放なしには協力できないという態度をとったため，ソ連はドゥプチェクらをモスクワに連行して再保守化政策を行うことを約束させた後，当分彼を党第一書記として利用しながらモスクワの目的を達成することにした．ソ連はチェコスロヴァキアの長期的監視のためソ連軍の駐留権を獲得した．ブレジネフは11月のポーランド統一労働者党の大会での演説で，社会主義諸国の自決権は社会主義体制を保持する責任を伴い，国家主権は社会主義国際社会全体の利益と両立する限りにおいて尊重されるという見解を表明した．この主張は西側諸国では「ブレジネフ・ドクトリン」と呼ばれるようになる．翌年4月には，ソ連はドゥプチェクが反ソ的な民衆運動を十分抑制できない状況を見て，保守派のフサークをチェコスロヴァキア共産党第一書記の地位に据えた〔木戸・伊東1987；カーランスキー2008；Simons 1993; Daniels 1994〕．

ワルシャワ条約機構軍による「プラハの春」の圧殺に対する西側の反応は比較的穏やかであった．アメリカも西欧諸国も引き続きソ連・東欧との関係改善を進めることに関心を示した．ソ連もまた，ひとたびチェコスロヴァキアの保守的安定を回復すると，中ソ関係の悪化を意識してヨーロッパでの緊張緩和を切望した〔ラフィーバー2012；山本2010〕．

7 ― ニクソン‐キッシンジャー外交の始動

[ニクソン‐キッシンジャー外交の始動]

　1968年の大統領選挙で共和党のニクソンが当選し，翌年からニクソンと彼を補佐するキッシンジャーとによる外交が始動した．政権発足前からニクソンとキッシンジャーとは対外政策について類似の構想をもっており，ニクソンはそのことに気付いて，それまで彼の共和党内の政敵ロックフェラー（ニューヨーク州知事）の外交顧問であったキッシンジャーを国家安全保障担当補佐官に指名し，彼を協力者として大統領外交を展開しようとした*．

* 国家安全保障担当補佐官の職はアイゼンハワー時代から存在したが，政権の政策形成の中心として補佐官が国務長官や国防長官をしのぐ主要な役割を果たし，また自ら重要な外交交渉に当たったのはキッシンジャーが最初であり，そして（カーター政権期のブレジンスキーを除けば）唯一の人物であった．彼はニクソン政権第二期には補佐官の職を保持しつつ国務長官に就任し，フォード政権期の1975年11月まで二つの職を兼任し（このような例はほかにない），政権終末まで国務長官に在任した．

　国民がベトナム戦争への幻滅から軍事力をもって共産主義勢力の拡張を阻止する政策に飽き，政策の転換を求めていることを感じ取ったニクソンは，アメリカはアジアの諸国民の自衛に期待し，アジアにおける軍事的役割を縮小すべきであると考えていた．その点キッシンジャーにも異論はなかった．ニクソンは就任後まもなく，アメリカはアジアに影響力を引き続き保持する，同盟の義務を果たすが，その手段は経済援助と軍事援助であって直接の軍事介入はしない，核兵器によって脅かされる国に対しては核の傘を提供するというアジア政策の基本原則を表明し，彼らはそれを「ニクソン・ドクトリン」と呼んだ．

　冷戦時代のアメリカの政策は軍事的封じ込めが主であり，外交が従であった．ニクソン，キッシンジャーは対外政策における軍事力の重要性を認識する一方で，過大な軍事的役割を縮小すべきであるとし，外交をより積極的に展開することによって，国際政治における主導者としてのアメリカの役割を保ち，国際関係を安定させようと考えた．ベトナム戦争については，戦争の「ベトナム化」によって米地上軍の段階的撤退を進めることで国内の反戦気運を鎮静化し

つつ，北ベトナムとの交渉を通じて「名誉ある和平」をまとめようとした．ソ連および中国との関係改善には，インドシナにおける戦争と交渉のための国際環境を変えようという狙いがあった．

[「平和構造」あるいは「正統性ある秩序」の構想]

ニクソン-キッシンジャー外交の理論的枠組みを説明したのはキッシンジャーであった．彼の構想の基本には，冷戦時代には何よりも軍事的封じ込めによって，その膨張政策や革命の輸出を防止できると考えられてきたソ連や中国を，国際秩序の内部に取り込んで，それにより安定した「長期的平和構造」の形成を目指すという発想があった．彼がしばしば用いたことばは「平和構造」とともに「正統性ある秩序」であった．それは主要国が自らの行動を自制して，その大枠を壊さない範囲内でのみ，各自の利益を追求するような国際秩序を意味する．ヨーロッパ外交史に詳しく，とくにウィーン体制の研究者であったキッシンジャーは，元来革命国家であり，現状打破勢力であるソ連や中国を「正統性ある秩序」の構成者になるように仕向けることを狙い，それを「創造的外交」の課題とみなした．

中国についていえば，その革命的な言辞にも拘らず，その対外行動が穏健であることは，すでにアメリカの多くの中国通の認めるところであった．かつては毛沢東の「人民戦争論」はアジア・アフリカ・ラテンアメリカの開発途上諸国に革命を輸出しつつ，最終的には北アメリカや西ヨーロッパを包囲し先進諸国での革命を企てる過激な主張と見なされたが，それは自らの介入を限定し，それぞれの国の革命勢力の自助に任せるものであることがむしろ評価されるようになっていた．ニクソンとキッシンジャーとは，中国が長い国境を接するソ連の脅威を感じており，アメリカが中国に対する敵対的態度を改めれば，中国はアメリカをソ連牽制のための協力者と見なすであろうし，自国の産業と軍事の近代化のためにアメリカや西側諸国との関係を改善しようとし，西側の利益を損なう行動を自制するであろうと期待した．彼らはそのような期待をもって，新政権が中国に対して関係改善に関心があることを伝え，米中関係打開の糸口を探ろうとした．

ニクソンとキッシンジャーはソ連が世界政治におけるアメリカの主要な対抗

国である反面で，1960年代には米ソ核戦争の回避，平和共存を主張し，核超大国として米ソ共通の利益になることについては協力する姿勢をとってきたことを意識していた．それゆえアメリカとの核兵器の制限協定や，西側の工業製品の輸入，アメリカからの食糧輸入など経済交流が進むならば，ソ連がアメリカおよび西側諸国の利益を害するような行動を控えるようになるであろうと，彼らは期待したのである．彼らは米中接近がソ連からより協調的な態度をとるよう促すための圧力として役立つと予想した．

ニクソンとキッシンジャーはソ連と中国のいずれとも共通の利害のネットワークを広げ，両国をその網の目に取り込むことによって，「正統性ある秩序」を形成できると考えた．その秩序においては，アメリカは，経済的に台頭した西欧および日本にとっては安全保障に不可欠な同盟国であり，そして互いに対立する二つの共産主義大国のそれぞれに対して影響力を保持する国であって，世界の主要勢力間の利害関係を操作する中心国であることが想定されていた．世界の中心国として留まろうとする以上，彼らはベトナムにおける「名誉ある和平」の追求が不可欠であり，同時に中国との関係改善およびソ連とのデタントがベトナム休戦交渉を有利にすると期待していた〔アメリカ学会1982〕．

［米中接近と人民中国の国連代表権承認］

ニクソン政権発足以後，ワシントンはルーマニアのチャウシェスクおよびパキスタンのヤヒア・ハーンを通じて北京に関係改善の意思があることを伝え，いくつかの行動によって中国に関係改善の意思表示をしていた．北京側の慎重な姿勢に動きが見られたのは1971年になってからであり，それは名古屋で3月から4月にかけて開催された世界卓球選手権大会に中国代表団が6年ぶりに参加し，同代表団がアメリカ・チームを大会後中国に招待するという形で現れた．7月にキッシンジャーはパキスタン経由でひそかに北京を訪問し，彼の帰国後にニクソンは招待を受けて来年5月までに中国を訪問すると電撃的な発表を行った．日本をはじめアメリカのアジアの同盟国は発表直前に通告されたので，この発表には大きな衝撃を受けた．最大の打撃を受けたのはもちろん台湾の国民党政府であった．中国を代表する唯一の政府であるという国民党政府の主張は何よりもアメリカの支持によって支えられていたからである．

アメリカの対中接近の衝撃は国連における中国の代表権問題に跳ね返った．ニクソン政権は台湾の国民党政府との外交関係を維持するつもりであり，国民党政府を国連から追放することには反対であったが，国連総会は 10 月下旬，国民党政府追放を重要事項とするというアメリカの提案を否決し（佐藤政権はこの提案が可決される見込みは乏しいとわかっていたが，国民党政府に義理を立てる意味もあって，日本は重要事項指定決議案の共同提案国になった），人民中国の代表権を承認し国民党政府を追放するというアルバニアの決議案を大差で可決した．ニクソン政権にとって国民党政府の議席擁護が二次的な重要性しかもたなかったことは，キッシンジャーが北京の要求に応じてこの時期に合わせて米中サミットの準備のために北京を訪問したことからも明らかであった．国民党政府は国民党政府追放の総会決議を受けて，自ら国連との関係を断つと声明した〔増田 2006〕．

米中接近を仲介したパキスタンは，1971 年には東パキスタンすなわちバングラデシュの独立問題で国家的危機に直面していた．前年 12 月ヤヒア・ハーン大統領は議会政治を復活させるため選挙を行ったが，選挙では，人口の多い東パキスタンを地盤とするラフマンを指導者とする「アワミ連盟」が多数を占めた．しかし西パキスタンではブットの率いるパキスタン人民党が圧倒的に優勢であった．ブットの党はアワミ連盟が多数を占める議会をボイコットし，ヤヒア・ハーン大統領は議会の開催を延期し東パキスタンに戒厳令を敷いて軍事的支配下に置こうとした．東パキスタンの人々の多くはそれに反発してバングラデシュの独立を主張し，インドはその主張に好意的だったから，東西パキスタン間の抗争とともに，インド-パキスタン関係も緊張した．

ニクソン政権は中国の友邦で米中接近の仲介者であるパキスタンが，インドと戦って敗北することは阻止しなければならなかったから，インドを説得してこの問題を平和的に解決しようとした．他方ソ連は米中が南アジアに勢力を伸ばすことを警戒し，1971 年 8 月にはグロムイコ外相をインドに派遣し，平和友好協力条約の締結によりインドとの提携を強化しようとした．12 月に第三次印パ戦争が勃発したときには，アメリカはインドを牽制するため，空母をインド洋に派遣した．これはインドに対する牽制であるとともに，アメリカは南アジアにおけるソ連の勢力拡張に対抗するという中国向けのメッセージでもあ

った．印パ戦争は 2 週間で終わり，バングラデシュは独立を達成した〔Young & Kent 2013〕．

［米ソ・デタントと東西欧州のデタント］

　ニクソン政権は印パ戦争ではソ連に対抗的な行動をとったが，米中接近と並行して米ソの緊張緩和（デタント）のための戦略兵器制限交渉などを推進した．米ソの緊張緩和は 1960 年代前半からある程度進展していたから，ニクソンの対ソ政策は衝撃的なものではなかった．むしろ彼は米中接近の試みの衝撃を梃子として，ソ連との具体的な緊張緩和を促進しようとしたのである．この時期におけるヨーロッパの緊張緩和のための劇的な外交は他のどの国よりも西独によって行われた．西独では 66 年，アデナウアーの後継者エアハルト首相の政権が自由民主党（FDP）の与党離脱により崩壊したとき，CDU/CSU はキージンガーを首相として SPD との「大連立」に踏み切った．SPD は選挙のたびに支持を増やし，69 年 10 月には，SPD を第一与党とし同党の党首（元西ベルリン市長）ブラントを首相とする中道左派連合政権が発足した．

　西独は米ソ冷戦がある程度緩和した状況を反映し，キージンガー政権以降，東独の国家としての存在を認めずオーデル－ナイセ線をドイツ－ポーランド国境として認めないという立場から，戦後のヨーロッパに形成された政治的現実を受け入れて自らヨーロッパの緊張緩和を推進し，それによって将来のドイツ統一を目指すという立場へと移行し始めたが，ブラントは首相に就任すると，その転換をより積極的に追求した（東方政策）．ブラント政権は 1970 年 8 月，ソ連との間に武力不行使，国境の現状の不可侵（オーデル－ナイセ国境線および西独－東独間の境界を含む），経済関係の発展などを約束するモスクワ条約を結んだ．そして 12 月に同様の条約をポーランドとの間に締結し国交を樹立し，ソ連の他の同盟諸国とも同様の条約により国交を樹立する方針をとった．こうしてブラントはハルシュタイン・ドクトリンと明確に決別し，そのような西独の緊張緩和政策を超大国の緊張緩和に連動させることに成功した．

　ブラントはベルリンの現状維持に関する米英仏ソ四国協定を希望し，それをまって東独と東西ドイツ間の関係に関する基本条約を締結する方針であった．1971 年 9 月に仮調印された四国協定は，四国がベルリンにおける四国の権利

と責任とを再確認し，ベルリン問題の平和的解決を約束し，ソ連側は西ベルリンと西独との間の自由通行を認め，他方，西側三国側は西ベルリンの西独との関係の維持発展を尊重するが，西ベルリンが西独領土の一部ではないことを明確にした．この協定は翌年6月に正式に調印された．ベルリン問題で再び危機を作り出すことをしないという大国間の合意である．これはヨーロッパ冷戦の焦点がベルリン問題であったことを考えれば，米ソあるいは東西デタントを進めようとする米ソおよび西欧大国がこのような合意を結ぶのは自然の成り行きともいえるが，西独の東方政策と大国のデタントとが連動したのは，アメリカも英仏も西独の東方政策が西独の西側同盟との関係を弱めることなく推進されるように，西独が希望するベルリン問題での合意を急ぐ必要を意識した結果でもあった．

　この協定が成立した後，西独議会はソ連およびポーランドとの条約の批准案を承認した．西独政府はドイツ統一という西独建国以来の願望を放棄したわけではなく（そのことはソ連に対しても明白に通告されていた），東方諸国との緊張緩和はドイツ統一を実現するための環境を整備するものであることを強調することによって，議会内の反対派を抑えた．そして1972年11月の議会選挙で過半数を確保した後，12月には東独政府との交渉をまとめ両ドイツ間の基本条約に調印した．この条約により双方は相互の善隣関係の発展，相互の境界の不可侵，各々の領域内の主権および相互の独立の尊重，国連へのそれぞれの加盟などを約束した（東西ドイツをそれぞれ国連に加盟させることについては72年4月に米英仏ソの共同宣言が出されていた）．将来国際的な支持によって達成されるドイツ統一までの暫定的な存在として東独国家を承認したにすぎないというのが，西独の立場であった〔アッシュ 2009 上；山本 2010；Bark & Gress 1993〕．

[IMF 金 - ドル体制の崩壊]

　ニクソン政権はベトナム政策および対中，対ソ政策に関心を集中していたが，1971年にはアメリカの国際収支の赤字増と国際為替レートの改定の問題に早急に対応する必要に迫られた．同年8月15日ニクソンは突如として，ドルの金との兌換を停止することと，国際為替レートが改定されるまで，国家の非常

時の緊急措置として輸入品に10％の課徴金を課すことを骨子とする「新経済政策」を即日実施すると発表した．この政策の発表はアメリカとの経済関係が深い西欧諸国および日本，とくに日本には大きな衝撃を与え，日本ではさきのニクソン訪中の発表とあわせて「ニクソン・ショック」と呼ばれた．

　ブレトンウッズで合意され，戦後発足した IMF の基本理念であった多角的で自由な通貨交換がドルと西欧の主要な通貨との間で実現したのは1958年になってであり，日本が通貨規制を撤廃したのは64年である．それは西欧諸国と日本の経済発展および貿易収支の改善によって，戦後のドル不足が解消され，これら諸国が十分なドルあるいは金準備をもつようになったからであった．IMF 体制はドルが国際的基軸通貨として1オンス35ドルの定率で金との兌換性をもち（外国の中央銀行の請求があればアメリカはドルと金との交換に応じる），各国は自国通貨とドルとの間に一定の平価を設定し，原則としてその維持に努めるという体制であった．国際取引に通用する通貨としての立場を守るためには，平価の安定的な維持が必要であり，イギリスもフランスも平価の維持に努めたが，国際収支が悪化すれば，通貨市場でポンド売りやフラン売りが行われるため，自国通貨の維持は困難になる．イギリスはポンドの価値を維持するため，アメリカの支援を得ていたが，67年についにはポンド切り下げに踏み切った．60年代半ばから自国の保有するドルを金に代えて国際通貨制度における米英の優位に挑戦したフランスも68年には自国通貨の価値を維持するためにはアメリカの支援が必要となった．アメリカがポンドやフランの下落を防止しようとしたのは，それらが平価を切り下げれば，ドルの地位が危うくなるからであった．アメリカの国際収支は貿易赤字とアメリカの対外援助および海外での軍事支出に加えて，アメリカの対外投資の増大によって，赤字になった．アメリカは諸外国に対して保有するドルを金に兌換しないように要望し，そのほかさまざまな手段でドルの金価格を維持することに努めたが，その維持は次第に困難になった．経済的に強い立場にあった西独のマルクは逆にドルに対する平価を切り上げる圧力を受けていたので，ドル買いによって平価を維持することをやめ，実勢によって為替レートを変動させる方策をとった．

　アメリカの国際収支の赤字が増大した1971年にニクソンは一方的な行動によって西側諸国に圧力をかけるという彼らしいやり方をとって交渉を促し，12

月ワシントンで開催された経済先進国10ヵ国の蔵相会議（スミソニアン会議）では，各国の通貨はそれぞれの比率でドルに対して切り上げられ，それとともにアメリカは課徴金賦課を撤回した．しかし金との兌換の停止は継続された．このようなIMF金－ドル体制の崩壊はアメリカの経済的地位の低下を反映するものであったが，ニクソンは抜け目なくスミソニアン会議をアメリカの外交的勝利として演出した．

しかし一定の平価を定める固定相場制はこの改定後も安定せず，結局1973年2月から3月にかけての会議では対ドル為替レートのさらなる変更の必要を認め，主要国通貨は実勢に応じて変動する変動相場制に移行することになった．第二次世界大戦の敗戦国，西独と日本が60年代に経済的地位を高めて自国通貨の価値を上げ，他方，戦勝国の米英仏三国の通貨価値が低下したことは，歴史の皮肉であった．しかしニクソンに二つのショックを浴びた71年の日本には，その皮肉を感じる余裕はなかった〔田所2001；細谷2001（石井）〕．

8 ―ニクソン－キッシンジャー外交の展開

［ニクソン政権とベトナム和平問題］

ニクソン政権は発足当初，ベトナム戦争を「ベトナム化」することによって派遣米軍の兵力を削減しつつ，南ベトナム政府の存続が保証されるような「名誉ある和平」の実現を目指した．米軍の兵力削減はその戦闘行動の縮小を意味するものではなかった．1970年3月カンボジアで親米派のロン・ノル将軍によるクーデタが成功すると，ニクソンは短期的措置として米軍にカンボジア進攻を命じ，米軍は南ベトナム軍とともにカンボジア領内の北ベトナムの軍事拠点を占領した．しかしこのような戦争の再エスカレーションに対して国内では激しい反戦運動が再燃し，議会でも軍事行動の縮小を求める動きが強まった．南ベトナム軍は翌年2月ラオスにも侵攻して北ベトナムの南ベトナムへの通路を占拠しようとしたが，これは失敗に終わった．

ニクソンとキッシンジャーは国内情勢を考慮し，1972年の大統領選挙前にベトナム撤退を実現するためには，北ベトナムに対する譲歩が必要であることを認めた．彼らは南ベトナム政府の長期的存続を目標とせず，米軍撤退後，

「適当な期間」その政府が存続すればよいと考えるようになったのである．キッシンジャーは71年5月北ベトナム側に，米軍と北ベトナム軍との南ベトナムからの同時撤退を求めないことを伝えた．つまり米軍撤退後も北の軍隊が南ベトナムの領域内に留まることを容認したのである．北ベトナムはその提案を受けて，米軍撤退と同時に捕虜全員の釈放を約束した．しかし北ベトナムはチュー政権の退陣を要求し続けたため，交渉は再び停滞した．

[ニクソンの中国訪問と上海コミュニケ]

1972年2月，ニクソンは夫人とともにキッシンジャー補佐官，ロジャース国務長官らを伴い，中国・北京を訪問し，毛主席，周首相らと会談し，世界情勢について率直な意見交換を行い，さらに上海での交渉を経て2月27日に米中共同声明「上海コミュニケ」が発表された．このコミュニケは米中間の社会体制と対外政策における相違を認めた上で，平和五原則（第Ⅲ章第3節参照）について合意し，それを米中関係に適用すると述べ，両国の関係が正常化に向かうことはすべての国にとって利益であり，両国はアジア太平洋地域で「覇権」を求めず，他国による「覇権」追求に反対することなどの一致点が表明されていたが，朝鮮半島，日本，東南アジア等との関係に関してはそれぞれの主張を併記する形でまとめられ，米中相互間で直ちに開始されることは文化交流，貿易の発展に限られていた．

両国の関係正常化にとって最大の問題である台湾問題については，中国側は台湾が中国の一部であり中国の内政問題であって，外国にはいかなる干渉権もない，米軍および米軍施設は撤去されなければならない，中国は一つであり，「二つの中国」，「一つの中国，一つの台湾」などの議論は認められないと主張した．アメリカ側は「台湾海峡の両側のすべての中国人が，中国は唯一つであり，台湾は中国の一部であると主張していることを認識しており，米国政府はそれに異議を唱えない」という表現で，それに答え，「中国人自身による台湾問題の平和的解決への関心を再確認する」と述べ，「米軍および米軍施設の撤去を最終目標」とし，台湾地域の緊張の緩和とともにそれらの撤去を進めるという方針を表明した．これは中国の立場を原則的に認めつつ，アメリカとしては当分台湾の現状を維持できる文言であった．中国側は米中接近を実現するた

めに，この表現に同意することにしたのである．

ニクソン政権は当面，人民中国との関係は事実上の関係に留め，台湾の国民党政府との外交関係を維持し，同盟条約（米華相互防衛条約）も有効であるという立場をとった．中国は中国側からアメリカに使節を派遣しない方針で，相互に連絡事務所を設けることにもすぐには同意しなかったから（1973年2月に同意），上海コミュニケでは，両国間の今後の交渉は，アメリカが中国に不定期に高官の代表を派遣して行うことが記されるに留まった．

[ニクソンのソ連訪問と米ソ戦略兵器制限条約]

ニクソンは中国訪問の3ヵ月後にソ連訪問を予定していたが，その間に北ベトナム軍の新たな攻勢によりベトナム情勢が緊迫した．ベトナム派遣軍は約7万人に減少し，戦闘部隊はその一部分にすぎなかったから，ニクソンは退勢挽回のために南ベトナム軍への兵器供給を増大する一方，空軍による北ベトナムへの大規模な爆撃を繰り返し行い，初めてハイフォン港に多数の機雷を投下した．これは援助物資を積んだソ連船を危険にさらす行動であったから，ソ連がそれに反発してニクソン招待を取り消し，準備中の戦略兵器制限条約の調印を延期することも懸念されたが，ニクソンはあえて北ベトナムに対する強硬手段に出た．他方，ブレジネフは大局的観点から米ソのデタントを遅らせるべきではないと判断し，予定通り1972年5月のニクソン訪問を受け入れた．この時期にはブレジネフが最高権力者の立場を確立していたので，対米外交もブレジネフが主導するようになっていた．

北京サミットが米中関係の新たな始まりを告げる象徴的な会合だったのに比べ，モスクワ・サミットは二つの世界的超大国間のより具体性のある合意のための会合であり，全部で10の文書が調印された．米ソ間には米中間の台湾問題のような深刻な対立点はなく，緊張緩和は1963年以降ある程度進んでいたからである．モスクワ・サミットで調印された条約は，戦略兵器制限交渉を通じてまとまった二つの条約（SALT-Iと総称），つまり弾道弾迎撃ミサイル（ABM）を制限する条約と大陸間弾道ミサイル（ICBM），潜水艦発射弾道ミサイル（SLBM）および戦略爆撃機の5年間の暫定的な数量制限についての条約である．両条約は両国の戦略兵器制限についての最初の条約として重要であ

り，それらは60年代に現実となった状況，すなわち片方が核兵器による先制攻撃を仕掛けても，相手から同様に破壊的な反撃を受けることを免れないから，双方とも壊滅的打撃は免れないという「相互確証破壊（MAD）」状況を受け入れて，両超大国間の核戦争を相互に抑止していこうという考え方を反映していた*．

＊ ABM条約は相手の核攻撃を迎撃する防御能力を強化しないという約束であり，攻撃核兵器についての条約は，核弾頭の運搬手段をICBM，SLBM，戦略爆撃機と三様にすることにより，互いに十分な反撃力を保持するための取り決めであった．ただし，この条約は核弾頭の数を規制せず，ミサイルの「多弾頭化（MIRV化）」による戦略兵器開発競争に歯止めをかけていないので，期間限定の暫定的条約とされたのである．

米ソ両首脳が調印したその他の文書は通商条約締結のための協議機関の設立など主に具体的な協定であるが，原則についての合意文書には「米ソ関係に関する基本原則」がある．これは国際平和のための協力や多面的な相互交流の促進を謳ったもので，ソ連から言えば対等な超大国間の平和共存原則の確認という意味があったが，地域紛争への介入をめぐる米ソの争いによってこの協定はまもなく空文化する．

[ベトナム休戦協定の調印]

中国もソ連もアメリカとの接近あるいはデタントを実現した時期には，それぞれ北ベトナムへの援助を続けるとともに，米軍撤退についての合意をまず獲得すべきことを北ベトナムに助言した．北ベトナムの指導者も米軍の大規模爆撃の脅威を感じていたから，南への攻勢を控えアメリカとの休戦交渉をまとめようとした．キッシンジャーと北ベトナム側は1972年10月初旬に合意に達した．休戦後60日以内に米軍は南ベトナムから撤退し，北ベトナムは米軍捕虜を返還する，南ベトナムの将来は，南ベトナム政府，NLF，中立系の三者の代表によって決定されるという合意である．しかし事後承諾を求められた南ベトナムのチュー大統領は猛然と反発し，とくに北ベトナムの軍隊が南ベトナム領内に留まることに強い不満を述べた．キッシンジャーは彼を説得する必要があったが，まもなくの大統領選投票日を意識して，10月末「平和はすぐそこ

にある」と記者団に語った.

　大統領選挙に圧勝したニクソンは,国民の信任を得た余裕から,チューを宥めるため北ベトナムとの再交渉をキッシンジャーに指示した.北ベトナムが拒否すると,ニクソンは年末から年始にかけて北ベトナムに対する第二次大戦以降では最大規模の爆撃を空軍に行わせ,北ベトナムから再交渉への同意を得た.彼はチューに対しては親書を送り北側が協定を破る場合には米軍を再投入すると約束した.再交渉の結果,1973年1月,先の合意とほとんど変わらない協定が調印された.ニクソンは「名誉ある和平」を実現したと語ったが,それは米軍撤退のほとぼりがさめるまで南ベトナム政府の存続が期待できるという意味にすぎなかった.休戦協定はアメリカにとってのみ終戦であった.米軍の撤退後,南ベトナムでは再び戦争の日々が戻る.

9 ― 沖縄返還と日中国交正常化

[沖縄施政権返還の実現]

　佐藤首相は1967年11月にジョンソン大統領との共同声明のなかで,沖縄について「両三年内に」施政権返還時期について合意したいと語り,大統領の理解を得た.このとき小笠原諸島の施政権返還の早急な実行が決まり,68年6月に小笠原は日本に返還されたが,沖縄施政権問題の交渉はニクソン政権の登場を待って行われることになった.佐藤は返還の時期について72年を目標とし,国内および沖縄の世論の動向から,施政権返還後の沖縄の米軍基地について本土の米軍基地と同じく,日本区域外での戦闘行動への出撃には事前協議のしばりをかけ,核兵器の配備を認めないことを原則にしなければならないと考えた.ただし,返還時にベトナム戦争がまだ続いている場合には,必要に応じて暫定的な特別措置も考慮する方針であった.

　佐藤にとって好都合なことに,アメリカ側では前駐日大使のU. アレクシス・ジョンソンが国務次官になるなど,この問題に詳しい外交・国防官僚が要職に就いて,日本の要望に前向きに応じる方針を立てワシントンの合意の根回しに努めていた.交渉は主として東京で愛知揆一外相とマイヤー大使の間で行われ,施政権返還を1972年中に行うことなどは69年11月の佐藤訪米を前に

合意が成立した．残されていたのは，米軍が強く主張する緊急時の核兵器の再持ち込みについてどう対処するかを決めることであった．沖縄には60年代前半に，中国本土に到達する戦術核ミサイルが配備されていたから，それを撤去することはアメリカにとって大きな譲歩であった．佐藤は共同声明の文言の最終調整と緊急時の核再持ち込みの問題の詰めを，彼の密使役の国際政治学者若泉敬に委ねた．若泉は67年11月の佐藤訪米前にも内密の折衝役を務めており，69年の密使役は三度目であった．

若泉訪米の結果，核兵器に関する項目では，首相が核兵器に対する国民感情を説明し，大統領がそれに深い理解を示し，「事前協議制度に関する米国政府の立場を害することなく，沖縄の返還を，右の日本の政策に背馳しないよう実施する」と約束するという文言で合意された．これはアメリカが緊急時に核兵器の再持ち込みについて事前協議を求める権利をもつことを確認する文言であるが，日本が協議の結果，承諾することまでは意味しない．佐藤はこれ以上踏み込んだ言質を与えることを好まなかったが，ニクソンが強く望むのであれば，事前協議への対処についての合意議事録をつくってもよいと考えていた．若泉は最小限の譲歩として，非常時の核の持ち込みについて事前協議があれば，日本は同意するであろうという内容の，ニクソンと佐藤とのイニシャル付き（実際の文書には両者の署名がある）の秘密合意議事録を作成することに同意した＊．

＊　この秘密合意議事録について佐藤は一切語らず，この文書は日本側では佐藤の自宅の私文書のなかに置かれ，彼の後任者に引き継がれることはなかった．その存在を明かしたのは若泉の遺書的な著作〔若泉1994〕であり，佐藤の子息信二氏がのちにその文書を発見し，2009年岡田克也外相が命じた「日米密約」に関する調査の際に，実際の文書が公表された〔石井2010〕．

1969年11月の佐藤訪米の際の佐藤－ニクソン会談では，それまで同意されていた筋書きに沿って沖縄施政権返還問題についての合意が成立した．施政権返還に向けての具体的問題についての交渉が始まり，財務的な処理についても話し合いがまとまって，71年6月には沖縄返還協定がワシントンと東京でテレビ中継により同時に調印された．日本はアメリカが沖縄に建設した民生用の公的な施設の費用やミサイル撤去，基地移転などの費用として，3億ドル以上

を支払い,沖縄で流通しているドルをアメリカの中央銀行である連邦準備制度に無利子で預金することなどを約束した.

1968年11月はじめての主席公選により,琉球政府行政主席に基地反対派の統一候補,屋良朝苗が選出されていたことは,佐藤にとって,むしろ幸いであった.屋良は穏健な指導者で,彼の説得により反基地闘争が急進化することなく,社会的混乱が生じなかったからである.しかし屋良主席にとって沖縄施政権返還は不満足な第一歩であった.彼は協定調印の日の談話で,施政権返還を喜ぶ一方,数多の米軍基地がほとんど残るという「形式的な本土並み」に強い不満を表明した.佐藤が72年1月のニクソンとの共同声明のなかで,沖縄の復帰後に,とくに人口密集地域および産業開発地域にある米軍施設・区域の整理縮小の必要について述べたのは,屋良が表明した沖縄県民の不満を意識したものであった〔五百旗頭2008;波多野2010;細谷2001(石井);細谷ほか1999〕.

［繊維品輸出規制問題のこじれ］

1969年11月の佐藤との会談でニクソンが重視していたもう一つの議題があった.それは日本の繊維製品の対米輸出規制の問題である.9月に若泉がキッシンジャーに会ったとき,彼から渡された文書の一つは繊維製品輸出規制に関する具体的な要求,もう一つが前記の核再持ち込みについての要求であった.佐藤はニクソンに善処することを約束したが,公式な交渉が別途行われていたので,共同声明では言及されなかったが,これはニクソンが就任以来,再選のため,繊維産業が重要な南部の支持を取りつけるための「南部戦略」の一環として重視してきたものであった.しかし佐藤はこの問題の重要性を十分認識していなかった.彼は国内の面倒な政治事情のために,この問題ではすぐに行動しなかった.

1970年10月に国連出席のためニューヨークに赴いた佐藤はワシントンに立ち寄り,対応が遅れていることをわびたが,71年3月,ニクソンの政敵で民主党の実力者であるミルズ下院歳入委員長の同意を得て日本の業界団体の緩やかな自主規制案が発表されると,政府はこれで問題は解決したという官房長官談話を出したため,ニクソンは佐藤の背信に激怒した.繊維問題はニクソンにとっては彼の構想に従って彼の手で解決されることに政治的意義があった.ニ

クソンはこの案の受諾を拒否するという声明を直ちに発表した．キッシンジャーの訪中を発表直前まで佐藤に知らせなかったのは，佐藤の背信への仕返しという面があったかもしれない．しかしニクソンは日本がアメリカ離れを起こすことを懸念し，9月に訪欧途上の昭和天皇・皇后の乗った飛行機が給油のためアラスカに立ち寄ったときには，天皇・皇后に敬意を表するため自らアラスカまで出向いた．

　8月に新経済政策発表後まもなくニクソンは日本などアジア数ヵ国に繊維製品の対米輸出について10月中に輸出制限協定に応じなければ，大統領の非常権限による輸入規制を行うと通告して対応を迫った．佐藤は土壇場で通産相に実行力ある田中角栄を任命し，彼に業界を説得させてニクソンの要求を受け入れた．この問題がこじれた理由の一つは，日本の繊維産業もアメリカの業界同様に斜陽化していたためである．まもなく日本の生産量は落ち込み，アメリカから割り当てられた輸出量をも満たせなくなった〔五百旗頭2008；石井2010；細谷2001（石井）；細谷ほか1999〕．

【米中接近と日中関係】

　1972年1月，佐藤はカリフォルニア州サンクレメンテでニクソンとの会談に臨んだ．これは前年一時険悪になった二人の関係を修復し，米中接近にも拘らず日米の安保体制と国際政治経済における協力関係を再確認するための機会であった．この会談のなかで佐藤は米中接近と日米安保体制との両立の問題に言及し，アメリカ側が日米安保があれば日本の核武装はないと中国側に保証することにより，彼らに対して日米安保を正当化しても構わないとキッシンジャーに語ったという．この会談で，両者は沖縄施政権返還の時期を5月15日と定めた．佐藤はその実現後に首相を引退し，後継の自民党総裁には田中角栄が選出され，彼が首相となった．

　中国は佐藤が1969年11月の日米共同声明で，「韓国の安全は日本自身の安全にとって緊要である」と述べ，「台湾地域における平和と安全の維持も日本の安全にとってきわめて重要な要素である」ことを認めたことに強く反発し，「日本軍国主義の復活」を非難するようになり，佐藤政権の退陣までその非難を繰り返した．72年2月のニクソン訪中の際，キッシンジャーは佐藤と話し

合った論理を用いて日米安保を正当化したが，その説明を聞いた後，周は日米安保の存続を認めるコメントをしたという．周はその前月，ソ連のグロムイコ外相が東京を訪問し，日ソ平和条約の締結を呼びかけたことにもちろん注目していたであろう．日本がアメリカから離れてソ連に接近することは周としてもっとも望まないことであった．彼は佐藤からの日中交渉の呼びかけを拒否し続けたが，佐藤退陣後に日中国交正常化に積極的な指導者が登場することを期待していた．周は佐藤政権の外相を務めた福田赳夫が政権を継承することを希望しなかった．

　田中は初閣議で日中国交正常化についての意欲を語ったが，彼以上に意欲的だったのは外相を引き受けた大平正芳で，彼は就任早々その実現のための外務省内の態勢を整えた．周は田中内閣発足後まもなく上海舞劇団の団長として有力な知日派孫平化を日本に送り，政府要人との接触を指示し，他方，訪中した竹入義勝公明党委員長に田中首相の訪中を歓迎すると述べて，中国側の日中国交正常化の基本方針を具体的に説明した．周が竹入に，中国としては日米安保を日本の問題と見なし問題にしない，日本に賠償を求める考えもないと伝えたことは，田中が早期訪中を決断する触媒となり，田中–孫会談も実現し，正式な招待状が渡された．

　自民党内には信義の問題として国民党政府との関係を断つべきではないという有力な意見があり，田中自身も蔣介石総統に礼を尽くす配慮を怠らなかったが，台湾との国交維持と両立しない日中国交正常化について党内の意見をまとめることはできなかった．田中，大平はアメリカ政府から日中国交正常化について事前に了解を得ようとした．8月にニクソンは田中，大平とハワイで会談し，日米安保条約を堅持してサンフランシスコ体制の枠内で北京との国交を正常化するという日本の方針を了承するとともに，日米貿易の不均衡是正のための一策として民間旅客機などの大型購入を行うことについて田中の同意を得た．

[日中国交正常化の実現]

　田中，大平は1972年9月25日に東京から北京に到着し，空港で周恩来首相，姫鵬飛外相らに迎えられた．それから数日間に国交正常化のための共同声明をめぐる対立点のぎりぎりの調整が行われ，28日深夜に合意が成立し翌朝調印

の運びとなった．共同声明では，「両国間にこれまで存在していた不正常な状態に終止符を打つ」という文言が用いられたが，これは中国の主張する「戦争状態」という表現を，日華講和の全面否定につながるために避けようとして，日本側が提案した苦心の表現であった．「日本側は，過去において日本国民が戦争を通じて中国国民に重大な損害を与えたことについての責任を痛感し，深く反省する」という文言は，中国側の提案では「日本軍国主義が」となっていたものを日本側の希望で「日本国民」に変えたもので，中国側には日本国民への好意を示す意図があったが，日本側は戦前戦中世代の保守政治家を中心に，「日本軍国主義」という表現を嫌う人々が多いことを考慮し，むしろ「日本国民」とすることを選んだ．

　共同声明では，中国側が竹入に示した「復交三原則」については，日本は「十分理解する立場に立って国交正常化の実現をはかる」と述べ，「中華人民共和国政府が中国の唯一の合法政府であることを承認する」（第一原則）とし，台湾については，その領土の不可分の一部であるという人民中国の立場（第二原則）を「十分理解し，尊重し，ポツダム宣言第8項に基づく立場を堅持する」ことを表明した．これは日本がサンフランシスコ講和によって台湾の帰属について発言権をもたないとする立場に留まるための文言であり，ポツダム宣言への言及が挿入されたのは，上記の表現に不満な中国側との折り合いをつけるためであった（同宣言第8項は台湾が中国に帰属するというカイロ宣言の忠実な実施を述べたものである）．共同声明は第三原則（日華平和条約の無効・廃棄）には触れず，声明発表直後の記者会見で大平外相が日本政府の見解として「日華条約は終了したものと認められる」と言明することに，終了まで有効な条約であるという日本側の主張を言外に含めた．国民党政府は条約終了を通知する田中の親電を受け取ると，冷静に対応した．

　田中，大平と外務省の随員たちは，日中国交正常化をサンフランシスコ講和と整合させることに心を砕き，共同声明を国内の批判を最小化し，かつ中国側を満足させる文言にするために腐心した．他方，日本の首相を迎える側の周恩来は，中国人が反日的な国民感情を胸に収めて日中関係の正常化を歓迎するように，周到な用意を怠らなかった．彼は大局的見地から中国にとってこの時期に日本と国交を正常化することが，賠償を取らずに日中の友好関係を発展させる

ことが重要な利益であると訴えて，共産党員に対する啓蒙に努めていた．そして北京から上海にも田中，大平に同行して，空港や街路に日中関係の正常化を歓迎する民衆が並ぶように配慮した．

［1972年の歴史的意義］

　1972年に中国の老宰相周恩来は，毛主席の支持を確保して国内態勢を整え，アメリカの大統領と日本の首相とを迎えることにより，米中の劇的接近と日中国交正常化という二つの外交的事業を達成した．ニクソンは北京とモスクワへの二つの訪問外交によって世界外交の主導者であることを国際的に印象付けつつ，北ベトナムとの休戦交渉を合意に近づけ大統領に再選された．日本は前年連続的なニクソン・ショックを受けたが，72年には佐藤政権により沖縄施政権返還を実現し，田中政権により日中国交正常化を実現した．ニクソンの外交的イニシアティヴは日本に衝撃を与えたが，それは他方では長年両立不可能に見えた日米安保と日中国交正常化との両立を可能にし，そのため日本は最大の外交上の難問を解く機会を得られたのである．72年は東アジア政治における大きな転換の年となったが，ヨーロッパでも，この年には米ソのデタントのほか東西両ドイツ間の基本条約調印があり，ソ連のブレジネフにも西独のブラントにも満足できる東西関係安定の成果があった．

第Ⅴ章

第三世界の激動と米ソ・デタントの退潮

ホメイニー師の肖像画を掲げた反国王デモ（1979年1月，テヘラン）
写真提供：AFP

　1974年に国連資源特別総会で演説した鄧小平は，毛沢東の意を受けて「三つの世界」論を提唱し，人民中国を第三世界の国と位置づけた．73年に始まり80年に終わる時代は，その中国を含めて第三世界激動の時代であり，それまで東西冷戦では二次的な舞台であった中東・西アジア地域が，冷戦の枠組みを越える大きな衝撃を国際関係に与えた．その衝撃は対立する二つの世界の双方に，また両者の関係に影響を及ぼし，米ソ「デタント」は「新冷戦」へと逆行した．
　1973年は第四次中東戦争の勃発後，アラブ石油輸出国機構（OAPEC）がアメリカ等イスラエル支持国への石油禁輸策をとり，石油輸出国機構（OPEC）も原油価格の大幅引き上げを狙ったため，石油への依存度を高めていた西側諸国の経済は大きな打撃を受けた（第一次石油危機）．西側諸国は経済好況から大不況に落ち

込み，不況とインフレーションが同時進行するスタグフレーションを経験した．西側世界では石油危機，「新国際経済秩序（NIEO）」の挑戦，国際経済の低迷が，指導層に共通の危機意識を生み，「相互依存」が意識されるようになった．ソ連は産油国であり石油輸出国であったが，国際的石油価格の上昇は必ずしもソ連に経済的利益をもたらさなかった．東欧経済は西側の不況で痛手を受け，70年代半ば以降ソ連経済も不振に陥る．

東西欧州のデタントの最終の成果というべき1975年の欧州安全保障協力会議（CSCE）の「ヘルシンキ合意」は欧州の国境線の現状を承認し，その上で相互の信頼を醸成していくというもので，ソ連・東欧圏の現状に正統性を与えたという意味で，ソ連が求めてきた合意であったが，西欧諸国の尽力によりその合意文書に欧州の人権の国際基準を定める諸項目が入ったことは，ソ連・東欧の市民運動に正統性を与え，大きな変動の前触れとなる．

アメリカのカーター大統領も国際的人権尊重の促進をアメリカ外交の柱として「人権外交」を主張し，国際的影響を与えたが，彼の人権外交は現実的な利害との両立が求められたから，実践における恣意性は免れず，しばしば一貫性を欠く拙劣な政策を生み出した．彼の対イラン外交もその一例であるが，そのイランの1979年の革命は「第二次石油危機」と呼ばれる原油価格の高騰をもたらしたのみならず，これまでの第三世界諸国の革命とは異なり，イスラーム原理主義による国家建設をめざす異色な革命となった．

本章は1973年から80年までを扱い，石油危機の時代の国際関係の新たな展開を考察し，最後にその時期の日本外交についてまとめる．

1―第四次中東戦争とその収拾をめぐる国際政治

［第四次中東戦争の勃発］

　ナセルが 1970 年 9 月に死去したあと，大統領に就任したのはナセルと同じく「自由将校団」の革命に参加したサダトであった．サダトにとってイスラエルにシナイ半島を占領されたままの状況の打開が最重要課題であった．彼は米ソが支持しながら強制しようとしない国連安保理決議 242 号の実現に向けて超大国を動かすことを狙った．彼はエジプトの軍事力回復と強化のためには，ソ連からの兵器供給が必要であり，ソ連との同盟関係（71 年 5 月に友好協力条約調印）は外交的にも重要であるとしても，ソ連が中東の現状変更に消極的であることは明らかであり，ソ連に頼るだけでは事態の打開にはつながらない，そのためにはイスラエルに影響力をもつアメリカを外交的に引き込むことが欠かせないと考えていた．彼はソ連の顧問団の大半のエジプトからの退去を求めて，軍事的主体性を確保したのち，シリアとともにイスラエルに対する攻撃に出た．73 年 10 月 6 日エジプト軍はシナイ半島への進撃を開始し，シリアはゴラン高原への攻撃を開始した．

　ソ連は中東で戦争の危機が高まっていることをアメリカに警告していたが，イスラエルもアメリカもエジプトがイスラエルに攻撃を仕掛けるとは予想していなかった．攻撃がユダヤ教の祭日「ヨーム・キップール」と重なったためイスラエルの態勢立て直しが遅れた．当初楽観的だったアメリカがイスラエルへの大量の武器の緊急空輸を実施したのは開戦から 1 週間後であった．その後ソ連のコスイギンがカイロを訪問してサダトから休戦の同意をとりつけ，キッシンジャーがモスクワを訪問して休戦提案を協議した結果，23 日に休戦の合意が成立したが，イスラエル軍部の反対で戦闘が再開された．イスラエルが反撃に転じてシナイ半島のエジプト軍を窮地に陥れ，シリア戦線でもダマスカスに向けて進撃したので，ソ連は即時停戦が実現しなければ単独でも軍事介入するとアメリカに通告した．アメリカ側は強硬姿勢でソ連の軍事介入を抑えつつ，イスラエルがスエズ東岸のエジプト軍を完全包囲し，さらにスエズ西岸の一部を占領した時点でイスラエルに停戦を受諾させた〔Young & Kent 2013; Leffler

& Westad 2010, II（Little）〕.

［キッシンジャーのシャトル外交］

　戦争のなりゆきはサダトにとって不本意なものであり，戦後和平のために彼は米ソ共同出兵を望んでいたが，アメリカの積極的介入行動を引き出した点では期待はずれではなかった．戦争の結末自体はキッシンジャーにとって満足すべきものであった．彼は緊急軍事援助によってイスラエルに恩を売ることができ，ソ連の単独介入および米ソ共同出兵を防ぎつつ，エジプトとの外交チャネルを獲得し，それによって中東の緊張緩和外交の主導権を握ることができたからである．しかしアメリカは地域的緊張緩和問題とともに，「石油戦略」への対応というより大きな問題に直面することになった（次節参照）．

　1973年12月にジュネーヴで中東和平会議が米ソの共同主催で開催されたが，関係国による包括的合意は困難であることが確認されただけで終わった．キッシンジャーが望んでいたのは，イスラエルとエジプト，シリアとの停戦後の限定的な緊張緩和のための合意形成であり，それを斡旋することであった．こうしてこれら三国の首都の間を何回も往来するキッシンジャーの「シャトル外交」が始まった．

　1974年5月にイスラエルとシリアとの軍事力引き離しの合意が成立し，イスラエルとエジプト間では，双方の軍事撤退についての一連の合意が74年から75年にかけて成立した．イスラエルがスエズ運河地帯からの撤退を実行したので，75年6月にエジプトはスエズ運河を8年ぶりに再開することができた．エジプトは74年2月にアメリカとの外交関係を再開し，他方では76年3月にはソ連との同盟条約を破棄した．74年6月，ニクソン大統領は新たに友好国となったエジプトなど中東諸国を訪問し，彼の政権の外交的達成を誇示することで，ウォーターゲート事件で窮地にある政権の延命を図ったが，結局その2ヵ月後，弾劾裁判を避けるため辞任し，副大統領のフォードが大統領に昇格した．外交経験に乏しいフォードはキッシンジャーを国務長官・大統領補佐官兼任の地位に留め，彼に外交の主導権を委ねた〔佐々木2011（伊藤）；Young & Kent 2013〕.

[第四次中東戦争後の米ソの勢力関係]

　ソ連は戦争収束外交の主導権をアメリカに握られ，それまでの同盟国エジプトがアメリカに接近したのであるから，そのかぎりでは外交的失点であったが，ソ連も中東政治における影響力をそれほど失ったわけではない．1971年以来シリアの独裁的権力者となったアサド大統領はソ連への依存を続けており，ソ連はシリアを援助しつつ，PLOに接近し，イラク，南イエメンなどアラブの共和国との関係を強化することでアメリカに対抗した．

　レバノンはシリアとともにイスラエルの北方に位置する小国で，商業都市ベイルートを首都に持ち，マロン派などのキリスト教徒が国民の過半数を占め，イスラーム諸教派を含む宗教教派が権力を分け合う仕組みで政府を維持してきたが，1967年の第三次中東戦争後にパレスチナ人が多数流入し，70年にヨルダンのフセイン国王政権の打倒に失敗したPLOが本部をベイルートに移したので，レバノンはアラブ-イスラエル戦争に深く巻き込まれることになった．第四次中東戦争ではレバノンは中立国だったが，同国を舞台とするパレスチナ対イスラエルの武力の応酬は戦後激化し，レバノン政府がパレスチナ武装勢力の行動を抑えようとしたとき，隣国シリアが76年に秩序維持を名目に軍隊を派遣し，次第にレバノンを支配下に置いた．キッシンジャーの緊張緩和政策はPLOを対象外としていたから，レバノン情勢改善の助けにはならず，むしろその混乱を深めたのである〔Kent & Young 2013〕．

　第四次中東戦争は1968年に結成されたアラブ石油輸出国機構（OAPEC）が「石油戦略」を発動する機会となり，石油輸出国機構（OPEC）もこれを機会に大幅な原油価格の引き上げを行った．アメリカの友邦であるサウジアラビア，イラン，ベネズエラはOPECの有力メンバーであり，サウジアラビアはアラブ最大の産油国である．OAPECとOPECの石油戦略は西側経済には深刻な打撃を与えた．サウジアラビアもアラビア半島の保守的な君主国も，またイラン王国も西側諸国との関係を壊す意図はなかったが，原油に関する貿易条件を自国の側に大幅に有利にしようとした．西側諸国が安い原油に依存した高度成長の時代は終わったのである．

　ソ連は膨大な石油資源を有する国であったから，原油価格の上昇はソ連にとってはむしろ収益増につながるものであり，OPECの石油戦略によって経済的

な打撃を受けた西側に対して，その点では政治経済的に有利な立場に立った．しかし実際には西側の経済的不況は東側にとって経済的利点とはならなかった〔ヤーギン 1991〕．

2―石油戦略の発動

[石油輸出国機構（OPEC）形成の背景]

　1950年代，60年代の西側諸国の経済成長の時代に，石油は石炭に代わって，これら諸国における生産活動と運輸交通とのための主要なエネルギー源となり，また木材や金属に代わって多くの工業製品の原料となった．第二次世界大戦後，西ヨーロッパ諸国および日本が経済復興をとげ，西側経済が目覚しく発展したが，それはこの時期に中東地域の新たな油田開発によって大量の原油が廉価で供給されたという好条件に助けられたものであった．アメリカは戦間期および第二次世界大戦中は世界の原油生産の半ば以上を国内で生産しており，主要な石油輸出国であったが，戦後の経済成長期には，外国からの原油輸入を次第に増やした．

　中東における油田の採掘権と生産された原油の販売権を手に入れたのは資本と技術をもつアメリカおよびイギリスの大手石油会社であった．第二次大戦後には，石油会社は生産国に対して，原油販売収益の分配率の協定では戦前に比べてよりよい条件を提供するようになった．それはこれら石油資源保有国との友好的な関係がアメリカの長期的な国益に寄与すると考えたアメリカ政府の希望に沿うものであった．

　1960年9月に，ベネズエラとサウジアラビア両国の呼びかけにより，国際石油資本に対する交渉力を強めるための資源保有国の国際組織として，OPECが設立された．ただし原油生産はまだ需要以上に増大する傾向にあり，OPECの設立は産油国と国際石油会社との力関係にただちに劇的な変化をもたらしたわけではない〔ヤーギン 1991〕．

[OPECの発言力の増大と石油戦略の発動]

　1960年代後半になると，OPECの交渉力を強めるあらたな状況が出現した．

第一に，先進工業国の経済が60年代後半から70年代初めにかけて著しく発展するにつれ，原油に対する需要が供給を上回る勢いで増加した．その結果，原油価格が上昇し，OPECの価格決定に関する交渉力を強めたのである．第二に，中東に影響力をもつ二つの西側大国，アメリカとイギリスが，前者はベトナム戦争の泥沼に落ち込むことにより，後者は中東からの兵力撤退により，ともに影響力を弱めたため，ソ連の影響力拡大に対抗してこの地域を守るために，イランやサウジアラビアなどの親西側的な政府により多く頼るようになり，米英両国とも国際石油会社の利益を抑えてもこれらの政府の願望を尊重しようという態度をとったからである．

　1969年に，リビアの王政を軍事クーデタで倒して権力を握ったカダフィは，まず米英の軍事基地の撤去を要求し，イタリア系住民を追放した．次いで彼はリビアに利権をもつ石油会社との利権協定を改定してより有利な条件を獲得しようとした．リビアの原油生産は60年代に急速に上昇し，70年にはヨーロッパで消費される原油の3割を供給するまでになっていた．カダフィはOPEC加盟国に先駆けて，公平な配分の目安とされてきた50％を越えて55％の利益配分を求めた．また71年にイランと石油会社とが1バレル35セントの原油価格引き上げに同意してからは，他のOPEC諸国もイランの例に倣った．一国がその国で生産される石油価格の値上げに成功すると，他の国々はそれと同じかそれ以上を要求した．OPEC諸国はまた自国内の大手石油会社の子会社を部分的に国有化しはじめた．72年にペルシア湾岸諸国と石油会社とは資源保有国がまず21％の株式を取得し，83年までに51％すなわち過半数の株式を取得することに合意した．イランでは石油資源を保有する国営会社が存在していたので，イラン国王はその国営会社を通じて生産権を取得し，国際合同企業体は生産と国際市場での販売のために必要なサービスを提供することに限定された．この方式は他の産油国のためのモデルを提供した〔ヤーギン1991〕．

　このように，1970年代初頭には，原油の生産量や価格に関する決定権は産油国が握るようになっていたが，大幅な原油価格の上昇は第四次中東戦争の勃発をきっかけに生じた．OAPECは戦争勃発後，アメリカの武器援助でイスラエルが優勢を取り戻したとき，アメリカとイスラエル支持の諸国に対して原油の禁輸措置をとり，停戦後も74年3月まで禁輸を解除しなかった．OPECは

この機会に結束して原油価格の引き上げをはかり，その価格は1バレル2ドル90セントから11ドル65セントに上昇し，禁輸解除後も高値が続いた〔ヤーギン1991；Schenk 2011〕．

［石油価格上昇の西側先進国への影響］

アメリカは1970年代初頭には国内石油生産量では世界最大の国であったが，国内生産を上回る量の石油を輸入する大量消費国であり，その相当部分をサウジアラビアから輸入していた．73年の冬に向かいアメリカはガソリンの不足に見舞われ，ニクソン政権はさまざまな消費制限措置をとった．石油製品の不足と高騰とは，インフレを加速し，同時に一般消費物資の需要を減退させ経済不況を招来した．政府の政策はインフレ抑制策と景気刺激策とを交互に追求して一貫性を欠き，どちらの目的をも達成できず，スタグフレーション状況が継続した〔猪木2009；Ferguson, et al. 2010（Maier）〕．

中東石油への依存度が大きかった西欧と日本は1973年から74年にかけ，燃料不足で寒い冬を越し，西側諸国はいずれも深刻な経済不況に陥った（第一次石油危機）．そのなかで一番早く景気の回復を果たしたのは，中東石油へのエネルギー依存度の高かった日本であった．一方ヨーロッパでもとくにイタリアは失業の増大に悩まされ，そのために共産党の支持者が増え，キリスト教民主党は共産党の閣外協力を取り付けることにより，ようやく政権を維持した．キッシンジャーがユーロコミュニズム（体制内政党として政権獲得を目指す共産党の立場）の台頭に懸念を表明したのは，フランスやイタリアその他の南ヨーロッパ，あるいはポルトガルにおける共産党の活動がソ連に対する西側の立場を損なうことを恐れたからである．彼にとって，選挙によるにせよ，武力革命によるにせよ，これら地域における共産党の政権掌握は脅威であった．彼は南米においてもチリの左翼指導者アジェンデの政権の存続を嫌い，73年9月CIAの秘密工作により，その崩壊を導いた〔佐々木2017；ワイナー2011〕．

地中海に面したヨーロッパ諸国で左翼勢力が台頭することは保守的な君主政の国サウジアラビアの支配層にとっても好ましいことではなかった．サウジアラビアはアメリカへの石油禁輸を行い，OPECにおいて原油価格の大幅引き上げを支持したが，1975年には西側経済をさらに悪化させ政治的混乱を助長す

ることは得策ではないと考え，OPECにおいても原油価格を安定させることを主張し，さらなる価格上昇を望むイランを押さえようとした．国際的テロリスト集団が12月ウィーンのOPEC本部の会議場を襲撃して，諸国の代表を人質にとるという事件が起こったことも，サウジアラビアをはじめアラブ君主国の首脳の保守主義を刺激した．OPECは二重価格体制を容認することでまとまりを保ったが，70年代後半にはOPECの結束は弱まっていった〔ヤーギン1991〕．

一方，西側主要国はアメリカが提唱した石油消費国会議に参加する一方，世界政治経済の諸問題への経済先進国としての対応策を協議し，合意形成を図るために首脳会議を開催することに同意した．最初の先進国首脳会議（サミット）は，フランスのジスカールデスタン大統領の提案で，アメリカ，イギリス，フランス，西ドイツ（西独），イタリア，日本の6ヵ国が参加して1975年11月フランスのランブイエで開催され，その後カナダも参加して（G7），毎年定期的に開催されるようになった．西側先進諸国は途上国の資源ナショナリズムの台頭という共通の危機に直面して，先進国間の相互依存性を意識し，首脳レベルでの協議連携体制を強めようとしたのである．

西欧諸国および日本の西側国際経済の復興と高度成長とを支え，アメリカとともに繁栄する西側先進地域を形成することを可能にしてきた，アメリカの力によって保障されていた低廉豊富な石油供給の継続という外的条件が失われたとき，これら諸国は1930年代とは異なり，経済政策における国際協調の維持に留意した．「相互依存」論が国際関係論に登場したのも，この時期であった．これら諸国はアメリカ提唱の国際エネルギー機関を設立し，フランス提唱の先進国首脳会議を定期的に開催して，緊急時の石油の相互融通，石油消費の効率化，石油に代わるエネルギー資源の開発，共通の経済成長の回復等の方針を共通の目的として具体策を検討した〔Ferguson, et al. 2010（Maier, Sargent, Taylor）〕．

［途上国による新国際経済秩序（NIEO）推進の試み］

OPECおよびOAPECが原油の輸出国と消費国との力関係を劇的に変え，価格の大幅引き上げに成功したことは，原材料の生産国であり工業製品の輸入国である開発途上国を元気づけた．国連総会では途上国が多数を占めていたから，

新国際経済秩序（NIEO）の構築を目指す運動が高まり，1974年4月から5月にかけて開催された国連資源特別総会で77ヵ国グループによるNIEO構築についての決議が採択された．これは第三世界*が国際経済秩序変革のために結束したクライマックスであり，唯一の時期であった．

* 「第三世界」とは西側諸国と東側諸国のどちらの冷戦陣営にも属さない新興独立国を指して用いられたフランス起源のことばであるが，アフリカ諸国の独立により，1970年代には新興国は国連加盟国の多数を占めるようになった．

一時復権していた鄧小平が，当時の毛沢東の世界の見方を代弁する「三つの世界」論を同じく国連資源特別総会での演説で表明し，米ソを「第一世界」，その他の西側諸国を「第二世界」，その他を「第三世界」に分け，第三世界を代表する常任理事国として自国を位置づけたことも注目される．それは冷戦の対立のイデオロギーを越え，それとは無縁の世界観で，ソ連を第三世界の敵とするところに特色があった〔天児ほか1999〕．

途上国の所有資源に対する主権の承認，途上国を有利にする国際貿易条件の変革，途上国の輸入代替産業の保護政策の承認などを骨子とするNIEO構想の形成に指導的役割を果たした人物を挙げるとすれば，それは誰よりも，国連貿易開発会議（UNCTAD）の初代事務局長をつとめたアルゼンチンの経済学者プレビッシュである．彼はラテンアメリカ諸国が長年独立国としての地位を保ちながら，なぜ北米の先進国とは格差のある万年後進国の地位に留まっているかを，国際的国内的政治経済構造から説明しようとした経済学者で，先進国に従属的に経済発展をとげても，国際政治経済の周辺部として，国内に少数の特権的受益者の抑圧的支配を生み出すのみであると考える「従属論」（あるいは「従属的発展論」）の代表的な理論家であった．西側も途上国の希望にある程度前向きに対応する姿勢を示し，「東西関係」より「南北関係」の問題がより重要であるという認識も生まれた〔Krieger 2001（Love）〕．

しかしNIEOは結局失速し，推進者たちが当初期待したほどの成果はなかった．途上国は多数であったが，結束を保つためにはあまりにも多様であった．原油価格の上昇で巨富をえた一握りの石油輸出国以外の途上国は，国際経済の低迷により先進国以上に深刻な経済的打撃を受けた．石油輸出国はそれらの国々に手厚い配慮をすることはしなかった．OPEC諸国に移転した富の大部分

は，アメリカやイギリスの不動産に投資されるか，先進国通貨で先進国銀行に預金された．イランやアラブ諸国は西側諸国，とくにアメリカからの兵器購入に多量の資金を投入した．石油資源以外の原料資源は代替性が石油に比べると大きく，多くの国は多国籍企業による資源開発を排除して資源国有化を行ったが，輸出国は強力な輸出カルテルをつくることはできなかった．「77 ヵ国グループ」と呼ばれた途上国の結束はたちまち崩れ，NIEO が先進国に脅威をおよぼすことはなかったのである〔Chan & Wiener 1999（Wiener & Kennair）; Schenk 2011〕．

　ソ連は戦略的に重要と見なす途上国に対しては経済援助を提供したが，国連を通じての開発援助には消極的であった．ソ連は南北問題をもっぱら西側と途上国の問題とみなしていた．自国は東欧のみならず西欧にも石油を供給する輸出国として，OPEC による石油価格引き上げにより利益を得た．しかしそれにもかかわらず，ソ連経済は 1970 年代半ばからむしろ失速した．硬直した計画経済体制が技術革新への対応を遅らせたからである．そのことがブレジネフ政権を対外関係における実績を求めることに駆り立てた．そしてアフリカや中東における勢力拡張を図りながら他方では，ヨーロッパでさらなる緊張緩和を推進するという矛盾する政策をとらせることになった〔ウェスタッド 2010〕．

3 ― 米軍撤退後の東アジアと東南アジア

[南ベトナム政府の崩壊]

　休戦協定によって米軍は 1973 年 3 月に南ベトナムから撤退し，北側に捕らえられていた米軍捕虜の大部分は解放された．しかしベトナムの戦争はこれで終わったわけではない．ニクソン政権は南ベトナム政府に経済・軍事援助を提供しており，軍事顧問団を他の名目でサイゴンに残し，カンボジアの一部地域に対する米空軍による爆撃も秘密裏に続けられていた．ニクソン政権は状況次第で米軍を再投入することをチュー大統領に約束しており，米軍再投入，とくに北ベトナムに対する空爆再開の可能性を選択肢として否定しなかった．ニクソンもキッシンジャーもそのような選択肢を残すことで，北ベトナムに慎重な態度をとらせる効果を狙った．しかしアメリカの世論は，北ベトナムとの戦争

再開を望まず，カンボジア爆撃の正当性を認めなかった．

　チュー大統領は南ベトナム領内に北ベトナム軍とNLFとが支配している地域があったから，1973年には「ベトナム化」政策によって強化された南ベトナム政府軍を動かして，同政府が支配する領域を拡張するために攻勢に出た．北ベトナム側は破壊されたインフラの整備のための時間が必要であり，米側の動向を見極める必要もあったので，当初は守勢で対応した．しかし74年になって，南ベトナム援助に積極的だったニクソン大統領が辞任に追い込まれ，アメリカの援助が大幅に削減されると，南ベトナム軍の士気は低下し，南ベトナム政府の統治能力も減退した〔Herring 2014〕．

[ベトナム統一後の新たなインドシナ紛争]

　1975年に北ベトナムは南ベトナムでの本格的な攻勢態勢を整え，中央高原地帯で勝利を収めた．混乱の中で敗走し壊滅的打撃を受けた南ベトナム政府軍には，サイゴンを中心とする南部地域を防衛する余力はなかった．キッシンジャーは南ベトナムに対する緊急軍事援助を議会に要請したが，議会はアメリカ市民の脱出のための支出とそのための米軍の出動を承認したのみであった．75年4月末にNLF軍はサイゴン（「ホーチミン市」と改名）を占領し，南ベトナム政府は崩壊し，臨時革命政府が政権を握った．ハノイの指導者が正式にベトナム統一政府「ベトナム社会主義共和国」を発足させるのは翌年7月である．

　南ベトナム政府が崩壊する2週間前にカンボジアでは，中国および北ベトナムの支援を受けたクメール・ルージュの勢力が親米的なロン・ノル政権を打倒した．クメール・ルージュの指導者ポル・ポトは親中派で，都市住民を資本主義的腐敗に汚染した者とみなし，都市を破壊して農村から社会主義を建設するという独特の理念に沿って，プノンペンの住民を荒野に放逐する政策をとり，意図的に大量の同胞を犠牲にした．彼はやがて国内の親ベトナム派を抑圧しベトナムとの国境紛争を起こした．ベトナム統一後の経済再建は多難であったが，それでもベトナムは1978年6月にソ連・東欧圏諸国のCOMECONに加入し，さらに11月にソ連と友好協力条約を結んで，ソ連の後ろ盾に期待してカンボジアを攻め，ポル・ポトに代わる親ベトナム的な政府を樹立する方針をとった．このように米軍撤退後のインドシナは混乱を極めた．

ベトナム軍のカンボジア侵攻によりポル・ポトは辺境に追いやられたが，アメリカや西側諸国もポル・ポトを支持し，国連もポル・ポト政権の代表権を認めていた．中国とベトナムとの関係は急速に悪化した．中国はベトナムの行動への報復と警告として，米中国交正常化を達成した直後に，1979年2月から約1ヵ月間，ベトナム領内北部に侵入して限定戦争を行い，自発的に撤退した〔Herring 2014; Lawrence 2008〕．

[毛沢東時代の終わりと鄧小平時代の幕開け]

米中国交正常化に応じ，中国の指導者としてはじめてアメリカを訪問し，ベトナムとの限定戦争を戦ったのは，毛沢東後の中国の実力者としての地位を固めた鄧小平であった．革命以来の中国の指導者，毛沢東は1976年9月に死去した．彼は死去するまで共産党主席の地位にあったが，最晩年には政務には関われないほど老衰していた．彼の協力者として長年政治外交の実務を支えてきた周恩来首相の存在が重要性を増していたが，彼もまた末期癌に冒され，毛の死去より8ヵ月早い76年1月に死去した．周は毛と具体的な問題では意見を異にした場合もあったが，つねに毛の指導性を尊重して彼に忠実な側近としての地位を維持し，対外的には卓越した外交家としての才能を発揮した．周は恣意的な方針決定をする最高指導者の方針を忖度して，適切な間合いを計りながら毛への忠誠を維持し，その信頼を損なわずに権力の中枢に留まり，大混乱のなかでも中国政府の実務的部分を辛うじてまもった．周はまれにみる政治的才能の持ち主であった．

彼は鄧小平を復権させ，党と政府の運営に実務能力のある次世代の指導者にしようとしたが，周の方針は文革左派の毛沢東夫人江青，張春橋らのグループ，いわゆる「四人組」から反発を受け，周・鄧グループと江青グループとの間で権力闘争が続いた．

毛よりも周がさきに死去したことで，権力闘争はさらに激化した．周の死とともに鄧小平の立場は弱まった．4月に周恩来追悼を口実に，四人組の指導体制を批判する大きな集会が北京の天安門広場で開催された（第一次天安門事件）．その事件後，毛は再び鄧小平を解任し，党副主席兼国務院総理（首相）に華国鋒を任命した．華国鋒派と四人組との権力闘争が熾烈となり，毛の死か

ら4週間後に四人組は警察部隊により逮捕拘束された．これは党の長老たちの支持を背景に華が仕組んだクーデタとみられる．しかし党主席に就任した華は実力もカリスマもない人物で，先代のイデオロギーの継承を謳うことに終始し，ポスト毛の体制を構築できないまま，1977年7月に党副主席兼副総理（副首相）に復職した鄧小平に実権を奪われた．鄧は華国鋒派との権力闘争の過程では，毛沢東時代と決別する民主的政治改革を求める活動家たちに寛大な態度をとったので，78年から79年にかけて，「プラハの春」になぞらえて「北京の春」とよばれた開放的な雰囲気が見られたが，鄧の権力が確立するとともに，そのような自由は弾圧され，民主化運動の代表的論客魏京生は投獄された．

鄧小平が描いた政策の構図は，「四つの近代化」（中国語では「現代化」），すなわち農業，工業，軍事，科学技術の近代化を急速に進め，そのためには先進国との貿易のみならず投資をも歓迎するが，共産党一党独裁体制はあくまでも維持することであった〔宇野ほか1986；天児ほか1999；下斗米2004；毛里2012〕．

4 ─ソ連のアフリカ政策とアメリカの対応

［ソ連のアフリカ政策積極化の理由］

1970年代にソ連のアフリカ政策が積極化したことにはいくつかの理由がある．まずアフリカの指導者の中にマルクス主義を標榜し，社会主義の先進国ソ連に接近しようとする者が増えたという事実がある．コンゴ共和国（旧フランス領）にもソマリアにも，そのような指導者が登場した．ポルトガルの政変によりアンゴラやモザンビークなど同国のアフリカ植民地が独立したとき，独立の指導者たちはマルクス主義を標榜した．さらに帝政崩壊後のエチオピアでもマルクス主義者が指導権を掌握した．社会主義政権が安定政権を樹立し秩序を維持できれば，ソ連も西側が軍事干渉しない限り，軍事介入まではしなかったであろう．

アンゴラの場合は独立派に統一がなく内戦化したため，ソ連は一方を援助して軍事介入に踏み切った．しかしソ連から遠隔の地に大量の資材や兵員を送り込む輸送能力とそれを防衛する軍事力がなければ，軍事介入はできない．この時代のソ連は遠隔地で軍事作戦を展開できるグローバル・パワーとしての軍事

力をもつようになった．

　ソ連はアンゴラにも東アフリカにも自国の軍隊を派遣したわけではなく，軍を派遣したのはキューバであったが，キューバ兵を輸送し，現地での戦闘のための軍需物資を送り込んだのはソ連であった．それはソ連とキューバとの密接な協力のもとに行われたのであり，両国はマルクス−レーニン主義の社会主義圏を強化し広げるという目的を共有していた．この時期までにキューバ・ミサイル危機後一時冷却した両国の関係は著しく改善され，キューバはアフリカでの社会主義革命を自発的かつ積極的に支持したのである．ソ連にとってキューバとの協調は中国が明白にソ連圏と決別したことにより，とくに重要になっていた．中国が自らアフリカに勢力を及ぼそうとする恐れも，ソ連のアフリカ政策を積極化させた一つの理由であった〔ウェスタッド 2010〕．中国はアフリカの動向に関心をもっており，中国のアフリカ援助の目玉プロジェクト「タンザン鉄道」が 1970 年に着工し，75 年に開通した．文革が終息に向かう時期の中国外交の視野の広さを示す事例として注目される〔天児ほか 1999〕．

［アンゴラ内戦の国際化］

　ポルトガルではサラザールの独裁政権が戦前から続いてきたが，西欧諸国がアフリカ植民地の独立を急ぐなかで，サラザールも彼の後継者もポルトガルのアフリカ植民地を海外州として統治しつづけようとした．彼らは植民地住民の独立運動を軍事力で抑える方針をとったが，ポルトガルにとって大きな負担となり，とくに軍人の間に政府への不満が広がった．1974 年 4 月この国では，青年将校たちのクーデタにより軍人主導の政権が成立した．クーデタ後のポルトガル政府は植民地支配を清算する方針をとり，ギニアビサウの独立を承認し，アンゴラとモザンビークについても施政権移譲に向けて独立派と交渉することにした．アフリカ南東部のモザンビークでは社会主義者のマシェルが解放運動の統一を保って政権を掌握し，親ソ的ではあるが，アメリカとも内密のつながりを維持したので，混乱はなかった．解放勢力が分裂したまま内戦となり，米ソなど外部の国が介入して国際的抗争となったのはアフリカ南西部のアンゴラである．アンゴラはそれらのなかで資源がもっとも豊富な植民地でもあった．

　1975 年 1 月にはアフリカ諸国首脳の説得によって，アンゴラの解放勢力の

諸派が円滑な独立への移行のために協力することに合意したが，この合意はまもなく崩れ，アンゴラの二つの有力な組織，アンゴラ国民解放戦線（FNLA）とアンゴラ解放人民運動（MPLA）との間で武力衝突が発生し，もう一つの有力組織アンゴラ全面独立国民連合（UNITA）も巻き込まれた．アメリカはCIAを通じてFNLAとUNITAに内密の限定的な援助を与え，ソ連はMPLAに援助を与えた．キューバは軍事顧問団を派遣しMPLAの戦争を指導した．

UNITAを支持してもっとも積極的に介入したのは南アフリカ共和国で，一時は同国が支配しているナミビア経由で2500人の兵力を送り込んだ．南アフリカ共和国は国際社会の批判を考慮してナミビアに傀儡政権を作って独立させる方針であり，それに反対する南西アフリカ人民機構（SWAPO）が活動していたから，ナミビアの不安定化を防ぐために，その北に隣接するアンゴラに敵対的な政権が成立することを好まなかった．しかしこの軍事行動はキッシンジャーの介入奨励に応じたためでもあった．

キッシンジャーはニクソン政権以来，南アフリカ共和国に南部アフリカ地域の「警察官」としての地位を認め，人種関係の改善を要望するが経済的圧迫や兵器禁輸を緩和する方針をとってきた．しかしアメリカ議会では，キッシンジャーの隠密政策に対する猜疑心が強くなっており，議会は1976年1月にはアンゴラ内戦への内密の関与のための支出を一切禁止する法案を可決した．アメリカが手を引いたことで，南アフリカ共和国も軍事作戦を中止した．こうして76年2月までにアンゴラ内戦ではソ連およびキューバの協力をえたMPLAの勝利が確実になった〔有賀1992（有賀）〕．

[「アフリカの角」──ソ連の友好勢力間の抗争]

紅海とインド洋とにサイの角のように突き出した東アフリカでは，エチオピアは古参の独立国としてハイレ・セラシエ皇帝がアフリカ諸国のなかで威信を保とうとしたが，彼の高齢化とともに統治力が衰え，1974年9月には帝政が倒れ，急進的な国軍調整委員会が権力を握った．その委員会の中で最も有力な指導者となったのは，強固な社会主義者で親ソ的なメンギスツであった．アメリカのキッシンジャーはエチオピアがソ連の援助を受けた隣国ソマリアと戦い，エリトリア地方でも紛争を起こしている以上，いずれアメリカを頼りにするは

ずだと考え，エチオピアへの援助を継続していた．ソ連は当初ソマリアで社会主義路線をとるバーレ政権を支援し，ソマリアをアラビア半島側のイエメン人民民主共和国と対をなす存在として紅海・インド洋支配のために活用しようとした．東アフリカの大国エチオピアで親ソ的でマルクス主義を標榜するメンギスツが 77 年 2 月には独裁者となり政権から他の勢力を排除したことは，ソ連にとって大いに歓迎すべき出来事であったが，メンギスツがソマリア系遊牧民の居住する領土の問題でソマリアに譲歩せず，ソマリアのバーレも好戦的であったため，ソ連は難問に直面した．

アメリカでカーター政権が登場すると，カーターはメンギスツの「赤色テロ」と呼ばれた手荒な独裁を嫌悪し，エチオピア援助を停止して，バーレ率いるソマリアをよりましな存在として限定的な援助を与えることにした．「オガデン戦争」と呼ばれたエチオピア－ソマリア間の戦争では，それまでソ連の軍事援助を受けていたソマリア軍が優勢で，外部からの大掛かりな介入がなければ，エチオピアの敗北は必至と見られた．このときに同国の退勢挽回に乗り出したのはソ連であり，ソ連に協力するキューバであった．両者ともソマリアよりも大きな国エチオピアを重視し，社会主義陣営の一員として育成することを選択した．ソ連はソマリア援助を停止し，エチオピアに 1 億ドル相当の軍需物資を輸送し，同国にはキューバも 1 万 1600 人の兵力と多数の顧問・技術要員を派遣した．その結果 1978 年 3 月の決戦でソマリア軍は敗北した．ソ連はアンゴラでの成功に続き，遠隔の地にも大量の軍需物資と軍事要員を送り込む能力のあるグローバル・パワーであることを実証した．ソ連は国民生活の向上には僅かな実績しか示せなかったが，第三世界では社会主義が進展していることをもって，資本主義世界に対する究極的勝利をまだ期待することができた．

1979 年にはエチオピアに駐在するソ連およびソ連圏の軍事・政治顧問は 7000 人を越え，社会主義建設を指導しようとしたが，メンギスツはエチオピア内の自治州エリトリアに対しても非妥協的で，しかもエリトリア人の抵抗組織はソ連とキューバの援助を受けていた社会主義者の組織だったが，キューバや東ドイツ（東独）の調停にも拘らず，両者間の和解は成立しなかった．このようにアフリカの社会主義者たちは決してソ連の思い通りにはならず，逆にソ連が利用される面もあった〔ウェスタッド 2010〕．

[デタントの凋落]

　1974年8月ニクソンの辞任を受けてアメリカ大統領となったフォードは11月に国賓として来日し（これは現職のアメリカ大統領の日本訪問としては最初である），その後ウラジヴォストークでブレジネフ書記長との頂上会談を行い，デタント継続のため第二次戦略兵器制限条約（SALT-Ⅱ）の条約内容の大筋で合意したことを発表した．外交経験に乏しい彼は対外政策についてはキッシンジャーを頼りとし，対ソ交渉も彼に任せた．

　アメリカ人が米ソのデタントを歓迎したときには，ソ連は第三世界における勢力拡張を控えるであろうという期待があった．他方ソ連は，第三世界における革命の支援は社会主義大国としてのソ連の基本方針であり，デタントによってそれを捨てることはできないという立場をとっており，それによればアンゴラ独立後の混乱への介入は正当化できるものであった．しかしアメリカからは，ソ連がデタントを利用し強引に第三世界で勢力を拡張しているとみられた．そのため，デタント外交については反ソ派からの批判が増え，アメリカ議会ではデタント反対派の議員たちが国際人権擁護論者の支持も得て，1974年の通商法にソ連への最恵国待遇の付与はユダヤ系ソ連人の国外移住の自由を認める場合に限るという条件（「ジャクソン-ヴァニク修正」）を付けたため，ソ連は不当な内政干渉として拒否し，両国間の通商条約を批准しなかった．ニクソンもキッシンジャーもデタントの限界を自覚していたが，彼らは内政的理由によってその意義を誇大に宣伝しすぎたので，その反動が生じたのである〔スチーブンスン 1989〕．フォード政権内でも与党保守派内でもデタントはソ連に一方的に利益を与えるものだという不満が高まったので，フォードは76年3月には政権の政策として「デタント」という語を使わないと言明した．キッシンジャーは国務長官に留まったものの，大統領特別補佐官との兼任を解かれ，ひところの名声は失われた．国内経済も低迷するなかで，建国200年に当たるこの年の大統領選挙では，ワシントンの政治腐敗とは無縁の清新な指導者として登場した民主党のカーターがフォードに勝って当選する〔Ferguson, et al. 2010 (Morgan)〕．

5 ― 人権問題の国際的重要性の増大とカーターの「人権外交」

[ヘルシンキ合意における人権の国際基準の表明]

　カーター大統領はアメリカ外交が強みとした道義的指導性を復活させるべきときであると述べ，国際的な人権の擁護を対外政策の重要な柱として掲げた．彼はベトナム戦争におけるアメリカの冷戦外交の道義性喪失を批判するとともに，戦争からの脱却をとげたキッシンジャー外交の没道徳性を批判した．彼が国際的な人権の擁護を重要政策として強調するようになったのは，新しい指導者として独自の外交方針を打ち出したいという願望とともに，それを促すような国際的，国内的な状況の影響を受けたからである．

　国際的な状況としては，1975年7月にフィンランドのヘルシンキで開催された欧州安全保障協力会議（CSCE）の最終議定書（「ヘルシンキ合意」あるいは「ヘルシンキ宣言」の名で知られる）の「第三バスケット」において，参加国がまもるべき共通の人権基準が表明されたことが重要であった．ソ連・東欧側の積極的な働きかけにより，72年以来何回かCSCEの会議が開かれて検討を重ね，ヘルシンキの会議で最終合意文書がまとまったものである．ソ連・東欧諸国の狙いは，第二次大戦後のソ連・東欧各国の国境の現状を尊重し，その不可侵性について西側の同意を獲得することであり，それによりソ連領土および東独を含む東欧諸国の国境の正統性を確立することであった．西欧諸国は西独が始めた東方政策を支持し，東西の相互信頼の醸成によって東西交流を広げ，冷戦を超克していく長期的狙いをもっていた．第二次大戦後の既成事実の承認とそれに基づく東西経済交流の促進という意味で，ヘルシンキ合意はブレジネフのデタント外交の総仕上げとしてソ連国内でも広く報道され，彼の外交の成功を誇示するものとして利用された．

　ヘルシンキ合意は三つのバスケット（部分）から成り立っており，第一バスケットで安全保障問題を，第二バスケットで経済協力問題を，そして第三バスケットで参加国がまもるべき人権の国際基準を定めていた．ソ連が第三バスケットを含めることにともかくも同意したのは，第一バスケットの成果が大きく，第三バスケットはリップサービスにすぎないと考えたからである．ソ連と同じ

く,第三バスケットに消極的だったのはアメリカ政府で,キッシンジャーは相手の内政問題には関与しない方針で米ソのデタントを進めてきたから,内政問題を持ち出すことに反対した.デタント反対派も第三バスケットはソ連の抑圧的体制に何の影響も与えられないであろうと予想した.キッシンジャーもそのような予想に立って,最終文書に賛同した〔山本2010;渡邊2008;ジャット2008;齋藤2006;妹尾2011〕.

[ヘルシンキ会議の歴史的特徴]

ヘルシンキ会議はヨーロッパ国際政治史上まれな会議として特筆すべき特色を有する.これはアルバニアとアンドラを除くヨーロッパ諸国の全政府と,それにアメリカ,カナダが加わった35ヵ国の会議であるが,NATO諸国,ワルシャワ条約機構諸国のみならず,あらゆる中立国,ヴァチカン市国も参加して合意文書をまとめた会議として特色をもつ.調印式には,ブレジネフ,フォードを始め諸国の首脳が出席した.そしてこの会議の合意文書が,当事者たちが予想しなかった大きなヨーロッパの変動のもとになったという意味でも,歴史的意義の大きい会議なのである.冷戦の終結後,ECを基盤に発足するEUの加盟国が東欧を含めてヨーロッパ27ヵ国(2013年28ヵ国に)に拡大する端緒はこの会議にあったともいえる.

第三バスケットにヨーロッパ諸国が守るべき人権の共通基準を入れることに熱心だった西欧諸国の代表は,東西欧州を越えた共通基準を掲げることにより,二つの欧州ではなく多様性のある一つの欧州の実現を将来に託す意図をもっていた.それらはスターリン憲法(1936年)にも規定としては名目的に存在していたから,ソ連としても反対する理由に乏しかった.この文書に入れてもこれまでどおり人権を抑圧する体制を維持できると考えたのである.しかしひとたびこの文書の全文がソ連や東欧の共産党機関紙に掲載されると,それらの権利を主張して行動する市民運動を活気付けることとなった.彼らは共産党体制内の正当な運動として,この文書の諸権利の実践を主張することができ,ヘルシンキ合意の実施状況を検証するCSCEのその後の会合における西側諸国からの追及を考慮すると,ソ連政府もそのような市民運動を徹底的に弾圧することは憚られた.運動家は捕らえられ投獄されたが,全面的な抑圧はできなかっ

た．ヘルシンキ合意はソ連・東欧の一党支配体制のなかに市民社会の形成を可能にし，結局一党支配を崩壊に導くもとになったという画期的な意義を有する．西側諸国には，市民運動と連動して，ソ連・東欧でそれらの権利がどの程度守られているかを監視する民間団体が形成された．アメリカの政界人がCSCEとヘルシンキ合意とに積極的に関心をもつようになるのは，それからである〔Leffler & Westad 2010, II（Hanhimaki）；吉川 1994；渡邊 2008〕．

[カーターの人権外交]

アメリカでも多くの民間団体が世界における人権の擁護のために活動するようになった．1973年にアメリカはベトナムから撤兵しており，国内の人種紛争も白人が黒人の権利を認めることで終息し，より穏やかな人種関係が成立していた．それゆえ，アメリカとして対外関係に道義性を再導入し，国際的な人権擁護を唱えることが可能となり，反戦運動や公民権運動に力を入れてきた市民団体が国際的人権擁護に関心を向け始め，そうした状況を背景に，アメリカ外交の道義性を回復したいという願望が国民のなかにあった．

アメリカの人権外交はフォード大統領期に議会主導で始まった．キッシンジャーは人権問題を国内問題とみなし，対共産圏外交においても，また第三世界の友好国支援においても，もっぱら戦略的判断から政策を進めた．しかし議会は前記ジャクソン-ヴァニク修正のみならず，ラテンアメリカ諸国への対外援助についても人権抑圧国への援助を制限する方針をとり，各国の人権状況の報告を国務省に求めるようになった．

カーターは人権のヨーロッパの国際基準を支持し，それが第三世界諸国にも波及していくことを望んだ．彼はアメリカの人権に対するコミットメントは絶対的であると述べ，人権外交はアメリカの長期的利益にも合致すると主張した．確かに友好的な独裁国家にも人権尊重を求めることは，民主化勢力を力づけ，安定した民主的政府の形成を促すという意味で，アメリカの長期的利益に適うもので，それはかつてケネディが「進歩のための同盟」で目指したところであった．

カーターが人権外交を掲げた意図の一つは人権外交の主導権を議会から大統領に取り戻すことにあった．彼の人権外交のもう一つの意図は，民主党内の反

デタント派の支持をえることにあり，政権内の反デタント派にとっては，それは反ソ政策の一環であった．カーターの対ソ外交はSALT-II交渉の妥結を重視し，あからさまな人権状況批判に慎重なデタント継続派（国務長官ヴァンスに代表される）と，ソ連の拡張主義への対抗を重視し，人権外交を反ソ政策として利用しようとする反デタント派（国家安全保障担当補佐官ブレジンスキーに代表される）との間で揺れ動きつつ，次第に後者に傾いた．1979年6月にカーター就任後初の米ソ首脳会談が行われ，カーター就任後再交渉されたSALT-II条約はようやく調印されたが，反対派の活動が活発となり批准のめどは立たず，カーターも批准推進に消極的になった．ブレジンスキーはソ連のアフガニスタン侵攻をソ連の拡張政策のさらなる推進とみて脅威を抱き，カーターもそれに同調して，軍備拡張を含む対ソ強硬政策を推進した（次節参照）．こうしてデタントはまったく放棄された．ソ連のアフガニスタン侵攻とともに，アメリカはそれまでのパキスタンのジアウル・ハク政権に対する人権状況改善の圧力政策をやめ，ソ連に対抗するために援助を強化した．

　カーター政権の内部文書が認めていたように，実際の人権外交は軍事・政治・経済などの「基本的利益を適切に配慮して適用する必要」があったから，人権外交は対象国により異なり，中途半端なものにならざるを得ない．アメリカへの依存度の強い中南米のいくつかの独裁国に対してカーターの公然・非公然の圧力外交がそれらの国の人権状況の改善にある程度成果をあげたが，この地域でも実際にはカーターの人権重視の外交圧力はかなり恣意的であった〔有賀1992（有賀，高松，石井，関場，乗）〕．

［カーター外交の成果と失敗］

　カーター外交の失敗はイラン革命においてもっとも明白だったが（次節参照），カーターはいくつかの外交的な成果を残した．対ソ外交においてもSALT-II条約をまとめた．しかしその批准は反デタント派の反対のため不可能となり，ソ連のアフガニスタン侵攻とともに，米ソ関係を「新冷戦」というべき状況にして政権を去った．

　カーターの人権外交提唱がソ連・東欧の言論の自由化を促す一因となり，彼が内々にまたは公然と圧力をかけたことは，中南米のいくつかの国では人権状

況の改善を促す力となった．ただしニカラグア革命への対応は人権外交の失敗として保守派から非難された．彼は親米的ながら反政府勢力を強権で抑圧するソモサ一族の長期政権から，非社会主義の穏健改革派への政権移行を斡旋しようと試みて失敗した．そのためソモサ後の権力は左翼勢力を含む革命政権に移行し，その実権は武装組織をもつ革命左派のサンディニスタ民族解放戦線（FSLN）の指導者オルテガに握られるようになったので，カーターはキューバ革命の二の舞を演じたと批判された〔LeoGrande 1998〕．また彼の政策の影響を受けた韓国の政変の動向は彼の希望に反するものとなった（第7節参照）．しかし彼が二つの外交的遺産というべきものを達成したことは確かである．

　カーターの最大の外交的遺産は（新）パナマ運河条約および運河永久中立条約の調印と批准の達成である．パナマ運河は20世紀初頭アメリカが国家的事業として建設したものであり，運河の管理運営と防衛についてはアメリカが責任を負って国際的利用に供してきたのであって，パナマに「返還」すべきものではないという保守派の強硬な意見があった．しかしパナマのみならずラテンアメリカ諸国でも運河のパナマへの返還の要望が強まっており，アメリカの通行権を十分確保したうえで，米州諸国との友好関係の維持強化という大局的判断から，パナマ運河をパナマに移管する方向を定めることは，アメリカにとって外交上の必要事となっていた．1977年9月のOAS総会中にパナマとの間で調印された上記の条約により，アメリカは運河地帯および運河の管理権を順次パナマ側に移管し，20世紀終了とともに運河の管理を完全にパナマに返還することとなり，その後の運河の永久的中立の保障を両国共通の任務とした．ただし上院は条約承認に際して，運河の中立の確保に必要な場合のアメリカの行動は内政干渉には当たらないことを決議して，非常の際の米軍のパナマ地帯への復帰の権利を確認した〔Pastor 1992〕．

　カーター外交のもう一つの遺産は1979年1月の米中国交正常化である．これはアメリカの同盟国である台湾の国民党政府との外交関係を絶って，人民中国との国交を正常化するものであるから，保守派にはそれほど人民中国に譲歩しなければならないのかという強い不満があった．国交正常化は時期的に対ソ関係の考慮（いわゆる「チャイナ・カード」の活用）が働いていたことは確かであるが，人民中国の国連復帰以来，人民中国との国交を樹立する国は国際社

会の大部分を占めるようになったから，アメリカとしても人民中国との関係を事実上の国交から公式な国交に格上げすることは世界政策上，早晩避けられない課題であった．ただし国民党政府はアメリカの同盟国であったから，その関係を非公式なものにすることは大きな変化であった．アメリカ議会はカーターの秘密外交にも，台湾切り捨てという方策にも強く反発し，とくに鄧小平の訪米直後の79年2月半ばに中国がベトナムへの限定戦争をしかけるという，中国による露骨な「アメリカ・カード」の利用があったので，ますます議会も世論も台湾の安全保障への関心を強めた．議会は国民党政府との外交関係が非公式なものになっても，これまでの大使館の継続使用と台湾への外交特権の付与を続けることを決め，また台湾の安全への関心を含めてこれまでの関係を手厚く維持するための台湾関係法を制定した〔宇佐美1996〕．パナマ運河条約も米中国交正常化も外交上果たすべき重要事項であったが，アメリカの力の強さを示す輝かしい成功の類ではなく，アメリカの譲歩による調整であったから，彼の人気を高めることには役立たなかった．とくに台湾問題では議会からの反発を招き，彼はその収拾に腐心することになった．

彼の主要な外交的活動としてもう一つ，1978年9月のキャンプ・デーヴィッド会談でイスラエルのベギン首相とエジプトのサダト大統領の相互和解を斡旋し，翌79年3月にワシントンで両国間の平和条約が調印されたことがあげられるが，ベギンはパレスチナ問題で譲歩する意思はなく，カーターの期待を裏切り，そのためにサダトはアラブ諸国内で孤立することになった．両国関係改善のためにカーターは多大な努力をしたが，その努力が中東和平全体に貢献したとはいえず，イラン革命に対する政策では大きく躓いた．イラン国王パフラヴィー2世の強引な近代化，強国化政策（「白色革命」）は78年までには破綻していたが，カーターが77年12月末にテヘランを訪問し，国王の統治を賞賛したことは，高まりつつある反国王派の反米感情を煽ったのみであった．国王の国外退去（79年1月）の後は，カーター政権は国王が最後に任命した首相が軍の支持を受けて革命を終息させることを期待したが，軍の兵士たちは民衆運動に銃を向けなかったので，革命は急進化し，ホメイニーとその同志たちが新体制形成の主導権を掌握した．ホメイニーのイスラーム主義が世俗的左翼と結びつき後者を押さえ込むことは，アメリカの専門家の予測外であり，アメ

リカはホメイニーよりも親ソ的左翼の勝利を警戒していた．他方ソ連は親ソ的左翼が権力を握ることに期待をかけていた．イランの動向は米ソ双方の想定とは異なるものとなった〔佐々木 2011（伊藤）；ウェスタッド 2010；Strong 2000〕．

　カーターは対外政策の助言者たちの間の意見対立を調整できないまま，矛盾した発言をすることも多く，西欧の指導者たちからは外交経験も見識も乏しい政治家と見なされた．カーターはテヘランの米大使館人質事件に対して打つ手を失い，国民に無力感を残したまま 1980 年の選挙に敗れて政権を去る．

　1979 年 7 月，カーター自身が国民向け演説で認めた国民の自信喪失状態は，大使館人質事件によるものだけではない．イラン革命中にイランの石油生産が一時停止し，第二次石油危機が発生し，OPEC が結束して再び原油価格を大幅に引き上げたため，1 バレル 23 ドルに上昇し（一時は最高 34 ドル），改善傾向にあったアメリカ経済が再び不況に陥ったためであった〔猪木 2009〕．73 年から 80 年までを「短い 70 年代」としてくくるとすれば，それは第四次中東戦争に伴う先進国経済への衝撃によって始まり，イラン革命というもう一つの中東の動乱による更なる衝撃によって終わる．第二次世界大戦後のパクス・アメリカーナの終わりの進行を示す時代であり，イラン革命はさらに大きな歴史的意義をもつ出来事であった．パクス・アメリカーナの終わりがソ連優位の時代となるというブレジネフとその後継者たちの期待も幻想であった．ヘルシンキ合意に始まった人権問題の国際化は次第に深刻にソ連・東欧諸国内部を揺るがし始めていた．米ソ双方はそれぞれの問題を抱えつつ，この時代の末には両者の関係に「新冷戦」と呼ばれた新たな緊張状態をもたらしたのである．

6―イラン革命の歴史的意義

［イスラーム原理主義革命］

　イランのパフラヴィー 2 世の強権政治に反対した勢力は多様であり，親ソ的な社会主義者も西欧で教育を受けたリベラルな世俗的な人々もいたが，反政府運動を広く盛り上げたのは，国王に敵対的な宗教指導者として国外に追放され，パリの亡命先からテープでメッセージをイラン国民に伝えていたホメイニーであった．イラン・シーア派にはイスラーム聖典を解釈して政府の法的正当性を

判定する法学者の最高権威者集団が存在する．この集団を活性化してイスラーム革命の指導者となったのは，国王にイスラーム教尊重を勧告して国外に追放された彼らの中でも最高の地位にあったホメイニーであり，彼は強い意志とカリスマとによって1979年2月に帰国する以前から，世俗的革命派を含めて，イラン革命の精神的指導者となっていた．彼の国家と社会をイスラーム教の基本原理に立ち返らせようというイスラーム共和国構想の託宣は，国王の軍事大国イラン建設のための性急な近代化政策のゆがみの中で取り残されていた多数のイランの人々を革命へと駆り立てた．

ホメイニーは西洋起源の国民国家の理念をイスラーム化して取り入れ，イランをイスラーム共和国とすることについても憲法を国民投票にかけるという民主的手法をとったが，それまでの第三世界における革命とは異なる宗教的国家の建設を目標とした．それまで中東地域の革命政権はトルコ革命以来みな世俗主義を採っていた．アラブ諸国の君主たちはスンナ派のイスラーム教徒であり，イスラームの戒律を守りつつ，欧米諸国との友好関係を維持し，宗教指導者たちも温和な保守派として君主たちと利害を共有してきた．

アラブの共和国の指導者たちは軍の出身者が多く，世俗的国家体制をとっていた．彼らは米ソ冷戦を利用し，また冷戦に利用されながら，中東に波及する冷戦状況のなかで自らの権力を維持してきた．イラン革命は第三世界に冷戦軸から外れたイスラーム主義という新たな政治的選択肢を与えたという意味で，画期的で特異な革命なのである．

［アメリカ大使館人質事件］

国王との関係が深かったアメリカは，イランのイスラーム革命政権から敵視され，革命派内では反米感情が強かったが，その感情の火にさらに油を注いだのは，1979年1月のイラン脱出以来，病気に苦しみつつ亡命生活を送っていた，革命の敵パフラヴィー2世が療養のためアメリカに入国することを，カーターが人道的理由により承認したことであった．パフラヴィー2世のアメリカ滞在が数ヵ月に及ぶと，79年11月テヘランでは過激派の青年たちがアメリカ大使館に乱入し，大使館を占拠するとともに，大使館員を人質にした．アメリカ政府はイラン政府に対して，人質の解放と大使館の明け渡しを要求したが，ホメ

イニー師が彼らの行動を支持したので，イラン政府はパフラヴィー2世がアメリカから退去したのちも，事態を収拾しようとはしなかった．革命政権には外国公館の治外法権など何の意味ももたなかった．

アメリカはイランの在米資産凍結など経済的対抗手段をとったが，効果はなく，カーター政権は無策を批判された．カーターは人質救出作戦を試みたが，ヘリコプターが故障して失敗した．イランが人質を解放したのは，1980年の選挙で当選したレーガンが大統領に就任する日であった．イランのイスラーム原理主義革命は，それが引き起こした第二次石油危機と大使館人質事件とによって，80年選挙におけるカーターの主な敗因となったが，彼の引退後は，イランのイスラーム原理主義の挑戦の衝撃は，いくつかの国際情勢の変化によって緩和され，アメリカにとって脅威とは感じられないようになった．

［アフガニスタンへのソ連の軍事介入とイスラーム武装勢力］

カーターが王政イランの混乱への対応を誤ったように，ブレジネフはアフガニスタンの混乱への対応を誤った．この国では1973年7月に王族の一人ダウドがクーデタで王権を奪い共和政を宣言して独裁的大統領となった．彼もイランのパフラヴィー2世同様急速な近代化を進めようとしたが，ダウドはソ連を模範とする社会主義化を模索し親ソ的政策をとった．彼の支配はソ連にとって好都合なものであったが，78年4月に人民民主党のクーデタによって殺害された．

政権を掌握した人民民主党は内部的権力闘争に明け暮れ，安定政権を作れず，政権は次第にソ連の意のままにならない指導者の手中に帰したので，1979年12月には，末期のブレジネフ政権は直接の軍事介入により事態を収拾することにした．ブレジネフは「すべては数週間で終わる」と述べたという．すでにアメリカは反ソ的政策を強め，米ソ・デタントが事実上崩壊していたことも，ソ連指導部に軍事介入を促す一因となったが，すぐにけりがつく問題と考えての決断であった．ソ連軍は好ましい指導者カルマルの下で政権が安定すれば即時撤退する方針であったが，当時アフガニスタンの人民民主党の組織は崩壊状態にあり，ソ連はイスラーム教徒の武装勢力とのゲリラ戦争の泥沼に陥っていった．この国のムスリムはほとんどがスンナ派であり，シーア派は少数であっ

たが，イランのホメイニーの反ソ的態度とイスラーム共和国構想はこの国のムスリムの対ソ聖戦意識を強めた．しかし彼らの敵はアメリカではなくソ連であり，アメリカはソ連軍と戦うアフガニスタンのムスリム武装勢力を惜しみなく援助することになった．アメリカとイスラーム聖戦(ジハード)組織との握手という図式が出来上がった〔ガディス 2007；ウェスタッド 2010；下斗米 2004；李 2002；コール 2011〕．

久しぶりの米ソ首脳会談から半年後のソ連のアフガニスタン侵攻への強い反発と対ソ制裁は，カーター外交の一貫性の欠如と対ソ対話の不足とを示した．彼は大使館人質事件への焦慮と第二次石油危機による経済不況のなかで，再選への可能性を賭けて対外強硬策にうってでたのであろう．1980 年1月に彼が発表した「カーター・ドクトリン」，すなわちペルシア湾岸地域への外部からの脅威に対しては必要な対抗措置をとるという方針が，それ以来湾岸地域での行動のための軍事的態勢が整えられ始めたという意味で，のちの湾岸戦争，イラク戦争につながる．しかしカーターの政策はイランおよび親西欧的であることを期待するアラブ諸国に大量の兵器を供給することにより，ソ連の進出に対する防壁にしようと試みたニクソン-キッシンジャーの中東軍事化政策の機能不全が露呈したことへの対応なのである〔Leffler & Westad 2010, III (Saikal)〕*．

　* アメリカはイランには 1970 年代に 220 億ドル，サウジアラビアには 35 億ドルの兵器を売却した〔*JAH*, 99: 1 (Jones)〕．

[イラン-イラク戦争の勃発]

中東の政治状況を大きく変えたのは，1979 年 7月にサダム・フセインがバース党の2代目大統領に就任したイラクがイランとの国境協定を破棄して 80年 9月にイランに侵攻し，イランも激しく応戦して，88 年 8月まで続いたイラン-イラク戦争の勃発である．野心家であったフセインは，イスラーム革命によりイラン軍が弱体化していると判断し，まだ整っていないホメイニー体制の打倒を狙った．イランというシーア派イスラーム教国の存在は，国内に少数派としてシーア派ムスリムを抱えるイラクにとって脅威であるばかりでなく，彼自身イラクを中東における地域大国にする野心を抱いていたからである．しかしこの戦争の勃発によってホメイニーは政敵を排除して体制を強化し，イラ

ンは一時反撃に成功してイラクに脅威を与えた．イラクの敗北と混乱を好まないスンナ派のアラブ君主政諸国はいずれもイラクに援助を与え，欧米諸国も，そしてソ連もイラクを援助した．そのため戦争は長期化し両国とも多大の損害と犠牲者を出した．イランでも戦争初期の熱狂は冷め，イラク側の毒ガス攻撃の脅威のため，厭戦感が国民の間に広がり，ホメイニーも 88 年には対イラク聖戦完遂を断念して戦争の妥協的収拾もやむなしとした．イランのイスラーム共和国は米ソ両超大国と敵対し，アラブ諸国からも敵視され，国際的な孤立のなかでは，国際情勢に現実的に対応する必要に迫られる．ホメイニーはイスラーム共和国運動を国際化し，スンナ派の中にもこの運動への同調者を獲得しようとした〔ウェスタッド 2010；Young & Kent 2013〕．

　中東の産油国間の戦争は石油危機をさらに深刻化させる可能性のある事態であったが，1980 年代にはヨーロッパで北海油田が開発されたこと，他の産油国もマーケット拡大のために生産を減らさなかったこと，OPEC のまとまりと売り手独占力が落ちたことなどにより，石油不足は起こらず，80 年代には逆に国際的に供給過剰気味になった〔ヤーギン 1991〕．

7 ─ 経済先進国としての日本

[経済大国日本の登場]

　1965 年から第一次石油危機の始まる 73 年までは，日本の経済成長が最高潮に達した時期であった．日本は 65 年から 70 年まで実質 10％ 以上の経済成長を続け，68 年には GNP ではそれまで西側第 2 位だった西独を抜いた〔細谷・有賀 1987（兼光）〕．しかし戦後の貧困な時代を経験したばかりの日本人には経済復興を果たしたという誇りはあっても，自国の新たな経済的地位に伴う国際的責任の意識が乏しかった．日本人は戦後貿易赤字を初めて経験したアメリカのニクソン政権からドルに対する円の切り上げを求められても，消極的反応を繰り返し，スミソニアン会議に際しても世論の主な関心は円の切り上げ幅を小さくすませることにあった．

　第一次石油危機に際して発動された OAPEC と OPEC の石油戦略に直面した日本は，あらためて日本の経済成長が中東地域からの安価な石油の継続的供

給に依存していたことを痛切に認識した．原油の自給能力をもたない日本は輸入原油の5分の4を中東からの輸入に頼り，中東原油を国際石油資本から購入していた．日本政府内にはアラブ諸国の禁輸は行われても長く続かないから慌てるべきではないという意見もあったが，備蓄石油が乏しかったので，田中首相は狼狽する世論に押される形で，中東問題でアラブ寄りの立場を表明するとともに，副首相格の三木武夫特使を中東に派遣する「油乞い」外交を展開した．長期的政策としては，政府は経済界と協力してエネルギー資源の消費を増やすことなく経済成長を続けるために，工業生産の効率を上げることに努力した．西側諸国が日本と同じくいっせいに不況に見舞われたことで，日本は改めて西側諸国との相互依存性を意識した．

　1970年代後半に首相を務めた福田赳夫は先進国首脳会議（ボン）で貿易黒字国が牽引して西側世界経済全体の復興を推進する責任を認め，日本が財政赤字を出しても高度成長率を維持してその国際的役割を果たすことを約束した．しかし彼はその国際公約をまもるために毎年大幅な財政赤字を出し赤字が累積した．そのためもあって彼の政権は短命に終わり，78年12月には大平正芳が新たな自民党総裁として首相になり，無理な成長政策を改めた．当時イランでは革命状況が発生して，イランの石油生産が不安な情勢となっており，福田構想の国際的条件も失われていた〔五百旗頭2014；井上2012a〕．

［福田ドクトリンの発表］

　日本経済の発展とともに，日本企業は東南アジア諸国に進出し，日本商品が東南アジアの町に溢れるようになった．国により相違はあるにせよ，かつての日本帝国主義の東南アジア支配への不信感は日本人の想像以上に強く，日本の経済的な東南アジア復帰とともに蘇った．もちろん反日運動には1960年の日本の反米運動のように，反日に名を借りた自国の政府への抗議運動という面もあったであろう．日本がナショナリズム感情の標的として機能しうるシンボルとなったことを示す出来事であった〔宮城2004〕．

　田中が乱脈な資金づくりを暴露されて辞任したのち首相となった三木武夫も，彼の後1976年12月に首相となった福田赳夫も，先進国首脳会議での合意形成を通じて経済大国の役割を果たす一方，アメリカのベトナム撤退後の東南アジ

ア諸国の地域主義形成に乗り遅れるという危機意識をもって，新たな地域主義の構築を目指して ASEAN 諸国との関係改善に努めた．福田は 77 年 3 月には東京で日本 - ASEAN・フォーラムの開催にこぎつけ，それにより 8 月のクアラルンプールでの ASEAN 首脳会議に福田が招待され，ASEAN 首脳会議に域外先進国の首脳が加わる先例を作った．福田はその会議後に ASEAN 諸国を歴訪し，最後の訪問国フィリピンで「福田ドクトリン」と呼ばれるようになる日本の原則的な立場を表明した．それは①日本は軍事大国にはならず，平和外交により世界平和と繁栄に貢献する，②東南アジア諸国とは政治経済のみならず社会文化を含めた心の通い合う総合的関係を形成する，③日本は対等な協力者として ASEAN 諸国の連帯強化の自主的な努力に協力し，インドシナ三国との相互理解を通じて東南アジア地域の平和と繁栄に寄与することを骨子とするものであった〔日本政治学会 1997（須藤）；五百旗頭 2014〕．

日本はすでに 1973 年 9 月ベトナムとの国交を樹立していたので，その点でも ASEAN とインドシナ三国との和解に貢献できると考えたのである．ASEAN と日本の協力関係はインドシナをめぐる外交の一つの要素として重要であり続けるが，先に述べたようにインドシナ情勢は中ソ対立がからんで 78 年には複雑な様相を呈し，日本の平和外交には限界があった．ASEAN の構成国も多様でありすぎて，連帯の強化発展を外部から助けることは日本の力では困難であった．福田ドクトリンに示された日本の基本姿勢は ASEAN 諸国から歓迎されたが，それは実質化という意味では看板倒れに終わる〔井上 2012a〕．

［カーターの対韓政策の波紋］

カーターは選挙運動中，韓国駐留米軍撤退という目標を掲げていた．大統領就任後も方針は不変であると述べたが，国防省内にも議会にも反対論が強く，部分的撤兵も中止されて，1981 年までこの問題は棚上げすることになった．韓国政府はもちろん反対であったが，これは韓国にとってもまた隣国日本にとっても重大な問題であった．福田首相は 77 年 3 月の日米首脳会談でこの問題をとりあげて再考を要請した．カーターの人権外交を韓国に適用する姿勢もまた朴政権にとっては衝撃的で，ダブル・ショックというべきものであった〔村田 1998〕．

米韓関係では1976年10月に韓国の実業家がアメリカで議員買収工作を行ったことが発覚し，米議会が調査に乗り出し，この問題をめぐる米議会と韓国政府との対立が前面に出た．朴政権はこの実業家が米議会の質問に書面で回答することで事態の収拾をはかり，金大中ら反政府派の指導者，文化人らを釈放して，アメリカの人権外交に対処しようとした．カーターが韓国防衛を約束して，彼らの釈放があれば，米韓関係修復のため韓国を訪問することを提案したからである．カーターは1979年6月に韓国を訪問し，かなり声高な人権外交を展開した．その後，韓国では反政府運動が盛んになり，韓国政府が反政府運動の弾圧を始めることをカーターが懸念していたとき，KCIA（韓国版CIA）長官による朴大統領暗殺事件が起こった（10月）＊．朴政権が継続していれば，米韓関係修復のために政治の自由化をさらに推し進めたかもしれない．彼の死後，韓国では戒厳令が敷かれたが，その中で新たな民主的体制づくりへの動きが始まり，カーター政権も積極的にそれを支持した．しかし12月には戒厳令下の軍の政治的中立に対して，民主化の行き過ぎを恐れる軍人グループの粛軍クーデタが起こり，80年5月に軍部は反対派を弾圧し（光州事件），軍部独裁政権が成立した．9月には全斗煥が大統領に就任し，軍法会議で民主派の金大中に死刑を宣告した．日米両国ともに強く抗議した結果，彼の死刑執行を止めることはできたが，韓国にはしばらく強権政治が居座ることになった〔有賀1992（高松）〕．

＊　日韓関係は田中内閣時代の1973年8月，金大中が東京滞在中，KCIAに拉致され韓国に連れ去られた事件，次いで74年8月に在日韓国人青年がソウルで朴大統領暗殺を企て大統領夫人を射殺する事件が起こり，波乱があったが，その後三木内閣時代にアメリカの斡旋で両国関係は修復されていた〔五百旗頭2014〕．

[総合安全保障の理念の創出]

1979年6月に先進国首脳会議ははじめて日本が主催国となって東京で開催された．この会議では第二次石油危機にどう対応するかが主要議題となり，各国が原油輸入量をどれだけ削減するかをめぐって激しい駆け引きがあった．西ヨーロッパ諸国は日本の買いあさりに警戒的で，結束して日本に厳しい数値を提示したため，議長国の日本は窮地にたったが，アメリカが妥協案をだしたこ

とで助けられた．イランは日本にとって重要な石油の輸入先であったから，日本としてはイランの革命政権が安定し，石油生産が軌道に乗れば，石油輸入を継続し革命政権とも経済協力をするつもりであった．しかしアメリカ大使館人質事件が起こった後は，その方針はアメリカ政府から強い反発を受けたので，大平首相は輸入継続を望む業界に対してイランとの新たな契約を拒否するよう促し，イランへの経済制裁に参加した．彼は日米同盟維持のためには，アメリカに同調しなければならないと判断した．

「日米同盟」という言葉は日本ではまだ定着していなかった．日本の首相がワシントン訪問中アメリカを初めて「同盟国」と呼んだのは1979年の大平であり，同年のアフガニスタン侵攻に対する対ソ制裁に参加する際，日本を西側同盟の一員として位置付けたのも大平であった．日本が経済大国となり，貿易黒字の大きい国になるとともに，アメリカでは日本は安全保障上の応分の役割を果たさず，アメリカの提供する安全保障にただ乗りしているという批判が増大し，同盟国としての価値が問われた．三木首相の時代に日本の防衛費はGNPの1％以内とする軽武装の方針が確認されていたので，福田首相は日本の防衛力の質的向上に努めるとともに，日本政府は米軍の駐留に伴う負担を増額する措置をとった．福田に代わって大平が首相になると，安全保障政策として防衛費のみならず対外援助支出を含めて総合的な安全保障を追求するという理念を打ち出して，日米同盟についても総合的な安全保障協力であることを重視し，カーターの理解を得ようとした〔五百旗頭 2014；井上 2012a〕．

［大平首相の環太平洋連帯構想］

大平は田中内閣の外相時代，中国との国交正常化と均衡をとる形でソ連との関係を改善しようとし，1973年10月に田中とともに訪ソして，「未解決の諸問題」の解決を含めて，両国関係の発展をはかることに合意した．日本側の解釈では未解決の問題には北方領土問題が含まれていた．領土問題についての相互の譲歩によって平和条約を結び，包括的で長期的な日ソ関係を形成する一つの機会であったが，日本はその機会を活用できず，「全方位外交」を志向した三木，福田両首相とも日ソ関係を進展させることはできなかった．他方，日中関係も中国の政治的混乱のため，鄧小平による実権掌握まで停滞した．

鄧小平（党副主席兼副首相）は，中国の「現代化」のために，日本およびアメリカとの接近を重視しており，1978年8月に日中平和友好条約を締結し，10月には批准書交換のため外相とともに来日した．彼は昭和天皇と会見し，過去のことは問わず，前向きの友好関係を築こうと述べ，また別の機会には日本が自衛のために軍備を強化するのは当然のことだと発言した．彼は条約に「反覇権」条項を入れることにこだわり，それは特定の第三国を対象にするものではないというソ連との関係に配慮した日本の主張を受け入れたが，従来の経緯および当時の彼の発言から，反覇権条項がソ連の覇権主義を念頭に置いたものであることは明らかであった〔川島・服部2007〕*．

* 鄧小平訪日前，中国の漁船が大挙して尖閣諸島近海に出漁するという事件があった．その後，彼は尖閣問題を棚上げする方針を日本側に語り，日本側もそれ以上問題にしなかった．争点として残した上で棚上げというのが中国側の方針だったといえよう〔国分ほか2013〕．

大平は翌1979年12月に訪中し，政府開発援助（ODA）を活用する経済協力についての協定を結んだ．彼は日中経済関係の発展も総合安全保障政策の一環として考えていたのであろう．彼はアメリカ・カナダとともに中国をも含めた東アジア西太平洋諸国の「環太平洋地域」あるいは「アジア太平洋地域」にゆるやかで開放的な政治的経済的文化的連帯を形成することを構想し，それを推進するパートナーにオーストラリアを選び，80年1月オーストラリア訪問の際に同国のフレーザー首相の賛同を得て，その構想を発表した．オーストラリアは70年代初頭に伝統的な「白豪主義」を捨ててアジア諸国への接近を目指しており，大平はそのオーストラリアがこの広域的連帯構想の主唱者となることが望ましいと考えた．日本が主導する場合，大東亜共栄圏の復活を国際的に連想させることを恐れたからである〔五百旗頭2014；井上2012a〕．

田中が金脈問題で辞任したのち首相となった1970年代の首相たちは三木も福田も大平もそれぞれ見識ある人物であり，国際感覚もあったが，とくに大平は戦後まれに見る古今東西にわたる優れた教養のある文人首相であった．しかし与党内の政争のため，いずれも短期政権に終わり，大平は政治生命をかけた80年の選挙戦中に現職の首相として死去した．彼が構想した環太平洋連帯の構想は彼の死後も受け継がれ，それはアジア太平洋経済協力会議（APEC）に

結実したが，彼が果たせずに終わったもう一つの大きな仕事があったというべきであろう〔福永 2008；井上 2012a〕．

　それは戦後 30 年にわたる平和的民主主義国としての実績と経済的成功の土台の上に，国民的自己意識(ナショナル・アイデンティティ)を形成することであった．それは大平に相応しい仕事であったが，彼が首相を継続したとしても困難だったであろう．自民党内には保守的ナショナリストが多くなっていたからである．しかし野党第一党の社会党の議会制民主主義へのコミットメントの弱さも国民的自己意識の形成を妨げた．社会党は冷戦思考を超越する発想を欠き，「アメリカ帝国主義」を敵視しつつしかも「非武装中立」という非現実的で相矛盾する観念に囚われ，中ソ対立の激化，日中国交正常化と日米安保条約の両立という新しい状況に目を背けていた．全方位外交によって東西ヨーロッパのデタントの推進の旗を振ったのは西独の SPD であったが，日本で「全方位外交」を提唱したのも，ゆるやかな「環太平洋地域共同体」構想を提唱したのも，自民党の首相であった〔若月 2006；渡辺 1992；大庭 2004〕＊．

＊　1976 年に社会党の国際認識について「見たいものだけを見て，見たくないものに目を閉ざす子供の気まま」を危惧する評論家の声（山本満）があったように，70 年代の社会党は現実に立ち向かうことなく，ただ無責任政党の立場を享受するのみであった．議会主義政党として社会主義社会への接近を目指すというイタリア共産党起源の「構造改革論」にさえ，日本社会党主流は拒絶反応を示したのである．

　もちろんヨーロッパ冷戦は文字通り「冷戦」であったのとは対照的に，アメリカは東アジアでは朝鮮戦争，ベトナム戦争という「熱戦」を戦っており，沖縄にも多くの基地を残していた．社会党が「アメリカ帝国主義反対」の旗をにわかに降ろせないことにも理はあった．しかしベトナム戦争中も実際に反米的闘争を展開したかといえば，それはほとんど儀式的なものに留まり，無為無策であった．1977 年に社会党は民社党と共同で社会主義インターナショナルの首脳会議を東京に招致し，それにはブラント，ミッテランら西欧の社会民主主義政党の代表とともに，アジア，アフリカの社会民主主義政党の代表も参加したが，社会民主主義は西欧のみならず全世界の社会主義者が目指すべきものであるという宣言に日本の社会党も同調した．社会民主主義の国際組織の大勢に，内部の意見不統一をそのままに外面だけを合わせたのである．理念と言葉の重みについての感覚の欠落は自民党にも社会党にも共通する日本の政治文化の特徴であった〔原 2000〕．

第Ⅵ章

冷戦の終結

ゴルバチョフと鄧小平（1989年5月，北京）
写真提供：AFP／CATHERINE HENRIETTE

　1970年代末から1980年代初頭にかけ，内政では規制緩和と福祉制度の見直しを求め，外交ではデタントを批判し，対ソ強硬論を唱える極めて保守的な政治指導者が英米で相次いで現れ，インフレと低い経済成長に悩む先進工業諸国に大きな影響を与えた．イギリスのサッチャー首相とアメリカのレーガン大統領は新自由主義的（ネオリベラル）な政策を推進し，経済の再建，軍事的立場の強化，資本主義体制の再活性化に成功した．フランス，日本など西側の先進諸国では程度の差はあれ，両国の影響を受けた政策が実施された．80年代に再び勢いを取り戻した資本主義経済の魅力はヨーロッパ・デタントによる経済的・人的交流の累積的効果もあり，東側諸国をさらに西側に惹きつけた．躍動的な資本主義経済とは対照的にソ連型社会主義経済は機能不全に陥り，西側諸国に対抗できないことが一層明瞭となった．89年の東欧革命，

90年のドイツ統一と91年のソ連の解体は，これらの現象の一つの帰結であった．

　本章は戦後の国際政治を基本的に規定した冷戦の最後の10年間をとりあげ，冷戦がソ連の解体と東側諸国の民主化と市場経済への移行という形で終結したプロセスを考察する．

1 ―レーガンとサッチャーの「保守革命」

　先進諸国が経済の不況にあっても，相互摩擦を抑制し，国内の政治的安定を維持したことは驚くべきことであった．1975年11月の先進国首脳会議（翌年よりG7サミットへ発展・拡大）の発足は，主要工業諸国間で経済政策を調整したいという強い願望を反映していた．民主主義的な政治体制の力が，多くの開発途上国の民主主義への体制転換とソ連圏の共産党体制の最終的な崩壊を促した．

　しかし急激な経済成長の終焉は，先進国世界に新たな傾向を生んだ．それは，規制緩和・民営化と福祉国家の見直しであった．イギリスのサッチャー首相（1979年就任）とアメリカのレーガン大統領（81年就任）の二人が，この新傾向の旗手であった．彼らは市場経済からの逸脱（イギリスでは国有化，アメリカでは規制）といき過ぎた福祉制度を，両国の相対的な経済衰退の主な原因とみなした．彼らの見解では，国有化と規制は非効率な企業と巨大な官僚制をつくりだし，過剰な福祉は公的負担を増やし，勤労意欲を妨げるものであった．彼らは自由競争市場への回帰と福祉の削減を試み，これらの改革が競争と自助の精神を奨励し，新たなビジネス投資への財源と意欲を拡大し，自国の経済的活力を回復させると信じたのである．

　他の先進国では，サッチャーやレーガンに匹敵する新たな保守主義の旗手は現れなかったが，民営化，規制緩和，福祉の簡素化は，程度の差こそあれ，先進国世界の流行となった．フランスでは，ミッテラン大統領（1981年就任）の社会党政権が80年の伝統的な社会主義綱領を実施し始めたが，すぐに方向転換し，市場経済化を推進した．財務相として，フランス社会主義のこの方向転換を計画したドロールは，85年1月に欧州委員会委員長となり，西ヨーロッパの統合過程を再活性化させた．80年代，西欧は新たなハイテク産業の育成で，アメリカと日本に遅れをとっているかにみえた．87年にドロールが，自由な域内市場の92年までの実現についてEC諸国の同意を取りつけたのは（7月単一欧州議定書発効），こうした状況に応えるためであった．市場経済は厳格な規制よりも公共の利益になるとの考えは，先進国世界を超えて広まった．

実際, この考えは共産主義世界にも拡散し, 鄧小平とゴルバチョフが取り入れるところとなるのである.

1980年代, 国際社会における日本の存在感は, 第二次石油危機の衝撃の吸収に成功した結果, 大きなものとなった. 日本は世界第2位の経済大国であり, 非常に繁栄した. 日本の精巧な工業製品は世界の市場を席捲し, 日本の資金は増大するアメリカの連邦財政と国際収支の赤字を埋め, 日本のODAプログラムを通じて開発途上国に流入するなど, 世界経済の潤滑油の役割を果たした. 一部では, そう遠くない将来に日本がアメリカを追い越し, 世界一の経済大国となるだろうと予測する向きがあった.

前述したレーガン, サッチャー, ドロール, 鄧, ゴルバチョフなど世界の指導者はグローバルな政治経済における日本の重要性に注目し, 実際, 彼らの政策は部分的には日本の成功に触発されたものであった. マレーシアのマハティール首相 (1981年就任) は, 日本の例から学ぶ必要性を強調する「ルック・イースト」論を提唱した. 日本の力が頂点に達した82年から87年まで首相であった中曽根康弘は, 日本を西側の同盟国, とりわけ, アメリカの同盟国とみなし, 日本の経済力にふさわしい国際的役割を果たすことに積極的であった. しかし, 中曽根にとって最も差し迫った懸案は, 日米間の貿易赤字の増加に苛立つアメリカを宥めるため, アメリカから日本への輸入をどのように増やすかということであった.

2 ― 強いアメリカの再建

ニクソンが始めた米ソ間の緊張緩和 (デタント) を進める外交は, フォード政権からカーター政権に受け継がれたが, フォード大統領のころからアメリカ国内に批判が増大した. ソ連は緊張緩和を利用して, アフリカや南アジアなど第三世界で拡張政策をとったので, デタントはソ連にのみ利益を与えているという批判が高まったのである. とくに1979年12月にソ連がアフガニスタンに軍事介入したことは, アメリカを刺激した (第V章参照). そのような情勢は, イランの米大使館人質事件に効果的対策をとれなかったこととともに, アメリカ人に不満感を与え, 80年の大統領選挙で「強いアメリカの復活」を唱えた

レーガンを有利にした．カーターはパナマ運河地帯の統治および運河の管理権を20世紀末までにパナマに委譲する条約に調印し，また台湾にある中華民国政府との外交関係を断って中華人民共和国政府との正式な外交関係を樹立した．これらは重要な懸案事項を解決した外交上の成果であったが，アメリカの譲歩による解決であったから，カーター外交の成果としてはあまり評価されなかった．しかしカーターがそれらの問題を解決しておいてくれたので，強いアメリカを標榜するレーガンとしては譲歩なしには解決できない問題に直面することをまぬがれた．ソ連を主敵とみなしたレーガンは，台湾の国民党政府に好意をもちながら，ソ連にたいしては中国と共同の立場に立つことができた．実際，80年代前半はソ連に対抗する日米中の提携関係が存在した時代であった．

　レーガン政権は1970年代に抑制されていた軍備増強に乗り出すとともに，ソ連の勢力伸長を巻き返すため，カリブ海の小国家グレナダへの侵攻（83年10月）のような短期的で小規模な武力行使をおこない，またアフガニスタンやニカラグアでは親ソ的左翼政権と戦うゲリラ活動への援助をおこなった．レーガン時代のアメリカは，かつて南ベトナムで親米政権にたいするゲリラ活動をソ連が援助したのと逆の立場に立った．そのようにしてソ連の勢力を後退させようとする方針は「レーガン・ドクトリン」と呼ばれた．

　ソ連のアフガニスタン出兵後，米ソ関係は「新冷戦」といわれるほど冷却した．しかし両国は戦略兵器の制限にかんする交渉は継続させており，米ソのあいだの対話がなくなったわけではなかった．1970年代に軍備を著しく強化したソ連も，80年代にはレーガン政権の軍備増強に対抗して，さらに軍備を強化することはできなかった．ソ連の経済発展は鈍り，先端技術の開発で西側に引き離されていたからである．85年3月にソ連の指導者としてゴルバチョフが登場すると，彼は西側との対立的対外政策を改め，硬直した国内体制の立直しをはかった．それとともにレーガン政権のソ連にたいする態度も変化し，レーガン政権第二期には新冷戦は解消に向かい，87年12月には米ソ間に中距離核戦力（INF）全廃条約が調印されることになる．

3 ― ゴルバチョフ革命

　1982年11月，ブレジネフは不人気なアフガニスタン戦争の最中に死去した．二人の高齢な指導者，アンドロポフとチェルネンコがソ連の最高指導者の地位に次々と就いたが，二人とも在職中に死去した．85年3月，党幹部はついに若い世代から一人を選出し，最高指導者に任命した．新たに指導者となったゴルバチョフは，ソ連共産党書記長に就任した時，54歳であった．ゴルバチョフが権力の座に就くまでに，ソ連はコンピュータ化で進展著しい西側にはるかに後れを取っており，兵器技術におけるアメリカの競合国としてのソ連の立場に影響を及ぼし始めていた．ソ連の消費材産業もまた，非常に高性能な製品を製造する西側と競争することができなかった．ソ連の官僚制国家は，あまりに惰性的で革新を起こせず，ソ連の計画経済は，硬直化しすぎてコンピュータ化された情報時代に適応できないようであった．

　ゴルバチョフはこうしたソ連の問題を認識し，党組織と計画経済の束縛を解き放つことによる，ソ連体制の思い切った改革を決断した上で，抜本的な内政改革には抜本的な外交政策の方向転換が伴わねばならないと判断した．ゴルバチョフとシュワルナゼ外相は「新思考」外交を唱え，不人気なアフガニスタン戦争の終結，中ソ関係の修復，そして特にアメリカおよび西側諸国との関係改善を求めた．彼らはアメリカに対して大幅な核兵器削減を提唱し，第三世界で協調する政策を実施する方針をとった．1989年12月，ゴルバチョフとアメリカのジョージ・ブッシュ大統領はマルタで会談し，共同声明で冷戦終結を宣言したのである．

　ゴルバチョフが「ペレストロイカ」（建て直し）の実行を表明した時，彼が改革をどこまで推し進めるつもりであったのか，明らかではない．彼は複数政党制による民主主義を計画していたわけではなかったが，少なくとも一党制下での多元主義の導入，すなわち複数の共産党候補者が一つの公選職を競い，党内での多様な意見を許容することで，ソ連共産党体制を民主化しようと努めた．彼はまた，反対意見の表明とより自由な報道（グラスノスチ）を容認する考えであった．ゴルバチョフによるソ連体制への民主的な改革の導入は，共産党支

配に対する民衆の不満が勢いを増す東欧に影響を与えた．

4 ―ポーランドの共産党支配の弱体化

　東西ヨーロッパ間の貿易と文化交流が拡大するにつれて，西欧の東欧市民に対する影響力は，一層強いものとなった．東側の人々は，西側の隣人たちが享受する自由と生活水準に印象づけられたのである．1970年代の二度の石油危機は，西欧経済に混乱をもたらし，西欧の景気後退が今度は東欧経済に打撃を与え，ソ連圏の共産党支配を不安定化させた．80年代初頭にはポーランドが非常に危機的な状況に陥り，モスクワは一時軍事介入を真剣に考慮した．ポーランド政府にとり，農民に高い農産物価格を払い，労働者の利益のため食糧価格を低く抑えることで両者を満足させることが，次第に困難になってきた．ポーランドの労働者は東欧で最も政治化しており，80年9月，共産主義政党である統一労働者党から独立した労働組合「連帯」を結成した．

　ポーランド統一労働者党の政治基盤は，多くの国民が党を見捨て始めると，次第に不安定となった．それゆえ政府が工業労働者の要求に譲歩を迫られると，新たに組織された独立の労働組合を認めたのである．ソ連指導部は，連帯の活動を容認するポーランド統一労働者党指導部に衝撃を受けた．1980年モスクワの指導部は不介入を決定したが，ソ連の介入の現実的可能性は残されていた．81年12月モスクワからの強い圧力を受けたポーランド政府は戒厳令を発令し，ソ連の軍事介入を回避するため，連帯の活動を弾圧し始めたのである．

　しかしゴルバチョフがソ連の指導者の地位に就いた後，ポーランド統一労働者党は改革的な措置を再び導入した．1989年4月，ポーランドの指導者ヤルゼルスキ将軍は連帯を再合法化し，政治的多元主義を採用し政治体制を自由化した．ゴルバチョフは統一労働者党改革派がポーランドで指導権を維持することを望んだが，自由選挙に基づく複数政党制を容認せざるを得なかった．ゴルバチョフはソ連の経済体制を改革するために西側との経済協力を必要としていたから，東欧諸国に対して強硬策に出ることは論外であった．

5 — 東欧における共産党支配体制の崩壊

　ハンガリーでは，1980年代前半に政治的自由化と経済改革がより緩やかに進展した．89年5月，ハンガリーがオーストリアとの国境を開放すると，多くの東ドイツ（東独）市民がオーストリアを経由して西ドイツ（西独）に向かうため，ハンガリーとチェコスロヴァキアに流入した．東独市民はオーストリアへの自由な通行が禁止されると，今度はプラハとブダペストの西独大使館内へ一時的に避難した．チェコスロヴァキアとハンガリーに迫られた東独政府は，自国の列車で市民を直接西独に輸送することに同意した．東独市民は強硬路線の東独指導層の混乱を目の当たりにし，大規模な反政府デモを東独の各都市で実施した．東独のホーネッカーSED書記長は，実力行使による強硬路線の継続を求めたが，党内の合意を得ることができなかった．モスクワの支援がかつては彼の主要な力の源泉であったが，ホーネッカーは改革派のゴルバチョフとそりが合わず，彼の権力は弱体化したのである．
　ゴルバチョフは1989年10月，ベルリンを訪問し，今や時代は変化しつつあると言明すると，東独のSED指導部はホーネッカーを党書記長と政府役職から解任し，クレンツを後任に指名した．クレンツは直ちに自由選挙の実施を宣言し，東独市民に西ベルリンへの自由通行を含む海外渡航の自由権を与えた．11月，悪名高いベルリンの壁は，歓喜に沸いた市民によって破壊されたのである．61年以来，冷戦の象徴であった壁の崩壊は，冷戦の終結を体現するものであった．こうした民衆運動は，東欧各国に連鎖反応を生んだ．チェコスロヴァキアとブルガリアの両国では，共産党の独裁者が民主主義を求める民衆の要求に屈し，89年11月に権力を喪失した．ルーマニアでも，モスクワからの自主独立路線を維持してきた共産党独裁者チャウシェスクは，民衆の圧力によって失脚し，同年12月に人民の敵として処刑された．
　第二次大戦後にソ連がヨーロッパの東半分に築いた共産圏が消失した1989年は，大変革の年であった．90年には東欧諸国で自由選挙が実施され，非共産主義者が政権を握った．これらの新政権は，一党独裁体制から複数政党制民主主義への移行と社会主義経済から市場経済への移行という二重の変革を開始

した．東独が一党独裁を廃止した時，東独は西独とは異なる国家としての主体性を失い，東独市民は西独への編入を切望し始めた．コール西独首相はこの機会をとらえ，ドイツ統一を素早く成し遂げようとした．ゴルバチョフのソ連は，自国の経済的困窮の軽減に西独との友好関係を必要としたから，西独への東独の編入を妨害しなかった．かくして90年10月，ドイツ統一が達成されたのである*．ソ連圏外にあったユーゴスラヴィアでは共産党体制が瓦解し，連邦制多民族国家体制がすぐに崩壊した．

> * 当初ゴルバチョフは東独が別個の国家であり続けることを望んだが，1990年3月の（事前の予想を覆し，早期統一を支持する政党の圧倒的な勝利を示した）東独の総選挙後，不可避的と思える事態を受け入れる決断を下した．90年7月，彼はNATOに帰属する統一ドイツを容認し，東独からのソ連軍撤退を約束した．その代償としてコールは，ドイツの軍備制限を約束し，ソ連軍の撤退に対する財政的補償を申し出た．90年9月までに，第二次世界大戦の四大国（米英仏ソ）は正式にドイツ統一を承認したのである．

6 — ソ連の解体

東欧の大変革がゴルバチョフの予想を越えたものであったとすれば，ソ連自体の変革は彼の思惑をはるかに越えたものとなった．ソ連国内の変革のダイナミクスは，東欧で起きた衝撃的変化とともに，1990年にゴルバチョフの改革をより抜本的な方向へ推し進めるものとなった．90年初頭，各共和国議会の開かれた競争的選挙がソ連で実施された．3月にはゴルバチョフが，アメリカ大統領のような強力な役職となることが想定された新設のソ連大統領に就任した．しかし，彼はもはや独裁者ではなかったのである．

この年，ゴルバチョフが進退窮まっていることが明らかとなった．ソ連経済体制の再建を目指した彼の試みはうまくいかず，ソ連経済に大きな混乱をもたらしていた．ゴルバチョフにとって，ソ連経済を市場経済へと導くことは困難であったが，政治改革で自身の政治的権威が低下するにつれ，経済改革を実行することは，さらに困難となった．経済情勢の悪化に対する国民の不満は，彼の威信を一層低下させた．政治的自由化は，ゴルバチョフが予想しなかった動き，すなわちバルト三国や他の共和国の独立運動を引き起こした．

ゴルバチョフにとってさらに厄介であったのは，人気ある指導者エリツィンが1990年5月にロシア共和国の最高会議議長に選ばれたことであった（91年7月に大統領就任）．エリツィンはこの立場を利用して，ロシアとソ連構成共和国の主権を主張することによりゴルバチョフに挑戦し，ソ連政府とゴルバチョフの権力を低下させることができたのである．ゴルバチョフはリベラル派が彼に幻滅するに伴い，保守派の懐柔に乗り出した．このことが，91年8月に保守派の政治家たちにゴルバチョフを彼の別荘に監禁するクーデタを企てる機会を与えた．しかし保守派の未熟なクーデタは，エリツィン率いる市民の反対により鎮圧された．

　ゴルバチョフはモスクワに帰還したが，彼の威信は失墜した．エリツィンは明らかに民衆の英雄であり，ゴルバチョフを締め出すため，迅速な行動に出た．12月エリツィンはウクライナとベラルーシの両大統領と協議し，ソ連の消滅と「独立国家共同体（CIS）」の形成を共同で宣言したのである．三首脳は，旧ソ連の諸共和国にCISに加入するよう招請した．ゴルバチョフは，もはや存在しないソ連の大統領職からの辞任を表明するほかはなかった．ソ連解体は，ソ連が容認しなかったバルト三国の独立問題に決着をつけた．

7 ― 冷戦の終結

　ソ連の解体と東欧およびロシアへの民主主義と市場経済の導入に伴い，冷戦の時代は完全に過去のものとなった．なぜ冷戦は最終的にソ連圏の解体という結果に至ったのであろうか．この問いに対する答えは，以下のように要約することができる．

［西側の自由主義的民主主義の成功］
　共産主義者は，資本主義に内在する矛盾が資本主義諸国内の階級闘争と帝国主義諸国間の競争を激化させ，革命や帝国主義戦争に至ると主張してきた．しかし，そうした資本主義の崩壊に関する予言は，20世紀後半に実現することはなかった．アメリカや他の資本主義諸国は，景気循環の悪影響を弱めることを学び，分厚い中産階級を有する相対的に豊かな社会への発展に成功した．こ

れらの国々では，階級闘争は抑えられ，自由主義的民主主義が定着した．アメリカは戦後最初の10年間に，戦争で荒廃した西欧と日本の経済復興と政治的安定のために多大な支援を行った．アメリカはまた，共産圏に対抗するための安全保障を西欧と日本に提供した．アメリカは復興した西欧諸国と日本が経済大国となった後も，これらの国々との軍事同盟を維持した．経済摩擦があったにもかかわらず，アメリカと西欧と日本は，相互に比較的開放された国際経済体制を構築した．アメリカにとって，西欧と日本は冷戦下の「資産」であった．ソ連はアメリカだけでなく，こうした自由民主主義諸国の連合と対峙しなければならなかったのである．

[共産主義世界の団結の神話]

共産主義者は共産圏の一枚岩的結束を豪語し，西側はそれを恐れたが，ソ連は共産圏の統一の維持に失敗した．東欧では，早くも1948年に共産主義国ユーゴスラヴィアがソ連圏から離脱し，ソ連は56年にはハンガリーに対し，また68年にはチェコスロヴァキアに対し，それぞれの国を勢力圏に留めるため，軍事介入を行わなければならなかった．ソ連はまた，最も強力な同盟国であった中国を自陣営に長く留めておくことができなかった．50年代末までに中ソ同盟は形骸化し，60年代には両国は対立を深め，やがて敵対国となった．中国は台湾をめぐるアメリカとの対立にもかかわらず，ソ連に対抗するため，70年代から80年代にかけてアメリカの戦略的パートナーとなったのである．

[ソ連政治経済の失敗]

共産主義者は，社会主義計画経済が資本主義市場経済よりも合理的かつ効率的であると論じるのが常であった．彼らは，やがてソ連の社会主義経済がアメリカの資本主義経済を追い抜くと期待した．しかしソ連体制は硬直的で，創造性や進取性に乏しい強大な官僚制機構であることが判明した．ソ連の計画経済は実際の需要をしばしば満たさず，生産・分配体制は極めて非効率的であった．ソ連体制は，重工業が発展していた1950年代には十分に機能していたように見えたが，コンピュータ化された技術において西側と競争しなければならなくなると，勢いを失った．ソ連指導部は軍事超大国の地位の維持を最も重要だと

みなし，軍需産業を優先したので，ソ連の消費経済は西側よりはるかに遅れたままであった．しかし実際のところ，ソ連は軍事関連技術においてもアメリカとの競争を続けることが，次第に困難となっていたのである．

[西側市場経済の吸引力]

中国は，第三世界にとって民族解放闘争と自立的経済発展のモデルを体現しているように見えた時期があった．しかし中国は1970年代初頭，アメリカ，日本，西欧との接近へと舵を切った．鄧小平は社会主義国家中国に資本主義的な開発戦略を取り入れ，中国の近代化の加速に成功した．北京のこうした大転換の後，反資本主義的な民族解放の革命イデオロギーは，第三世界の人々にとってほとんど魅力のないものとなった．ソ連は東欧衛星国の経済発展を事実上支援できなかったから，東欧諸国は徐々に西欧との貿易関係を広げ，西側の市場経済圏へと引き寄せられていった．ソ連自体が，食糧と高度な工業製品を輸入するため，西側との貿易の拡大を求めた．経済領域においてソ連圏は，資本主義世界に次第に圧倒されたのである．

[自由主義的民主主義の魅力]

自由主義的民主主義は先進国では十分に確立されたが，他の国々では定着したようにはみえなかった．しかし，ヨーロッパの三つの非共産主義的権威主義国家——ギリシア，ポルトガル，スペイン——が，1970年代半ば，議会制民主主義の導入に成功した．80年代には，東アジア，ラテンアメリカ，アフリカの多くの国々でも一党独裁体制や軍事独裁体制からの離脱と，自由主義的民主主義への移行があった．抑圧からの自由と自らの政府を選出する権利への民衆の潜在的な欲求は，東欧やソ連にも存在した．ソ連圏の人々の西側との接触が増えるにつれ，西側の自由主義的民主主義は，これらの国々の人々を惹きつけていった．その結果，ソ連圏の指導部が民衆の自由主義的民主主義への欲求を抑えることは，次第に困難となった．ソ連は若干の自由と権利を認めることで体制の自由化を試みたが，東欧の変革は加速度を増していった．東欧諸国は，次々と自由主義的民主主義の原則の導入を決めたのである．

第Ⅶ章
冷戦後の国際関係

サダム・フセイン（1990年8月，バグダード）
写真提供：AFP／ROBERT JAEGER／APA／APA-PICTUREDESK

● 冷戦の終結とともに，第三世界の地域紛争の多くは終息する一方で，アフガニスタン，ソマリアでは秩序の回復はなく，中東和平も進展しなかった．冷戦終結の過程で起きた湾岸戦争はアメリカ主導の多国籍軍の圧勝で終結し，ジョージ・ブッシュ大統領の巧みな国際的指導力もあり，「新世界秩序」の実現が可能なようであった．だが肝心のアメリカ国内では膨大な財政赤字が外交の重大な制約となりつつあった．

共産主義体制の崩壊後，自由主義的民主主義体制への移行を進める旧東側諸国のなかで，とくにロシアでは経済不安のため政情は安定しなかったが，EUとNATOは東方に拡大し，旧東欧諸国では一定の政治的安定が生まれた．中国共産党政権は（第二次）天安門事件で政治的自由化を求める知識人と学生の要求を圧殺し，国際

社会の激しい反発をかった．しかし日本をはじめ国際社会の反発は一時的で，まもなく鄧小平が始めた現代化政策に対する支援を再開し，中国の経済的躍進を助けた．台頭する中国とは対照的に，1990年代の日本は経済的に低迷し，外交的にも困難な諸課題に直面した．

　本章は冷戦終結後の約10年間の国際関係を検討し，依然として多くの課題に対処を迫られる国際社会の動向を概観する．

1―冷戦関連の地域紛争の終息

　ソ連外交の劇的な転換と共に，冷戦関連の地域紛争は鎮静化し，徐々に終息した．ソ連がベトナムへの援助を削減したことで，ベトナムは1989年9月にカンボジアから兵を引き，親越のカンボジア政権は反政府派との和平交渉を決断した．カンボジア紛争の当事者達と彼らを支援する大国が長期間の紛争で疲弊し，91年10月パリで関係諸国によりカンボジア和平協定が調印された．日本やオーストラリア，ASEAN加盟国などの西太平洋諸国が，この和平協定の成立に向けた外交的根回しを積極的に行ったことは付言されてよいだろう＊．

　＊　平和構築における外交努力に続き，日本は小規模の自衛隊部隊と文民をカンボジアに派遣し，国連平和維持活動（PKO）と政府再建活動に参加した．

　アフリカについては，1988年12月にニューヨークでソ連がアメリカとともに，キューバ・南アフリカ両軍のアンゴラ撤退で合意した．冷戦認識から解放されたアメリカもまた，南アフリカに大胆な国内改革を行うよう強く働きかけ，人種的に分断され暴力に苦しむ南アフリカは短期間の内に大きな変化を遂げた．89年9月に大統領に就任したデクラークはアパルトヘイト体制の廃止に乗りだし，反体制派の指導者マンデラの協力の下，国内の武力闘争に終止符を打ち，5年も経たないうちに南アフリカを人種差別制度を撤廃した自由な民主主義国に一変させた．80年代初頭にアメリカがソ連とキューバの影響力拡大を恐れた中米では，ニカラグアとエルサルバドルの内戦が冷戦後に終結した．

　しかし，アフガニスタンではソ連軍の撤退完了（1989年2月）は平和をもたらさず，武装した反ソ連派グループ内での対立が始まった．国連はアフガニスタンの新たな内戦を阻止しようと試みたが，平和の回復に失敗した．ソ連の援助停止は保守派の北イエメンとソ連の支援する南イエメンとの武力闘争を終結させ，90年5月にアラビア半島南端の二つのイエメンの統一をもたらす一方で，アフリカの角におけるソ連とキューバの影響力の消失は，この地域，特にソマリアにさらなる混乱を生み出した．アメリカも国連もソマリアの秩序を回復することができなかった．

　冷戦終結は中東和平の促進にもさほど役に立たなかった．この地域の政治的

不安定を引き起こす冷戦以外の要因が，より重大な影響力をもっていたからである．アラブとイスラエルとの歴史的対立に加え，イランのイスラーム原理主義革命とイラクの独裁者サダム・フセインの政治的野心が，1980年代の中東地域不安定化の主な要因であった．湾岸戦争について論ずる前に，フセインがイラクの独裁者として台頭した経緯と 90-91 年の湾岸危機以前のフセイン政権の対外関係を概観する必要があるだろう．

2 ─フセインのイラク

　イラクでは，1958年7月に急進派の陸軍将校達が実行したクーデタにより，親英王政が覆った．クーデタ後，カーセム将軍がイラク共和国初代大統領に就任し，土地改革の実施，学校教育の拡大を進めた．カーセム政権は，共産党を含む様々な反王党派の支持を受けていた．共産党がバグダードでかなりの政治的影響力を持つにつれて，アメリカはカーセム政権を左翼で親ソとみなし，バース党のような反共勢力を秘密裏に支援した．
　1963年2月，カーセム政権は反共ナショナリスト・グループと陸軍内の協力者が提携したクーデタによって転覆し，共産党は容赦なく弾圧された．激しい内部抗争の後，バース党が 68 年7月に最終的に政権を掌握した．バクル大統領が 11 年間在任したが，大統領の右腕であるフセインは短期間に政権のナンバーツーにまで昇り詰め，着実に自身の権力を強化していった．イラクは石油に恵まれていたから，フセインは西側諸国を引き付け，これらの国々から望むものを購入することができた．アメリカとフランスはフセインのイラクに武器を売却した．さらにフランスは原子炉を，西ドイツは化学プラントを売却した．81年6月，イスラエル空軍は建設が完了する前にイラクの原子炉を破壊したが，イラクはこの事件の後，核関連物資をフランスから再び入手した．
　1979年7月，フセインはイラク大統領に就任すると，ただちに潜在的な政敵をすべて逮捕し，反逆者として処刑した．フセインのイラクは 80 年9月，歴史的に国境係争問題を抱えるイランを攻撃した．イランはイラクよりも広大で人口も多い国であるが，かつての強敵イラン国軍は，革命後の混乱の最中にあるようにみえた．イランの戦闘的な反米主義はアメリカの反感を買い，その

イスラーム神権政治はまた，アラブ諸国の世俗主義的な支配者たちを恐れさせた．フセインはこの機会を利用し，イランの神権政治体制の弱体化と中東での威信高揚を望み，イランとの戦争を開始したのである．しかしイランの人々はホメイニーの激励を得て，猛烈な反撃に転じた．イラン軍がイラク領土に侵攻すると，他のアラブ諸国とアメリカはフセインがイランを押し返し，イラクの統治者として生き延びることができるように援助した．イランとイラクが長く激しい戦争を終結させるのは88年8月のことである．

フセインはイランとの犠牲の大きい戦争に勝利できなかったので，イラクが自国領土の一部であると主張する，小さいが石油に恵まれた隣国クウェートの征服を企て始めた．イラクがクウェートを支配するならば，イラクはより大きな石油生産国になるだけでなく，サウジアラビアと他の湾岸諸国に脅威を与え，フセインに協力させることになったであろう．アメリカはイラクとクウェート国境でのイラクによる軍備増強を把握していたが，イラクの侵攻は予想していなかった．

3 ― 湾岸戦争

イラクは1990年8月に突如クウェートに侵攻し，同国を占領した．この湾岸危機に直面し，アメリカのジョージ・ブッシュ大統領は，サウジアラビアの防衛のため，アメリカ軍の派遣を決定し，国連安保理をイラク軍のクウェートからの即時完全撤退とイラクへの経済制裁へと先導した．アメリカと同様，国際社会もイラクによる，国際的に承認された主権国家であるクウェートの併合を黙認せず，またイラクのクウェート占領が中東の勢力均衡を劇的に変動させ，国際的な石油供給に重大な影響を与えることも危惧した．アメリカはフセインに軍事的圧力を加え，クウェートから撤退させるため，多国籍軍の組織化に主導権を発揮した．サウジアラビア，エジプト，シリア，さらには湾岸諸国を含む多くのアラブ諸国は，イギリス，フランスなどのヨーロッパとアジア太平洋の国々と同様，多国籍軍に参加した．

フセインが国際社会の要求を無視し続けた結果，国連安保理は1990年11月，クウェート解放のための国連加盟国による武力行使を承認した．ソ連は決議を

支持し，中国は棄権した．湾岸戦争は 91 年 1 月 17 日に始まり，イラクがその 6 週間後の 2 月 28 日に国連の停戦条件を受け入れることで事実上終結した．アメリカ軍は容易にバグダードに到達することができ，フセイン政権の陥落は確実であったが，アメリカは国連決議の権限の範囲内での行動を選んだ．他の多国籍軍参加国も，バグダード進軍を望んではいなかった．ブッシュの自制にはまた，イラク国内で混乱を引き起こすのを回避したいという理由もあった．彼は，イラク軍が威信を失ったフセインからすぐに政権を奪取すると期待したが，そのような軍事クーデタは実現しなかった．フセインはイラク南部でのシーア派の反乱と北部でのクルド人の分離運動を鎮圧することで，自身の権力を再び強固なものとし，国連の停戦合意を無視し始めたのである．

1991 年にブッシュは，国際社会がイラクのクウェート侵攻に対して団結した対応を取ったことで，民主主義，市場経済，国際協調によって特徴づけられる世界，冷戦後の「新世界秩序」のビジョンを表明した．国連安保理は，湾岸危機に関する多くの決議を全会一致で採択し，常任理事国は決議に拒否権を発動しなかった．アメリカ率いる多国籍軍には多くのアラブ諸国の軍隊が含まれており，湾岸戦争は決して「文明の衝突」*の事例ではなかったのである．

 * この用語はアメリカの政治学者ハンティントンが 1993 年雑誌『フォーリン・アフェアーズ』に掲載した論文「文明の衝突？」によって広まった．ハンティントンが 96 年に論文を拡大し，書籍として刊行した時，文明の衝突の予測に関する調子を和らげている．

湾岸危機ではアメリカは国際社会の方針を形づくり，効果的に自らの意思を実践する上で強力な軍事的・外交的な指導力を発揮した．しかし唯一の超大国であるアメリカには，弱点があった．アメリカの連邦財政は巨額の累積赤字に苦しみ，アメリカは「砂漠の盾」作戦と「砂漠の嵐」作戦の資金を賄う余裕が殆どなかったのである．611 億ドルに達した戦争の総費用の内，サウジアラビア，クウェート，他の湾岸諸国が約 6 割を支払い，アメリカの負担額は 90 億ドルに過ぎなかった．自らに課した軍事的制約により，多国籍軍への軍事的貢献ができない二つの経済大国，日本とドイツが残額を負担した．日本はサウジアラビアに次ぐ第二の財政貢献国であり，湾岸地域への 20 億ドルの経済援助に加え，110 億ドルを多国籍軍の戦費として提供したのである．

4 ―ロシアと旧ソ連諸国のポスト共産主義体制

　1989年から90年にかけて，中・東欧とバルカン地域の共産主義諸国，そしてソ連の構成共和国は共産党独裁体制の崩壊を経験した．中・東欧のポーランド，ハンガリー，チェコスロヴァキアは，比較的円滑に自由主義的民主主義と市場経済に移行した（93年1月，チェコスロヴァキアは平和裏に分離し，二つの共和国となった）が，バルカン半島のルーマニアとブルガリアの自由主義的民主主義と市場経済に向けた動きは遅かった．ソ連圏外にあったユーゴスラヴィアでは，共産党支配の崩壊は連邦制の解体につながり，民族間の激しい武力紛争という結果をもたらした．中・東欧とバルカン地域における冷戦後の状況は，自由民主主義的ヨーロッパの拡大との関連の中で取り上げるため，本節では，主に冷戦後のロシア政治を概観する．
　ロシアにおける民主主義と市場経済への道のりは，険しいものであった．1990年代初頭，エリツィン政権の改革派の首相ガイダルは，急速な民営化と規制緩和を試みたが，彼の政策の副作用は非常に深刻で，ロシア経済に大きな混乱と激しいインフレをもたらした．多くのロシア人がこうした副作用に苦しんだ一方で，抜け目のない人々は民営化と規制緩和を巧みに利用し，旧国営企業の支配権を得て，公益をほとんど顧みずに金を儲けることで富裕となった．年間インフレ率は，90年代後半に少し落ち着いたが，ロシアは90年代を通じて，引き続き経済問題に苦しむことになった．エリツィンは健康がすぐれず，衝動的に首相を何度も交代させた98年には，ロシアは深刻な金融危機を経験し，IMFの介入により，やっと金融破綻から救われたのである．
　エリツィンのロシアは，深刻な経済苦境に加えて，ムスリムが居住するロシア連邦の小さな共和国チェチェンの武装反乱にも，対処しなければならなかった．さらなる領土の移譲を許したくないロシアは，チェチェン独立を承認することなく紛争を解決することを望んだ（1994年12月チェチェンに侵攻）．チェチェン兵士は故国で敗れると，モスクワでのテロ攻撃に打って出た．
　エリツィンは大統領として，頻繁に立法府と衝突した．1993年10月，エリツィンは議会反対派に占領された最高会議ビルの攻撃を陸軍に命じ，12月に

国民投票で承認された新しい憲法では大統領の権限を強化した．次の選挙（95年12月）では，国内の経済状況とロシアの国際的地位低下への民衆の不満を反映し，共産党や右翼政党が議会で台頭したから，この事件の後も，エリツィンは立法府としばしば諍いを起こした．

もはや民衆の英雄ではなくなり，健康状態に問題があるエリツィンは，1996年7月の大統領選挙では共産党党首ジュガーノフの挑戦に直面しなければならなかった．エリツィンは，ロシアの新しい資本家からの惜しみない献金により可能となった豊富な選挙資金を用いて，辛うじて選挙に勝利した．ロシアでの共産党の盛り返しを危惧したアメリカと西欧の指導者達もまた，エリツィンを支援した．99年8月，エリツィンは連邦保安局長官プーチンを新首相に指名した．プーチンは再燃したチェチェン武装反乱に対し，断固とした軍事措置を取ったことで人気を得たのである．

1999年12月31日，エリツィンは突然辞任を表明し，プーチンを大統領代行に指名した．2000年3月，プーチンは大統領に選出された．元KGB職員であるプーチンは，大統領として政治手腕を遺憾なく発揮した．プーチン時代の到来とともに，ロシアは共産主義にも反西側のナショナリズムにも回帰しないことが明らかになった．石油価格の高騰に助けられ，プーチンはロシアの経済状況を好転させ，外交の世界でも如才ない現実主義的な指導者としての評価を確立した．

旧ソ連のバルト三国が，自由主義的民主主義へ移行する一方で，ベラルーシは1994年7月に就任したルカシェンコ大統領の下，権威主義体制へと向かった．ウクライナはロシア式の大統領制を採用し，緩やかに市場経済に移行した．一方，中央アジアの旧ソ連諸国では，強力な指導者による独裁体制が広まっていた．

5 ─ 冷戦後 NATO - ロシア関係

ソ連圏の崩壊は，ヨーロッパの国際関係に劇的な変化をもたらした．ヨーロッパ大陸の真ん中に40年以上も存在した東西の分断線は，突如として消滅した．ロシアを含めた全ての旧ソ連圏諸国は，市場経済と民主的政府という実験

を試み始めた．旧ソ連の衛星国とバルト三国は，NATOとEUへの加盟を含む，アメリカと西欧との緊密な関係の構築を望んだ．西側の正式メンバーとして受け入れられることを渇望するこれらの国々は，民主的統治と市場経済を維持・発展する決意を強めた．これらの国々は，国内で民族問題を抱えていたが，それを何とか抑制できた．民族間の不和がチェコスロヴァキアの分離という結果になった時でさえ，それは平和裏に達成された．旧ユーゴスラヴィアを除いて，1990年代に暴力的な民族紛争の舞台となったのは，北アイルランドやスペインのバスク地方のような西欧の一部の地域に過ぎなかった．

　NATOはソ連圏の軍事的脅威の封じ込めという主たる存在事由を失い，冷戦後に時代遅れになったという指摘があった．このように主張する人々はWEU，すなわち，アメリカ抜きのNATOがNATOの立場を引き継ぐとともに，欧州安全保障協力機構（OSCE，1995年1月CSCEより改組）がヨーロッパ全体の主要な安全保障機構として発達することを期待した．しかし，NATOはヨーロッパの主要な安全保障機構として存在し続けた．アメリカはヨーロッパでの影響力を保持し，世界平和の維持にNATOを利用することを望んだので，同盟を解消しなかった．ヨーロッパのNATO加盟国もまた，予期せぬ安全保障問題に備えて，アメリカとの同盟を維持する方がよいと判断したのである．

　1990年代，NATOは条約圏外の地域の平和強制にまでその役割を拡大し，旧ユーゴスラヴィアの軍事紛争に二度介入した．99年3月からの二度目の介入は，NATO同盟諸国とロシアとの関係をとくに損なった．旧ソ連圏諸国とは異なり，冷戦後のユーゴスラヴィアは民族紛争によって特色づけられる．共産党体制の崩壊後，この多民族連邦国家はまもなく七つに解体した．セルビア大統領のミロシェヴィッチによるセルビア・ナショナリズムの高唱はユーゴスラヴィア解体を速め，スロヴェニアとクロアチアの独立（91年6月）にもつながり，ボスニア・ヘルツェゴヴィナを民族紛争と「民族浄化」の舞台に変えた．国連はこの凄まじい民族紛争を止めることができなかった．結局NATOが94年4月にボスニアのセルビア系勢力に対する米軍主導の軍事作戦を開始し，軍事力に裏付けされたアメリカの強制外交が，95年12月，セルビア系住民に停戦と政治的解決を受け入れさせたのである（デイトン合意）．

NATO平和維持軍の存在がボスニアの不安定な平和を保つ一方で，ミロシェヴィッチの（新）ユーゴスラヴィアは，1998年2月にアルバニア系コソヴォ人の反乱を鎮圧するため，軍を動員した．セルビア軍がコソヴォのアルバニア系住民に対して残忍な行為に及ぶと，西側諸国はベオグラード政府とコソヴォのアルバニア系住民との調停を試みた．ミロシェヴィッチが西側の提案を拒否すると，NATOは99年3月にコソヴォ紛争を止めるために軍事力の行使を決定し，ベオグラードの多数の標的とセルビアの拠点を爆撃したのである．

ロシアは中国（NATO軍機がベオグラードの中国大使館を誤爆し，米中関係に重大な打撃を与えた）とともに，国連安保理の承認を得ていないNATOの行動を非難したが，ロシアはコソヴォ問題をめぐり，アメリカとNATOとの関係の破綻を望まなかった．それゆえにロシアは，西側の条件を僅かな修正を加えることで受諾するようにベオグラードを説得して，コソヴォ紛争に解決をもたらし，その外交力を示したことで満足した．コソヴォ紛争は，バルカン半島の地域武力紛争をアメリカ抜きに解決できないヨーロッパの無力を再び示したのである．

1990年代を通して，NATOの東方拡大は，NATO-ロシア関係にとり非常に敏感な問題であった．ロシアがNATOの東方拡大への反対を表明し，1990年代半ばにナショナリストや旧共産党派がロシアで人気を集めるにつれ，アメリカとヨーロッパ同盟国はロシアの態度を考慮せざるを得なくなった．94年1月，NATOは協議・協力の機構として，NATO加盟国との「平和のためのパートナシップ（PfP）」を組織し，ロシアとヨーロッパの旧ソ連圏諸国に参加を求めた．97年5月，NATOとロシアは相互の関係を規定する協定に調印した．ロシアとNATOとを仲立ちしたアメリカは三つの中央ヨーロッパ諸国（ポーランド，チェコ，ハンガリー）とNATO加盟に向けた交渉を始めるように，NATOを先導した．NATO結成50周年目の99年3月，3ヵ国は加盟国となった．ロシアの新大統領プーチンは，さらなるNATOの拡大に反対せず，むしろロシアとNATOの協力関係を強化する政策を取った．その結果，ロシアとNATOは，2002年5月にNATO-ロシア理事会を設立し，ロシアをNATOの準加盟国とする新たな合意文書である「ローマ宣言」に調印したのである．

6 — EU の深化と拡大

　域内自由市場を形成した EC の加盟国は 1992 年 2 月，統合深化のためマーストリヒト条約に調印した．条約が 93 年 11 月に発効すると，共同体は EU という名称になった．ドイツ統一は，こうした動きを加速させた．フランスなどの隣国は強いドイツの出現を危ぶむ一方で，ドイツは近隣諸国の懸念の払拭を望んだ．それゆえ双方ともにドイツをヨーロッパ連合により緊密に統合することを求めたのである．経済領域では，マーストリヒト条約批准国は，通貨統合の第三段階である欧州単一通貨を 99 年までに導入することに合意し，さらに経済以外の二つの支柱，すなわち共通外交・安全保障政策（CFSP）と司法・内務協力（JHA）も含む協力の拡大でも合意した*．

　＊　ただし EU の超国家的性格はなおも第一の柱である経済分野に限定されており，CFSP と JHA の活動は国際的な協力と調整の分野に限られている．

　1980 年代末までに EC 加盟国は 12 ヵ国に達したが，ソ連圏の崩壊は加盟国の増加を不可避なものにした．冷戦期のスウェーデン，フィンランド，オーストリアのような市場経済が十分に発達した中立国は，EC 加盟が中立国の立場を危うくすることを恐れ，EC 諸国との緊密な経済関係にもかかわらず，EC 加盟を求めなかった．しかし冷戦の終焉とともに，これらの中立国は EU 加盟を求め始めた．中・東欧の旧共産主義諸国もまた，EU への参加を熱望した．93 年 6 月，EU は旧共産主義諸国の条件が整えば，加盟を認める決定を下した．しかし，これらの国々が加盟の条件を整えるには時間が必要であり，冷戦後最初の EU 拡大は上記の中立 3 ヵ国の加盟であった．

　EU の最も画期的な展開は，新設された欧州中央銀行の管理下に置かれる共通通貨ユーロが 1999 年 1 月に導入されたことであった．しかし，ユーロは EU 全 15 ヵ国ではなく，11 ヵ国の共通通貨として発足した．イギリス，デンマーク，スウェーデンは不参加を決め，ギリシアは経済通貨同盟の参加基準を満たすことができなかった．自国通貨を持つことは主権国家の基本的権利と考えられてきたので，幾つかの EU 加盟国が通貨同盟に参加しなかったことは，驚くべきことではなかった．3 年後の 2002 年 1 月，ユーロ貨幣の一般流通が

始まった．ユーロが米ドルと並ぶ国際金融市場の主要な通貨となるには，ある程度の時間が必要であろうが，ユーロは既に第二の国際通貨としての地位を確立した．

EU は 2004 年に 10 ヵ国の加盟が見込まれている（2004 年に 10 ヵ国の加盟が実現，2007 年に 2 ヵ国，2013 年に 1 ヵ国が加盟した）．EU にとり，域内統合の程度を深める一方で，多くの国々を連合に吸収することは非常に難しい課題である．もし EU が「ヨーロッパ合衆国」に向けた経済・政治統合という大いなる実験に成功するならば，ヨーロッパはアメリカに匹敵する世界の指導的な政治・経済勢力になることができるであろう．

7 ― 北京の天安門事件

冷戦終結後，中国が西側諸国からやや孤立した短い時期があった．波乱の 1989 年の春，民主化変革の風が中国にも吹くかにみえた．4月，党路線から逸脱した民主主義的見解ゆえに失脚した，かつてのナンバーツーである胡耀邦の死去は，北京の学生運動の引き金となった．学生達は天安門広場を占拠し，より民主的な政府を要求した．中国共産党総書記の趙紫陽は，学生運動家達に対し対話路線を示したが，政界の長老であり，依然として最高権力者である鄧小平は，下からの改革ではなく上からの改革を強く信奉していた．鄧は 6 月初めに民主化運動を弾圧するために軍隊を派遣し，弱腰の趙紫陽を 6 月下旬に解任した．鄧の共産党の権威主義体制下における市場経済化政策は，趙に代わって中国共産党総書記となった江沢民によって継承された．

西側諸国は，天安門事件をめぐり中国指導部を非難し，抗議の意味を込めて中国との関係を格下げした．G7 諸国の中では日本が中国に対し，最も友好的な態度を維持した．1989 年 7 月の G7 サミット（パリ）では日本は長期的には中国を国際社会から孤立化させないことが必要であることを強調し，そうした態度を貫いた．アメリカ政府もまた，中国に関与する必要性を十分に認識していた．国務長官ベーカーが後に記すように，「アメリカの圧倒的な戦略的利益は孤立ではなく，関与を必要とした」のである．アメリカ政府は，議会や国民の要求よりも穏やかに対応した．アメリカ政府は議会で反対が強かったにもか

かわらず，中国に対する最恵国待遇を更新し，中国との建設的関係維持の利益を伝えるため，北京に密使を派遣した．

　当時の中国に最も友好的な国として，日本は中国にとって特別な価値をもっていた．もし日本が中国との関係正常化に動くならば，日本の動向は西側諸国の態度に一定の影響を与えるであろう．それゆえに，北京は日本の天皇と皇后を中国に招くことに関心を抱いたのである．東京から見ても，皇室外交の機が熟していた．こうして天皇と皇后の中国訪問（1992年10月）は，正常な両国関係への復帰を象徴するものとなった．

　東アジアの共産主義諸国の中では，モンゴルのみが政治的多元主義に向かった．ベトナムは政治・経済改革を実施したが，ベトナム共産党は唯一合法的な政党であり続けた．北朝鮮では，1994年7月に建国の父である金日成が死去した後も朝鮮労働党は困窮に陥った人々への異常なほど厳しい支配を続けた．90年代後半，北朝鮮はひどい食糧不足と経済破綻を経験したが，金正日指導下の共産主義体制に揺るぎはなかった．

　ゴルバチョフ革命の衝撃は，東アジアではヨーロッパよりもはるかに限定的であった．それにもかかわらず，冷戦終結は同地域の国際関係に広範囲にわたる影響を与えた．ゴルバチョフの新思考外交は，中ソ関係と米ソ関係の緊張を緩和し，ベトナムを平和的な外交路線へと導いた．ベトナムは自軍をカンボジアから撤退させ，中越の緊張関係を緩和させ，ASEAN諸国と日本との関係を発展させた．冷戦終結を利用した韓国は，ソ連と中国との国交樹立を，それぞれ1990年9月と92年8月に達成した．

　こうした展開に危機感を募らせた北朝鮮は，韓国，日本，アメリカとの関係改善を望み，とくにアメリカとの交渉に最も大きな関心を示した．北朝鮮は交渉力となる資源を欠くため，潜在的核保有国であることを取引材料として利用した．1994年10月の米朝枠組み合意後，アメリカ，韓国，日本は北朝鮮の核開発計画放棄の見返りとして，翌年3月に同国のエネルギー資源開発を支援する朝鮮半島エネルギー開発機構（KEDO）を設立した．冷戦終結はまた，中国国民党体制下の台湾にも影響を及ぼした．反共の中国政府としての存在事由をもはや主張できず，李登輝総統下の台北政権は，96年3月に初の総統直接選挙を実施するなど，台湾の民主的に選ばれた政府としてその存在事由の再構成

を進めたのである．

8 ―日本の停滞と中国の躍進

　冷戦期の後半，日本は最良の時代を享受した．世界における日本の経済的・政治的立場は，とりわけ1980年代に高まった．海外では，日本はナンバーワンであり，21世紀は日本の世紀であると語る識者が現れた．日本の経済力の興隆を受けて，アメリカとEC諸国は80年代に国内の構造改革に着手した．その間，日本は慢心し，弱点への対処と次の時代の競争への準備を怠った．

　日本の製造業は海外市場では高い競争力があったが，農業はもちろん，金融，建設，情報通信のようなセクターは，規制の強い国内市場で多くは事業を展開しており，政府に手厚く保護されていた．1980年代の投機ブームによる杜撰な貸付の結果，日本の金融セクターは莫大な不良債権を背負い込み，10年以上も不良債権を処理することができない有り様であった．日本の知識創造のための諸制度――大学や研究機関――は脆弱であり，資本主義経済が脱工業化の時代に入ると，これは深刻な欠点となった．

　日本の経済不況は，政官財の緊密な相互依存関係を形成した旧来の産業構造の温存を図る政府の傾向により，長期化した．日本政府は巨額の財政支出にもかかわらず，日本経済のスタグフレーションからの脱却に失敗した．急激な出生率の低下と急速な高齢化もまた，日本の将来に暗い影を投げかけている．日本は深刻な経済問題だけでなく，国家の活力を回復する民主主義的な政治体制の能力の危機にも今や直面しているのである．

　日本は西欧，アメリカ，中国や韓国ほど冷戦終結の恩恵を享受しなかった．日ロ関係は，北方領土問題のために大きく進展しなかった．台頭する中国に対する日本の態度は，1990年代後半には冷めたものになった．さらに，北朝鮮は中距離ミサイルと核兵器の開発により，日本の安全保障環境を脅かし始めた．日本はまた，新興の工業化した隣国であり，旧植民地支配国家に依然として不信を抱く韓国と友好的な関係を構築するのも困難であった．

　天安門事件から数年の間，中国は対外貿易と資本投資の扉を開けたまま，西側諸国との正常な関係への復帰を待ったが，日本を皮切りに，まもなく経済的

に進んだ民主主義諸国は中国との関係を正常化した．これらの国々は中国の持続的な経済成長に注目し，中国市場の大きな潜在性に引きつけられた．市場としての巨大な潜在力に加え，勤勉だが安価な労働力の豊富さゆえに，中国は海外の多国籍企業にとって，グローバル市場の生産拠点を構築するのに最適な場所となった．先進国からの資本流入と技術移転の増加の恩恵を受け，中国の工業生産と輸出は1990年代に急増した．

アメリカ大統領クリントンが1993年に政権を発足させた時，アジア政策の最優先課題は，アメリカの経済安全保障を脅かすようにみえた日本の経済力の増大と，アメリカが言うところの不公平な貿易慣行に対処することであった．しかしクリントン政権二期目のアジア政策の主要な課題は，台湾との現状維持という暗黙の了解の下，潜在的な超大国である中国との安定した関係を構築することに移行した．クリントンが訪中した98年に日本に関心があったとすれば，それは過大評価された日本の経済力ではなく，アジアの景気回復を妨げている日本の経済的沈滞にあった．

停滞する日本とは対照的に，中国は1990年代から2000年代にかけて経済を大きく発展させた．日本の国際的プレゼンスが低下する一方，中国の国際社会における影響力は増大した．しかし中国は多くの課題を抱えており，非政治領域での個人の自主性と革新的な思考を奨励しながら，どのくらい長く一党支配の権威主義体制を維持できるのか，大きな疑問である．しかし，全てが順調に進むならば，中国は数十年以内に超大国になるであろう．

終 章

アメリカの時代の終わり

　冷戦の終結後，市場経済は旧東側諸国を巻き込んで文字通りグローバル化し，それをアメリカが牽引した．アメリカはIT関連産業の発展で莫大な利益を得，冷戦終結前後に一時低迷していた経済は再建され，繁栄期を迎えたが，対外的には主たる脅威が消滅したことで内向きの姿勢が強まり，国際協調主義に背を向ける単独主義志向を深めた．そうしたなかで起きた9.11同時多発テロ事件は長く本土への攻撃を経験したことがなかったアメリカ国民に衝撃を与え，ブッシュ政権はテロ事件の首謀者を匿うアフガニスタンのみならず，湾岸戦争後も極めて反米的な姿勢を維持するイラクに対する攻撃に乗り出した．アフガニスタン全土を軍事制圧する前に，大量破壊兵器に関する不正確な情報にもとづき，そして国際的な同意を得ることなく強行したイラクへの先制攻撃は明らかに誤った行動であり，アメリカの国際的信頼を大きく損ねたばかりか，二つの戦争の長期化・泥沼化はアメリカの国力を疲弊させた．さらに2008年に始まった金融危機を契機にアメリカは経済不況に陥った．中東の戦争と金融危機は，まさにアメリカの時代の終わりを告げる事態であった．

　本章は21世紀初頭の国際関係史を，アメリカの時代が内外で節目を迎えた2008年まで検討する．

1 ― グローバル・エコノミーの形成とアメリカ

　地球上の諸地域の人々の接触が深まるという意味では，グローバル化は過去5世紀のあいだに，世界諸地域の接触と結びつきとをしだいに発展させ深化させてきた．しかしグローバル化のための通信・輸送手段が急速に進歩したのは過去数十年のことであり，「グローバル化」「グローバル時代」ということばが広まったのは1990年代からである．それは二つの理由による．一つは80年代末から90年代初頭にかけて，それまで社会主義計画経済を行っていたソ連および東欧諸国が共産党独裁を放棄して市場経済に移行し，膨大な人口をもつ中国が共産党支配を維持しつつ「社会主義市場経済」を標榜して積極的に世界市場への参入を開始し，アジアのもう一つの巨大国家インドも計画経済から開放政策に転換して，市場経済地域が世界規模で拡大したことであり，二つは90年代にインターネット通信の急速な普及がアメリカから世界に広がったことである．

　グローバル化とは輸送手段，通信手段の発達により，人・「もの」・「かね」・情報の移動が容易になり，とくに「かね」の移転を含む情報送信を瞬時に行うことができるようになって，空間的な距離の意味がうすれたこと，それにより経済活動が特定の地域や国を越えて世界的規模で行われるようになったことを指す．グローバル化を可能にした技術的革新はいろいろあるが，まず通信衛星の発達による遠距離通信の瞬時化・大量化が起こり，それがコンピューター技術の発達と結びついて，情報の集積・処理・伝達の速度に革命的な変化をもたらし，さらにインターネットの普及があって，グローバル化を促進したといえよう．経済活動のグローバル化は人や「もの」の輸送手段の発達に促され，またGATTや世界貿易機関（WTO，1995年1月発足）を舞台とする世界的な貿易自由化交渉の推進により助長されたが，また情報技術における革命の成果を企業が活用することによって発展した．

　グローバル化と情報技術革命（IT革命）とは世界の国々のそれまでの経済社会構造を揺るがし，人々の生活を不安定にする面があったから，その流れのなかで経済的に急成長する国がある一方，成長が失速する国もあり，同じ国の

なかでも上昇する機会を得る人々がいる一方，下降する人々もあった．また国境を越えた文化の相互浸透の急速な進行は融合とともに摩擦を生んだ．そのため世界には国際協調，グローバルな市民社会，グローバルな価値観の共有に向かう動きよりは，排外主義や宗教的敵対意識が台頭して，国際的対立のみならず多くの国において国内的対立が目立つようになった．

　レーガン大統領はグローバル化に対応するため，日本をはじめ諸外国にたいして国内市場のより積極的な開放を要求し，またカナダとの自由貿易協定を結んで（1988年1月），広域市場の形成をはかった（広域自由貿易市場形成の政策は，彼の後継者ジョージ・ブッシュ大統領に継承されて，メキシコを含めた北米自由貿易協定＝NAFTAとなり，それは民主党のクリントン大統領にも支持されて94年1月に発効した）．

　アメリカは1980年代に緩やかな経済成長を続けたが，レーガンの「アメリカに朝が来た」という84年の楽観論は次第に色あせた．アメリカの力の相対的低下を歴史的に論じたポール・ケネディの『大国の興亡』や，多くのアメリカ人にとってよりよい未来への期待ができない状況を語ったクルーグマンの『期待の低下する時代』が広く読まれたのは，80年代末から90年代初めであった．その時期にアメリカは短い不況に陥ったが，90年代半ばまでには，一時アメリカの脅威と見られた経済大国日本が経済的停滞に苦しんでいることが明らかになり，同年代後半にはアメリカは新たな繁栄期に入ったので，アメリカには冷戦後の世界における唯一の超大国というアメリカの地位は揺るがないという自信が蘇った．

　1990年代後半のアメリカ経済の好調は，情報技術の発展がアメリカの労働生産性を高めたこと，世界市場経済の形成期に情報技術を活用して国際金融業が著しい発展を示したことなどによる．アメリカはかつて世界一を誇った多くの製造業分野で優位を失ったが，収益の大きい先端技術産業を発達させ，国際金融業界におけるアメリカの地位をいっそう強化することにより，世界の中心国としての地位を保持していた．先端技術産業の開発は先端的科学研究と結びついていたから，主要な大学も威信と収益とを兼ねて，先端的研究の推進に力を入れた．90年代後半の好況期には，富裕層の所得が増えて貧富の格差はさらに拡大したが，失業率の低下により「貧困ライン」以下の最下層の人口比率

は減少したので，中流階級は分解しつつ再編される過程にあるかのように見えた．

アメリカの世界的大企業としてかつて知られた US スティールやゼネラル・モーターズ，フォードなどの会社は昔日の勢いを失ったが，それに代わって，インテル，マイクロソフト，アップル，グーグル，アマゾンなど IT 関連企業やインターネット・ビジネス企業が急成長した．1990 年代には，新産業革命というべき IT 革命に牽引されて成長するアメリカ経済を指して，楽観的に「ニュー・エコノミー」ということが一般化した．

2 ― アメリカの対外政策における単独主義志向

冷戦が終結した当時のジョージ・ブッシュ大統領の新世界秩序構想においては，民主主義と市場経済の世界的拡大とともに，国際協調が重要な柱であった．党派を異にするクリントン大統領もこの構想を継承したといえる．しかし 1990 年代には，対外政策について単独主義的な考え方が，共和党内で強くなり，そしてその共和党は議会で勢力を強めた．94 年の中間選挙は共和党が 40 年ぶりに下院で多数を得た画期的な選挙であったが，その年選挙に臨んだ共和党の下院議員候補者たちは，選挙の際にギングリッチ（選挙後に下院議長に就任）らがまとめた「アメリカとの契約」（「小さい政府」を主張する保守主義の綱領）に署名した．その文書は対外政策については国連を通じての行動に消極的であり，国際的拘束を嫌う単独主義的な傾向を示した．上院の共和党議員も同様に単独主義的な傾向が強く，クリントン政権が推進した包括的核実験禁止条約（CTBT，96 年 9 月採択）の批准に反対した．2000 年の大統領選挙は開票結果が拮抗したため，最高裁判所の裁定により当選者が決まった異例の選挙であったが，当選者ジョージ・W. ブッシュ（ジョージ・ブッシュ元大統領の長男でテキサス州知事）もそうした単独主義志向を支持し，CTBT 不参加の方針を決め，環境問題でも京都議定書（1997 年 12 月採択）を受け入れなかった．ヨーロッパ諸国が推進した国際刑事裁判所（ICC）の設立（2003 年 3 月）についても，アメリカ軍人への適用除外を主張し，不参加の立場をとった．

冷戦終結当時アメリカは，冷戦時代に米ソの対立のために国際安全保障のた

めの機関としての機能を果たせなかった国連を国際社会の意思決定の機関として活性化しようと試みた．湾岸戦争はアメリカが主導した戦争ではあったが，西欧諸国および多くのアラブ諸国を含む世界の大部分の国々の協力を得て戦われ，国連安保理の決議に沿いその決議の範囲内で行われた戦争であった．

　この戦争の後，アメリカ人の間には，戦争における多国籍軍の勝利によりイラクのサダム・フセイン政権を屈服させたにもかかわらず，フセイン政権が生き残り反米的姿勢をとり続けたために欲求不満が生じ，それが彼らの単独主義志向を促した．1990年代半ばのボスニア紛争の再燃の際に，アメリカ空軍の出動により収拾への道が開けたことも，アメリカの軍事力行使が国際秩序維持の決め手になるのであるから，アメリカは自国の方針により国連などの国際機関や既存の国際的枠組みの拘束を受けずに行動すべきであるという単独主義的な考え方を強めた．90年代初頭に存在したアメリカの経済力の低下という意識が90年代の好況と財政赤字の解消とともに消滅し，アメリカ人の自信が回復したことや，先端技術産業の発展の一環としてアメリカの兵器と装備の高性能化が進み，戦争技術が効率化したことも，単独主義を強めた要因であった．

3 ― 9.11 同時多発テロ事件とアメリカの反撃

　2001年9月11日，テロリストたちが飛行中にハイジャックした旅客機2機をもってニューヨークの世界貿易センタービル2棟に，他の1機でワシントン郊外の国防省ペンタゴンビルに突入する自爆攻撃を行った．ハイジャックされた第四の旅客機は自爆攻撃を察知した乗客の抵抗にあいワシントンの攻撃目標に達する前に墜落した．この「9.11同時多発テロ事件」による犠牲者はハイジャックされた旅客機の乗員乗客，破壊された建物に勤務中の人々，彼らの救出作業に当たった消防士・警察官を含め，3000人以上および，そのなかでは世界貿易センタービルおよび周辺ビルの倒壊による犠牲者が大部分を占め，そこにオフィスをもっていた日本企業関係者も犠牲となった．この事件はアメリカのみならず，広く世界に大きな衝撃を与えた．

　このアメリカの中枢に対するテロ攻撃を仕掛けた組織「アルカイダ」の指導者ビン・ラディンは，サウジアラビアの名門出身の富豪である．彼は1980年

代にはその財力を活用してアフガニスタンの対ソ戦争に参入した「聖戦」（反イスラーム勢力に対する闘争）の活動家であったが，90年代には湾岸危機・湾岸戦争の勃発によりアメリカ軍がサウジアラビア領内に展開し戦後の中東におけるアメリカの軍事的政治的存在感が強まったため，アメリカをイスラームの主敵とみなすようになった．彼はサウジアラビア王家から国を追われたが，まずアフリカに逃れ，やがてスンナ派イスラム過激派組織「タリバン」が支配するアフガニスタンに本拠を移して，そこから国際的テロ活動を指図した．9.11テロに直接参加したアルカイダの活動家の大部分はサウジアラビア人であったが，その同時多発テロの総指揮者はドイツの大学に留学中にアルカイダに加わったエジプト人であった．グローバル化時代にはテロ活動組織もグローバルな規模で活動した．アルカイダは93年2月にニューヨークの世界貿易センタービルにトラックで自爆テロを仕掛けたことがあり，アメリカ国外では98年8月にケニアとタンザニアのアメリカ大使館に同時に攻撃を仕掛け，2000年10月にはイエメンのアデン港でアメリカのイージス駆逐艦を爆破したが，それらの攻撃にはアメリカの政府と世論はむしろ冷静に対応した．アメリカ人は1995年4月には国内の右翼民兵団員によるオクラホマシティ連邦政府合同庁舎爆破事件も経験していた．

　しかし9.11テロはアメリカの経済的軍事的中枢を標的とした大胆さ，破壊と犠牲者数の規模，また旅客機をハイジャックして攻撃の武器として用いるという無慈悲さにおいて，予想外のできごとであったために，国民の受けた衝撃は大きかった．アメリカの全空港は一時全面的に閉鎖され，不審者は拘束された．さらに事件直後には猛毒の炭素菌が郵送されワシントンでは死者が出る事件も起こった．開放的な国，人権を尊重する国を建前としてきたアメリカはこの事件直後の非常事態的雰囲気のなかで，2001年10月下旬「愛国法」として知られる法律を急いで制定し，市民的自由を侵害する恐れがあるさまざまな捜査権限を連邦政府に与えた．ブッシュ大統領は「テロとの戦争」を宣言し，政府は国内警備体制の強化を急いだ．しかしブッシュにとって「テロとの戦争」の主な狙いは，海外に拠点をもつテロリスト組織を殲滅しテロリズムに加担する政府を排除することにあったから，アメリカは10月上旬に米軍をアルカイダの本拠地があったアフガニスタンに派遣しただけでなく，2003年3月には

イラクのフセイン政権に対する戦争に踏み切った．ブッシュは減税政策をとりつつ，対テロ・イラク戦争のための支出を増やしたので，アメリカの財政は再び多額の赤字を抱えるようになった．

4 ―イラク戦争とアメリカの誤算

　湾岸戦争後のイラクのフセイン政権はアメリカにとってたしかに不都合な存在であった．彼は独裁的権力を保持し続け，休戦条件に違反することが多かったので，湾岸戦争の主要なパートナーであった米英両国は国連による経済制裁の解除に反対し，ときおり小規模な空爆による威圧活動を行った．フセインは米英に対抗して，経済制裁の解除後に石油利権を提供することをロシア，中国，フランスに約束し，経済制裁の解除を促進しようと試みていた．ブッシュ政権内の強硬派は対テロ戦争としてアフガニスタンよりもイラクを攻撃することを主張していたが，タリバン政権崩壊ののち，フセインが生物・化学兵器を秘密裏に製造してテロ攻撃を準備していることは確実であると述べて，イラク攻撃についてブッシュの同意を得た．ブッシュは大量破壊兵器（WMD，核兵器および生物・化学兵器の総称）を開発して世界秩序を乱すことを狙う危険な国「ならず者国家」としてイラク，イラン，北朝鮮を挙げたが，当面の攻撃目標はイラクであった．9.11 事件の翌年（10 月），議会がイラクに対する武力行使の権限を大統領に与える決議を大多数で採択し，世論も戦争を支持したのは，9.11 の衝撃が大きかったためである．フセイン政権がテロ攻撃を仕掛ける可能性があり，それを防止するためには先制攻撃が必要であると政府が主張すれば（ブッシュ・ドクトリン），それに同調する雰囲気があった．

　国連の安保理はイラクの WMD 製造の疑いを調査するために国連査察団を派遣することにしたが，米英はその疑いには確実な根拠があるとして，早急な軍事行動を主張した．しかし安保理ではロシア，中国が反対しただけでなく，フランスやドイツが確証を得るまで査察を継続することを強く主張したので，アメリカは新たな決議を得ることを断念し，安保理の旧イラク決議を根拠として，イギリスなどの協力を得て，2003 年 3 月 19 日イラク攻撃を開始した．

　戦争は米軍が 4 月 9 日までにバクダードを制圧し，フセイン政権は崩壊した．

ブッシュ大統領は5月1日には「使命は達成された」とイラク戦争の終息を宣言したが、イラクの秩序は回復せず、米軍の犠牲者はその後に増えるようになった。ブッシュ政権は比較的小規模な兵力でフセイン政権を倒したが、その後のイラク再建問題について安易に考え、戦後の過渡期の秩序維持のための十分な用意がなかった。そのためイラク戦争後の治安は悪化の一途をたどり、外部からのテロリストの参入もあってテロ活動が増大し、米軍兵士やイラク市民、さらには復興に協力するために派遣された国際機関の関係者や外交官にも犠牲者が出るようになった。

フセイン政権が開発していたはずのWMDは米軍による大規模な捜査にも拘らず発見されず、アメリカ政府も情報が誤りだったことを認めた。それに加えて、前述のようにフセイン後のイラクの混乱と米軍犠牲者の増加を受けて、2004年にはアメリカ国内でもイラク戦争は不評となったが、ブッシュはイラクを民主主義国家にするための戦争としてその正当性を主張する一方、同性婚反対などの社会問題で保守派の支持を取り付けることに努め、大統領に再選された。しかし、その後もイラク情勢は好転せず、アメリカはイラク混乱の泥沼にはまったので、ブッシュ政権の威信は失墜した。05年8月の大型ハリケーン「カトリーナ」によるニューオーリンズなどメキシコ湾岸の大被害に際して、対応が遅れたことも政権の威信凋落に拍車をかけた。06年の中間選挙で共和党が両院で多数を失うと、ブッシュはそれまでイラク戦争の仕切り役だったラムズフェルド国防長官をゲイツ（元CIA長官）に代えた。ブッシュとゲイツは07年1月に米軍を一時的に増派して反政府勢力の掃討作戦を行い、それはある程度成果を挙げて、その後米軍の犠牲者は減少した。

この戦争はアメリカが国連安保理の支持を得ないまま、誤った情報を根拠として、結果を十分考慮することなしに開始した戦争であり、そのために世界の主導国アメリカへの国際的信頼を損ない、さらにフセイン打倒後のイラクの混乱の泥沼に陥ることでアメリカの国力を浪費し（イラク戦費は4兆ないし6兆ドルに達すると推定される）、アメリカの全般的な国際的立場を弱めた。冷戦終結以来、自国を中心とする世界秩序を作り出し維持するために支配的な力をもつ国（覇権国）として、アメリカを「帝国」と呼ぶことが流行し、イラク戦争中、アメリカ帝国論はアメリカ国内でも国際的にも盛んであった。イラク戦

争の挫折後は，アメリカ帝国の衰退が論じられた．アメリカは自らの行動によってアメリカの時代の終わりを早めたのである．

5 ―金融恐慌によるアメリカの時代の終わり

　イラクでの長い戦いは覇権国アメリカの時代の終わりを早めたが，2008 年の金融恐慌とそれに続く経済不況はその時代の終わりを告げるものとなった．1990 年代のアメリカ経済繁栄期には，アメリカの貿易収支は輸入増加により赤字が拡大したが，ドル高とアメリカ経済の好調により外国の資金がアメリカに還流したので，アメリカの金融企業はその資金を取り込んで，それを用いて海外の急成長地域や国内の急成長産業部門に投資し，またいわゆる金融工学の手法によって開発した新たな金融商品を大量に販売するなどの方法で高収益をあげた．こうしてアメリカの金融資産は急速に増大した．

　アメリカは 21 世紀に入っても，国際金融資本の強さによって世界経済の中心としての地位を保持していたが，その地位を掘り崩す原因を作ったのは「サブプライム・ローン」といわれた不動産金融の増加であった．

　サブプライム・ローンとは，元来は返済能力に疑問のある借り手に，優良な借り手より高い利息で貸し付けるローンのことである．1990 年代から 21 世紀初頭にかけて，住宅需要が増え，住宅建設ブームが生じたが，そのブームは住宅ローン会社などの貸し手が，収入の比較的少ない人々にも住宅ローンを提供したことによって助長された．貸し手は住宅ローンを証券化して，それを抵当証券会社に売却し，その金を使って新たな顧客を増やした．サブプライム・ローンの抵当証券はハイリスク・ハイリターンの金融商品であったが，大手証券会社はさまざまなリスクの抵当証券や他の債権を複雑に組み合わせてリスクの高いローンをそのなかに潜り込ませることにより，格付けの高い金融商品「債券担保証券（CDO）」に仕立て，それを大量に販売して収益を上げた．CDO の販売増とともに CDO のリスクを保障する保険（CDS）の販売額も増え，それを販売する保険会社も繁盛した．

　このような金融商品は，不動産価格が上昇しており，返済不能者が少ない時期には問題がなかったが，住宅需要が頭打ちとなって不動産価格のバブルがは

じけると，ローン返済ができない低所得の住宅所有者が増え，その影響は金融業界と投資家に連鎖的に広がることになった．アメリカ経済の舵取りをすべき政府機関は自由な市場経済が技術革新と生産性の向上を推進し，成長を持続するという楽観的信念に支配されており，早めに手を打つことをしなかった．多年にわたり連邦準備制度理事会議長を務め，国民的尊敬を得ていたグリーンスパンは終始楽観的で，引退後の 2005 年 6 月にも「全国的な住宅バブルは存在しない」と議会で証言していた．

　住宅価格の下落が始まると，ローン返済ができなくなり，住宅を失い，破産に追い込まれる人々が増大し，サブプライム・ローンの債務保証をしていた金融機関も経営が困難になった．多くのサブプライム・ローンは複雑な組成のCDOのなかに分散して不透明な形で入っていたので，そのローンのリスクが大きくなると，すべてのCDOの安全性が疑われて価格が下落し始めたから，CDSを販売した保険会社は対応しきれなくなり，そして子会社を通じて投資家の資金をCDOに投資して運用利益を上げていた大手証券会社や大手銀行（規制緩和により銀行も子会社により証券業務を行うことができるようになっていた）も大きな損失を出した．これら企業の損失が膨らみさらに膨らむことが恐れられるようになると，その企業の株価が下落して，資金繰りが困難になる．そのため 2008 年 3 月，五番目に大きい証券会社ベアスターンズが破綻の危機に瀕したので，その倒産を防ぐために，連邦準備制度が大手銀行 J. P. モルガン・チェースに融資を約束して，モルガン銀行にベアスターンズを買収させた．9 月には財務省は巨額の住宅ローン証券の債務保証者となっている二つの政府系住宅金融会社を管理下に置き，連邦準備制度は最大手の保険会社 AIG の救済のための緊急融資を行った．しかし同月 15 日には第四の大手証券会社リーマン・ブラザーズが救済を受けられずに倒産したため，「リーマン・ショック」と呼ばれる国際的な金融危機を引き起こした．同日，第三の大手証券会社メリルリンチはバンクオブアメリカに買収された．

　リーマン・ブラザーズの倒産はアメリカ政府の金融危機対策に不信感を与え，国の内外に衝撃を与えた．アメリカ政府は連邦準備制度とともに，金融業界がさらなる危機に陥ることを防ぐ必要に迫られ，世界諸国の大手銀行も高配当を産む CDO に多額の投資をしていたから，それらの国も大銀行の倒産防止のた

めの行動に追われた．ブッシュ政権は議会に金融機関救済のための基金の設定を求め，そのための法案は10月に可決され，政府は主要な金融機関に対して，その株式を購入する形で資金注入を行い，資金返済までそれらを政府の監督下においた．市場経済不介入主義をとってきたブッシュ政権は，この危機に際して自らの主義に反する行動をとらざるを得なくなったのである．

　アメリカの金融システムの破綻はアメリカ発の国際的金融危機を生み，金融資産の下落はアメリカを経済不況に陥れただけでなく，欧州や日本など世界の多くの国にも不況をもたらした．アメリカは世界経済再建のために指導権を振るうことができず，西欧主要国や日本も経済再建のエンジンとなる力はなかった．リーマン・ショックのあとまず10月にG7の蔵相・中央銀行総裁会議が開かれて金融崩壊回避のための協調に合意したが，それに続いて11月に中国，インドをはじめとする新興経済大国や中東の富裕国なども参加する20ヵ国首脳会議（G20）がワシントンで開催されて対応策が議論されたことは，かつて世界経済を取り仕切ってきた「西側先進国」の力の低下を象徴するできごとであった．

参考文献

辞典・事典

外務省外交史料館日本外交史辞典編纂委員会編『日本外交史辞典』新版，山川出版社，1992．
加藤康友責任編集『戦争と外交』（歴史学事典 7）弘文堂，1999．
川田侃・大畠英樹編『国際政治経済辞典』改訂版，東京書籍，2003．
猪口孝ほか編『国際政治事典』弘文堂，2005．
国際法学会編『国際関係法辞典』第 2 版，三省堂，2005．
国史大辞典編集委員会編『国史大辞典』全 15 巻 17 冊，吉川弘文館，1979-97．
世界史小辞典編集委員会編『山川世界史小辞典』改訂新版，山川出版社，2004．
西川正雄ほか編『角川世界史辞典』角川書店，2001．
天児慧ほか編『岩波現代中国事典』岩波書店，1999．
佐々木卓也編『ハンドブック　アメリカ外交史』ミネルヴァ書房，2011．

年　表

青山吉信ほか編『世界史大年表』増補版，山川出版社，2018．
歴史学研究会編『世界史年表』第 3 版，岩波書店，2017．

資料集

アメリカ学会訳編『原典アメリカ史』7，岩波書店，1982．
神谷不二編集代表『朝鮮問題戦後資料』全 3 巻，日本国際問題研究所，1976-80．
斉藤孝編『ヨーロッパ外交教材』東京大学出版会，1971．
斎藤眞・久保文明編『アメリカ政治外交史教材』第 2 版，東京大学出版会，2008．
日本国際問題研究所中国部会編『新中国資料集成』全 5 巻，日本国際問題研究所，1963-71．
細谷千博監修『国際政治経済資料集』第 2 版，有信堂，2003．
細谷千博ほか編『日米関係資料集 1945-97』東京大学出版会，1999．
増田弘・佐藤晋編『日本外交史ハンドブック』新版第 2 版，有信堂，2016．
歴史学研究会編『世界史史料』全 12 巻，岩波書店，2006-13．

概説書・研究書

アイザックソン（別宮貞徳監訳）『キッシンジャー』上下，NHK 出版，1994．
赤木完爾『第二次世界大戦の政治と戦略』慶應義塾大学出版会，1997．
───編『朝鮮戦争』慶應義塾大学出版会，2003．
明石康『国際連合』岩波新書，2006．
赤根谷達雄『日本のガット加入問題』東京大学出版会，1992．

アッシュ（杉浦茂樹訳）『ヨーロッパに架ける橋』上下，みすず書房，2009．
阿南東也『ポスト冷戦のアメリカ政治外交』東信堂，1999．
阿部俊哉『パレスチナ』ミネルヴァ書房，2004．
天児慧ほか監修『世界政治叢書』全10巻，ミネルヴァ書房，2008-．
有賀貞「アメリカ合衆国の東南アジア政策1943-1952年」『一橋大学研究年報・法学研究』17（1987）．
――編『アメリカ外交と人権』日本国際問題研究所，1992．
有賀貞・宮里政玄編『概説アメリカ外交史』新版，有斐閣，1998．
有賀貞ほか編『講座国際政治』全5巻，東京大学出版会，1989．
家永三郎『太平洋戦争』岩波現代文庫，2002．
五百旗頭真『米国の日本占領政策』上下，中央公論社，1985．
――『日米戦争と戦後日本』講談社学術文庫，2005．
――『占領期』講談社学術文庫，2007．
――編『日米関係史』有斐閣，2008．
――編『戦後日本外交史』第3版補訂版，有斐閣アルマ，2014．
五十嵐武士『対日講和と冷戦』東京大学出版会，1986．
――『戦後日米関係の形成』講談社学術文庫，1995．
――『日米関係と東アジア』東京大学出版会，1999．
――『覇権国アメリカの再編』東京大学出版会，2001．
――『グローバル化とアメリカの覇権』岩波書店，2010．
池田美智子『ガットからWTOへ』ちくま新書，1996．
石井明『中ソ関係史の研究1945-1950』東京大学出版会，1990．
石井修『冷戦と日米関係』ジャパンタイムズ，1989．
――編『1940年代ヨーロッパの政治と冷戦』ミネルヴァ書房，1992．
――『国際政治史としての20世紀』有信堂，2000．
――『ゼロからわかる核密約』柏書房，2010．
板垣雄三編『「対テロ戦争」とイスラム世界』岩波新書，2002．
板橋拓己『中欧の模索』創文社，2010．
伊藤誠『サブプライムから世界恐慌へ』青土社，2009．
井上寿一『戦前日本の「グローバリズム」』新潮選書，2011．
――『"経済外交"の軌跡』（NHKさかのぼり日本史 外交篇1 戦後）NHK出版，2012a．
――『政友会と民政党』中公新書，2012b．
――『戦前昭和の国家構想』講談社選書メチエ，2012c．
井上正也『日中国交正常化の政治史』名古屋大学出版会，2010．
猪木武徳『戦後世界経済史』中公新書，2009．
入江昭『日米戦争』中央公論社，1978．
――『二十世紀の戦争と平和』増補版，東京大学出版会，2000．
岩間陽子『ドイツ再軍備』中公叢書，1993．

ヴァイツゼッカー（永井清彦訳）『ドイツ統一への道』岩波書店，2010．
ヴァラダン（伊藤剛ほか訳）『自由の帝国』NTT 出版，2000．
ウェスタッド（佐々木雄太監訳）『グローバル冷戦史』名古屋大学出版会，2010．
植田隆子編『現代ヨーロッパ国際政治』岩波書店，2003．
ウォーカー（林義勝監訳）『原爆投下とトルーマン』彩流社，2008．
ウォーラーステイン（山下範久訳）『脱商品化の時代』藤原書店，2009．
宇佐美滋『米中国交樹立交渉の研究』国際書院，1996．
ウッドワード（伏見威蕃訳）『ブッシュの戦争』日本経済新聞社，2003．
宇野重昭『北東アジア学への道』国際書院，2012．
宇野重昭ほか『現代中国の歴史 1949 ～ 1985』有斐閣，1986．
梅本哲也『アメリカの世界戦略と国際秩序』ミネルヴァ書房，2010．
エルドリッヂ『沖縄問題の起源』名古屋大学出版会，2003．
袁克勤『アメリカと日華講和』柏書房，2001．
大河原良雄『オーラルヒストリー　日米外交』ジャパンタイムズ，2006．
大田英明『IMF（国際通貨基金）』中公新書，2009．
大嶽秀夫『日本の防衛と国内政治』三一書房，1983．
大津留（北川）千恵子・大芝亮編『アメリカが語る民主主義』ミネルヴァ書房，2000．
大沼保昭『人権，国家，文明』筑摩書房，1998．
――『東京裁判，戦争責任，戦後責任』東信堂，2007．
――編『国際社会における法と力』日本評論社，2008．
大野健一『途上国のグローバリゼーション』東洋経済新報社，2000．
大庭三枝『アジア太平洋地域形成への道程』ミネルヴァ書房，2004．
岡部達味編『ASEAN をめぐる国際関係』日本国際問題研究所，1977．
――編『ASEAN の 20 年』日本国際問題研究所，1987．
――編『中国をめぐる国際環境』岩波書店，2001．
小此木政夫『朝鮮戦争』中央公論社，1986．
――編『岐路に立つ北朝鮮』日本国際問題研究所，1988．
オーバードーファー，カーリン（菱木一美訳）『二つのコリア』第 3 版，共同通信社，2015．
ガディス（河合秀和・鈴木健人訳）『冷戦』彩流社，2007．
加藤朗『テロ』中公新書，2002．
加藤俊作『国際連合成立史』有信堂，2000．
加藤洋子『アメリカの世界戦略とココム 1945-1992』有信堂，1992．
加藤陽子『戦争の論理』勁草書房，2005．
――『それでも，日本人は「戦争」を選んだ』新潮文庫，2016．
我部政明『日米関係のなかの沖縄』三一書房，1996．
――『沖縄返還とは何だったのか』NHK ブックス，2000．
神谷不二『朝鮮戦争』中公文庫，1990．
カミングス（鄭敬謨ほか訳）『朝鮮戦争の起源』全 2 巻 3 冊，明石書店，2012．

カーランスキー（越智道雄監修，来住道子訳）『1968』全2巻，ヴィレッジブックス，2008.
河合秀和『現代イギリス政治史研究』岩波書店，1974.
川嶋周一『独仏関係と戦後ヨーロッパ国際秩序』創文社，2007.
川島真・服部龍二編『東アジア国際政治史』名古屋大学出版会，2007.
川島真ほか『日台関係史 1945-2008』東京大学出版会，2009.
菅英輝『アメリカの世界戦略』中公新書，2008.
──編『冷戦史の再検討』法政大学出版局，2010.
──編『東アジアの歴史摩擦と和解可能性』凱風社，2011.
神田豊隆『冷戦構造の変容と日本の対中外交』岩波書店，2012.
北岡伸一『国連の政治力学』中公新書，2007.
吉川元『ソ連ブロックの崩壊』有信堂，1992.
──『ヨーロッパ安全保障協力会議（CSCE）』三嶺書房，1994.
吉川元・加藤普章編『国際政治の行方』ナカニシヤ出版，2004.
ギデンズ（佐和隆光訳）『第三の道』日本経済新聞社，1999.
木戸蓊『激動の東欧史』中公新書，1990.
木戸蓊・伊東孝之編『東欧現代史』有斐閣，1987.
紀平英作『パクス・アメリカーナへの道』山川出版社，1996.
金斗昇『池田勇人政権の対外政策と日韓交渉』明石書店，2008.
木村修三『中東和平とイスラエル』有斐閣，1991.
木村英亮『ロシア現代史と中央アジア』有信堂，1999.
木村靖二編『ドイツ史』（新版世界各国史13）山川出版社，2001.
ギャディス（五味俊樹ほか訳）『ロング・ピース』芦書房，2002.
──（赤木完爾・齊藤祐介訳）『歴史としての冷戦』慶應義塾大学出版会，2004.
──（赤木完爾訳）『アメリカ外交の大戦略』慶應義塾大学出版会，2006.
ギルピン（古城佳子訳）『グローバル資本主義』東洋経済新報社，2001.
楠綾子『吉田茂と安全保障政策の形成』ミネルヴァ書房，2009.
久保文明編『G. W. ブッシュ政権とアメリカの保守勢力』日本国際問題研究所，2003.
クラーク（滝田賢治訳）『グローバリゼーションと国際関係理論』中央大学出版部，2010.
倉沢愛子ほか編『岩波講座アジア・太平洋戦争』全8巻，岩波書店，2005-06.
倉科一希『アイゼンハワー政権と西ドイツ』ミネルヴァ書房，2008.
栗原優『現代世界の戦争と平和』ミネルヴァ書房，2007.
黒崎輝『核兵器と日米関係』有志舎，2006.
ケナン（近藤晋一ほか訳）『アメリカ外交50年』岩波現代文庫，2000.
──（清水俊雄・奥畑稔訳）『ジョージ・F. ケナン回顧録』全3巻，中公文庫，2016-17.
ケネディ（鈴木主税訳）『大国の興亡』決定版，上下，草思社，1993.
高坂正堯『国際政治』中公新書，1966.
国分良成編『現代東アジア』慶應義塾大学出版会，2009.
──編『中国は，いま』岩波新書，2011.

国分良成ほか編『日中関係史』有斐閣，2013．
小島朋之・竹田いさみ編『東アジアの安全保障』南窓社，2002．
古城佳子『経済的相互依存と国家』木鐸社，1996．
ゴードン編（中村政則監訳）『歴史としての戦後日本』上下，みすず書房，2002．
小林丈児『現代イギリス政治研究』中央大学出版部，1989．
コール（木村一浩ほか訳）『アフガン諜報戦争』上下，白水社，2011．
権容奭『岸政権期の「アジア外交」』国際書院，2008．
齋藤鎮男『日本外交政策史論序説』新有堂，1981．
齋藤嘉臣『冷戦変容とイギリス外交』ミネルヴァ書房，2006．
酒井啓子『イラクとアメリカ』岩波新書，2002．
――編『中東政治学』有斐閣，2012．
坂元一哉『日米同盟の絆』有斐閣，2000．
ザカリア（楡井浩一訳）『アメリカ後の世界』徳間書店，2008．
佐々木卓也『封じ込めの形成と変容』三嶺書房，1993．
――『アイゼンハワー政権の封じ込め政策』有斐閣，2008．
――『冷戦』有斐閣，2011．
――編『戦後アメリカ外交史』第 3 版，有斐閣，2017．
佐々木雄太『イギリス帝国とスエズ戦争』名古屋大学出版会，1997．
――編『世界戦争の時代とイギリス帝国』（イギリス帝国と 20 世紀 3）ミネルヴァ書房，2006．
――『国際政治史』名古屋大学出版会，2011．
佐々木雄太・木畑洋一編『イギリス外交史』有斐閣，2005．
サロー（山岡洋一・仁平和夫訳）『資本主義の未来』TBS ブリタニカ，1996．
ジェラヴィッチ（矢田俊隆訳）『近代オーストリアの歴史と文化』山川出版社，1994．
柴山太『日本再軍備への道 1945 〜 1954 年』ミネルヴァ書房，2010．
下斗米伸夫『独立国家共同体への道』時事通信社，1992．
――『アジア冷戦史』中公新書，2004．
――『日本冷戦史』岩波書店，2011．
下斗米伸夫・北岡伸一『新世紀の世界と日本』（世界の歴史 30）中公文庫，2010．
ジャット（森本醇・浅沼澄訳）『ヨーロッパ戦後史』上下，みすず書房，2008．
朱建栄『毛沢東のベトナム戦争』東京大学出版会，2001．
――『毛沢東の朝鮮戦争』岩波現代文庫，2004．
曹良鉉『アジア地域主義とアメリカ』東京大学出版会，2009．
白井洋子『ベトナム戦争のアメリカ』刀水書房，2006．
白石隆『帝国とその限界』NTT 出版，2004．
鈴木健夫編『ロシアとヨーロッパ』早稲田大学出版部，2004．
スチーブンスン（滝田賢治訳）『デタントの成立と変容』中央大学出版部，1989．
スティグリッツ（鈴木主税訳）『世界を不幸にしたグローバリズムの正体』徳間書店，2002．

──（鈴木主税訳）『人間が幸福になる経済とは何か』徳間書店，2003.
──（楡井浩一・峯村利哉訳）『フリーフォール』徳間書店，2010.
ストゥーク（豊島哲訳）『朝鮮戦争』明石書店，1999.
砂田一郎『現代アメリカのリベラリズム』有斐閣，2006.
関場誓子『超大国の回転木馬』サイマル出版会，1988.
妹尾哲志『戦後西ドイツ外交の分水嶺』晃洋書房，2011.
総合研究開発機構編『イスラエルはどこへ行く？』NIRA 研究報告書，1993.
添谷芳秀『日本外交と中国 1945-1972』慶應通信，1995.
ソーン（市川洋一訳）『米英にとっての太平洋戦争』上下，草思社，1995.
──（市川洋一訳）『太平洋戦争とは何だったのか』普及版，草思社，2005.
高井三郎『第四次中東戦争』原書房，1981.
高木八尺編『日米関係の研究』上，東京大学出版会，1968.
高橋和夫『燃えあがる海』東京大学出版会，1995.
高橋進『歴史としてのドイツ統一』岩波書店，1999.
竹田いさみ『移民・難民・援助の政治学』勁草書房，1991.
──『物語オーストラリアの歴史』中公新書，2000.
竹田いさみほか編『オーストラリア入門』第 2 版，東京大学出版会，2007.
ターケル（中山容ほか訳）『「よい戦争」』晶文社，1985.
田所昌幸『「アメリカ」を超えたドル』中公叢書，2001.
田中明彦『日中関係 1945-1990』東京大学出版会，1991.
──『安全保障』読売新聞社，1997.
──『新しい中世』講談社学術文庫，2017.
田中孝彦『日ソ国交回復の史的研究』有斐閣，1993.
田中俊郎『EU の政治』岩波書店，1998.
田中均『外交の力』日本経済新聞出版社，2009.
田中陽児ほか編『世界歴史大系　ロシア史』3，山川出版社，1997.
渓内謙『歴史の中のソ連社会主義』岩波ブックレット，1992.
渓内謙・荒田洋『スターリン後のソ連社会』木鐸社，1987.
ダワー（斎藤元一訳）『容赦なき戦争』平凡社ライブラリー，2001.
──（三浦陽一ほか訳）『敗北を抱きしめて』増補版，上下，岩波書店，2004.
──（明田川融監訳）『昭和』みすず書房，2010.
──（大窪愿二訳）『吉田茂とその時代』上下，中公文庫，2014.
チアン，ハリデイ（土屋京子訳）『真説　毛沢東』上下，講談社 + α 文庫，2016.
陳肇斌『戦後日本の中国政策』東京大学出版会，2000.
ドックリル，ホプキンズ（伊藤裕子訳）『冷戦 1945-1991』岩波書店，2009.
トッド（石崎晴己訳）『帝国以後』藤原書店，2003.
ドブズ（布施由紀子訳）『核時計　零時 1 分前』日本放送出版協会，2010.
豊下楢彦『イタリア占領史序説』有斐閣，1984.

――『日本占領管理体制の成立』岩波書店，1992.
――『安保条約の成立』岩波新書，1996.
――『昭和天皇・マッカーサー会見』岩波現代文庫，2008.
鳥井順『イラン・イラク戦争』第三書館，1990.
ナイ（山岡洋一訳）『アメリカへの警告』日本経済新聞社，2002.
中嶋嶺雄『中ソ対立と現代』中央公論社，1978.
中西寛『国際政治とは何か』中公新書，2003.
中野聡『フィリピン独立問題史』龍溪書舎，1997.
中村政則『戦後史と象徴天皇』岩波書店，1992.
成瀬治ほか編『世界歴史大系　ドイツ史』3，山川出版社，1997.
ニコルソン（斎藤眞・深谷満雄訳）『外交』東京大学出版会，1968.
西川吉光『激動するアジア国際政治』晃洋書房，2004.
――『ヨーロッパ国際関係史』学文社，2007.
西崎文子『アメリカ冷戦政策と国連 1945-1950』東京大学出版会，1992.
――『アメリカ外交とは何か』岩波新書，2004.
日本国際政治学会編『国際政治の理論と方法』（国際政治 42）1970.
――編『戦争終結の条件』（国際政治 45）1972.
――編『沖縄返還交渉の政治過程』（国際政治 52）1975.
――編『日米安保体制』（国際政治 115）1997.
――編『冷戦の終焉と 60 年代性』（国際政治 126）2001.
――編『現代史としてのベトナム戦争』（国際政治 130）2002.
――編『冷戦後世界とアメリカ外交』（国際政治 150）2007.
――編『吉田路線の再検証』（国際政治 151）2008.
――編『日本の国際政治学』全 4 巻，有斐閣，2009.
――編『戦後日本外交とナショナリズム』（国際政治 170）2012.
日本政治学会編『危機の日本外交』（年報政治学 1997）岩波書店，1997.
ネグリ，ハート（水嶋一憲ほか訳）『〈帝国〉』以文社，2003.
野口悠紀雄『戦後日本経済史』新潮選書，2008.
――『1940 年体制』増補版，東洋経済新報社，2010.
野田宣雄『二十世紀をどう見るか』文春新書，1998.
野林健・長尾悟編『国際政治経済を学ぶ』ミネルヴァ書房，2011.
馬暁華『幻の新秩序とアジア太平洋』彩流社，2000.
秦郁彦『アメリカの対日占領政策』（昭和財政史 3）東洋経済新報社，1976a.
――『史録　日本再軍備』文藝春秋社，1976b.
――『昭和史の謎を追う』上下，文春文庫，1999.
――編『検証・真珠湾の謎と真実』中公文庫，2011.
波多野澄雄『「大東亜戦争」の時代』朝日出版社，1988.
――『太平洋戦争とアジア外交』東京大学出版会，1996.

──編『池田・佐藤政権期の日本外交』ミネルヴァ書房，2004.
──『歴史としての日米安保条約』岩波書店，2010.
波多野澄雄・佐藤晋『現代日本の東南アジア政策 1950-2005』早稲田大学出版部，2008.
初瀬龍平編『国際関係論入門』法律文化社，2012.
服部龍二『日中国交正常化』中公新書，2011.
羽場久㴨子『統合ヨーロッパの民族問題』講談社現代新書，1994.
──『拡大するヨーロッパ』岩波書店，1998.
原彬久『戦後日本と国際政治』中央公論社，1988.
──『日米関係の構図』NHK ブックス，1991.
──『岸信介』岩波新書，1995.
──『戦後史のなかの日本社会党』中公新書，2000.
ハルバースタム（小倉慶郎・三島篤志訳）『静かなる戦争』上下，PHP 研究所，2003.
──（浅野輔訳）『ベスト＆ブライテスト』全3巻，二玄社，2009.
──（山田耕介・山田侑平訳）『ザ・コールデスト・ウインター』上下，文春文庫，2012.
ハレー（太田博訳）『歴史としての冷戦』サイマル出版会，1970.
坂野正高『現代外交の分析』東京大学出版会，1971.
平野健一郎編『地域システムと国際関係』（講座現代アジア 4）東京大学出版会，1994.
──『国際文化論』東京大学出版会，2000.
広河隆一『中東　共存への道』岩波新書，1994.
フォーク（川崎孝子訳）『21 世紀の国際法秩序』東信堂，2011.
福田茂夫ほか編『世紀転換期の国際政治史』ミネルヴァ書房，2003.
福永文夫『大平正芳』中公新書，2008.
藤田久一『国連法』東京大学出版会，1998.
藤村信『中東現代史』岩波新書，1997.
藤原帰一編『テロ後』岩波新書，2002.
ブース，ダン編（寺島隆吉監訳）『衝突を超えて』日本経済評論社，2003.
船橋洋一『通貨烈烈』朝日文庫，2018.
ブル（臼杵英一訳）『国際社会論』岩波書店，2000.
古田元夫『歴史としてのベトナム戦争』大月書店，1991.
古矢旬『アメリカ　過去と現在の間』岩波新書，2004.
プレストウィッツ（村上博美監訳，鈴木主税訳）『ならずもの国家アメリカ』講談社，2003.
ベイリス（佐藤行雄ほか訳）『同盟の力学』東洋経済新報社，1988.
細谷千博編『日英関係史 1917〜1949』東京大学出版会，1982.
──『サンフランシスコ講和への道』中央公論社，1984.
──『両大戦間の日本外交 1914-1945』岩波書店，1988.
──編『日米関係通史』東京大学出版会，1995.
──監修，A50 日米戦後史編集委員会編『日本とアメリカ』ジャパンタイムズ，2001.
細谷千博・有賀貞編『国際環境の変容と日米関係』東京大学出版会，1987.

細谷千博・長尾悟編『テキストブック　ヨーロッパ統合』有信堂，2000．
細谷千博・ニッシュ監修『日英交流史 1600-2000』全 5 巻，東京大学出版会，2000-01．
細谷千博ほか編『東京裁判を問う』講談社学術文庫，1989．
細谷千博ほか編『太平洋戦争』東京大学出版会，1993．
細谷千博ほか編『太平洋戦争の終結』柏書房，1997．
細谷千博ほか編『記憶としてのパールハーバー』ミネルヴァ書房，2004．
細谷千博著作選集刊行委員会編『細谷千博著作選集』全 2 巻，龍溪書舎，2012．
細谷雄一『戦後国際秩序とイギリス外交』創文社，2001．
――『外交による平和』有斐閣，2005．
――『外交』有斐閣，2007．
――『国際秩序』中公新書，2012．
ホロウェイ（川上洸・松本幸重訳）『スターリンと原爆』上下，大月書店，1997．
本田敬吉・秦忠夫編『柏木雄介の証言』有斐閣，1998．
本間長世ほか編『現代アメリカ論』東京大学出版会，1971．
マクファーカー，シェーンハルス（朝倉和子訳）『毛沢東最後の革命』上下，青灯社，2010．
孫崎享『日本の国境問題』ちくま新書，2011．
益尾知佐子『中国政治外交の転換点』東京大学出版会，2010．
増田弘編『ニクソン訪中と冷戦構造の変容』慶應義塾大学出版会，2006．
――『マッカーサー』中公新書，2009．
マストニー（秋野豊・広瀬佳一訳）『冷戦とは何だったのか』柏書房，2000．
増原綾子『スハルト体制のインドネシア』東京大学出版会，2010．
マゾワー（中田瑞穂・網谷龍介訳）『暗黒の大陸』未来社，2015．
松岡完『ダレス外交とインドシナ』同文舘出版，1988．
――『ベトナム戦争』中公新書，2001．
――『20 世紀の国際政治』改訂増補版，同文舘出版，2003．
松岡完ほか編『冷戦史』同文舘出版，2003．
松丸道雄ほか編『世界歴史大系　中国史』5，山川出版社，2002．
マハン（麻田貞雄編訳）『マハン海上権力論集』講談社学術文庫，2010．
三浦俊章『ブッシュのアメリカ』岩波新書，2003．
水野和夫『金融大崩壊』NHK 出版生活人新書，2008．
三谷太一郎『ウォール・ストリートと極東』東京大学出版会，2009．
宮城大蔵『バンドン会議と日本のアジア復帰』草思社，2001．
――『戦後アジア秩序の模索と日本』創文社，2004．
――『増補　海洋国家日本の戦後史』ちくま学芸文庫，2017．
三宅正樹ほか編『戦後世界と日本再軍備』（昭和史の軍部と政治 5）第一法規，1983．
宮里政玄『日米関係と沖縄 1945-1972』岩波書店，2000．
村田晃嗣『大統領の挫折』有斐閣，1998．
――『現代アメリカ外交の変容』有斐閣，2009．

モイジ（櫻井祐子訳）『「感情」の地政学』早川書房，2010．
毛里和子『中国とソ連』岩波新書，1989．
───『現代中国政治』第 3 版，名古屋大学出版会，2012．
森聡『ヴェトナム戦争と同盟外交』東京大学出版会，2009．
森山優『日米開戦の政治過程』吉川弘文館，1998．
ヤーギン（日高義樹・持田直武訳）『石油の世紀』上下，日本放送出版協会，1991．
ヤーギン，スタニスロー（山岡洋一訳）『市場対国家』上下，日経ビジネス人文庫，2001．
安場保吉・猪木武徳編『高度成長』（日本経済史 8）岩波書店，1989．
矢野暢『日本の「南進」と東南アジア』日本経済新聞社，1975．
───『東南アジア政策』サイマル出版会，1978．
───『冷戦と東南アジア』中央公論社，1986．
山内昌之編『「イスラム原理主義」とは何か』岩波書店，1996．
───『イスラームと国際政治』岩波新書，1998．
山極晃・毛里和子編『現代中国とソ連』日本国際問題研究所，1987．
山田哲也『国連が創る秩序』東京大学出版会，2010．
山本健太郎『ドゴールの核政策と同盟戦略』関西学院大学出版会，2012．
山本健『同盟外交の力学』勁草書房，2010．
山本吉宣『「帝国」の国際政治学』東信堂，2006．
油井大三郎『未完の占領改革』東京大学出版会，1989．
───『なぜ戦争観は衝突するか』岩波現代文庫，2007．
吉川洋子『日比賠償外交交渉の研究』勁草書房，1991．
吉澤南『ベトナム戦争』吉川弘文館，1999．
吉田裕『昭和天皇の終戦史』岩波新書，1992．
───『アジア・太平洋戦争』岩波新書，2007．
吉次公介『池田政権期の日本外交と冷戦』岩波書店，2009．
ラギー（小野塚佳光・前田幸男訳）『平和を勝ち取る』岩波書店，2009．
ラフィーバー（平田雅己・伊藤裕子監訳）『アメリカ VS ロシア』芦書房，2012．
李鍾元『東アジア冷戦と韓米日関係』東京大学出版会，1996．
李雄賢『ソ連のアフガン戦争』信山社，2002．
リフトン，ミッチェル（大塚隆訳）『アメリカの中のヒロシマ』上下，岩波書店，1995．
リーベン（袴田茂樹監修，松井秀和訳）『帝国の興亡』上下，日本経済新聞社，2002．
劉傑・川島真編『1945 年の歴史認識』東京大学出版会，2009．
ルカーチ（菅英輝訳）『評伝　ジョージ・ケナン』法政大学出版局，2011．
ルップ（深谷満雄・山本淳訳）『現代ドイツ政治史』彩流社，2002．
ルンデスタッド（河田潤一訳）『ヨーロッパの統合とアメリカの戦略』NTT 出版，2005．
ローズ（小沢千重子・神沼二真訳）『原爆から水爆へ』上下，紀伊國屋書店，2001．
ローゼン（川北稔訳）『現代イギリス社会史 1950-2000』岩波書店，2005．
ローゼンバーグ（飯倉章訳）『アメリカは忘れない』法政大学出版局，2007．

ローレン（大蔵雄之助訳）『国家と人種偏見』TBS ブリタニカ，1995．
ワイナー（藤田博司ほか訳）『CIA 秘録』上下，文春文庫，2011．
若泉敬『他策ナカリシヲ信ゼムト欲ス』文藝春秋，1994．
若月秀和『「全方位外交」の時代』日本経済評論社，2006．
和田春樹『朝鮮戦争全史』岩波書店，2002．
──『領土問題をどう解決するか』平凡社新書，2012．
和田春樹ほか編『岩波講座東アジア近現代通史』8，岩波書店，2011．
渡辺昭夫編『アジア・太平洋の国際関係と日本』東京大学出版会，1992．
──編『アジアの人権』日本国際問題研究所，1997．
──編『アジア太平洋連帯構想』NTT 出版，2005．
渡辺昭夫・宮里政玄編『サンフランシスコ講和』東京大学出版会，1986．
渡辺昭一編『帝国の終焉とアメリカ』山川出版社，2006．
渡邊啓貴『フランス現代史』中公新書，1998．
──『ポスト帝国』駿河台出版社，2006．
──編『ヨーロッパ国際関係史』新版，有斐閣，2008．
渡辺靖編『現代アメリカ』有斐閣，2010．
Alford, B. W. E., *British Economic Performance, 1945-1975*, Cambridge U.P., 1995.
Aron, Raymond, *The Century of Total War*, Beacon Press, 1956.
──, *The Imperial Republic*, Transaction, 2009.
Aronowitz, Stanley, and Heather Gautney, eds., *Implicating Empire*, Basic Books, 2003.
Baltrusaitis, Daniel F., *Coalition Politics and the Iraq War*, FirstForumPress, 2009.
Bark, Dennis L., and David R. Gress, *Democracy and Its Discontents, 1963-1991* (A History of West Germany, 2), 2nd ed., Blackwell, 1993.
Bhagwati, Jagdish, *A Stream of Windows*, MIT Press, 1998.
Bischof, Günter, and Saki Dockrill, eds., *Cold War Respite*, Louisiana State U.P., 2000.
Black, Cyril E., et al., *Rebirth*, 2nd ed., Westview Press, 2000.
Boorstin, Daniel J., *America and the Image of Europe*, Meridian Books, 1960.
Brown, Judith M., and Wm. Roger Louis, eds., *The Twentieth Century* (The Oxford History of the British Empire, IV), Oxford U.P., 1999.
Calbert, Peter, *Terrorism, Civil War, and Revolution*, 3rd ed., Continuum, 2010.
Casey, Steven, and Jonathan Wright, eds., *Mental Maps in the Early Cold War Era, 1945-68*, Palgrave Macmillan, 2011.
Ceadel, Martin, *Thinking about Peace and War*, Oxford U.P., 1987.
Chambers, John Whiteday II, *To Raise an Army*, Free Press, 1987.
Chan, Stephen, and Jarrod Wiener, eds., *Twentieth Century International History*, I. B. Tauris, 1999.
Christensen, Thomas J., *Worse than a Monolith*, Princeton U.P., 2011.
Clemens, Diane Shaver, *Yalta*, Oxford U.P., 1970.

Cohen, Warren I., *America's Response to China*, 5th ed., Columbia U.P., 2010.

——, *Challenges to American Primacy, 1945 to the Present* (The New Cambridge History of American Foreign Relations, IV), Cambridge U.P., 2015.

Coleman, Kenneth M., and George C. Herring, eds., *The Central American Crisis*, Scholarly Resources, 1985.

Coyne, Christopher J., *After War*, Stanford U.P., 2008.

Daniels, Robert V., ed., *A Documentary History of Communism and the World*, 3rd ed., U.P. of New England, 1994.

Diskin, Martin, ed., *Trouble in Our Backyard*, Pantheon Books, 1983.

Dittmer, Lowell, *Liu Shaoqi and the Chinese Cultural Revolution*, rev. ed., M. E. Sharpe, 1998.

Divine, Robert A., *Second Chance*, Atheneum, 1971.

Dockrill, Saki, *Britain's Policy for West German Rearmament 1950-1955*, Cambridge U.P., 1991.

——, *Eisenhower's New-Look National Security Policy, 1953-61*, Macmillan/St. Martin's Press, 1996.

——, ed., *Controversy and Compromise*, Philo, 1998.

——, *Britain's Retreat from East of Suez*, Palgrave Macmillan, 2002.

——, *The End of the Cold War Era*, Hodder Arnold/Oxford U.P., 2005.

Duroselle, J.-B., *Histoire diplomatique de 1919 à nos jours*, 8ᵉ éd., Dalloz, 1981.

Eckes, Jr., Alfred E., and Thomas W. Zeiler, *Globalization and the American Century*, Cambridge U.P., 2003.

Eichengreen, Barry, *The European Economy since 1945*, Princeton U.P., 2007.

Elshtain, Jean Bethke, ed., *Just War Theory*, New York U.P., 2002.

Ferguson, Niall, et al., eds., *The Shock of the Global*, Belknap Press of Harvard U.P., 2010.

Fifield, Russell H., *Americans in Southeast Asia*, Crowell, 1973.

Freeze, Gregory L., ed., *Russia*, 3rd ed., Oxford U.P., 2009.

Gallicchio, Marc S., *The Cold War Begins in Asia*, Columbia U.P., 1988.

Gardner, Richard N., *Sterling-Dollar Diplomacy in Current Perspective*, rev. ed., Columbia U.P., 1980.

Girault, René, et al., *La loi des géants, 1941-1964*, Masson, 1993.

Goldman, Eric F., *The Crucial Decade*, Alfred A. Knopf, 1956.

Grenville, J. A. S., *The Major International Treaties 1914-1973*, Stein and Day, 1975.

Harding, Harry, and Yuan Ming, eds., *Sino-American Relations, 1945-1955*, Scholarly Resources, 1989.

Harrison, Mark, ed., *The Economics of World War II*, Cambridge U.P., 1998.

Haslam, Jonathan, *Russia's Cold War*, Yale U.P., 2011.

Hennessy, Peter, *Never Again*, Penguin, 2006.

Herring, George C., *America's Longest War*, 5th ed., McGraw-Hill Education, 2014.
Holmes, Leslie, *Post-Communism*, Polity Press, 1997.
Horne, Alistair, *Kissinger's Year*, Weidenfeld & Nicolson, 2009.
James, Lawrence, *Raj*, Little, Brown, 1997.
Jones, Joseph M., *The Fifteen Weeks*, Viking Press, 1955.
Kahin, George McT., *Intervention*, Knopf, 1986.
Karnow, Stanley, *Vietnam*, 2nd ed., Penguin Books, 1997.
Kenwood, A. G., and A. L. Lougheed, *The Growth of the International Economy 1820-2000*, 4th ed., Routledge, 1999.
Klimke, Martin, *The Other Alliance*, Princeton U.P., 2010.
Krieger, Joel, ed., *The Oxford Companion to Politics of the World*, 2nd ed., Oxford U.P., 2001.
Lake, David A., *Entangling Relations*, Princeton U.P., 1999.
Lawrence, Mark Atwood, *The Vietnam War*, Oxford U.P., 2008.
Leffler, Melvyn P., and Odd Arne Westad, eds., *The Cambridge History of the Cold War*, 3 vols., Cambridge U.P., 2010.
LeoGrande, William M., *Our Own Backyard*, University of North Carolina Press, 1998.
Lippmann, Walter, *The Cold War*, Harper & Brothers, 1947.
Louis, Wm. Roger, *The British Empire in the Middle East, 1945-1951*, Clarendon Press, 1984.
Luard, Evan, *A History of the United Nations*, I, Macmillan, 1982.
Lundestad, Geir, *The American "Empire"*, Oxford U.P., 1990.
――, *International Relations since 1945*, 8th ed., Sage Publications, 2017.
Lüthi, Lorenz M., *The Sino-Soviet Split*, Princeton U.P., 2008.
Maier, Charles S., *Among Empires*, Harvard U.P., 2006.
Mann, James, *The Rebellion of Ronald Reagan*, Viking, 2009.
McNeill, William Hardy, *America, Britain, and Russia*, Johnson Reprint, 1970.
McWilliams, Wayne C., and Harry Piotrowsky, *The World since 1945*, 8th ed., Lynne Rienner Publishers, 2014.
Miller, John, *Mikhail Gorbachev and the End of Soviet Power*, St. Martin's Press, 1993.
Nagai, Yonosuke, and Akira Iriye, eds., *The Origins of the Cold War in Asia*, University of Tokyo Press, 1977.
Northedge, F. S., and Audrey Wells, *Britain and Soviet Communism*, Macmillan, 1982.
Oren, Michael B., *Six Days of War*, Oxford U.P., 2002.
Organization of American Historians, *Journal of American History*, Vol. 89, No. 2 (Sept. 2002) [History and September 11: Special Issue].
――, *Journal of American History*, Vol. 99, No. 1 (June 2012) [Oil in American History: Special Issue].

Pastor, Robert A., *Whirlpool*, Princeton U.P., 1992.
Patterson, James T., *Grand Expectations*, Oxford U.P., 1996.
Penrose, E. F., *Economic Planning for the Peace*, Princeton U.P., 1953.
Reader, John, *Africa*, Penguin Books, 1997.
Reynolds, David, *One World Divisible*, Penguin Books, 2000a.
――, *Britannia Overruled*, 2nd ed., Longman, 2000b.
Ricciardelli, Marina, et al., eds., *Globalization and Multicultural Societies*, University of Notre Dame Press, 2003.
Rose, Lisle A., *After Yalta*, Charles Scribner's Sons, 1973.
Ross, Robert S., and Jiang Changbin, eds., *Re-examining the Cold War*, Harvard U.P., 2001.
Rubinstein, Alvin Z., *Soviet Foreign Policy since World War II*, 3rd ed., Scott, Foresman, 1989.
Russell, Ruth B., *A History of the United Nations Charter*, Brookings Institution, 1958.
Sanders, David, *Losing an Empire, Finding a Role*, Macmillan, 1990.
Schenk, Catherine R., *International Economic Relations since 1945*, Routledge, 2011.
Schoultz, Lars, *Beneath the United States*, Harvard U.P., 1998.
Selverstone, Marc J., *Constructing the Monolith*, Harvard U.P., 2009.
Shepherd, Naomi, *Ploughing Sand*, John Murray, 1999.
Shipway, Martin, *Decolonization and Its Impact*, Blackwell, 2008.
Showalter, Dennis E., and John G. Albert, *An American Dilemma*, Imprint Publications, 1993.
Simons, Jr., Thomas W., *Eastern Europe in the Postwar World*, 2nd ed., St. Martin's Press, 1993.
Smith, Tony, *America's Mission*, expanded ed., Princeton U.P., 2012.
Springhall, John, *Decolonization since 1945*, Palgrave, 2001.
Stearns, Peter N., ed., *The Encyclopedia of World History*, 6th ed., Houghton Mifflin, 2001.
Strong, Robert A., *Working in the World*, Louisiana State U.P., 2000.
Stueck, William, *The Road to Confrontation*, University of North Carolina Press, 1981.
Suri, Jeremi, *Henry Kissinger and the American Century*, Belknap Press of Harvard U.P., 2007.
Talbott, Strobe, and Nayan Chanda, eds., *The Age of Terror*, Basic Books, 2001.
Taylor, George E., *The Philippines and the United States*, Frederick A. Praeger, 1964.
Theodossopoulos, Dimitrios, and Elisabeth Kirtsoglou, eds., *United in Discontent*, Berghahn Books, 2009.
Tomaru, Junko, *The Postwar Rapprochement of Malaya and Japan, 1945-61*, Macmillan, 2000.
Trachtenberg, Marc, *A Constructed Peace*, Princeton U.P., 1999.
Urwin, Derek W., *The Community of Europe*, 2nd ed., Longman, 1995.

Varsori, Antonio, ed., *Europe 1945-1990s*, St. Martin's Press, 1995.

Werner, Jayne S., and Luu Doan Huynh, eds., *The Vietnam War*, M. E. Sharpe, 1993.

Whiting, Allen S., *China Crosses the Yalu*, Macmillan, 1960.

Wilkinson, James, and H. Stuart Hughes, *Contemporary Europe*, 9th ed., Prentice Hall, 1998.

Woods, Ngaire, ed., *Explaining International Relations since 1945*, Oxford U.P., 1996.

Young, John W., and John Kent, *International Relations since 1945*, 2nd ed., Oxford U.P., 2013.

年 表

※ 事件の起こった月を①,②のように表示.同じ年,同じ月に起こった出来事は起こった順に列記する.

1945 [昭和20] ②米英ソ首脳,ヤルタ会談.④ローズヴェルト死去,トルーマン大統領就任.④〜⑥国際連合(国連)設立のサンフランシスコ会議開催(⑥国連憲章を採択).⑤ドイツ軍代表,降伏文書に署名.⑦〜⑧米英ソ首脳,ポツダム会談.⑦日本に対するポツダム宣言.⑧広島に原爆投下.⑧ソ連の対日参戦.⑧長崎に原爆投下.⑧日本,ポツダム宣言を受諾.⑧インドネシア共和国独立宣言.⑧連合国軍最高司令官マッカーサー将軍,厚木に到着.⑨日本代表,降伏文書に調印.⑨ベトナム民主共和国独立宣言.⑪ニュルンベルク国際軍事裁判開廷(→1946⑩).⑫米英金融協定調印.⑫米英ソ三国モスクワ外相会議.

1946 ①第1回国連総会,ロンドンで開催.③国際通貨基金(IMF)・国際復興開発銀行(IBRD,世界銀行)の設立総会,ワシントンで開催.③チャーチル,「鉄のカーテン」演説.⑤極東国際軍事裁判開廷(1948⑪判決).⑤インド独立に関するシムラ会議開催.⑦フィリピン共和国の独立.⑦イタリアなど旧枢軸国5ヵ国とのパリ講和会議(1947②講和条約調印).⑪日本国憲法公布(1947⑤施行).⑫インドシナ戦争開始.

1947 ③トルーマン・ドクトリンの表明.⑥マーシャル・プランの表明.⑦ケナン,対ソ「封じ込め政策」を提唱.⑧インド,パキスタンが英連邦自治領として独立.⑨米州相互援助条約(リオ条約)調印.⑨コミンフォルムの設立.⑩第一次インド-パキスタン(印パ)戦争(→1949①).⑩関税および貿易に関する一般協定(GATT)成立(1948①暫定適用).⑪国連総会,パレスチナ分割案採択.

1948 ①ビルマ独立.②チェコスロヴァキアで共産党が政権掌握.④欧州経済協力機構(OEEC)条約調印.④米州機構(OAS)結成.⑤パレスチナ戦争(第一次中東戦争).⑥南アフリカ連邦でアフリカーナー政権成立.⑥ソ連によるベルリン封鎖(第一次ベルリン危機).⑥コミンフォルム,ユーゴスラヴィアを除名.⑧大韓民国(韓国)樹立.⑨朝鮮民主主義人民共和国(北朝鮮)樹立.⑫国連総会,世界人権宣言を採択.

1949 ①経済相互援助会議(COMECON)結成.④北大西洋条約調印(→⑧発効,北大西洋条約機構=NATO設立).⑤ソ連,ベルリン封鎖を解除.⑨ドイツ連邦共和国(西ドイツ)政府発足.⑨ソ連,原爆実験に成功.⑩中華人民共和国政府発足.⑩ドイツ民主共和国(東ドイツ)政府発足.⑫中国国民政府,内戦に敗北し台湾に移転.

1950 ②中ソ友好同盟相互援助条約調印.⑤シューマン・プランの提唱.⑥朝鮮戦争勃発.⑥国連安保理,韓国防衛を決議.⑦マッカーサー,朝鮮派遣国連軍総司令官に就任.⑩国連軍,38度線を越えて北進.⑩トルーマン,マッカーサーと会談(ウェーク島).⑩人民中国軍,朝鮮に出兵.⑪国連総会,「平和のための結集」決議を採択.⑪米政府,対日講和7原則を発表.⑪米中両軍,中朝国境付近で全面衝突.

1951　①〜②ダレス特使来日，吉田茂首相らと会談．③イラン議会，石油国有化法案可決．④トルーマン，マッカーサーを解任．④欧州石炭鉄鋼共同体（ECSC）設立条約調印．⑧米比相互防衛条約調印．⑨ANZUS条約調印．⑨サンフランシスコ講和条約，日米安全保障条約調印．

1952　④日華平和条約調印．④サンフランシスコ講和条約，日米安全保障条約発効．⑦エジプトで「自由将校団」のクーデタ．⑧日本，IMF・世銀に正式加盟．⑩イギリス，原爆実験に成功．⑪アメリカ，水爆実験に成功．

1953　③スターリン死去．④日米友好通商航海条約調印．⑥東ドイツ（東独），反ソ・反政府暴動．⑦朝鮮戦争休戦協定調印．⑧ソ連，水爆実験に成功．⑧イラン，モサデグ政権崩壊．⑨フルシチョフ，ソ連共産党第一書記に就任．⑩米韓相互防衛条約調印．⑫奄美諸島返還の日米協定調印．

1954　①ダレス米国務長官，「大量報復」方針を表明．①〜②米英仏ソ四国外相会議（ベルリン）．③第五福竜丸，ビキニ水爆実験で被曝．③日米MSA協定調印．⑤ディエンビエンフーで仏軍大敗．⑥周恩来・ネルー，「平和五原則」共同発表．⑦ジュネーヴ会議でインドシナ休戦協定成立．⑨中国軍，金門・馬祖砲撃（第一次台湾海峡危機）．⑨東南アジア条約機構（SEATO）成立．⑩イギリス軍スエズ撤退に関するイギリス－エジプト協定成立．⑫米華相互防衛条約調印．

1955　④アジア・アフリカ会議，バンドンで開催．⑤西ドイツ（西独）主権回復，NATO加盟．⑤ワルシャワ条約機構の発足．⑤オーストリア国家条約．⑦ジュネーヴ東西首脳会談．⑨日本，GATT加入．⑨西独，ソ連と国交樹立．⑨ソ連，東独の主権を承認．⑨西独，ハルシュタイン・ドクトリンを表明．⑪自由民主党の結成（保守合同）．⑪バグダード条約機構（中東条約機構）結成．

1956　②フルシチョフによるスターリン批判．⑥ポーランドで反政府暴動．⑦エジプトのナセル政権，スエズ運河を国有化．⑩日ソ国交回復共同宣言．⑩スエズ戦争（第二次中東戦争）勃発．⑪ソ連，ハンガリーに軍事介入．⑪国連総会，スエズ戦争の即時停戦と英仏およびイスラエル軍の撤退と国連緊急軍の派遣を決議．⑫国連総会，日本の国連加盟を承認．

1957　①アイゼンハワー・ドクトリンの発表．③欧州経済共同体（EEC）条約・欧州原子力共同体（EURATOM）条約調印（1958①発足）．⑤〜⑥岸信介首相，東南アジア諸国，台湾を訪問．⑥岸訪米，日米共同声明．⑧ソ連，大陸間弾道ミサイル（ICBM）の実験に成功．⑩ソ連，人工衛星打ち上げ．

1958　①アメリカ，人工衛星打ち上げ．②アラブ連合共和国成立．③フルシチョフ，首相に就任．⑤長崎での中国国旗事件．⑤中国，「大躍進」政策を開始．⑥ドゴール，首相に就任．⑦イラクでクーデタ，王政の崩壊．⑦米軍はレバノンに，英軍はヨルダンに派兵．⑧人民中国軍，金門・馬祖への砲撃を再開（第二次台湾海峡危機）．⑨フランス新憲法，国民投票により発効（第五共和制）．⑪フルシチョフ，西ベルリンの自由都市化提案（第二次ベルリン危機）．⑫欧州通貨協定の発効．

1959　①キューバでカストロ主導の革命．①ドゴール，大統領に就任．⑧バグダード条約機

構, 中央条約機構 (CENTO) に改称. ⑨フルシチョフ訪米, 訪中. ⑫西側四国首脳会談 (パリ).

1960 ①新日米安全保障条約調印. ②フランス, サハラで原爆実験に成功. ⑤新安保条約承認に関する衆議院採決強行. ④中ソ対立の公然化. ⑤U-2事件, パリ会談の流会. ⑥日本政府, アイゼンハワー大統領の訪日延期を要請. ⑥新安保条約発効. ⑦コンゴ民主共和国, カタンガ州が独立宣言. ⑨石油輸出国機構 (OPEC) の結成. ⑫経済協力開発機構 (OECD) 条約調印. ○「アフリカの年」, アフリカの17ヵ国独立.

1961 ①アメリカ, キューバと国交断絶. ③ケネディ大統領, 「進歩のための同盟」を提唱. ④ソ連, 初の有人宇宙船の地球一周. ④ピッグス湾事件. ⑤韓国のクーデタで軍人政権. ⑧ベルリンの壁構築. ⑨第1回非同盟諸国首脳会議, ベオグラードで開催.

1962 ①毛沢東, 「大躍進」政策の失敗を自己批判. ②米, 有人宇宙飛行. ③アルジェリア戦争の終結. ⑦アルジェリア独立. ⑩米, 拡大通商法成立. ⑩中国・インド両国軍が国境で戦闘. ⑩キューバ・ミサイル危機発生.

1963 ①フランス・西独協力条約調印. ⑤アフリカ統一機構 (OAU) 設立に合意. ⑧米英ソ三国, 部分的核実験禁止条約 (PTBT) に調印. ⑪南ベトナムで軍部のクーデタ, ゴー・ディン・ジエム大統領殺害. ⑪ケネディ暗殺され, ジョンソン大統領就任.

1964 ④日本, IMF 8条国に移行. ⑤PLO 結成. ⑧トンキン湾事件. ⑩フルシチョフ失脚, ブレジネフが党第一書記. ⑩中国, 原爆実験に成功.

1965 ①インドネシア, 国連からの脱退を声明. ②米軍, 北ベトナムに対する空爆 (北爆) を開始, 戦争に本格介入. ⑥日韓基本条約調印. ⑨第二次印パ戦争. ⑨インドネシア, 九・三〇政変.

1966 ⑦フランス, NATO軍事機構から脱退. ⑧中国で「プロレタリア文化大革命」開始. ⑧アジア開発銀行設立協定発効.

1967 ①西独, ハルシュタイン・ドクトリンを撤廃. ⑥六日戦争 (第三次中東戦争). ⑥米ソ首脳会談 (グラスボロ). ⑦欧州共同体 (EC) 成立. ⑧東南アジア諸国連合 (ASEAN) 設立. ⑪国連安保理, 決議242号を採択.

1968 ①アラブ石油輸出国機構 (OAPEC) の結成. ①ベトナムでテト攻勢. ③「プラハの春」改革開始. ③ジョンソン大統領, 北爆の部分的停止と再選不出馬を表明. ④キング牧師の暗殺. ⑤ベトナム休戦交渉, パリで開始. ⑤フランス, 学生・労働者の反乱で政治危機. ⑥国連総会, 核兵器不拡散条約 (NPT) を採択. ⑧ワルシャワ条約機構軍, チェコスロヴァキアに侵入. ⑪ブレジネフ・ドクトリンの宣言.

1969 ③中ソ両軍, ウスリー川珍宝島で武力衝突. ④ドゴール大統領, 国民投票に敗れ辞任. ⑦ニクソン大統領, グアムで記者会見 (ニクソン・ドクトリン). ⑦アメリカの宇宙船アポロ11号, 月面着陸に成功. ⑪佐藤栄作首相訪米, 日米共同声明.

1970 ⑧西独・ソ連, モスクワ条約調印. ⑨エジプトのナセル大統領死去, 後任はサダト. ⑪チリにアジェンデ社会主義政権誕生. ⑫パキスタンの総選挙で東部ではアワミ連盟が圧勝. ⑫西独・ポーランド, ワルシャワ条約調印.

1971 ⑥日米, 沖縄返還協定に調印. ⑦キッシンジャー米大統領補佐官, 極秘裏に中国訪問,

帰国後に発表．⑧ソ連とインド，平和友好協力条約に調印．⑧ニクソン，新経済政策を発表．⑧国際電気通信衛星機構（INTELSAT）協定，ワシントンで調印．⑨林彪，亡命を企てモンゴルで墜落死．⑩国連総会，人民中国政府の招請と国民党政府排除を決議．⑫第三次印パ戦争．⑫スミソニアン会議．

1972 ②ニクソン訪中，米中共同コミュニケ発表．⑤アメリカ，北爆を強化．⑤アメリカ，沖縄の施政権を日本に返還．⑤ニクソン訪ソ，戦略兵器制限条約などに調印．⑥ベルリンの現状維持に関する米英仏ソ四国協定署名．⑨田中角栄首相訪中，日中国交正常化．⑫東西ドイツ基本条約調印．

1973 ①イギリス，アイルランド，デンマーク，ECに加盟（9ヵ国となる）．①ベトナム戦争休戦協定調印．②ドルと主要国通貨，変動相場制に移行．②米中両国，連絡事務所の相互設置．③米軍，ベトナムより撤兵完了．④キッシンジャー，「ヨーロッパの年」演説．⑨チリで軍部クーデタ，アジェンデ政権崩壊．⑩第四次中東戦争（ヨーム・キップール戦争）勃発，OAPECの石油戦略，「第一次石油危機」発生．⑪米で「戦争権限法」成立．

1974 ①田中，東南アジア訪問中反日デモに遭遇．②米・エジプト，外交関係回復．④ポルトガルの軍部クーデタ，左翼政権成立．⑤新国際経済秩序（NIEO）樹立宣言．⑦トルコ，キプロス紛争に軍事介入．⑧ニクソン辞任，後任はフォード副大統領．⑨エチオピアのハイレ・セラシエ皇帝政権崩壊．⑪フォード大統領訪日．⑪ウラジヴォストークで米ソ首脳会談．

1975 ④クメール・ルージュ軍，プノンペンを占領．④サイゴン陥落，ベトナム戦争終結．④レバノンの政権とPLOとの紛争勃発．⑥モザンビーク独立．⑦欧州安全保障協力会議（CSCE），ヘルシンキ合意を採択．⑪第1回先進国首脳会議，ランブイエで開催．⑪国連総会，シオニズムを人種主義と非難．⑪アンゴラの独立．⑪フランコ没，カルロス1世，国王に即位．

1976 ①周恩来死去．④第一次天安門事件（鄧小平失権）．⑦ベトナム社会主義共和国成立．⑨毛沢東死去．⑩中国で文革派四人組排除の政変，党主席に華国鋒．

1977 ②エチオピアでメンギスツ独裁政権成立．⑧福田ドクトリンの発表．⑨キューバ，エチオピアに派兵．⑨アメリカ，パナマと新運河条約に調印．⑪サダト，突如イスラエルを訪問．

1978 ⑥ベトナム，COMECONに加盟．⑧日中平和友好条約調印．⑨キャンプ・デーヴィッド会談．⑪ベトナム，ソ連との友好協力条約に調印．⑫ベトナム軍，カンボジアに侵攻．⑫中国で鄧小平の改革開放路線確立．

1979 ①米中国交正常化，台湾関係法の制定．①イラン国王，国外に亡命．②中国軍，ベトナムに侵攻．③イラン，イスラーム共和国となる．⑤サッチャー，イギリス首相に就任．⑥ジンバブエ・ローデシア共和国の成立．⑥最初の欧州議会議員選挙．⑥第5回先進国首脳会議（東京）．⑦イラクでサダム・フセイン大統領に就任．⑦ニカラグア内戦の終結．⑪イラン急進派学生ら米大使館を占拠．⑫ソ連，アフガニスタンに侵攻．⑫供給不安で原油価格高騰（第二次石油危機）．

1980 ①カーター・ドクトリンの発表. ⑨イラン‐イラク戦争始まる（→ 1988 ⑧）. ⑨ポーランドで自主労組「連帯」結成.

1981 ①ギリシア, EC に加盟. ①イラン, 米大使館人質を解放. ⑤社会党のミッテラン, フランス大統領に就任. ⑩サダト暗殺, ムバラク副大統領昇任. ⑫ヤルゼルスキ, 戒厳令布告（→ 1983 ⑦）.

1982 ④～⑥フォークランド戦争. ⑤レーガン, 戦略兵器削減交渉（START）を提唱（⑥開始）. ⑥イスラエル, レバノンに進攻し PLO を排除. ⑪ブレジネフ死去, アンドロポフ後継.

1983 ③レーガン,「悪の帝国」演説. ③レーガン, 戦略防衛構想（SDI）を提唱. ⑨大韓航空機撃墜事件. ⑩ベイルートで米仏軍に対する爆弾テロ事件. ⑩米軍, グレナダ侵攻. ⑪米巡航ミサイル, 西欧に配備.

1984 ①国連食糧農業機関（FAO）, アフリカ（特にエチオピア, モザンビーク）の飢饉を警告. ②アンドロポフ死去, チェルネンコ後継. ④レーガン訪中. ⑫香港返還協定調印（1997 ⑥返還）.

1985 ③ゴルバチョフ, ソ連共産党書記長に就任. ⑨プラザ合意. ⑪米ソ首脳ジュネーヴ会談.

1986 ②EC 諸国, 単一欧州議定書に調印（1987 ⑦発効）. ③～④ゴルバチョフ, ソ連社会の構造改革「ペレストロイカ」を提唱. ④チェルノブイリ原子力発電所事故.

1987 ⑩NY 株価大暴落（ブラック・マンデー）. ⑫中距離核戦力（INF）全廃条約調印.

1988 ①米加自由貿易協定調印（1989 ①発効）. ⑤ソ連軍, アフガニスタンから撤退開始（1989 ②完了）. ⑤～⑥モスクワで米ソ首脳会談. ⑧アメリカの包括貿易法成立. ⑫ゴルバチョフの国連総会演説.

1989 ［昭和 64, 平成元］①ハンガリー, 複数政党制承認. ⑥ポーランド総選挙,「連帯」圧勝. ⑥北京で民主化運動弾圧（第二次天安門事件）. ⑩東独のホーネッカー第一書記辞任. ⑪ベルリンの壁開放. ⑫G. ブッシュ, ゴルバチョフ両首脳, マルタ会談で冷戦終結を宣言. ⑫米軍, パナマに侵攻. ⑫ルーマニアでチャウシェスク大統領失脚し, 大統領夫妻処刑.

1990 ③ソ連で新憲法採択され, ゴルバチョフを大統領に選出. ⑧イラク, クウェートに侵攻. ⑨ソ連と韓国の国交樹立. ⑩ドイツの再統一. ⑪CSCE, パリ憲章の採択.

1991 ①多国籍軍, 湾岸戦争開始. ②イラク, 国連の停戦条件を受諾. ⑥エリツィン, ロシア共和国大統領に当選. ⑥ユーゴスラヴィアの内戦始まる. ⑥COMECON の解散. ⑦ワルシャワ条約機構の解散. ⑦START-I 条約調印. ⑧ソ連保守派, ゴルバチョフを軟禁するクーデタ. ⑧ソ連共産党の解散. ⑨ソ連国家評議会, バルト三国の独立を承認. ⑨国連総会, 南北朝鮮, バルト三国などの加盟を承認. ⑩カンボジア和平国際会議（パリ）. ⑫ソ連の解体と独立国家共同体（CIS）の創設, ゴルバチョフ辞任.

1992 ②EC 加盟国, 欧州連合（EU）条約（マーストリヒト条約）に調印. ⑥PKO 協力法成立. ⑧中国と韓国, 国交樹立. ⑩天皇・皇后, 中国訪問. ⑫国連安保理, ソマリアへの多国籍軍の派遣を決議.

1993 ①EC統合市場発足. ③北朝鮮, NPTを脱退. ③江沢民, 中国国家主席に就任. ⑨イスラエル-PLO間のオスロ合意成立. ⑪マーストリヒト条約発効, EUの成立. ⑪アジア太平洋経済協力会議 (APEC) 非公式首脳会議 (シアトル).

1994 ①北米自由貿易協定 (NAFTA) 発効. ①NATO, 平和のためのパートナーシップ (PfP) を組織. ⑥北朝鮮, 国際原子力機関 (IAEA) 脱退を表明. ⑫ロシア軍, チェチェン侵攻. ○ルワンダにおける民族紛争で多数の犠牲者.

1995 ①世界貿易機関 (WTO) 発足. ①CSCE, 欧州安全保障協力機構 (OSCE) に改組. ③朝鮮半島エネルギー開発機構 (KEDO) 設立. ⑦ベトナム, アメリカと国交正常化. ⑦ベトナム, ASEANに加盟. ⑫ボスニアに関するデイトン合意.

1996 ③中国, 台湾海峡で軍事演習 (第三次台湾海峡危機). ③台湾で初の民選総統選挙. ④クリントン大統領訪日, 日米安保共同宣言. ⑨国連総会, 包括的核実験禁止条約 (CTBT) 採択.

1997 ⑤イギリス, ブレア労働党政権成立. ⑦イギリス, 香港を中国に返還. ⑦アジア金融危機発生. ⑩~⑪江沢民, アメリカ訪問. ⑫気候変動枠組条約に関する京都議定書.

1998 ④北アイルランド紛争和平合意成立. ⑤インドネシア, スハルト辞任, 後任はハビビ. ⑥~⑦クリントン訪中. ⑧ケニアとタンザニアの米大使館爆破テロ事件.

1999 ①ユーロ通貨の導入. ③NATOの東方拡大 (チェコ, ハンガリー, ポーランド). ③NATO, ユーゴ空爆. ⑫エリツィン辞任, プーチン首相が大統領代行に就任.

2000 ③ロシア大統領選挙, プーチン圧勝. ⑥南北朝鮮首脳会談 (平壌). ⑩オルブライト米国務長官, 平壌訪問.

2001 ⑥上海協力機構の発足. ⑨9.11同時多発テロ事件. ⑩米軍, アフガニスタン攻撃開始. ⑫中国, WTOに加盟.

2002 ①ユーロ通貨の流通開始. ①アフガニスタン復興支援国際会議 (東京). ①G. W. ブッシュ大統領, 「悪の枢軸」演説. ⑤米ロ戦略攻撃兵器削減条約調印. ⑤NATO-ロシア理事会の創設承認 (ローマ). ⑨小泉純一郎首相訪朝, 金正日総書記と会談. ⑨ブッシュ・ドクトリン (先制攻撃論) の発表. ⑩米議会, 対イラク武力行使容認決議採択. ⑪イラクに対して大量破壊兵器の査察受け入れを求める国連安保理決議採択.

2003 ③胡錦濤, 中国国家主席に就任. ③イラク戦争開始. ④フセイン政権崩壊. ⑤ブッシュ, イラクでの戦闘終結を宣言. ⑦日本国会, イラクに対する人道復興支援活動・安全確保支援活動を定める法案 (イラク特措法) 成立. ⑧北朝鮮に関する第1回六ヵ国協議 (北京).

2004 ③NATO, バルト三国など7ヵ国の新規加盟 (26国体制へ). ⑤小泉再訪朝, 金正日と会談. ⑤EU, 中・東欧など10ヵ国の新規加盟. ⑥欧州憲法条約採択 (⑩調印). ⑥イラク主権回復. ⑩米調査団, イラク開戦時の大量破壊兵器の存在を否定する最終報告書.

2005 ①イラク国民議会選挙. ④イラク, 移行政府発足. ⑨イスラエル軍, ガザ撤退を完了. ⑪ドイツ, メルケル政権発足. ⑫第1回東アジアサミット開催 (クアラルンプール).

2006 ⑤イラク, 正式政府発足. ⑩北朝鮮, 核実験. ⑫フセイン元大統領, 死刑執行.

2007 ①EU, ブルガリアとルーマニアの新規加盟（27国体制）. ⑫EU新基本条約（リスボン条約）調印.
2008 ④クロアチアとアルバニアのNATO加盟承認（2009④正式加盟）. ⑨米, リーマン・ブラザーズ倒産（国際金融危機の表面化）. ⑪オバマ, 米大統領に当選. ⑪第1回G20首脳会議（ワシントン）.

あとがき

　この本を書いた著者として，いわば暗黙の前提としてきた私の筆者としての立場，歴史事象への視点ないしは目線について明らかにしておきたい．すでに本書を通読された読者の方には説明を要しないものであろうが，それについての説明から「あとがき」を始めたいと思う．

　私は国際関係の主要な行為者である政権担当者が国民の福利をまもるために，世界情勢の動向を見据えつつ，最善の対外政策を選択してきたと想定し，歴史の後智恵に頼りつつ，実際にとられた政策を評価してきた．

　1930年代のリアリストであったE. H. カーはヴェルサイユ体制の理想主義がヴァイマル共和政のドイツを戦後のヨーロッパ体制に組み込むリアリズムを欠き，戦勝国の力の優位を永続化することを狙って失敗したことを論じ，大戦開戦直前にはヒトラーのドイツにリアリスト的思考を期待し，宥和主義を提唱した．彼は第二次世界大戦後の世界は社会主義の時代になるとみて，ソ連との友好的連帯に執着したため，イギリスの世論から孤立して，ロシア革命の研究を自らの任務とした．ヒトラーのドイツの暴政から逃れて自由の国アメリカに亡命したハンス・モーゲンソーはソ連外交にリアリズムを認め，米ソ相互の戦争を避け競争的対抗関係を維持することを提唱した．彼にとってリアリズムなき理想主義は国益を損なうものとして，戦後のアメリカが警戒しなければならないものであった．アメリカ外交の伝統に法律主義的道徳主義的思考が強く，国際関係のリアリズムへの関心が乏しかったことを論じた外交官・外交史家ジョージ・ケナンも，後に自らモラリスト的思考を強めるが，戦後初期には西側との力関係に敏感なソ連に対して，名誉ある後退の道を残しつつアメリカの力を用いる「封じ込め政策」を提唱した．これらの諸学者の立場にはそれぞれ独自性があるけれども，いずれも破滅的戦争を避けつつ国民的利益を擁護するために現実に選択可能な最善の道を求めるリアリストであることを共通に認識していたといえよう．

あとがき

　世界のそれぞれの国，地域にはそれぞれの歴史があり，政治文化があって，国際社会はますます多様性をましている．それぞれの政治文化は状況判断をゆがめ，世界の動向を読み誤り，実現可能な最善の判断を誤ることが多い．私は本書における立場をリベラル・リアリストとよんでよいと思うが，私が自らをリベラルと規定するのは，そのような世界の多様性のなかにあって，日本が戦後半世紀の歴史をもつ平和的で市民の自由を尊重する民主主義の国であることを国民的自己意識として日本の政治文化のなかに定着させることを願ってきたからである．国民的自己意識を第二次世界大戦と戦前の過去との同一化に求めるような先祖返り的ナショナリズムは日本を国際社会における孤立へと導くであろう．軍国主義時代の日本の国内状況と対外政策とを美化することは民主主義の国としての日本に相応しい歴史観ではない．またそれを国際的に提示したとしても，国際的支持は得られないであろう．歴史観をめぐって日本がふたたび第二次世界大戦を戦うことは不可能なのである．軍国日本を美化しなくても，日本には誇るべき豊かな歴史，伝統，文化がある．

　日本国憲法第9条の条文を金科玉条とする平和主義には現実を理想に引き寄せるリアリズムが欠けている．日本の自衛力は，憲法第9条の禁止する戦力の範囲を越えて大きくなりすぎており，憲法のその部分の規定を放置することには違和感がある．しかし「戦後レジームからの脱却」のスローガンを掲げる先祖返り的ナショナリストの指導者たち（自民党主流にはこのような人々が多い）による憲法改正──軍国主義時代の日本の侵略性を認めず，日本の行動を正当化する意味合いをもつ憲法改正──は，アジア近隣諸国の反発を招くのみならず，アメリカやヨーロッパ諸国など国際社会との友好をも損なう．また往々にして見られる，日本が直面する困難をすべてアメリカあるいは中国などの外国の責任に転嫁するような小児的な感情もまた孤立を深めるのみである．

　本書はしがきの冒頭に引用した細谷千博先生の文章は35年前のものであるにもかかわらず，2012年のわれわれ日本人が重く受け止めるべき教訓である．日中関係における尖閣諸島（釣魚島）の帰属問題は再度にわたり中国側が今は棚上げするといい，日本側もそれを諒承してきたのであり，最近になって世界的経済大国としての中国の地位上昇と海軍力の増強とを背景に中国側の領有権の主張を国際的に明示しようとするようになってきたことを考慮すれば，「尖

閣問題は国内問題であり，国際問題ではない」という中道派政権のはずの民主党野田政権の主張は，国際的にも理解されないであろう．新たな政権党となる自由民主党は明確な保守主義の政党として，さらに強硬な立場をとることを主張してきた．

　日本の領有権の主張は正当であるが，国際社会からみれば，尖閣諸島は沖縄の先島諸島からもやや離れており，地理的には日中いずれのものとも言いがたく，無人の小島について国内問題であると強硬に主張する日本の立場はかたくななものに見えるであろう．中国の海洋進出政策はアジア太平洋諸国に警戒心を与えているが，日本の同盟国アメリカを含めて，世界諸国は日本が中国に対する対抗力を強化しながら，しかし中国との関係を平和的に調整していくことを望んでいる．日韓関係についても，韓国側が提起した問題への真剣な対話の不足が予想外の事態の悪化を招いた．

　35年前，細谷千博先生は「一本立の外交の正念場を迎えた日本の指導者と国民にとっての至上要請は，独善的で偏狭なナショナリズムを排し，日本の進路の判断にあたって確かな『国際感覚』を働かせることである」と書かれたが，今日の日本の政治には，残念ながら「確かな国際感覚」というべきものが欠けている．「ハウス大佐から聞き，吉田の肝に銘じた『国際感覚なき民は滅ぶ』という言葉は，日本国民にとっての外交指針であり，座右銘ということができる」という言葉の意味はまことに重い．

　戦後経済の順調な発展により，生活水準が向上し，中産階級意識が広がるにつれ，また社会保障の充実につれて，民主政治は日本の生活様式として日本の政治文化のなかに定着するように見えた．細谷先生は自ら開拓したイギリスやアメリカの研究者人脈を活用して，太平洋戦争史研究の国際化の推進に指導的役割を果たし，また1990年代には当時の村山富市首相に協力してアジア歴史資料センターの設立のために尽力され，95年の終戦50周年に当たっては，首相談話の形で広く国際社会の理解を得られる日本の立場を表明することに積極的に協力された．日本国際政治学会が国際大会を千葉幕張で開催したころ（1996年）には，先生は日本の民主政治と国際感覚の成熟について希望と期待を持っておられた．日本のゆくえに強い懸念を持たれるのは世紀が改まってからである．

あとがき

　私は中屋健一先生にアメリカ研究を学び，民主主義の価値と自由な探究の精神の重要なことを学んだ．さらに斎藤眞先生，のちには細谷千博先生というメンター（導きの師）をもつことができた．三先生とも先の私の定義ではリベラル・リアリストとおよびしてもよいであろう．細谷先生には細谷スクールの一員にしていただいたのみならず，さらに一橋大学法学部の一員にしていただき，先生のさまざまな学界活動に参加する機会を得て，自らの視野と経験を広げることができた．しかし多大な学恩をうけたにもかかわらず，先生の志を活かし継承するために何の貢献もしていないことは汗顔の至りである．本書は，それに値しないとしても，細谷先生の恩に報いる何かを書きたいという心持から生まれたものである．

　私は1995年からは獨協大学外国語学部の竹田いさみ先生のご好意により，同学部英語学科に勤務して，国際政治史・国際政治論を担当した．本書の構想はその時期に少しずつ形になった．国際政治論の授業を竹田先生との分担で担当したこともよい経験になった．そして2001年には定年の1年前に専任を退職させていただいて，当時学校法人聖学院理事長だった大木英夫先生がお招き下さった聖学院大学大学院アメリカ・ヨーロッパ文化学研究科に移り，専任あるいは特任教授として10年間勤務し，体調不良のため客員として1年を過ごしたのち，2011年3月に退職した．このように長く研究教育生活を続け，その間何人もの同僚と多数の学生たちとの交流を通じて，あらたな刺激と緊張感を得ることができたことはまことにありがたいことであった．とくに文化学研究科の古屋安雄元研究科長，高橋義文現研究科長にはお世話になった．

　何年も前，私の国際関係通史の構想について関心を示されたのは，当時東京大学出版会の編集局長で後に常務理事になられた竹中英俊氏であり，それを引きついで前著の刊行に尽力されたのは奥田修一氏であった．前著が刊行できたのはひとえに奥田氏の助力のおかげであるが，本書の執筆過程から刊行に至るまでふたたび奥田氏から多大な激励と協力を受けた．本書の第一草稿の段階でアメリカ外交研究者であり，冷戦期国際関係史全般に詳しい佐々木卓也教授にまず読んでいただいて多くの誤りや疑問点のご指摘を受け，また最小限読むべき文献について教示を得た．大学および学会における公務繁多のなかで，格別の配慮を賜ったことについて佐々木教授に心から感謝したい．もちろん本書に

まだ残っているに違いない誤りや不正確な表現などの責任は一切著者たる私にある．

　私はみずからをリアリストと称したが，実は先見性の欠如という点でリアリストの名に値しなかった．そのことを愕然と思い知ったのは，3.11の東日本大震災である．今から思えば，日本の経済大国への順調な発展は大きな災害がないという幸運な時期に恵まれたことで可能であった．近年は東北，阪神，新潟といくつかの地震があったにもかかわらず，また関東大震災の周期をすぎているという警告にもかかわらず，国民として大災害に備える準備に乏しかった．「自然にやさしい環境づくり」などという言葉は自然の恐ろしさを知らぬ時代の産物であった．東日本で広域の大地震が発生し，福島第一原子力発電所の原子炉がメルトダウンを起こしたとき，私は自らの先見性の欠落を切実に意識した．

　日中関係が悪化するにつれ，日米同盟が盛んに語られるようになった．しかし日米同盟は米軍基地が集中する沖縄の人々の過大な負担の上に存続してきたものである．1995年に米軍兵士による少女暴行事件によって，沖縄県民の強い反発が生じたことがあった．そのときは米軍側が沖縄県側に容疑者の取調べと裁判権を認め，クリントン大統領も橋本首相も沖縄の負担軽減を約束したので，危機はひとまず回避されたが，日米同盟の存続のためには究極的に駐留米軍兵士の道徳規律と米軍用機の操縦技術の高さという危うい要素に依存している状況を改めなければならないと感じ，当時そのことについて書いたことがある．それ以来15年を無為に消費したことの付けの清算を日本政府は今迫られている．

　それ以前にはまだ余裕のあった日本は，復興再建の努力に加え，更なる災害への備え，原子力発電からの脱却という重い課題を担い，さらなる財政の悪化により脆弱化しつつある．国内の難問に加え，先送りしてきた対外関係の危機に直面しながら，政治家は政争に明け暮れている．与野党あるいは第三極の指導者たちに共通する国際感覚の欠落は覆うべくもない．しかしこの現状から目をそらすことはできない．リアリストはやはりこの現状から出発して実現可能な打開策を見出さねばならないのである．

　本書を書いてきたリベラル・リアリストとしての目線は変えられないが，そ

れが批判の一つの対象とする，慢心と軽挙，判断の誤りと問題の先送りといった日本の政治文化の行動様式の特徴は，多分に自分自身の行動様式でもあったことを自覚している．本書はそのような自己矛盾を意識しながら書かれた．自分が立ち位置を決めてきた地球環境や日本の原子力エネルギーの安全性についての基本的前提が崩れ去るという 3.11 を経験して，自らのリアリズムの非現実性を意識せざるをえない．本書はそのような非現実性を自覚しつつ書かれた．今まで現役の研究者として生活を続けることができ，本書をまとめることができたのは，上に記し謝意を表した多くの方々と機関のおかげであり，また最近の健康状態ではますます妻に頼るところが大きいが，究極的には，感謝と願いの祈りに応えて，壊れた器を活かしてこれまで用いて下さった見えざる御手の導きなのであろうと思う次第である．

2012 年 12 月 27 日

有賀 貞

解　題

　有賀貞は日本におけるアメリカ史研究を長く牽引した碩学であり，その業績は革命期，革新主義期，ウィルソン期，冷戦期を中心とするアメリカ政治・外交史全般に及ぶ．外交関係ではとくに日米関係に関する多くの論文を発表し，さらに国際関係史のテキスト *An International History of the Modern World*（研究社，2003年）を出版した．この英文テキストについては，前著『国際関係史──16世紀から1945年まで』のはしがきで，「より詳しい国際関係史を書くための準備のつもりであった」と位置づけているように，本格的な国際関係史の研究書の執筆を念頭に置いたものであった．

　日本の単独著者による国際政治史の優れた専門書としては，古典である岡義武『国際政治史』（岩波書店，1955年）をはじめ，近年では石井修『国際政治史としての20世紀』（有信堂，2000年），松岡完『20世紀の国際政治──二度の世界大戦と冷戦の時代』（改訂増補版，同文舘出版，2003年），佐々木雄太『国際政治史──世界戦争の時代から21世紀へ』（名古屋大学出版会，2011年）がある．これらの中で，有賀が独自性を誇るのは，まず議論の対象とする地域，検討する事象のバランスである．有賀は前著と同様本書においても，欧米はもちろん，日本を含むアジア，中近東，アフリカなどの国際関係に十分注目し，これらの諸地域の動向を有機的に結びつけて，国際関係の歴史を探究する．その手際の巧みさには，まさに老熟の趣がある．また取り上げる事象は常識的な基準によるものであり，人を驚かすようなことはないが，日本などアジアの諸事件に多くのページを費やしているところに，有賀独特の問題意識を感じる．

　さらに歴史の解釈においても，豊かな学殖にもとづく絶妙のバランス感覚がある．有賀の見解は基本的に学界の支配的見解を踏襲したものであり，とくに斬新な見方を提示するものではないが，むしろそれ故に全体の考察に確かな信頼性と説得性がある．そもそも実に多岐にわたる分野での膨大な研究成果を適切に摂取，咀嚼し，要領よく議論を構築，展開することは至難の業である．本

書で有賀が示す学識には敬服のほかない．

議論の多くは有賀の温厚な人柄を物語るように，平明な言葉遣いで淡々と進むが，そのなかで時に，事態の本質を突く鋭い指摘，洞察がある．前著においておそらく最も記憶に残る記述は，1941年の対米戦争決断にあたり，東条英機首相が述べたとされる発言——「人間一度は清水の舞台から飛びおりてみるものだ」——に対する有賀の次のような痛烈なコメントであろう．「戦争回避を決断したとすれば，まさにそれは清水の舞台からの跳躍といえようが，既定の方針によって対米英戦争に突入することは，彼にとって内政的にはもっとも容易な選択であった．対外的にもっとも無謀な政策選択が国内的にもっとも容易な選択であったことに，この国の政策決定の悲劇があった．」国の命運を懸けた国策の策定にあたり，当時の日本政府の政策決定のあり方とその欠陥をこれほど簡潔明瞭に剔出した表現を，私は知らない．

本書では，任期半ばで急死した大平正芳首相に対する有賀の評価が印象的である．有賀は大平を「国際感覚」があり，「戦後まれに見る古今東西にわたる優れた教養のある文人首相」であったと称揚する．その上で有賀は，大平の未完の「大きな仕事」が，「戦後30年にわたる平和的民主主義国としての実績と経済的成功の土台の上に，日本の国民的自己意識(ナショナル・アイデンティティ)を形成することであった」と言明し，その早い死を悼む．それは有賀が本書あとがきで述べるように，「先祖返り的ナショナリズム」を嫌い，戦後日本の「平和的で市民の自由を尊重する民主主義の国であることを国民的自己意識として」定着することを願う立場から，大平の諸政策にそのような基調，方向性を見ていたからである．有賀は大平がそのような仕事を果たすことなく死去し，日本人がしかるべき国民的自己意識を欠いたまま，冷戦後の時代を迎えたことを嘆じる．

有賀は本書はしがきで，吉田茂が肝に銘じた「国際感覚なき民は滅ぶ」という，ウィルソン大統領の外交顧問を務めたハウス大佐の警句を改めて紹介し，「変容する戦後世界の様相のなかで，日本がどのような位置を占め，どのような国際関係を築いてきたのかを顧み，世界史の文脈と組み合わせて記述したいという衝動に駆られ」たと記し，本書執筆の動機を説明している．すでに前著において日本の対外行動を国際的脈絡で理解する必要性を強調しているが，本書ではさらに一歩進み，日本の外交的軌跡に対する重大な関心，そしてその将

来に対する危機感が全体を通底している．それは本書執筆中に東日本大震災が起き，自ら経験したことも関係しているであろう．われわれは，かくて本書が有賀の憂国の著であり，彼が最期まで日本の行方を案じていたことを痛感するのである．

　有賀は16年間奉職した一橋大学を退職する際，「日米関係の史的考察——三つの負の遺産」と題する最終講義（1995年1月25日）のなかで，次のように指摘した．少し長くなるが，講義録よりそのまま引用する．「現代の国際社会の特徴は資本主義の世界化に伴う相互依存の増大でありますが，それは国際主義を増長する反面，また偏狭なナショナリズムを刺激するものであります．現代の資本主義は世界化しつつあります．その傾向は止められないと思いますが，資本主義の世界化は企業が生産拠点を途上国に移転していくことで，先進国における産業の空洞化をもたらしております．産業の空洞化と資本主義の情報化の進展とは中流階級の分解を促進しております．こうした現象はすでにアメリカにおいて進んでおりますが，日本においても進む可能性が大きいと思います．資本主義の世界化，情報化にともないまして，一方ではそれに乗じて上昇する人々がいる反面，他方このような社会ではよい仕事を失い，脱落し，生活が下がっていく人々が多くおります．上昇するグローバリストは国際主義者となりますが，地位が下がりつつある人々はナショナリストになり，その不満の矛先を外国に向けるという可能性があります．」

　有賀がすでに冷戦後の経済と金融のグローバル化の進行が国際関係に与える影響を心配していたことは特筆すべきであるが，イギリスがEUを離脱する，さらには彼の長年の研究対象であったアメリカにおいてトランプのような人物が大統領に当選するというような事態は予想していなかったであろう．グローバル化に付随する歪みは有賀の予想を超え，国際社会に亀裂，分裂をもたらしているのである．彼が2010年の前著の結尾で，「国際関係史は大部分，人間の愚行と背徳の記録ではあるが，過去60年以上にわたり世界的戦争を起こさずに来たこと，核兵器の開発と拡散は続いているが1946年以降一度も使用されていないことに一筋の光を見て，人類が多中心化・文化的多様性の中で，共通の利益と原則を見出し，共同体の意識を育てていく未来への期待を繋ぎたい」

と控え目に述べた言葉が今や楽観的に思えるほどの，ここ数年の国際情勢の混乱ぶりである．有賀も天上にてさぞ慨嘆しているであろう．

　最後にここで，本書の刊行に至る経緯を簡単に説明したい．発端は，2013年3月13日に有賀が亡くなり，その翌月に東京大学出版会の奥田修一氏より，有賀が『国際関係史』の続編をほぼ1980年まで書き上げており，この原稿をもとに，私が後の時代を書き足すことで，『現代国際関係史』として出版できないかという相談を受けたことにある．ただ1980年以降をどのように執筆すべきか，いろいろと思い悩み，時間のみがいたずらに過ぎるなか，奥田氏が2018年夏になり，1980年以降については，有賀が残した著作を利用，活用することで，まとまった研究書として刊行できるのではないかというアイデアを示された．具体的には，上述の *An International History of the Modern World* と『ヒストリカル・ガイド　アメリカ』（改訂新版，山川出版社，2012年）の一部を本書の第VI章から終章に充てる案である．幸い，研究社と山川出版社は該当部分の転載を快く許諾して下さった．その御厚意に心より感謝申し上げたい．
　有賀道子夫人が奥田氏のアイデアに温かな同意を示されたことで，本書の企画を再スタートさせることができた．私はこの企画の重さ故，一人で対応することはできないと考え，有賀の教え子で現在大学にて教鞭をとる西崎文子氏（東京大学），伊藤裕子氏（亜細亜大学），駒村哲氏（信州大学），上村直樹氏（南山大学）に協力を仰いだ．四氏は学務に忙しい中私の依頼をすぐに快諾し，それぞれ第I章，II章，III章，IV章の原稿の推敲，内容の確認をして下さった．*An International History of the Modern World* の関係部分の翻訳については，溝口聡氏（立教大学，2019年4月より関西外国語大学）の手を煩わせた．各位のご協力に厚く御礼申し上げる．
　本書の編集の労をとられた奥田修一氏に対しては，深甚なる謝意を表したい．有賀は前著あとがきにて，奥田氏には「私としては共著者であると思えるほどお世話になった」と記したが，私もまた，その言葉をそのまま申し上げたい．本書の意義を積極的に認められ，その出版に向け絶大な貢献をされ，細やかな編集作業を一身に引き受けられたのは奥田氏である．私は単なる伴走者として，奥田氏の作業をお手伝いしたに過ぎず，しかも本書刊行がここまで遅くなり，

有賀の逝去から6年もたってしまったのは，専ら私の怠惰と力不足の故である．今ここにようやく上梓することができ，安堵している．上に述べた事情で，有賀が本書のために書き上げた最初の六章と他の著作からの転載をもとにした最後の三章とは，議論の重厚さと密度においてやはり差があり，後者では取り上げる事象は限られているものの，そこでは有賀の考察はむしろ簡潔にまとめられており，本書全体ではアメリカの時代として始まった現代国際関係が一つの区切りを迎える21世紀初頭までのプロセスは十分に要を得て議論されていると思われる．

　有賀は本書を書き上げた後，次のプロジェクトとして日米関係の論文集『日米関係の歴史的構造』の出版を計画し，その章立てと概要を用意していた．残念ながらそれをさらに具体化する時間は残されていなかったが，『現代国際関係史』をこのような形で世に問うことができ，有賀は大変喜んでいるであろう．ただ己に常に厳しかった有賀が本書の出来具合に満足しないであろうことも確かであり，刊行に携わった教え子に対する叱咤激励の声が天から聞こえるようである．本書が前著のように国際関係史の分野で確たる地位を得るとともに，日本がまさに混沌とした国際航路を進む上で，将来にわたり誤りなき道を歩むよう，本書が一人でも多くの読者の目に触れることを，有賀ともども切に願う次第である．

　なお本書で利用した参考文献について，有賀の没後に改訂を重ねている場合，あるいは文庫化された場合などは，可能な限り新しい出版年を記したことをお断りする．

　　2019年3月

佐々木　卓也

人名索引

ア 行

アイゼンハワー（Eisenhower, Dwight David）
100, 121, 125-29, 131-32, 134-36, 150-51, 156, 160-62, 167, 172, 181
愛知揆一 220
アウン・サン（Aung San） 58, 115
アサド（al-Asad, Ḥāfiẓ） 231
アジェンデ（Allende Gossens, Salvador） 234
アチソン（Acheson, Dean Gooderham） 25, 93-95, 100-01, 110
アデナウアー（Adenauer, Konrad） 39, 87, 139-40, 161, 166
アトリー（Attlee, Clement Richard） 29-30, 33, 99-100, 114
アユーブ・ハーン（Ayub Khan, Mohammad） 193
李承晩 52, 96, 128
池田勇人 172-74, 187, 190
石橋湛山 145, 166
イーデン（Eden, Robert Anthony） 43, 126, 132-33, 137-38, 147-51
ウィルソン，ウッドロー（Wilson, Woodrow） 4-5, 7-8
ウィルソン，ハロルド（Wilson, Harold） 188
ウォレス（Wallace, Henry Agard） 28-29, 86
エリツィン（El'tsin, Boris Nikolaevich） 272, 281-82
エンクルマ（Nkrumah, Kwame） 154
汪兆銘 53
大平正芳 174, 224-26, 256, 259-61

カ 行

カストロ（Castro Ruz, Fidel） 162, 164, 177
カーセム（Qāsim, ʿAbd al-Karīm） 151-52, 278
カーター（Carter, James Earl） 209, 243-45, 247-54, 257-59, 266-67
カダフィ（al-Qadhdhāfī, Muʿammar） 233
カーダール（Kádár, János） 146, 207
ガンディー（Gandhi, Mohandas Karamchand） 60, 114
岸信介 166-72

キッシンジャー（Kissinger, Henry Alfred）
209-12, 216-17, 219-20, 222-23, 229-31, 234, 237-38, 242, 244-47, 254
金日成 52, 96-97, 99, 103, 287
金正日 287
金大中 258
グエン・ヴァン・チュー（Nguyen Van Thieu） 181, 205, 217, 219-20, 237-38
クリントン（Clinton, William Jefferson） 289, 293-94
グルー（Grew, Joseph Clark） 25, 50
グロムイコ（Gromyko, Andrei Andreevich） 212, 224
ケインズ（Keynes, John Maynard） 30
ケナン（Kennan, George Frost） 28, 81-82, 105, 184
ケネディ（Kennedy, John Fitzgerald） 161-65, 174, 177, 181, 190, 247
胡耀邦 286
ゴー・ディン・ジエム（Ngo Dinh Diem） 136-37, 181
小磯国昭 47
江沢民 286
河野一郎 143
コスイギン（Kosygin, Aleksei Nikolaevich） 177-79, 194, 198, 229
近衛文麿 47
ゴムウカ（Gomułka, Władysław） 85, 145-46
コール（Kohl, Helmut） 271
ゴルバチョフ（Gorbachev, Mikhail Sergeevich） 266-72, 287

サ 行

サダト（al-Sādāt, Anwar） 229-30, 250
サダム・フセイン（Ṣaddām Ḥussayn） 254, 278-80, 295, 297-98
サッチャー（Thatcher, Margaret Hilda） 265-66
佐藤栄作 187-88, 212, 220-24, 226
サラザール（Salazar, António de Oliveira） 42, 241

人名索引

重光葵　141-45, 166-67
ジスカールデスタン（Giscard d'Estaing, Valéry）　235
幣原喜重郎　51
周恩来　95, 99, 128, 133, 139, 158, 179, 199-201, 203, 217, 224-26, 239
シューマン（Schuman, Robert）　89
シュワルナゼ（Shevardnadze, Eduard Amvrosievich）　268
蔣介石　25, 51, 53-54, 94, 224
昭和天皇　48-51, 223, 260
ジョンソン（Johnson, Lyndon Baines）　177, 181-82, 184-89, 198, 203-06, 220
ジンナー（Jinnah, Mohammad Ali）　60, 114
スカルノ（Sukarno）　58, 113, 190-92, 201
鈴木貫太郎　47-48
スターリン（Stalin, Iosif Vissarinovich）　27-28, 34-36, 43-44, 52, 78, 84-85, 93, 95-97, 99, 103-04, 125-27, 138, 145, 158
スティムソン（Stimson, Henry Lewis）　25
スハルト（Suharto）　191-92, 201
セク・トゥーレ（Sékou Touré）　154

タ 行

高碕達之助　142
田中角栄　223-26, 256, 259
ダレス（Dulles, John Foster）　106-11, 125-27, 131-32, 134, 137, 142, 144, 149, 167-68
チェンバレン（Chamberlain, Arthur Neville）　12-13
チャウシェスク（Ceaușescu, Nicolae）　208, 211, 270
チャーチル（Churchill, Winston Leonard Spencer）　14, 25, 28, 30, 32, 37, 43, 65, 121, 126, 138
趙紫陽　286
全斗煥　258
ティトー（Tito, Josip Broz）　43, 84-85
デクラーク（de Klerk, Frederik Willem）　277
鄧小平　199-200, 236, 239-40, 250, 259-60, 266, 274, 286
東郷茂徳　47-48
東条英機　47, 166
ドゥプチェク（Dubček, Alexander）　207-08
ドゴール（de Gaulle, Charles）　39-40, 56-57, 64-65, 153-54, 161, 165-66, 188, 196, 205-07
トルーマン（Truman, Harry S.）　23-29, 44, 54, 57, 69, 77-80, 82, 86, 88, 92-95, 97-101, 106-07, 116, 118, 120
ドロール（Delors, Jacques）　265-66

ナ 行

中曽根康弘　266
ナジ（Nagy, Imre）　146
ナセル（al-Nāṣir, Jamāl 'Abd）　147-49, 151, 194-95, 229
ニクソン（Nixon, Richard Milhous）　160-61, 204-05, 209-18, 220-24, 226, 230, 234, 237-38, 244, 254-55, 266
ネルー（Nehru, Jawaharlal）　60, 114, 193

ハ 行

ハイレ・セラシエ（Haile Selassie）　242
朴正煕　187, 257-58
鳩山一郎　141-45, 166
パフラヴィー2世（Pahlavī II）　121, 250-53
ハル（Hull, Cordell）　25
バーンズ（Byrnes, James Francis）　24, 27-29, 50
東久邇宮稔彦　48
ヒトラー（Hitler, Adolf）　11-14, 17, 33-34, 37, 46, 61, 206
ビン・ラディン（bin Lādin, Usāma）　295
フーヴァー（Hoover, Herbert Clark）　10-11
フォード（Ford, Gerald Rudolph）　209, 230, 244, 246, 266
福田赳夫　256-57, 259-60
藤山愛一郎　167-71, 174
フセイン　→サダム・フセイン
プーチン（Putin, Vladimir Vladimirovich）　282, 284
ブッシュ，ジョージ（Bush, George Herbert Walker）　268, 279-80, 293-94
ブッシュ，ジョージ・W.（Bush, George Walker）　294, 296-98, 301
ブット（Bhutto, Zulfikar Ali）　212
フランコ（Franco, Francisco）　42, 66
ブラント（Brandt, Willy）　213, 226
ブルガーニン（Bulganin, Nikolai Aleksandrovich）　139
フルシチョフ（Khruschyov, Nikita Sergeevich）

126, 139, 145, 151, 156-65, 177-79, 193-94
プレヴァン(Pléven, René)　89
ブレジネフ(Brezhnev, Leonid Il'ich)　177-79,
　　208, 218, 226, 237, 244-46, 251, 253, 268
ブレジンスキー(Brzezinski, Zbigniew K.)
　　209, 248
ベヴィン(Bevin, Ernest)　30, 33, 80
ベギン(Begin, Menahem)　250
ベネシュ(Beneš, Edvard)　46, 85
ベングリオン(Ben Gurion, David)　64
ベン・ベラ(ben Bella, Aḥmad)　201
ホー・チ・ミン(Ho Chi Minh)　56-57, 95, 116,
　　137, 184
ホーネッカー(Honecker, Erich)　270
ホプキンズ(Hopkins, Harry L.)　44, 52, 69
ホメイニー(Khomeynī, Rūḥ Allāh Mūsavī)
　　250-55, 279
ポル・ポト(Pol Pot)　238-39

マ　行
マクナマラ(McNamara, Robert Strange)　185
マクミラン(Macmillan, Harold)　151, 154, 161
マーシャル(Marshall, George Catlett)　29, 54,
　　79-81, 92, 101, 108
マッカーサー(MacArthur, Douglas)　48-51,
　　56, 97-99, 101, 105-06
マッカーサー2世(MacArthur II, Douglas)
　　168-69, 172, 174
マハティール(Mahathir bin Mohamad)　266
マレンコフ(Malenkov, Georgii Maksimil'iano-
　　vich)　126, 139, 142, 157
マンデス=フランス(Mendès-France, Pierre)
　　132, 137-38
マンデラ(Mandela, Nelson Rolihlahla)　277
三木武夫　256, 259-60
ミッテラン(Mitterrand, François)　265
ミロシェヴィッチ(Milošević, Slobodan)

283-84
ムッソリーニ(Mussolini, Benito)　6, 41
メンギスツ(Mengistu Haile Mariam)　242-43
毛沢東　53, 93-95, 97, 99, 102, 158-59, 179,
　　199-203, 217, 226, 236, 239-40
モサデグ(Moṣaddeq, Moḥammad)　121
モネ(Monnet, Jean)　89
モブツ(Mobutu Sese Seko)　156
モレ(Mollet, Guy)　148-49, 152-53
モロトフ(Molotov, Viacheslav Mikhailovich)
　　24, 28, 36, 80, 127, 133, 157

ヤ　行
ヤヒア・ハーン(Yahya Khan, Agha Muham-
　　mad)　211-12
ヤルゼルスキ(Jaruzelski, Wojciech)　269
吉田茂　106, 108-09, 111-12, 129-30

ラ　行
ライシャワー(Reischauer, Edwin Oldfather)
　　174
ラフマン(Rahman, Mujibur)　212
ラーマン(Rahman, Tungku Abdul)　191
リー・クアンユー(Lee Kuan Yew)　190
李登輝　287
リップマン(Lippmann, Walter)　82, 184
劉少奇　93, 199-200
林彪　200-02
ルムンバ(Lumumba, Patrice)　155-56
レーガン(Reagan, Ronald Wilson)　253, 265-
　　67, 293
レーニン(Lenin, Vladimir Il'ich)　4-6
ロイド・ジョージ(Lloyd George, David)　7
ローズヴェルト(Roosevelt, Franklin Delano)
　　11, 14, 23, 51-54, 57, 69-70, 177
ロン・ノル(Lon Nol)　216, 238

事項索引

ア 行

アイスランド　80, 87
アイルランド　31, 42, 115
アジア・アフリカ会議（バンドン会議）　139, 141-42, 148
アジア開発銀行　187
アジア太平洋協議会（ASPAC）　187
アジア太平洋経済協力会議（APEC）　260
アゼルバイジャン　62
アフガニスタン　248, 253-54, 259, 266-68, 277, 296
アフリカの年　154
アメリカ（合衆国，米）　3-5, 7-19, 23-34, 36-45, 47-59, 62-73, 77-84, 86-113, 116-18, 120-21, 125-53, 156-74, 177-98, 200, 202-24, 226, 229-35, 237-39, 242-61, 265-68, 271-74, 277-80, 282-84, 286-89, 292-301
アラブ石油輸出国機構（OAPEC）　231, 233, 235, 255
アルカイダ　295
アルジェリア　39, 65, 148-49, 151-54, 201, 206
アルゼンチン　32, 67-68
アルバニア　43-44, 85, 195, 212
アングロ・イラニアン石油会社　62, 120-21
アンゴラ　240-44, 277
イエメン　195, 231, 277
イギリス（英）　2-4, 7-10, 12-17, 25-27, 29-34, 36-45, 49, 55, 57-66, 68-69, 71, 73, 77-80, 83, 86-87, 89, 92-93, 95, 98-99, 101, 107, 109-18, 120-21, 126, 130, 132-35, 137-39, 141, 147-54, 157, 161, 165-67, 180, 186, 188-97, 206-08, 214-16, 232-33, 235, 237, 265, 271, 279, 297
イスラエル　64, 117-20, 147-51, 194-98, 229-31, 233, 250, 278
イスラーム　60, 62, 90, 114, 152, 250-55, 278-79, 296
イタリア　2, 6, 11-16, 28, 36, 41-44, 46, 61, 80, 84, 87, 89, 138, 140, 157, 234-35
イラク　61, 147, 151-52, 194, 231, 254-55, 278-80, 295, 297-99
イラク戦争　254, 297-98
イラン　28, 36, 62, 72, 120-21, 147, 231, 233, 235, 237, 250-56, 259, 278-79, 297
イラン - イラク戦争　254-55, 278-79
イラン革命　248, 250-54, 278
イラン米大使館人質事件　251-54, 259, 266
インド　31-32, 59-61, 110, 114-16, 127, 133-35, 139, 142, 193-94, 201, 212, 292, 301
インドシナ　14, 56-57, 59, 131-37, 187, 189, 192, 210, 238, 257
インドシナ戦争　58, 116, 125, 131-35
インドネシア　56, 58, 110, 113-14, 142, 190-92, 201
インド - パキスタン（印パ）戦争
　第一次——　115-16
　第二次——　193-94, 201
　第三次——　212-13
ヴァンデンバーグ決議（アメリカ）　87, 108, 169
ウクライナ　68, 73, 272, 282
英連邦　15, 31-32, 42, 50, 72, 100, 107, 114-15, 188, 191
エジプト　61, 72, 118-19, 147-52, 194-98, 229-31, 250, 279
エジプト - イスラエル平和条約　250
エストニア　→バルト三国
エチオピア　11, 98, 240, 242-43
択捉島　143-44　→北方領土問題
エルサルバドル　277
欧州安全保障協力会議（CSCE）　245-47
欧州安全保障協力機構（OSCE）　283
欧州共同体（EC）　89, 246, 265, 285, 288
欧州経済共同体（EEC）　141, 165-66, 206-07
欧州経済協力機構（OEEC）　83, 88
欧州審議会　90
欧州石炭鉄鋼共同体（ECSC）　83, 89
欧州防衛共同体（EDC）　89, 137
欧州連合（EU）　89, 246, 283, 285-86
沖縄（琉球）　51-52, 97, 106-08, 110-11, 144, 169, 187, 220-23, 226
オーストラリア　32, 50, 72, 98, 107, 109, 135,

149, 186, 190, 260, 277
オーストリア　3, 5, 39, 80, 139, 270, 285
オランダ　38, 42, 55, 58, 72, 80, 98, 112-13, 190
　→ベネルクス三国

カ 行

カイロ会談　51
カイロ宣言　52
核兵器不拡散条約(NPT)　180-81, 208
ガーナ(ゴールドコースト)　154
カナダ　31-32, 87, 98, 100, 105, 133, 206, 235, 246, 260, 293
樺太　→サハリン
韓国　→大韓民国
関税および貿易に関する一般協定(GATT)　81, 130, 165, 292
カンボジア　57, 116, 135, 186, 188, 216, 237-39, 277, 287
カンボジア和平協定　277
北大西洋条約　84, 87-88, 104
北大西洋条約機構(NATO)　88, 100, 137-38, 165-66, 188, 206, 246, 271, 283-84
北朝鮮　→朝鮮民主主義人民共和国
北ベトナム　→ベトナム民主共和国
ギニア　154
キプロス　206
キャンプ・デーヴィッド合意　250
9.11同時多発テロ事件(9.11)　295-97
キューバ　162-64, 177, 241-43, 277
キューバ・ミサイル危機　163-65, 177-78, 193
共産主義　→社会主義
京都議定書　294
ギリシア　32, 36, 42-43, 61, 73, 77-78, 80, 85, 87, 98, 206, 274
金本位制　2, 9-10, 206
グアテマラ　125
クウェート　279-80
国後島　143-44　→北方領土問題
クリル諸島　→千島列島
クルド　62, 280
グレナダ　267
クロアチア　43, 283
グローバル化　292-93
経済相互援助会議(COMECON)　88, 238
ケニア　155
原子爆弾(原爆)　15-16, 18, 25, 33, 35, 48,

91-92, 99-100, 104, 158, 160, 165
原子力の国際管理　28, 33, 91
国際刑事裁判所(ICC)　294
国際通貨基金(IMF)　27, 141, 190, 215-16, 281
国際復興開発銀行(IBRD)　→世界銀行
国際連合(国連)　24, 28, 33, 40, 44, 68-72, 91, 95-98, 100-01, 104-05, 107, 111, 113, 115, 117-20, 127, 131, 133, 143-45, 150, 153, 155, 161, 164, 166, 181, 189-92, 194, 196-98, 212, 214, 235-37, 239, 249, 277, 279-80, 283-84, 294-95, 297-98
　──憲章　17, 51, 67-72
国際連盟　7-10, 12
コソヴォ　44, 284
コミンテルン　6, 12, 34, 84
コミンフォルム　84-85
孤立主義　7, 16, 18
ゴールドコースト　→ガーナ
コロンビア　98
コロンボ・グループ　134, 139, 142
コンゴ民主共和国(ベルギー領コンゴ，ザイール)　65, 154-56

サ 行

最恵国待遇　130, 244, 287
ザイール　→コンゴ民主共和国
サウジアラビア　63, 90, 120, 195, 231-35, 254, 279-80, 296
サハリン(樺太)　107, 143
サミット　→先進国首脳会議
ザンビア　203
サンフランシスコ講和会議　110, 112
サンフランシスコ講和条約　110, 144
自衛権　9, 71, 169
資源ナショナリズム　235
色丹島　143-44　→北方領土問題
社会主義(共産主義)　2, 5-6, 8, 11, 16, 34-36, 52, 66, 77-78, 85, 90, 116, 157-58, 162, 178, 182-83, 186, 199-202, 207-08, 238, 240-43, 273, 292
社会民主主義　6
ジュネーヴ会議　128, 131-35, 188
シリア　61, 64, 72, 119, 151, 194-95, 197, 229-31, 279
シンガポール　32, 56, 58, 112-13, 188-92
人権外交　247-49, 257-58

新国際経済秩序(NIEO)　235-37
信託統治　51-52, 57, 107, 111, 117
進歩のための同盟　162, 247
新冷戦　248, 251, 267
スイス　80
水素爆弾(水爆)　92, 130
スウェーデン　32, 42, 80, 285
スエズ運河　147-50, 197, 230
スエズ戦争　→中東戦争(第二次)
スターリン批判　145, 178
スーダン　147
ズデーテン　12, 46
スプートニク　156-58, 178
スペイン　12, 42, 66, 274
スミソニアン会議　216, 255
スリランカ(セイロン)　115, 142
スロヴェニア　283
西欧同盟(WEU)　138, 283
西独　→ドイツ連邦共和国
セイロン　→スリランカ
世界銀行(世銀、国際復興開発銀行＝IBRD)
　　27, 130, 148
世界人権宣言　90
世界貿易機関(WTO)　292
石油危機
　　第一次——　234, 255, 269
　　第二次——　251, 253-54, 258, 266, 269
石油輸出国機構(OPEC)　231-37, 251, 255
セルビア　3, 43, 283-84
尖閣諸島　260
先進国首脳会議(サミット)　235, 256, 258, 265
全体主義　11, 16
戦略兵器制限交渉／条約
　　第一次——(SALT-I)　218
　　第二次——(SALT-II)　244, 248
ソヴィエト連邦　→ロシア
相互確証破壊(MAD)　219
ソマリア　240, 242-43, 277
ソ連　→ロシア

タ　行

タイ　55, 59, 98, 135, 142, 186, 192
第一次世界大戦(第一次大戦)　2-9
大韓民国(韓国)　96-99, 103-04, 128, 187, 223,
　　249, 257-58, 287-88
対共産圏輸出統制委員会(COCOM)　101-02

第三世界　236
大西洋憲章　14, 65
第二次世界大戦(第二次大戦)　13-18, 23,
　　31-32, 42-43, 59-61, 63, 65-66, 145, 206
太平洋戦争　18, 53, 55, 59
大量破壊兵器(WMD)　297-98
大量報復(戦略)　126
台湾　94, 97, 99-100, 103-04, 111-12, 135-36,
　　139-40, 159, 167, 187, 211-12, 217-18,
　　223-25, 249-50, 267, 273, 287, 289
台湾海峡危機
　　第一次——　136
　　第二次——　159
タリバン　296-97
単一欧州議定書　265
タンザニア　203
タンザン鉄道　203, 241
ダンバートンオークス会議　68-70
チェコ(チェコスロヴァキア)　12-13, 43, 46,
　　80, 83-84, 87, 110, 202, 206-08, 270, 273,
　　281, 283-84
チェチェン　281-82
千島列島(クリル諸島)　51, 107, 143-44
中央情報局(CIA)(アメリカ)　82, 84, 121, 125,
　　147, 162, 234, 242
中央条約機構(CENTO)　152, 193
中距離核戦力(INF)全廃条約　267
中国(中)　8, 10, 13, 15, 18-19, 25-26, 47, 50-51,
　　53-54, 56-57, 68-70, 91-108, 110-13, 116,
　　127-28, 131, 133-36, 139-42, 146, 148,
　　158-60, 165, 167-68, 174, 177-80, 182-84,
　　189-94, 199-203, 208, 210-12, 215, 217-19,
　　223-26, 238-41, 249-50, 259-60, 267,
　　273-74, 280, 284, 286-89, 292, 297, 301
中国－インド(中印)国境紛争　193
中ソ対立　158-59, 179-80, 195, 257, 261
中ソ友好同盟条約　95
中ソ友好同盟相互援助条約　94-95
中東条約機構　→バグダード条約機構
中東戦争
　　第一次——(パレスチナ戦争)　118-19, 147
　　第二次——(スエズ戦争)　145, 147, 149-51,
　　　　157
　　第三次——(六日戦争)　194-98
　　第四次——　229-31, 233, 251
チュニジア　65, 152-53

朝鮮　18, 34, 52, 96
朝鮮戦争　95-106, 108, 113, 116, 125, 127-31, 134-35
朝鮮半島エネルギー開発機構(KEDO)　287
朝鮮民主主義人民共和国(北朝鮮)　96-101, 103, 127-28, 287-88, 297
チリ　234
デイトン合意　283
デタント　211, 213-14, 218-19, 226, 244-46, 248, 253, 266
「鉄のカーテン」　28
天安門事件(第二次)　286, 288
天皇訪中　287
デンマーク　42, 80, 87
ドイツ(独)　2-18, 24, 29, 33-46, 61, 63-64, 66-67, 78, 80, 83, 85-86, 127, 280, 285, 297
ドイツ統一　271
ドイツ民主共和国(東ドイツ，東独)　87-88, 138-39, 160-61, 163, 207-08, 213-14, 243, 270-71
ドイツ連邦共和国(西ドイツ，西独)　87-89, 137-40, 161, 163, 165-66, 205, 213-16, 226, 235, 245, 270-71, 278　→ドイツ
東西ドイツ基本条約　213-14, 226
東独　→ドイツ民主共和国
東南アジア開発閣僚会議　187
東南アジア条約機構(SEATO)　135, 142, 186-88, 193
東南アジア諸国連合(ASEAN)　192, 257, 277, 287
独ソ不可侵条約　13, 16, 61
独立国家共同体(CIS)　272
トルコ　28, 32, 36, 61, 77-78, 80, 87, 98, 147, 157, 164, 206
トルーマン・ドクトリン　77, 82, 92
トンキン湾決議(アメリカ)　182-83

ナ 行

ナイジェリア　154
ナショナリズム　2-3, 8, 10, 52, 63, 144, 256
ナチズム　11, 66
ナミビア　242
南北問題　236-37
ニカラグア　249, 267, 277
西ドイツ　→ドイツ連邦共和国
日独伊三国同盟　14

日米安全保障条約(日米安保)　109-11, 142-43, 167-73, 223-24, 226, 261
日米繊維問題　222-23
日華平和条約　112, 225
日ソ国交回復　142-45, 166
日ソ中立条約　47
日中国交正常化　224-26, 259, 261
日中戦争　13, 18
日中平和友好条約　260
日本(日)　3, 8, 10, 13-19, 24-26, 28, 32, 35, 47, 50-52, 54-56, 58-59, 67, 95-98, 105-12, 129-32, 142-45, 165-74, 187, 190-91, 202, 211-12, 215-16, 220-26, 232, 234-35, 244, 255-61, 266, 273-74, 277, 280, 286-89, 293, 301
ニュージーランド　98, 107, 109, 135, 186, 190
ニューディール　26, 177
ノルウェー　42, 80, 87

ハ 行

パキスタン　60, 114-16, 135, 142, 147, 193-94, 211-12, 248
パクス・アメリカーナ　251
バグダード条約機構(中東条約機構)　148, 152
パナマ運河　249-50, 267
歯舞諸島　143-44　→北方領土問題
ハルシュタイン・ドクトリン　139, 213
バルト三国　36, 271-72, 282-83
パールハーバー攻撃　15, 18, 67
パレスチナ　63-64, 117-20, 231, 250
パレスチナ解放機構(PLO)　197-98, 231
パレスチナ戦争　→中東戦争(第一次)
ハンガリー　41, 43, 45-46, 146, 151, 207-08, 270, 273, 281, 284
ハンガリー動乱　125, 145-46, 157-58
バングラデシュ　212-13
バンドン会議　→アジア・アフリカ会議
東ドイツ　→ドイツ民主共和国
ビルマ　→ミャンマー
ヒンドゥー　60, 114-15
ファシズム　11-12, 16, 66
フィリピン　55-56, 98, 109, 135, 142, 186-87, 190-92
フィンランド　43, 45-46, 80, 285
封じ込め政策　81-82, 104, 125, 184
武器貸与法(アメリカ)　14, 27, 30

部分的核実験禁止条約（PTBT）　165-66, 174, 177-78
ブラジル　67, 72
プラハの春　203, 207-08
フランス（仏）　2-4, 7, 9-10, 12-14, 37-40, 55-58, 61, 64-66, 69, 73, 80, 83-85, 87-89, 95, 98, 112-13, 116, 131-40, 147-54, 156-57, 161, 165-66, 178, 188-89, 196, 205-07, 214-16, 234-35, 265, 271, 278-79, 285, 297
フランス共同体　153-54
フランス連合　152-53
ブルガリア　28, 41, 43, 45-46, 78, 85, 208, 270, 281
ブルネイ　190
ブレジネフ・ドクトリン　208
ブレトンウッズ会議　26
ブレトンウッズ体制　80, 215
プロレタリア文化大革命（文化大革命，文革）　180, 199-203
米英金融協定　27, 30-31
米華相互防衛条約　136, 218
米韓相互防衛条約　128
米州機構（OAS）　71, 87, 164, 249
米中国交正常化　239, 249-50, 267
米中接近　211-13, 217, 219, 223, 226
米比相互防衛条約　109
平和共存　142, 159, 178, 211
平和五原則　139, 217
平和のための結集決議　98, 150
ベトナム　56-58, 95, 116, 132-36, 238-39, 250, 256-57, 277, 287
ベトナム共和国（南ベトナム）　136-37, 181-84, 186-87, 205, 216-20, 237-38
ベトナム戦争　177, 179-89, 196, 198, 202-05, 209, 211, 216, 220, 233, 237, 245
ベトナム民主共和国（北ベトナム）　137, 179-86, 188-89, 203-05, 210, 216-20, 226, 237-38
ベネズエラ　231-32
ベネルクス三国　83, 87, 89, 137
ベラルーシ　68, 272, 282
ベルギー　3, 38, 42, 65, 80, 98, 154-55　→ベネルクス三国
ベルギー領コンゴ　→コンゴ民主共和国
ヘルシンキ合意　245-47, 251
ベルリン危機
　第一次──（ベルリン封鎖）　86-87
　第二次──　160-63
ベルリンの壁　163, 270
ベルリン封鎖　→ベルリン危機（第一次）
ペレストロイカ　268
変動相場制　216
包括的核実験禁止条約（CTBT）　294
北爆　180, 182-83, 186, 189, 203, 205
北米自由貿易協定（NAFTA）　293
ボスニア・ヘルツェゴヴィナ（ボスニア）　283-84, 295
ポツダム会談　25, 27, 30, 37, 45, 49, 52
ポツダム宣言　25-26, 35, 47-49, 51, 225
北方領土問題　144, 259, 288
ポーランド　13, 24, 36-37, 43-46, 69, 72, 80, 84-85, 110, 133, 145-46, 207-08, 213-14, 269, 281, 284
ポルトガル　42, 80, 87, 234, 240-41, 274
香港　32, 95

マ　行

マーシャル・プラン　79-80, 82-85, 140
マーストリヒト条約　285
マレーシア（マラヤ）　56, 58-59, 112-13, 132, 186, 188-92, 266
満州　34, 54, 94
満州事変　9-10, 13, 18
南アフリカ　65, 90, 98, 154, 242, 277
南ベトナム　→ベトナム共和国
南ベトナム解放民族戦線（NLF）　137, 180-83, 185-86, 205, 219, 238
ミャンマー（ビルマ）　32, 55-56, 58-59, 115, 142
ミュンヘン協定　13
六日戦争　→中東戦争（第三次）
メキシコ　67, 72, 293
モザンビーク　240-41
モスクワ外相会議　28, 50, 91
モロッコ　65, 152
モンゴル　287
モンロー主義　66

ヤ　行

ヤルタ会談　36-37, 44-45, 49, 51-52, 68
ヤルタ協定　54
宥和政策　13
ユーゴスラヴィア　42-44, 78, 84, 158, 271, 273,

281, 283
ユダヤ人　15-16, 63-64, 117-18, 120
ユーロ　285-86
ヨルダン　119, 151-52, 197, 231

ラ 行

ラオス　57, 116, 135, 186, 216
ラトヴィア　→バルト三国
リトアニア　→バルト三国
リビア　42, 61, 233
リーマン・ショック　300-01
琉球　→沖縄
ルクセンブルク　42, 80, 98　→ベネルクス三国
ルーマニア　28, 41, 43, 45-46, 208, 211, 270, 281
冷戦　17, 19, 78, 82, 102
──終結　268, 270, 272
レバノン　61, 64, 72, 119, 151-52, 231
連合国救済復興事業局(UNRRA)　27
連帯(ポーランド)　269
ロシア(ロ, ソヴィエト連邦, ソ連, ソ)　2-6, 8, 11-17, 24-29, 33-54, 61-64, 68-69, 71-73, 77-99, 102-07, 109-10, 112, 116, 120, 125-27, 133, 136-52, 156-66, 171-72, 177-79, 182-83, 189, 193-203, 206-08, 210-14, 218-19, 224, 226, 229-31, 233, 237-38, 240-49, 251-55, 259-60, 266-74, 277, 279, 281-84, 287-88, 292, 297

ワ 行

ワシントン体制　8
ワルシャワ条約機構　88, 138, 146, 207-08, 246
湾岸戦争　254, 279-80, 295-97

ANZUS　109, 188
APEC　→アジア太平洋経済協力会議
ASEAN　→東南アジア諸国連合
ASPAC　→アジア太平洋協議会
CENTO　→中央条約機構
CIA　→中央情報局
CIS　→独立国家共同体
COCOM　→対共産圏輸出統制委員会
COMECON　→経済相互援助会議
CSCE　→欧州安全保障協力会議
CTBT　→包括的核実験禁止条約
EC　→欧州共同体
ECSC　→欧州石炭鉄鋼共同体
EDC　→欧州防衛共同体
EEC　→欧州経済共同体
EU　→欧州連合
GATT　→関税および貿易に関する一般協定
G7　235, 265, 286, 301
G20　301
IBRD　→世界銀行
ICC　→国際刑事裁判所
IMF　→国際通貨基金
INF全廃条約　→中距離核戦力全廃条約
KEDO　→朝鮮半島エネルギー開発機構
MAD　→相互確証破壊
MSA協定　129
NAFTA　→北米自由貿易協定
NATO　→北大西洋条約機構
NIEO　→新国際経済秩序
NLF　→南ベトナム解放民族戦線
NPT　→核兵器不拡散条約
NSC-68　92, 104, 125
OAPEC　→アラブ石油輸出国機構
OAS　→米州機構
OEEC　→欧州経済協力機構
OPEC　→石油輸出国機構
OSCE　→欧州安全保障協力機構
PLO　→パレスチナ解放機構
PTBT　→部分的核実験禁止条約
SALT-I　→戦略兵器制限交渉／条約(第一次)
SALT-II　→戦略兵器制限交渉／条約(第二次)
SEATO　→東南アジア条約機構
UNRRA　→連合国救済復興事業局
WEU　→西欧同盟
WMD　→大量破壊兵器
WTO　→世界貿易機関

著者略歴

1931 年　東京に生まれる．
1953 年　東京大学教養学部教養学科卒業．
1979 年　一橋大学法学部教授．
2013 年　逝去．

主要著書

『アメリカ政治史 1776-1968』（福村出版，1968 年［新版 1985 年］）
『戦間期の日本外交』（共編，東京大学出版会，1984 年）
『アメリカ史概論』（東京大学出版会，1987 年）
『アメリカ革命』（東京大学出版会，1988 年）
『講座国際政治』全 5 巻（共編，東京大学出版会，1989 年）
『日米関係資料集 1945-97』（共編，東京大学出版会，1999 年）
『近現代世界の国際関係史』（英文，研究社，2003 年）
『ヒストリカル・ガイド　アメリカ』（山川出版社，2004 年［改訂新版 2012 年］）

現代国際関係史　1945年から21世紀初頭まで

2019 年 4 月 24 日　初　版

［検印廃止］

著　者　有賀　貞
　　　　あるが　ただし

発行所　一般財団法人　東京大学出版会
　　　　代表者　吉見　俊哉
　　　　153-0041　東京都目黒区駒場 4-5-29
　　　　電話 03-6407-1069　Fax 03-6407-1991
　　　　振替 00160-6-59964
印刷所　株式会社暁印刷
製本所　誠製本株式会社

Ⓒ2019 Michiko Aruga
ISBN 978-4-13-032228-7　Printed in Japan

JCOPY〈出版者著作権管理機構　委託出版物〉
本書の無断複写は著作権法上での例外を除き禁じられています．複写される場合は，そのつど事前に，出版者著作権管理機構（電話 03-5244-5088，FAX 03-5244-5089, e-mail: info@jcopy.or.jp）の許諾を得てください．

有賀　貞著	国　際　関　係　史 16世紀から1945年まで	Ａ５・	3600円
入江　昭著	二十世紀の戦争と平和［増補版］	四六・	2400円
高原明生ほか編	日中関係史 1972-2012（全4巻）	Ａ５・	3000～ 3800円
木宮正史ほか編	日韓関係史 1965-2015（全3巻）	Ａ５・	3600～ 4000円
川島真ほか著	日　台　関　係　史 1945-2008	Ａ５・	2800円
斎藤　眞著 古矢　旬	アメリカ政治外交史［第2版］	Ａ５・	3200円
益尾知佐子ほか著	中　国　外　交　史	Ａ５・	2900円
ニコルソン著 斎藤・深谷訳	外　　　　　　　交	四六・	2800円
坂野正高著	現　代　外　交　の　分　析	Ａ５・	6800円
秦　郁彦編	世界諸国の制度・組織・人事 1840-2000	Ｂ５・	32000円

ここに表示された価格は本体価格です．ご購入の
際には消費税が加算されますのでご了承下さい．